KB036030

정치학으로의 산책

Path to Politics

정치학으로의 산책

제4개정판

21세기 정치연구회 엮음

이병화·조광수·류태건·임석준·김홍수·김진기·강경태·이대희·
이정호·차재권·박재욱·김준형·황영주·이헌근·김영일 지음

한울
아카데미

제4개정판 서문

이 책을 처음 세상에 선보인 때가 2002년 7월이었다. 2020년 3월, 지금 제4개정판을 다시 내놓는다. 다섯 번째의 작업이다. 세월이 얼마나 빠른지 새삼 실감한다. 이 책을 준비하던 쯤에 태어난 아이들이 곧 대학생이 되어 독자가 된다는 사실에, 저자들은 놀라면서도 다른 한편으로 자부심과 책임감을 느낀다. 이전의 서문에서도 밝힌 바와 같이, 또 하나의 정치학 입문서를 선보인 것은 아주 소박한 바람에서였다. 정치를 무겁게 여기고, 정치가 자기의 것이 아니라는 오해와 혐오를 걱정하면서, 정치학을 어렵고 불편하게 생각하는 학생과 독자들에게, 이전과는 다른 정치(학)에 대한 이해를 돕고자 한 결과가 이 책이다. 그래서 우리는 이 책에 일상생활인 '산책'에 빗대어 정치라는 무게를 덜고자 하였다.

정치학을 쉽게 읽고 이해할 수 있도록 했던 이 책은 현실에서 일어나는 여러 정치적 변화를 담아내려 하는 노력과도 함께했다. 지난 5년간의 정치적 부침은, 이전의 (한국)정치와 견주어 큰 어긋남이 없었다. '촛불혁명'으로 대표되는 일련의 정치적 소용돌이는 우리나라의 민주주의를 꼼꼼하게 되돌아보게 하는 계기가 되었다. 세계적인 '미투(#Me-Too)운동' 또한 우리가 알고 있는 '정치'가 일상의 문제를 제대로 해결 못 한다는 점을 일깨우기도 했다. 저자들은 힘닿는 대로 이러한 5년간의 정치적 부침을 이 책에 녹여내려고 애썼다. 다만, 미흡한 점은 전적으로 저자들의 미욱함에 있다.

서문에서 늘 빠지지 않는 것이 독자에 대한 감사와 미안함이다. 대부분 부산 지역의 정치학 전공 교수로 이루어진 필진임에도 불구하고, 이 책은 전국에서 분에 넘치는 사랑을 받았다. 이러한 관심과 사랑에 보답하는 길은 보다 더 나은 책으로 바꾸는 노력이다. 하지만 이번 개정 작업에도 예상보다 많은 세월이 필요했다. 저자들의 게으름이 가장 큰 이유일 것이다. 이 점에서 독자들에게 용서를 구한다. 실상, 저자들 중에서 어떤 분들은 학교에서 은퇴하셨고, 또 어떤 분들은 공직을 맡아 수업과 연구에서 잠시 떠나 계신다. 20년이라는 세월은 흘렀지만, 약 1여 년에 걸친 이번 개정 작업에서도 처음과 같은 끈끈한 동료애와 함께 했다.

이 책의 발간 과정에서 수고를 해주신 분들을 위한 적절한 헌사가 필요하다. 우선, 지난 20여 년간, 행정적 업무를 도맡아 주신 한울 엠플러스의 윤순현 차장에게 감사 말씀을 드린다. 윤 차장의 많은 관심과 노력이 이번 네 번째 개정판에도 원동력이 되었다. 저자들의 실수를 꼼꼼하게 수정해 주신 편집부 조수임 씨의 친절함에도 감사 말씀을 꼭 드려야만 한다. 저자가 제대로 알지 못하는, 하지만 책 발간을 위해서 애써 주신 모든 분들께도 감사의 말씀을 드린다. 이번에도 역시 2002년 초판 서문, 2005년도 개정판 서문, 2009년 제2개정판 서문, 2014년 8월 제3개정판 서문의 마지막 구절을 되새기면서 서문을 마무리하고자 한다.

"이제 즐거운 삶, 기쁜 정치를 위해 우리 함께 '정치학'으로의 산책을 나가볼까요?"

2020년 2월

저자 일동

제3개정판 서문

많은 사람들의 생활에 직·간접적인 영향을 미치면서도 상당히 어렵게만 생각하는 정치와 그것을 공부하는 정치학을 좀 더 가볍게, 그리고 편안하게 시작해 볼 수는 없을까 하는 고민에서 시작된 『정치학으로의 산책』. 이 책이 처음 만들어진 것은 2002년 7월의 일이었고, 이제 제3개정판을 맞이하고 있다. 제2개정판 서문에서도 밝힌 바와 같이 "어렵고 따분하며 때로는 비난과 지겨움의 대상이 되기도 하는 정치(학)를, 어떻게 가볍고 산뜻하며 그리고 기분 좋은 것으로 만들까 하는 고민에서" 이 책이 시작되었다. 그런데 벌써 12년이 지났다.

함께 정치학을 공부하고 가르치면서 고민되었던 부분을 편안하게 풀어내고 싶어 소박하게 시작했던 이 책은 예기치 않은 '나비효과'를 가져오기도 했다. 앞선 서문들에서 이미 밝힌 바와 같이 이 책에 대한 여러 교수님과 학생들의 반응은, 이른바 지방대학에 근무하는 저자들의 입장으로서는 상상을 초월하는 것이었다. 그중에서도 저자들을 가장 기쁘게 했던 점은 어렵게만 느껴지던 정치학에 쉽게 다가들 수 있었다는 호평이었다. 이전의 주요 정치학 입문서들이 한국적 주제와 지방의 문제를 소홀히 하고 있는 반면에 『정치학으로의 산책』은 그러한 문제점을 극복하고 있다는 평가 또한, 그동안 저자들이 천착했던 고민의 흔적을 잘 읽어 주었다는 점에서, 우리들을 상당히 기쁘게 했다.

실상, 거의 모든 분야에서 중앙/지방의 격차에 대한 심각한 우려가 제기되고 있는바, 정치학 공부에서도 예외가 아니라 할 것이다. 지방대학에서 정치학을 가르치고 또한 공부하는 입장에서 볼 때 그동안 정치학은 다른 곳, 말하자면 중앙(정부)과 관련되는 것일 가능성이 높았다. 지방대학의 정치학 관련학과에서 공부하는 많은 학생들이 자신의 삶과 일상에서 정치가 상당한 거리가 있는 것으로 생각할 때의 안타까움은 이루 말할 수 없었다. 이러한 안타까움을 해소하기 위해서, 또 지역과 나와 관련된 것이 정치라는 점을 일깨우기 위해서 이 책의 저자들은 『지방정치학으로의 산책』이라는 책도 출간한 바 있다.

이 책을 만들어내는 데 참여한 15명의 저자들의 분주함과 게으름 때문에 독자들에게 약속한 4년마다의 새로 쓰기가 이번에도 어긋나 버렸다. 그럼에도 저자들은 지난 5년 동안의 여러 변화들을 이 새로운 개정판에 담아내려는 노력을 기울였다. 정치학을 쉽게 읽고 이해할 수 있는 교재로 만들겠다는 처음의 약속은 이번에도 지키려 애썼다. 지루한 작업에도 불구하고 학문공동체의 황홀경에 빠져 있는(?) 저자들은 방학 때마다 모여서 『정치학으로의 산책』을 좀 더 깔끔하게 다듬기 위한 많은 고민을 나누기도 했다. 특히, 제3개정판 작업에는 새로이 차재권 교수가 힘을 보태었다. 선후배, 동료 학자들의 이 책에 대한 애정 어린 충고는 이번 발간 작업의 밑거름이 되었다는 점도 꼭 밝히고 싶다.

늘 마지막에 두는 것이 안타깝지만 꼭 감사의 말씀을 드리고 싶은 분들이 있다. 이 책의 편집을 맡아주시면서 『지방정치학의 산책』과 이 책의 관계를 더욱 명확하게 또한 친밀하게(?) 설정해 주시겠다는 한울 편집부의 김현대 팀장님, 아울러 행정적인 업무와 관련해 윤순현 과장님께 무한한 감사의 말씀을 드린다. 이 분들의 분주함과 친절함은 저자들의 책에 대한 공헌보다 더 한 것이라고 해도 과언이 아니다. 이번에도 역시 2002년 초판 서문, 2005년 개정판 서문, 2009년 제2개정판 서문의 '마지막 구절'을 되새기며 제3개정판 서문을 마무리하고자 한다.

"이제 즐거운 삶, 기쁜 정치를 위해 우리 함께 '정치학'으로의 산책을 나가볼까요?"

2014년 8월

저자 일동

제2개정판 서문

초판 서문에서 저자들은 다음과 같이 밝힌 바 있다. "'산책'이라는 말은 우리에게 무언가 가볍고 산뜻하며 또한 기분 좋은 것을 연상케 한다. 이러한 점에서 '산책'이라는 말과 '정치학'이라는 말의 결합은 언뜻 보기에 무척이나 어색하다." 실은 『정치학으로의 산책』이라는 책을 발간하게 된 계기 또한 이러한 어색함을 풀기 위한 작업이었다. 어렵고 따분하며 때로는 비난과 지겨움의 대상이 되기도 하는 정치(학)를, 어떻게 가볍고 산뜻하며 그리고 기분 좋은 것으로 만들까 하는 고민에서 이 책이 시작되었던 것이다. 말하자면 이 책의 발간은 정치학을 공부하면서, 정치학을 가르치면서 저자들이 늘 가졌던 안타까움을 풀어나가려는 취지에서 출발했다. 물론 함께 모여서 공부하던 저자들이 '무엇인가 눈에 보이는(?) 결과물'을 가지려 한 의기투합도 중요한 동력이 되었다.

개정판 서문에서도 밝힌 바와 같이 이 책에 대한 여러 교수님과 학생들의 반응은 저자들이 생각한 것 이상이었다. 이 책의 내용과 형식에 비해 분에 넘치는 찬사를 받기도 했다. 물론 애정 어린 비판은 더욱더 큰 힘이 되었다. 이와 같은 관심에 보답하는 길은 정치학의 다양한 패러다임에 대해 고민하며 여러 정치 현상의 변화에 맞추어 이 책을 개선해 나가는 것이라고 저자들은 믿었고, 제2개정판 작업도 이러한 취지에서 시작되었다. 솔직히 말하면 3년마다 새로운 개정판을 만들려고 했다. 그러나 저자들의 분주함과 게으름으로 이제야 제2개정판을 발간하게 되었다. 그럼에도 불구하고, 거듭 밝히지만, 정치학을 쉽게 읽고 이해할 수 있는 교재로 만들겠다는 원래의 의도와 원칙은 조금도 변하지 않았다. 또한 저자들은 지난 4년간 있었던 국내외의 정치적 변화를 이번 제2개정판에 담아내려고 노력했다. 지난 개정판 서문에서도 밝힌 바와 같이 "저자들은 급변하는 정치적 현상을 감안, 그것을 이 책 속에 새롭게 담아내기 위해 많은 노력을 기울였"다. 아울러 서두름 탓에 제대로 고치지 못한 오자와 탈자, 어색한 문맥 등도 이번 개정 작업에서 바로잡으려 했다.

이번 제2개정판 작업에서도 저자들의 관심과 동료애는 여전했다. 실상 저자들은 책의 발간 못지않게, 정치학을 함께 공부한다는 '학문 공동체'의 기쁨에 빠져 있는 듯했다. 이러한 점을 고려하여 책의 발간 작업 과정에서 보여준 저자들의 헌신에 대해서 서로 감사해야 할 것 같다. 물론 이와 같은 저자들의 헌신은 도서출판 한울의 여러분에 의해서 비로소 완성되었다. 책의 편집을 새로 맡아주신 배은희 씨, 출판과 관련되는 여러 행정적인 일을 도와주신 윤순현 과장님께 특별한 감사를 드린다. 마지막으로 2002년 초판과 2005년 개정판 서문의 '마지막 구절'을 되새기며 이번 제2개정판 서문을 마무리 짓고자 한다.

"이제 즐거운 삶, 기쁜 정치를 위해 우리 함께 '정치학'으로의 산책을 나가볼까요?"

2009년 8월

저자 일동

개정판 서문

많은 사람들이 관심을 갖는 정치 또는 정치학을 가벼운 마음으로 시작해 볼 수는 없을까 하는 생각에서 만든 이 책이 발간된 지 벌써 2년이 지났다. "우리 삶의 한 모습인 정치를 좀 더 가깝게 느끼도록 할 수는 없을까"라는 취지로 출간한 이 책에 대한 여러 교수님들과 학생들의 반응은 우리 저자들이 애초 생각했던 것보다도 훨씬 놀라운 것이었다. 많은 찬사도 있었지만 그중에는 애정 어린 비판도 적지 않게 포함되어 있었다. 또한 지난 2년 동안 국내외적으로도 많은 정치적 변화가 있었다. 이러한 점들을 감안하여 저자들은 『정치학으로의 산책』의 개정판 출간에 의견을 같이했다.

개정판 작업에서는 애당초 저자들이 가지고 있던 관심, 즉 정치학을 쉽게 읽고 이해할 수 있는 교재로 만드는 원칙을 고수하면서도 동시에 이 책이 가지고 있었던 미비한 점을 보완하기 위한 노력을 기울였다. 예를 들어 제6장 「어떤 정부형태가 좋을까」를 새롭게 제2부 정치과정과 정치발전에 추가한 것이 바로 그것이다. 동시에 저자들은 급변하는 정치적 현상을 감안, 그것을 이 책 속에 새롭게 담아내기 위해 많은 노력을 기울였다. 잘 알다시피 우리 사회는 지금 정치적으로 많은 부침을 경험하고 있다. 이러한 점을 감안하여 저자들은 최대한 여러 정치적 현상들을 한국의 정치적 변화에 비춰 설명하려고 노력했다. 예를 들어 지난 2004년 국회의원 선거에 대한 부분이 그러하다. 아울러 책의 형식에서 일부 변화를 두었다.

초판에는 없는 찾아보기를 넣어서 이 책을 읽는 데 좀 더 편리성을 도모했다. 물론 이러한 개정작업은 앞에서 밝힌 이 책의 집필취지를 철저히 준수하는 차원에서 이뤄졌다.

끝으로 책을 다시 내는 작업은 새로 쓰는 것만큼 어렵다는 사실을 새삼스럽게 확인했다. 이러한 점에 비춰볼 때, 어려운 작업을 함께한 여러 저자들이 자랑스러운 것은 어쩌면 당연하다. 아울러 수고를 해주신 도서출판 한울의 여러 분들께 감사의 말씀을 전한다. 책의 편집을 맡아주신 오현영 씨에게 특별히 감사한다. 마지막으로 이 책의 2002년판 서문의 '마지막 구절'을 되새기며 개정판 서문을 마무리 짓고자 한다.

"이제 즐거운 삶, 기쁜 정치를 위해 우리 함께 '정치학'으로의 산책을 나가볼까요?"

2005년 2월

저자 일동

초판 서문

'산책'이라는 말은 우리에게 무언가 가볍고, 산뜻하며 또한 기분 좋은 것을 연상케 한다. 이런 점에서 '산책'이라는 말과 '정치학'이라는 말의 결합은 언뜻 보기에 무척이나 어색하다. 왜냐하면 정치학이라는 단어는 많은 사람들에게 무겁고 심각한 느낌을 주기 때문이다. 특히 우리나라에서는 많은 사람들이 정치라면 넌더리가 난다고 말할 정도로 정치에 대해 부정적이다. 그 결과 정치 현상을 공부하는 학문인 정치학 또한 굉장히 어렵고 따분하게 생각한다. 그러나 그토록 많은 비난을 받고 있음에도, 사람들이 모이기만 하면 가장 많이 다루는 화제는 '정치' 이야기다. 택시를 타도 택시 기사가 건네는 이야기의 대부분이 정치 이야기고, 동네 어른들이 모여서 나누는 대화나 우정의 술잔을 나누는 자리에서 빠지지 않는 메뉴 가운데 하나가 정치 이야기다.

정말 슬픈 현실이다. 가장 자주, 가장 열정적으로 나누는 이야기의 대상인 '정치'가 즐거움이 아닌, 비난과 지겨움의 대상으로 다가온다는 것은 너무나도 슬픈 우리의 현실이다. 그러나 이보다 더 큰 슬픔은 우리의 미래를 짊어지고 나가야 할 젊은이들에게 정치는 아무런 의미가 없다는 것이다. 비난과 지겨움도 사실은 관심의 한 표현 방법이다. 그런데 우리의 젊은이들은 비난과 지겨움조차도 정치와 연결시키려 하지 않는다. 흔히 사랑의 반대는 미움이 아니라 무관심이라고 한다. 맞는 말이다. 비난한다는 것은 뒤집어 보면 그것에 대한 애착과 열정의 표현일 것이다. 비난조차도 할 의미를 발견하지 못한다는 것은 그것과는 이미 상관없음을 뜻한다. 비난과 지겨움을 넘어선 무관심은 도대체 왜 생겨나는가? 분명 그 이유는 그것이 우리에게 즐거움과 희망을 주지 못하기 때문일 것이다.

우리는 즐거움이 공동생활에 얼마나 활력이 될 수 있는가를 직접 경험했다. 2002년 월드컵에서 우리 선수들이 선전을 거듭할 때마다 우리는 너나없이 붉은 악마의 일원이 되어 공동체적 삶의 즐거움이 무엇인가를 만끽했다. 그러나 월드컵 기간에 치러진 지방선거에서는 온 국민이 함께하는 모습을 보여주지 못했다. 길거리 응원에서 온 국민이 함께할 수 있었던 것은 '함께하는 즐거움' 때문이었지만, 지방선거에 대한 무관심은 정치 현상이 즐거움이 아니라 혐오와 불신과 분노만을 가져다줬기 때문이라고 말한다.

우리가 '정치' 없이 살아갈 수 있다면 그 지긋지긋한 정치와 아무런 관계를 맺지 않아도 될 것이다. 그러나 이 세상의 그 누구도 정치라는 현상 없이는 삶을 유지할 수가 없다. 결코 잠시도 벗어나지 못할, 우리 인간의 본질적인 삶의 한 모습을 비난과 절망과 무관심으로 대해야 한다는 것은 정말 슬프고 무서운 일이다.

이 책은 이러한 생각에서 시작되었다. 우리 삶의 한 모습인 정치를 좀 더 가깝게 느껴지도록 할 수는 없을까? 정치 현상을 즐거움과 희망으로 바라보게 할 수는 없을까? 이러한 물음을 해결하려는 노력의 결실을 이 한 권의 책에 모았다. 정치 현상에 대해 넌더리를 내는 젊은 학생들이건만, 역설적이게도 여전히 많은 학생들이 '정치학'이라는 강좌에 몰리는 이유는 무엇인가? 이것은 정치라는 현상이 인간사회의 필연적 현상이기도 하겠지만, 무엇보다 짜증나는 정치를 어떻게든 밝고 생산적인 것으로 만들 수 없을까 하는 젊은이들의 미래에 대한 희망과 책임감의 반영일 것이다. 이러한 젊은 학생들의 희망과 기대를 충족시켜 좀 더 나은 정치 생활을 실현할 수 있게 하는 것이 곧 우리 학자들의 사명일 것이다.

이 책은 우리 주위에서 매일매일 일어나는 정치라는 현상을 쉽게 이해하게 함으로써 정치에 대해 좀 더 긍정적이고 적극적인 사고를 갖게 하려는 의도로 기획되었다. 그 어떤 것을 제대로 이해할 때 비로소 그것을 즐기거나 고통을 인내할 수 있게 되는 것처럼, 정치 현상을 제대로 이해할 때 비로소 정치에 대한 올바른 태도가 생긴다. 정치 현상을 제대로 이해하기 위한 길잡이로서 '정치학' 책은 이미 여러 종류가 출간되었지만, 정치학을 전공으로 하지 않는 학생들이 이해하기에는 너무 어려운 것이 사실이다.

정치학을 전공하는 학생들에게 정치 현상은 그것이 아무리 어렵고 불만스럽다 하더라도 많은 책과 교수님들의 강의를 통해 정치 현상에 대한 올바른 이해와 태도를 키워 나갈 수가 있다. 그러나 비전공자의 경우, 정치학이라는 학문은 그 필요성에도 불구하고 접근하기 대단히 어려운 것이 현실이다. 무엇보다 정치에 대한 일반적인 불신과 불만이 그 한 이유이지만, 정치학 교재가 너무나 어렵다는 것도 무시할 수 없다. 정치학 교재가 정치학을 전공하지 않는 학생들에게 무척 어렵게 느껴진다는 것은, 현실 정치에 대한 불만과 비난에도 불구하고 미래에 대한 희망과 사명감으로 정치학에 관심을 두려는 많은 학생들마저 저버리는 결과를 낳을 뿐이다.

정치학을 전공으로 하지 않는 학생들이나 혹은 정치학 공부를 시작하는 학생들이 기초적으로 쉽게 읽고 이해할 수 있는 교재를 만들기 위해 저자들은 많은 노력을 기울였다. 글의 전개 방식과 서술 방식, 용어들을 통일하고, 내용을 쉽게 하기 위해 전 필진이 모여 각각의 장을 돌려서 읽고, 토론을 하고, 수정하는 과정을 수차례 반복했다. 열세 명이나 되는 전 필진이 한자리에 모여 자신의 글쓰기 방식을 버리고 서로 맞추어 나간다는 것이 여간 어려운 일이 아니었지만, 우리 정치학자들 사이에서도 서로의 전공에 대해 이해를 넓히는 좋은 기회가 되기도 했다. 그리고 우리는 이 과정에서 남의 글에 사사건건 간섭하고 수정을 강요하면서도 대단히 유쾌하고 즐겁게 작업할 수 있었다.

쉽게 읽을 수 있는 교재를 위한 공동의 글쓰기에 필진들은 다음과 같은 몇 가지 전제들을 공동으로 설정했다.

첫째, 책의 제목처럼 산책을 나가는 가벼운 마음으로 읽을 수 있도록 가능한 한 어려운 용어들을 풀어서 썼다. 이러한 방식의 글쓰기가 정치학에서 쓰는 전문용어들을 제대로 알려주지 못할 수도 있지만, 우선 정치라는 현상에 대해 친밀하게 접근하기 위해서는 가벼운 글쓰기라야 한다는 결론을 내렸다.

둘째, 이러한 전제에 따르기 위해 인용한 글에 대한 각주를 모두 사용하지 않았다. 각주가 들어가면 학술 서적이라는 무거운 느낌이 들기 때문이다. 많은 부분 전문 서적에서 그대로 발췌하거나 요약했지만, 학술 서적이나 학술 논문처럼 출처를 일일이 밝히지는 않았다. 단지 인용하거나 참고한 글은 각 장의 끝 부분 '읽을거리'에 수록했다. 학술 서적은 어렵다는 인상을 극복하기 위한 결정이었음을 원저자 선생님들이 넓은 아량으로 이해해 주시리라 믿는다.

셋째, 상세한 설명이 필요한 인명이나 구체적 사건이 상당 부분 있지만, '쉬운' 글을 위해서는 가능한 한 짧은 글이어야 한다는 전제 아래, 특별한 설명을 넣지 않았다. 이 부분에 대해서는 강의하시는 교수님들의 개별적인 설명을 부탁드린다. 아울러 각 절의 끝에 핵심이 되는 내용을 정리하고, 중요한 개념에 대해서는 설명을 덧붙임으로써 시각적으로나 내용적으로 쉽게 이해할 수 있도록 했다.

정치는 희로애락이 담겨 있는 삶의 이야기다. 오늘 정치에 대한 불만과 분노의 마음이 생기더라도 내일은 즐거울 수 있는 것이 정치다. 매일의 즐거운 정치적 삶을 위해 준비한 이 책을 미래에 대한 희망과 기대를 저버리지 않는 우리의 젊은이들에게 선물로 드린다. 끝으로 이 책을 위해 애써주신 도서출판 한울 여러분께 감사를 표한다.

좋은 의도로 시작했지만 짧은 시간과 저자들의 부족한 능력으로 아쉬움이 많이 남는다. 그러나 후일 여러 선후배 동료들과 무엇보다 젊은 학생들의 기탄없는 비판과 충고를 재산으로 새로이 보완할 것을 약속드린다.

이제 즐거운 삶, 기쁜 정치를 위해 우리 함께 '정치학'으로의 산책을 나가볼까요?

2002년 7월

저자 일동

차례

제4개정판 서문 _4
제3개정판 서문 _6
제2개정판 서문 _9
개정판 서문 _11
초판 서문 _13

1부 정치란 무엇인가

01 산책을 나서며 _이병화 22
02 서양에서는 정치를 어떻게 생각했을까 _조광수 35
03 동양에서는 정치를 어떻게 생각했을까 _류태건 58
04 정치권력을 찾아서 _임석준 85

2부 정치과정과 정치발전

05 민주주의와 그 도전자들 _김홍수 106
06 어떤 정부형태가 좋을까 _김진기 131
07 정치라는 수레바퀴 _강경태 157
08 문화는 발전의 조건인가 _이대희 184

3부 세계화, 지방화 그리고 한국

09 세계화의 빛과 그늘 _이정호·차재권 210

10 지방화와 함께 가는 지방자치 _박재욱 247

11 국제정치의 관점들, 그리고 한반도 _김준형 271

4부 정치학, 그 영역의 확장

12 그 많은 여성들은 어디에 있을까 _황영주 306

13 왜 녹색정치인가 _이헌근 324

14 사이버 세상에서 '정치'하기 _김영일 350

찾아보기 _375

1부 정치란 무엇인가

01 산책을 나서며 _이병화

02 서양에서는 정치를 어떻게 생각했을까 _조광수

03 동양에서는 정치를 어떻게 생각했을까 _류태건

04 정치권력을 찾아서 _임석준

chapter 1

산책을 나서며

이병화

우수(憂愁)의 여신인 쿠라(Cura)가 어느 날 시냇가에 앉아 시름에 잠겨 있다가, 손으로 진흙을 짓이겨 이상스런 하나의 형상을 빚어냈다. 생명의 신인 주피터(Jupiter)가 지나가기에 그 진흙으로 만든 형상에 목숨을 불어넣어 줄 것을 간청했다. 주피터는 기꺼이 들어주었으나, 그 대신 자기 소유로 하길 요청한다. 그러나 쿠라는 이에 항변한다. 그렇게 다투고 있을 때 대지의 신인 텔루스(Tellus)가 나타나 그 진흙은 자기 몸의 일부분이므로 자기 소유가 되어야 한다고 주장했다. 마침내 심판관 사투르누스(Saturnus)가 와서 다투고 있는 그들에게 심판을 내린다.

"모두 공평히 제 몫을 찾을지어다. 운명의 높은 뜻이 그리 원하므로 이 갓난아이에게 생명을 선사한 자 주피터여, 그대는 그가 죽으면 영혼을 다시 찾아가라! 그리고 텔루스, 그대는 그가 죽으면 해골을 다시 찾아가라. 너의 것은 그것밖에 없다. 그리고 아기의 어머니인 쿠라여, 그대는 그가 목숨이 붙어 있는 동안 맡으라. 이 갓난아이는 무덤에 들어가는 그 순간까지 매일매일 너를 닮은 채 시름에 잠겨서 지낼지어다."

운명의 선언은 이것으로 끝났다. 흙(humus)으로 된 그 형상은 이때부터 인간(homo)이라고 불리게 되었으며, 인간은 살아 있을 때는 우수에, 죽은 후에는 흙과 신에 속하는 피조물로 탄생했다.

이 신화는 우리에게 무엇을 생각하게 하는가? 그것은 다름 아닌 "인간이란 무엇인가"라는 것이다. 인간은 '흙에서 태어난' 자연적 존재이기도 하지만, 다른 자연의 피조물과는 달리 '영혼이 있고', 또한 살아가면서 '우수에 잠겨야' 하는 존재다. 따라서 인간을 자연적·정신적·사회적 존재로 설명할 수 있다. 혼자서는 살아갈 수 없는 사회적 존재로서 인간은 '정치'라는 행위를 통해서 사회를 형성하고 유지하면서 살아간다. 정치가 잘되면 인간은 안정되고 행복한 삶을 누릴 수 있지만, 그 반대의 경우에는 '우수에 잠겨' 살아갈 수밖에 없는 것이다.

1. 마을을 지나서

사람 사는 세상

'인간은 사회적 존재'라는 명제는 인간이 고립된 존재가 아니라, 언제나 타인과의 교류 속에서만 살아갈 수 있다는 사실을 강조한다. 그런데 인간이 타인과 교류할 때, 상호 이해와 조화뿐만 아니라 대립과 반목이 빈번하게 나타난다.

예를 들어 가정에서 가족 간의 관계를 생각해 보자. 형제간에 우애가 있어서 별일 없이 잘 지내면 그것으로 아무런 문제가 없다. 그런데 어느 날 맛 좋은 피자 하나를 여러 형제가 나눠 먹게 되었다. 배가 아주 고픈 어린 동생은 자기가 좀 더 많이 먹어야 한다고 떼를 쓴다. 다른 동생은 자기는 키도 크고 몸무게가 많이 나가니 좀 더 먹어야 한다고 말한다. 또 다른 형제는 지난번에는 자기가 먹지 못했으니 이번에는 자기가 더 많이 먹어야 한다고 강변한다. 또 어떤 형제는 자기가 피자를 구해왔으니 자기에게 나눠 줄 권리가 있다고 주장한다. 이렇게 다툼이 시작되면 부득이 맏형이 나설 수밖에 없다. 맏형의 판단을 다른 형제들이 모두 수용하면 다툼은 끝나겠지만, 맏형도 자기가 나눠 주는 권리 행사의 대가를 가지려고 한다. 다른 형제들이 이에 불복하고 결국은 어머니나 아버지를 찾아가서 호소해야 할 판이다. 이때 부모가 권위를 가지고 지시하게 된다. 모두 복종하면 피자 사건이 종결되고 사이좋은 형제관계로 돌아간다. 부모의 결정에 일단 동의하고, 형제간에는 조화와 질서가 회복되는 것이다. 이게 바로 정치다. 사건이 종결되고 나서, 부모는 피자를 좀 더 넉넉하게 마련하거나 사이좋게 잘 나눠 먹을 수 있는 새로운 규칙을 만들어서 같은 사건이 재발되지 않도록 한다. 이것 또한 정치의 중요한 존재 이유다.

인간관계가 궁극적으로 지향하는 것이 안정과 조화라고 하지만 현실상황에서는 분열과 갈등이 지속되고 있다. 갈등은 인간사회의 일반적인 현상인가? 인간사회는 어떻게 창조되고 유지되며 지속되는가? 이와 관련해서 홉스(T. Hobbes)는 '이기적인 인간의 사회에 왜 질서 있는 사회가 창조·유지·변화되는가?'라는 질문을 던졌다.

이 질문에 대한 대답으로 인간의 대립과 갈등, 모순 자체가 질서를 만드는 본질이라고 보는 시각이 있다. 자연과 사회에는 대립과 모순이 섞여 있어서 갈등이 보편적 현상이라는 것이다. 이러한 서로 상충되는 요소들의 갈등이 부단하게 생성·변화하는 곳이 인간세상이다. 여기서 우리는 대립과 모순이 통일과 조화를 구성하는 본질적 요소임을 알 수 있다. 자석이 그 기능을 다하려면 남극과 북극이 동시에 있어야 하는 것과 같은 이치다.

한마디로 인간사회에는 갈등과 조화, 다툼과 평화가 언제나 존재한다. 이에 따라 다툼을 종식하고 평화를 만들려는 인간의 노력도 지속되어 왔다. 평화는 다툼보다 생산적이다. 왜냐하면 평화로운 사회에서만 미래 지향적인 공동체를 창조할 수 있기 때문이다.

사람은 본래 정치적 동물이다

정치는 두 가지 면으로 설명된다. 그 하나는 갈등을 해결하고 다툼을 종식하는 '갈등 해소로서 정치(politics as conflict-resolution)'이며, 다른 하나는 미래의 공동체를 만들어가는 '공동체 형성으로서 정치(politics as community- building)'다. 그러므로 인간사회에는 정치라는 행위가 필요하다. 그것이 있어야 갈등을 해소하고 질서를 만들며, 미래로 진보하여 바람직한 인간 공동체를 형성할 수 있다. 이런 점에서 정치는 인간사회에서 필요한 조건이라기보다는 삶 그 자체라고 보는 것이 타당할 것이다.

정치의 개념을 좀 더 명확하게 파악하기 위해서는 '인간은 정치적 동물'이라는 말의 진정한 의미를 이해해야 한다. 왜 인간과 인간은 투쟁하는가? 왜 인간사회에는 갈등과 조화, 다툼과 평화가 항상 혼재하는가? 인간은 동물적 욕구에서부터 천사와 같은 정신에 이르는 다양성을 지니고 산다. 그러므로 파스칼(B. Pascal)은 "인간은 천사도 아니요 금수도 아니다. 그런데 불행한 것은 천사의 흉내를 내려는 자가 금수의 흉내를 내곤 한다"라면서 인간을 중간자로 봤다.

동물의 세계에도 본능적인 질서는 존재한다. 그러나 인간사회와 같은 정치현상은 불가능하다. 오직 인간만이 정치적인 동물임에 틀림없다. 아리스토텔레스는 인간이면서 동시에 동물의 속성을 지닌 인간을 '정치적 동물'이라는 말로 표현했다. 정치는 인간사회에 반드시 필요하고 인간사회에서만 가능한 현상이며 따라서 인간은 천성적으로 정치적 동물이라는 말이다.

정치적 동물인 인간의 사회에는 반드시 권력이 발생한다. 왜냐하면 인간의 본성 속에는 지배하고자 하는 심리가 작용하고 있고, 여기에 더해 자원과 가치의 희소성이 인간사회에 피라미드식의 권력구조를 만들기 때문이다. 다시 말해 인간사회에는 정치가 있고, 정치가 있는 곳에 권력이 존재하며, 그 권력이란 것이 바로 인간 속성에 해당한다. 따라서 인간은 '정치적 동물'이라는 아리스토텔레스의 말은 명언임에 틀림없다.

POINT

1. 인간은 사회적 존재다.
2. 갈등과 조화는 인간사회의 원래 모습이다.
3. 정치는 갈등 해소의 정치와 공동체 형성의 정치로 설명할 수 있다.
4. 인간은 정치적 동물이다.

2. 공원 안으로 들어가기

정치라는 이름을 가진 공원으로 들어가 보자. 공원 벤치에는 신문을 읽고 있는 이들이 보인다. 그들이 읽고 있는 신문의 1면은 정치 이야기로 장식되어 있다. 또 작은 라디오를 들으면서 조깅을 하는 사람도 있다. 그 라디오에서도 역시 정치문제가 보도되고 있다. 기다란 의자에는 사람들이 마주앉아서 정치 이야기에 열을 올리고 있다. 어떤 입후보자가 막대한 선거자금을 썼고, 어떤 인물은 부정을 저질렀으며, 누구의 자식이 뇌물을 거두어 들였다느니 하는 그런 일로 목청을 높인다. 정치인이란 하나같이 당선되고 나면 바로 권력을 휘두르고, 그리고는 부패·타락·모략·중상만 하는 참으로 혐오스러운 인물들뿐이라고 비난하기도 한다. 차라리 그런 인물들이 하는 정치라는 것이 없으면 온 세상이 평안할 것이라고 생각하기도 한다.

그러나 정치, 정치인이 없다면 나라 전체가 어떻게 될까? 우리는 나라가 망해 주권을 상실하고 남의 나라에 예속되었다가, 조국의 해방을 위해서 생명을 내놓고 투쟁해 본 민족이다. 지금도 잘 살아가던 나라에서 그만 정치가 잘못되어 국민들이 굶주리고 시달리며, 여자들이 다른 나라 남자들의 노리개가 되는 비참한 모습을 해외 뉴스를 통해 종종 본다. 이것은 정치가 우리 인간사회에 매우 중요한 부분이라는 것을 잘 보여주는 예다.

인간생활 이해하기

인간사회에서 참으로 중요한 이 정치를 이해하기 위해서는 인간의 본질뿐만 아니라 인간생활의 본질을 이해해야 한다. 왜냐하면 정치라는 것은 다양한 인간생활의 한 단면이기 때문이다. 그렇다면 인간생활의 다양한 모습은 무엇인가? 인간의 생활현상은 정치·경제·종교·사회·예술 등 많은 분야에서 나타난다. 러셀(B. Russell)의 설명에 따르면 인간의 생활현상은 세 가지 투쟁으로 나타난다고 한다. 첫째, 인간과 자연의 투쟁이다. 이것으로부터 인간은 자연과학의 발달을 성취했고, 물질문명을 발달시켰다. 둘째, 인간과 인간 자신과의 내부 투쟁이다. 이로부터 인간은 종교·예술 등의 정신문화를 발달시켰다. 셋째, 인간과 다른 인간과의 투쟁이다. 이러한 투쟁을 종식하고 평화와 질서를 확립하려고 할 때 인간사회에는 정치라는 현상이 나타난다. 다시 말하면 인간사회의 다양한 정치제도의 발달은 이 문제를 해결하려는 인간의 자구노력의 결과다. 그러므로 정치는 인간과 인간의 투쟁을 조정하여 사회질서를 확립하는 인간의 생활현상이라고 할 수 있다.

정치의 필요성 이해하기

그렇다면 왜 정치가 필요한지 좀 더 구체적으로 생각해 보자.

첫째, 사회를 존속시키기 위해서 정치는 있어야 한다. 사회가 존속하려면 무슨 요건이 필요할까? ① 사람이 있어야 한다. 사람들의 집단인 사회와 어느 정도의 질적 수준을 갖춘 일정한 수의 사람이 요구되는 것이다. ② 개인 간의 기능분화가 있어야 한다. 즉 다양한 직업의 분화, 건전한 직업의식이 존재할 때 사회는 존속한다. 이러한 개인 간의 기능배분을 하는 행위가 바로 정치다. ③ 물품과 노역의 생산·분배가 있어야 한다. 그러므로 민생은 정치의 기본이다. ④ 모든 구성원의 사회화가 필요하다. 사회화란 자연적 인간이 사회적 인간으로 바뀌는 것을 의미한다. 구성원을 사회화시키는 기능은 정치의 중요한 부분 가운데 하나다.

둘째, 반사회적 행위를 통제하여 사회질서를 유지하기 위해서 정치는 있어야 한다. 모든 인간이 합리적인 것은 아니다. 그리고 어떤 인간도 언제나 합리적일 수는 없다. 그러므로 인간사회에는 반드시 반(反)사회적 행위가 나타난다. 이러한 반사회적 행위를 통제하지 못하면 사회는 붕괴한다. 사회가 계속 존속하려면 이러한 반사회적 행위를 통제하는 기능이 필요하다. 그것이 바로 정치다.

셋째, 모든 사람이 갈망하는 이상사회로 진보하기 위해서라도 정치는 있어야 한다. 정치는 구성원들이 현실에서 직면하는 공통의 문제를 해결하고, 좀 더 이상적인 사회를 창조하는 능동적인 집단행위이기도 하다. 이러한 집단행위에는 지도력이 있는 지도자의 방향 제시와 통합 능력이 작용한다. 이를 '리더십'이라고 한다. 지도자는 그 사회의 문제를 정확하게 파악하고 구성원들이 갈망하는 바를 실현시키려는 강한 사명감과 봉사정신이 있어야 한다. 그러한 지도자를 선출해내는 노력이 바로 정치과정이다.

요약하면, 정치는 인간사회의 질서 유지를 목적으로 폭력과 사기 등을 통제하고 파괴적 충동을 억제한다. 정치는 모순·대립·분열로 고민하는 인간이 자신들을 구제하기 위해 행사하는 최고·최선의 기술이요, 방법이라고 할 수 있다. 또한 정치는 사람들이 생각하는 이상적인 사회를 향해 진보하게 만드는 인간행위이기도 하다. 그러한 의미에서 '정치는 하나의 종합예술'이라고 하겠다.

개념의 변천사 이해하기

정치라는 단어는 언제 어디서 비롯되었을까? 정치의 개념을 파악하기 위해 '정치'라는 말의 어원과 시대에 따라서 변화된 그 말의 뜻을 이해해 보자.

플라톤은 정치를 인간 영혼의 최고선을 도시공동체 안에서 실현시키려는 것이라고 했고, 아리스토텔레스는 정치적 동물인 인간이 사회 전체(당시의 도시국가인 폴리스)의 선을 실현하는 일이라고 했다. 이처럼 서양에서는 고대 그리스의 폴리스(polis) 내에서의 특정한 활동을 정치라고 지칭하여 'politics'라고 했다. 반면에 공자는 '政者正也(정자정야)'라 하여 정치를 '바르게 잡는' 것이라고 보았다. 그래서 교화(敎化)와 양민(養民)을 정치의 중요한 방법으로 간주했다. 맹자는 정치의 본질로서 백성을 위할 것을 강조했고, 한비자는 법치[法]에 기반을 둔 군주의 다스림[術]과 통치권력[勢]을 강조했다.

근대에 이르러서 마키아벨리(N. Machiavelli)는 정치를 권력현상으로 보고 정치를 종교나 윤리에서 분리시켰다. 그를 근대 정치학의 시조라고 하는 이유가 바로 여기에 있다. 모어(T. More)는 사유재산을 철폐한 자치공동체를 주창했으며, 홉스는 정치란 강력한 지배자의 통치를 통해 질서를 유지하고 개인의 생명과 재산을 보존하는 일이라고 했고, 로크(J. Locke)는 개인들의 동의에 바탕을 둔 제한적인 정부의 수립을 정치의 핵심적인 요소로 보았으며, 벤담(J. Bentham)은 개인의 이익을 중시하는 공리주의, 즉 최대 다수의 최대 행복을 추구하는 입법을 정치라고 보았다. 루소(J. J. Rousseau)는 일반의지를 반영하는 정치공동체를 말했고, 마르크스(K. Marx)는 정치를 상부구조로 파악하면서 "인간의 물질적 생산력의 발달단계에 상응하는 생산관계의 총체적 합"으로 규정했다. 라스웰(H. Lasswell)은 정치란 권력획득에 초점을 둔 것이라고 했다. 현대에 이르러서 다양한 정치의 개념들을 체계라는 개념으로 통합하여 인식한 이스턴(D. Easton)은 정치를 '가치의 권위적 배분'이라고 했다. 이처럼 시대에 따라 정치를 표현하는 관점은 다르지만, 궁극적으로 정치란 인간사회의 다양한 이해와 기대를 조정하고 사람들의 협동과 질서를 확립하여 좀 더 나은 사회를 확립하려는 권력활동을 의미한다.

POINT

1. 정치는 사회를 존속시키는 기능이 있다.
2. 정치는 반사회적 행위를 통제하고 사회질서를 유지하는 기능이 있다.
3. 정치는 구성원들이 갈망하는 이상사회를 창조하는 기능이 있다.
4. 정치의 개념을 이해하기 위해서는 인간과 사회의 본질을 먼저 이해해야 한다.
5. 정치의 개념은 시대에 따라 변했다.

3. 공원에서의 즐거운 산책

공원에는 풀, 나무가 많다. 아름드리 굵은 나무는 오랜 세월을 살아온 무게가 있다. 연못가의 작은 풀들은 부끄러워하는 소박함이 아름답다. 공원 한 구석에는 세계 각국에서 온 희귀한 동물들이 살고 있다. 사람들도 많다. 아이들이 부모의 손을 잡고 즐거워한다. 오래된 건물 돌계단에서는 한 노인이 앉아서 졸고 있다. 벤치에는 젊은 연인이 서로를 꼭 껴안고 있다.

이처럼 공원의 풍경은 다양하다. 정치학 역시 이 공원의 풍경처럼 다양한 것이다. 기나긴 역사를 거치며 정치 현상을 연구한 다양한 내용이 하나의 정치학 공원을 만든 것이다. 이제 정치학 공원에서 즐거운 산책을 해보자.

정치학 공원의 역사

정치 현상을 분석하여 해석하는 정치학의 역사는 인류사의 흐름과 맥을 같이했다. 왜냐하면 정치 현상이란 자연현상이 아니라, 인간이 만든 사회현상이기 때문이다. 인간사회의 발전과 관심의 변천이 바로 정치학의 역사다. 시대에 따라서 정치 현상에 대한 관심 영역의 설정과 그 해석이 다르게 나타났던 것이다. 이제 그 정치학의 역사를 살펴보자.

먼저 정치학의 기원은 고대 그리스에서 찾을 수 있다. 따라서 정치학의 역사는 약 2,000년 이상을 거슬러 올라간다고 할 수 있다. 정치(politics)라는 용어도 당시의 도시국가(polis)라는 말에서 비롯되었다는 것은 앞에서 이미 살펴봤다. 정치학의 시조인 플라톤과 아리스토텔레스는 모두 그리스 철인들이다. 플라톤은 『국가론』에서, 아리스토텔레스는 『정치학』에서 정치의 목적이 이상적인 국가 건설이라는 사실을 설명했다. 또한 정치를 넓은 의미로 해석하여 사회와 동일시했으며, 공동사회 내에서의 인간관계 자체를 정치라고 했다.

로마시대는 그리스 사상과 헤브라이 사상을 융합·섭취함으로써 오늘날 서구사상의 기본적 윤곽을 정립한 시기였다. 로마는 도시국가의 혈연(血緣)사회적 성격에서, 주변의 이민족을 합병·정복하면서 지연(地緣)사회적 성격으로 변모했다. 따라서 로마의 정치학은 범세계주의적인 인간관과 혼합적 성격을 지니게 되었다. 이 시대에는 정치제도와 정치기능에 관심이 집중되고, 정치학이 법률학의 성격을 띠게 되었다. 당시 폴리비우스(Polybius)는 로마의 정치제도와 통치형태를 고찰함으로써 이미 이 시기에 견제와 균형을 모색하는 정치사회 조직을 구상하기도 했다.

중세시대에는 국가보다 교회가 우위에 있었기 때문에, 정치학이 신학의 일부가 되었다. 중세의 대표적인 학자 가운데 한 명인 아퀴나스(T. Aquinas)는 신의 섭리가 지배하는 우주의 유기적인 부분이 국가라고 주장하여, 이 시기의 정치학은 신학적인 요소가 다분히 나타남을 보여준다.

16~18세기의 정치학은 종교개혁과 문예부흥에 힘입어서 신학으로부터 독립하여 현실 그대로의 정치 현상을 설명·비판하는 학문으로 등장했다. 따라서 이 당시의 정치학은 이상 추구가 아닌 현실 비판과 설명의 학문으로 자리잡기 시작했다. 마키아벨리는 『군주론(The Prince)』(1532)에서 국가(state)라는 용어를 처음으로 사용하면서 인간과 정치, 그리고 정치권력이 지닌 특성과 객관적 법칙 등을 설명했다.

19세기 정치학의 연구대상은 국가와 정부제도가 대부분이었다. 그중에서도 국가론 연구는 16세기에 시작해 19세기 독일에서 절정을 이뤘다. 그리하여 공식적인 헌법기구로서 국가 연구는 제1차 세계대전까지 정치학의 핵심 과제였다. 제도학파라고 불리는 사람들은 19세기 말부터 정치 현실에 대한 제도적 분석을 강조했다. 그들은 법이나 제도가 이상적이면 정치도 이상적으로 행해질 것이라는 가정 아래서 출발했다. 인간이 제도에 영향을 미치기보다는 인간은 제도에 자동적으로 적응한다는 것이 그들의 생각이었다. 따라서 제도학파는 정부기구를 연구하는 것을 정치학의 중요한 과제로 생각했다.

20세기 초부터는 정치학의 연구대상이 국가에서 사회로, 제도적 분석에서 과정적 분석으로 그 초점이 옮겨졌다. 과거의 국가·법률·제도 등에 대한 정태적 연구에서 정치를 개인과 집단의 활동·행위·기능으로 해석하는 동태적 정치과정이 관심의 대상이 되었다. 이러한 현상은 자본주의 발달로 인한 이익의 분화, 집단의 폭발적 증가현상에서 비롯한 사회적 관계의 다원화와 복잡화 때문이다. 영국에서 처음으로 대두되고 전파된 정치적 다원주의 연구에서는 사회집단의 출현에 의한 사회변동을 기초로 정치 현상에 대한 경험적 연구를 했다. 그 후 과학적 정치학을 지향하는 행태주의자들은 개인과 사회집단의 실증적·동태적 정치과정과 정치행태를 연구했다.

정치학 공원에서의 산책

그런데 우리는 무엇 때문에 정치를 공부하는가? 정치학이 어떤 학문이기에 열심히 공부할 가치가 있다는 것인가? 그 대답은 간단하다. 정치학은 권력 비판의 학문이며, 사회 조직과 운영의 원리를 제시하고, 그 사회 역사의 발전 목표를 설정하는 학문이기 때문이다. 이러한 정치학의 사명을 다른 말로 하면, 인간의 삶과 그 삶을 영위하는 공동체에 대한 성찰이다.

먼저 정치학은 정치권력을 비판하는 학문이다. 사회과학의 한 분과인 정치학은 사회에 대한 관심에서 시작한다. 사회에 대한 관심은 현재 사회의 문제를 알고 이를 해결해 보려는 의욕을 의미한다. 사회문제를 깊이 있게 들여다 보면 그곳에는 반드시 정치권력이 관련되어 있다. 그리고 권력의 형성이나 행사가 잘못되었을 때 사회문제가 발생한다는 것을 알게 된다. 따라서 정치학은 언제나 정치권력의 왜곡을 감시·비판하는 학문이 되어야 한다. 여기서 권력의 왜곡이란 지배자나 지배집단의 권력 행사가 독선, 부패, 타락, 무능, 태만 등에 빠져서 피지배자들의 동의를 상실하게 되는 것을 말한다. 피지배자들의 동의를 상실한 정치사회에는 위기상황이 전개된다. 이러한 경우에는 현실 변혁을 추구하는 '위기의 정치학'이 주류를 이룬다. 그리고 이때에는 정치권력에 대한 비판 기능이 정치학의 가장 중요한 과제가 된다.

둘째, 정치학은 사회를 경영하는 학문이다. 지도자나 그 지배집단이 피지배자들의 지지와 동의를 얻고 있는 상황에서의 정치학은 사회를 좀 더 합리적이고 민주적이며 효율적으로 운영해가는 방법을 연구하고 그 방안을 제시할 수 있어야 한다. 이는 정치과학적 입장에서 보는 정치학의 사명이다. 따라서 이러한 관점에서 보면 정치학의 목적은 정치 현상을 포괄적이고도 체계적으로 설명해 줄 수 있는 설명력을 지닌 이론을 수립하는 데 있다고 할 수 있다. 이스턴은 정치학의 목적이 정치체계의 유지나 변화에 작동하는 조건들을 파악하고 설명하는 데 있다고 했다. 정치학은 이와 같은 서술과 설명을 통해 정치의 기능이 정상적으로 작동할 수 있도록 해야 한다.

마지막으로, 정치학은 이론과 실천을 동시에 추구하는 학문이다. 위에서 우리는 정치학의 사명을 권력 비판의 정치철학적 입장과 사회 경영의 정치과학적 입장에서 분석해 봤다. 이 두 가지 사명이 반드시 서로 배타적이라고 볼 수는 없다. 오히려 정치학의 권력 비판과 사회 경영이라는 두 가지 사명을 어떻게 결합하느냐가 과제로 남는다. 그 결합의 방식은 역동적이다. 즉 사회에 대한 현실비판을 통해서 미래의 방향을 설정하고 그에 따라 사회 경영의 실천 과제를 결정한다. 다시 말해 현실을 분석하는 이론과 사회를 경영하는 실천을 동시에 추구하여 좀 더 진보된 정치사회를 창조하려는 것이 정치학의 진정한 사명이라고 할 수 있다.

요약하면 정치학이란 사회 경영을 위해 정치 현실을 분석하여 설명하려는 과학적 활동인 동시에, 권력을 비판하고 정치 현실을 개선하려는 실천적 활동을 추구하는 학문이어야 한다. 그리하여 사회를 이상적인 방향으로 창조해가는 것이 정치학의 진정한 사명이라고 할 수 있다. 꿈이 있는 젊은이들은 바람직한 정치사회를 만들어야 한다는 사명감으로 정치 현실을 분석하고 비판하는 자세를 잃지 말아야 할 것이다.

POINT

1. 정치학은 권력 비판의 학문이다.
2. 정치학은 사회 경영의 학문이다.
3. 정치학은 이론과 실천을 동시에 추구하는 학문이다.

□ 심화학습을 위해서

『삼국지』나 『대망』 같은 소설은 정말 재미있다.

최인훈의 『광장』; 조지오웰의 『동물농장』; 조세희의 『난쟁이가 쏘아 올린 작은 공』

김형석. 1997. 『서양철학사 100장면』. 가람기획.

이극찬. 2001. 『정치학』. 법문사.

이병화. 1997. 『정치이론과 한국정치』. 세종출판사.

Chilcote, Ronald. 1981. *Theories of Comparative Politics: The Search for a Paradigm*. Colorado: Westview Press.

Dahl, Robert. 1984. *Modern Political Analysis*, 4th ed. N.J.: Prentice-Hall.

Easton, David. 1965. *A Framework for Political Analysis*. N.J.: Prentice-Hall.

chapter 2

서양에서는 정치를 어떻게 생각했을까

조광수

1. 정치와 정치사상

별다른 뉴스가 없으면 정치가 잘 되어간다는 증거다. 정치란 원래 이렇듯 수수한 것이다. 사실 너와 내가 포도 한 송이를 기분 좋게 나눠 먹고 끝난다면 그건 그 자체로 그냥 이상정치다. 문제는 그 포도송이를 내가 좀 더 먹자는 데서 생긴다. 나는 내가 더 먹고 싶고 너는 네가 더 먹고 싶어 서로 다투다가, 결국 존경하는 이웃집 영감님께 가서 해결을 부탁하고 그분의 분배 결정에 양쪽이 다 흔쾌히 따른다면 그것도 이상정치다. 물론 이 경우는 두 사람이 사이좋게 나눠 먹고 끝난 것과는 좀 다르다. 우선 너와 내가 이웃집 영감님께 포도를 들고 간 것은 권위에 의탁하는 행위다. 그리고 그 영감님이 몸무게가 더 나가는 나에게 좀 더 많은 포도 알을 주시고 그 분배에 대해 네가 기꺼이 수긍했으면 그건 영감님이 모양 좋게 권력을 행사하신 것이다. 이 정도로 포도 사건이 해결되었다면 준수하다. 이상정치의 담백함과 수수함이 이런 것이다. 문제는 사람이란 이렇게 욕심 없는 우아한 존재가 아니라는 데 있다. 내가 너보다 몸이 더 크니까 더 먹는다는 결정에 대해, 너는 그 포도를 처음 발견한 것이 누구냐고 주장하거나 또는 혼자인 나보다 아내와 아이까지 챙겨야 하는 네가 더 절실하다는 이유를 들면서 분배 기준을 다시 설정할 것을 요구하는 것이 현실이다. 더 가관인 것은 점잖아 보이던 그 영감님까지도 자신의 권력행사에 대한 대가를 요구하며 포도송이에 대한 일정 지분을 주장하고 나서는 것이다. 현실 정치는 사실 이런 모습이다.

이렇듯 정치는 기본적으로 의견의 불일치와 관련이 있고, 제한적인 자원을 권위 있게 분배하는 과정이기도 하다. 그리고 정치사상이란 이 정치적 불일치 또는 분배의 기준 결정이 해소나 중재의 방법으로 매듭지어지지 않을 경우 대두되는 것이다. 예를 들어 시대착오적이지만 아직도 곳곳에서 느껴지는 백인 우월주의를 살펴보자. 피부 색깔이나 인종과 관계없이 고용에서 평등한 기회를 보장한다는 법조문은 이미 있다. 그럼에도 유색인종이 백인과 동일한 조건에서 고용 기회를 못 얻는 것이 엄연한 현실이다. 미국의 경우, 20대 흑인 남자 네 명 가운데 하나가 감옥에 있거나 집행유예 상황이다. 흑인 인구가 전체 인구의 10%가 넘는데도 미국 첨단과학의 산실 가운데 한 곳인 NASA에서 흑인 남성 과학자를 찾아보기는 가물에 콩 나기보다 어렵다. 거의 대부분이 백인 남자들이고 아시아계가 드문드문 끼어 있을 뿐이다. 다분히 사회구조적인 현상이다. 이런 현실에 대해 당연한 것이라고 생각하는 사람과 고쳐야 한다고 여기는 사람 둘이 논쟁한다고 가정해 보자. 처음에 이 두 사람은 이해관계나 사실에 입각해서 각자의 논리를 세울 것이다. 우선 인종 통합론자는 사람은 누구나 평등하게 태어났고 동등한 기회를 부여받는 것이 당연하기 때문에 차별당하는 사람들의 아픔과 질곡을 당장 종식해야 한다고 주장할 것이다. 이에 대해 차별론자는 백인의 우월성을 강변하면서 강제적으로 시행된 기회의 평등은 오히려 개인의 권리를 침해할 뿐이라고 주장할 것이다. 이런 공방은 끊임없이 계속되고 점차 갑론을박 과정이 격화되면서 좀 더 본질적인 영역으로 확대된다. 이해관계나 사실 인식에서 비롯된 논쟁이 결국 인간의 본성이라든지 세상 이치 같은 보편적인 차원으로 승화되는 것이다. 이 대목에 이르면 두 사람은 각자 자신의 주장과 논리를 지탱해 줄, 좀 더 지적이고 설득력 있는 철학적 무기를 추구하게 된다. 그러면 과연 어디에서 유용한 탄약을 구할 수 있을까. 물론 잘난 친구에게 물어볼 수도 있고, 인터넷 검색을 통해 평론이나 논문을 구해볼 수도 있고, 정치학 강의에 귀를 기울여 볼 수도 있다. 어떤 방법으로든지 그들이 참고하는 자료는 곧 정치적 문제에 대한 지적 고민들을 모아놓은 문헌들이다. 그리고 이 문헌은 예민함과 열정을 겸비한 사상가들의 통찰이 잘 다듬어진 언어로 표현된 것이다. 정치사상이란 정치 문제에 대한 고도로 훈련된 연구고찰을 의미한다. 이렇듯 정치적 논쟁이 최고 수준에 도달하는 것, 이것이 바로 정치사상이다. 이와 같은 의미의 정치사상은 우연히도 동서양 모두 기원전 6세기경에 공통적으로 생겨났다. 서양에서는 오늘날 그리스 지역의 도시국가에서 생겨났고, 동양에서는 중국의 이른바 선진시대 제자백가들에게서 나타났다.

이 장에서는 동서양의 정치전통 가운데 서양의 정치전통을 다룰 것이다. 본론으로 들어가기 전에 두 가지 사항을 분명히 했으면 좋겠다. 우선 보편성과 특수성 사이의 균형을 잡아야 한다. 이를테면 서양 사람들은 권리의식에 민감하고 동양 사람들은 의무감이 대단하다. 서양인들에게는 기독교 전통 때문에 양심의 소리를 중시하는 죄의식 문화가 있는 데 반해 동양인들은 유가의 전통 때문에 인간관계와 체면을 중시하는 수치 문화가 있다. 서양인들은 직선적인 사고 때문에 농업보다는 공업에 유리하고, 동양인들은 순환적인 사고 때문에 공업보다는 농업에 유리하다. 그리고 인류의 장래는 이제 공농문명에서 농공문명으로 전환해야 지속 가능한 개발을 계속할 수 있다는 등등의 얘기를 자주 듣는데 이것은 옳기도 하고 그르기도 하다. 사람인 이상 동서양이란 공간을 넘어 그리고 고대와 현대라는 시간을 격해 변하지 않는 공통점이 있다. 그런가 하면 동서양을 구분하는 차이 또한 분명히 있다. 하지만 그 차이란 결국 상대적인 수준이다. 그 차이에 몰두해서 '왜?'라는 문제에 집착하면 작은 깨달음은 얻을 수 있을지 모른다. 정의와 공동체의 문제는 플라톤과 아리스토텔레스 시대에 이미 논의가 되었는데, 자유의 문제는 왜 근대에 와서야 등장했을까? 유가 사상은 왜 전제 군주들의 사랑을 받았으며 어떻게 2,000년이 넘도록 통치이데올로기로 작용할 수 있었을까? 이런 '왜?'에 대한 대답을 발견하는 것도 보람이다. 하지만 학문이란 이 단계에서 하나 더 올라 동서양을 비교하는 차원, 나아가 상상력을 발휘해서 물구나무를 서건 아니면 삐딱하게 보건 아무튼 자기의 고유한 관점이 생기는 창조의 단계까지 가야 비로소 완성되는 것이다. 정치사상 공부는 우리에게 창조의 단계로 나가는 데 절실한 상상력을 제공해 주는 기능을 한다. 이것은 20년 전에 쓴 일기장을 읽고 있는 중년 남자의 경험에 비유할 수 있다. 묵은 일기를 보았다고 해서 당면한 문제가 금방 해결되지는 않을 것이다. 하지만 적어도 새로운 충전 에너지는 얻게 된다. 정치사상 공부의 효용은 무미건조한 정보를 얻는 것이 아니라, 영감이나 자극을 받는 것이다. 적어도 정치사상을 공부하려는 사람이라면 이 정도의 욕심은 있어야 한다. 최악의 경우 가다가 아니 가면 간 만큼은 보람이니까.

다음으로는, 중요한 정치적 개념들을 고유명사로 파악하는 안목을 갖자는 얘기를 하고 싶다. 우리가 흔히 마음 편하게 사용하는 자유니 평등이니 비판이니 정의니 하는 용어들은 사실 다 고유명사들이다. '자유'란 말은 로크의 고유명사로 당시 새롭게 일어나고 있던 시민계급의 재산권을 보호해 주기 위해 만든 개념이다. 절대왕권으로부터의 자유, 이것이 자유의 출발이었다. 물론 자유라는 개념은 이후 권력에 참여하는 자유인 참정권을 거쳐 권력에게 요구하는 자유인 복지권으로까지 발전해 오고 있다. '비판'이란 용어는 칸트(I. Kant)의 고유명사다. 기존의 가치관을 윤리성과 당위성에 투영해서 반성적으로 생각하는 것, 이것이 비판이다. 이른바 신좌파라 불리는 비판이론가들이

이 개념을 지금도 계속 사용하고 있다. '사람은 정치적 동물이다.' 이건 아리스토텔레스의 고유명사다. 아리스토텔레스는 두 가지 의미에서 이 말을 했다. 우선 사람이 사람다워지려면 당시의 공동체 형태인 도시국가 안에서 개인과 개인 간에 그리고 개인과 공동체 간에 친밀한 의사소통을 해야 한다는 뜻이다. 다음으로 정치란 경제 문제를 포함한 일상적인 일에서 해방된 성인남자들이 공동체의 광장에 모여 좀 더 의미 있는 일, 즉 대형건축이라든지 전쟁이라든지 시와 웅변 같은 일을 함께 논의하는 것이란 뜻이다. 사람은 정치적 동물이란 말은 이런 의미로 만들어진 아리스토텔레스의 고유명사다. 당대 최고의 지성 가운데 한 명인 하버마스(J. Habermas)가 동서양의 전통을 망라해서 어렵게 연구해낸 의사소통이론이란 것도 결국 아리스토텔레스 이후 잃어버린 친밀한 공동체를 되찾자는 노력의 하나다. 모든 정치적 개념을 고유명사로 파악하려는 노력은 동양의 경우도 예외가 아니다. 예를 들어 '추진하다' 할 때의 '推(추)'라는 개념은 유가의 고유명사다. 유가는 개인의 인격적 완성과 사회에 나와 통치계층으로 일하는 것은 서로 연결되어 있는 일련의 과정이라고 여겼다. 지식과 인격의 사회화, 그것이 바로 '推'이다. 동양이든 서양이든 정치사상을 공부하는 요령 하나가 곧 모든 정치적 개념을 고유명사로 파악하는 것이다.

이런 무장을 기초로 해서 이제부터 서양의 정치전통 가운데 몇 가지 특징을 정의와 엘리트, 평등, 자유와 권리, 권력과 권위 등의 개념으로 간단히 설명할 것이다.

POINT

1. 정치는 기본적으로 의견의 불일치와 관련이 있다.
2. 의견의 불일치를 해결하는 방법은 해소, 중재, 승화 세 가지다.
3. 정치사상은 정치적 논쟁이 최고 수준에 이른 승화의 단계에서 등장한다.
4. 정치사상은 우연찮게도 동서양 모두 기원전 6세기경에 나타난다.
5. 정치사상을 공부하는 요령 가운데 하나는 모든 정치적 용어를 고유명사로 파악하는 것이다.

2. 정의와 엘리트

애절한 주제곡과 뱃머리에서의 러브신이 인상적이었던 제임스 카메룬 감독의 〈타이타닉〉을 잠시 떠올려 보자. 타이타닉호가 빙산에 부딪혀 침몰해가자 남자들은 부인과 아이들을 먼저 구명선에 태운다. 이 행위는 신사들의 명예겠지만 과연 공명정대한 행위일까. 또한 정의로운 행동일까. 재난이 발생했을 때 부인과 아이를 먼저 구출하는 것은 이들을 차별하기 때문이고 그건 공정하지 못하다. 이 대목은 정의로운 행위가 반드시 공명정대하지는 않음을 보여주고 있다. 현실적으로 말하면 사회정의를 위해서는 그 사회에서 더 많은 권리, 더 많은 재산을 가진 사람들에게 공정하지 않을 필요도 있다는 뜻이다. 약자들의 이익을 위한다는 명분으로 말이다.

여기 쌀 한 가마니가 있다. 15세 된 성냥팔이 소녀 가장, 27세 된 건강한 대졸 청년, 40세 모자 가정의 여성 가장, 65세 은퇴 노인까지 네 사람이 이 쌀 한 가마니를 나눠 먹어야 하는 상황을 가정해 보자. 누가 많이 먹어야 할까. 부모의 보살핌 없이 성냥을 팔아 생계를 이어가는 열다섯 살 소녀가 발육을 위해서라도 많이 먹어야 할까. 아니면 가장 왕성한 생산활동을 하고 있는 건장한 대졸 청년이 가장 많이 먹어야 할까. 그것도 아니면 그냥 공평하게 넷이 똑같이 나눠 먹으면 어떨까. 똑같이 나눠 먹으면 청년이 제일 억울해할 것이다. 그는 열심히 일하나 그냥 대충대충 일하나 소득은 마찬가지이니 억울하게 힘들이지 않겠다고 다짐하게 될 것이다. 그러면 그의 근로의욕 저하 탓에 결국 처음에는 80kg 한 가마니이던 쌀이 점차 줄어 60kg 그리고는 다시 반 가마니로 줄어들 것이다. 그리고 쌀의 총량이 줄어드니 아무리 공평하게 나눈다고 해도 네 사람에게 분배되는 쌀은 적어질 수밖에 없다. 그렇다면 가장 바람직한 분배의 기준은 과연 무엇일까? 그리고 누가 나서서 그 기준을 세울 것인가? 여기에서 곧 정의의 문제와 엘리트의 문제가 등장하는 것이다.

정의의 문제는 분배의 문제다. 정의의 여건이 생겨나는 배경은 이렇다. 사람은 이성적이기 때문에 생산활동에 협동한다. 벽돌 한 장을 처음부터 끝까지 혼자 만들면 하루에 열 장밖에 못 만들겠지만 여러 명이 분업하면 하루에 천 장도 만들 수 있을 것이다. 분업하면 생산성이 높아진다는 사실을 알 정도로 사람은 이성적이기 때문에 생산 과정에서 협동한다. 그러나 분배 과정에서는 갈등한다. 왜냐하면 나눠야 할 자원은 적당히 부족한데 사람들은 누구나 남들보다 많이 갖고 싶어 하기 때문이다.

사실 정의는 공동체의 각 구성원을 동등하게 대우한다는 일반적인 원칙과 결부되어 있다. 그런데 여기서 말하는 동등한 대우란 모든 사람을 동일하게 대우한다는 뜻은 아니다. 정직한 사람과 죄인은 달리 대우해야 하고, 어린이는 어른과 다르게 대우해야 한다. 즉 사람에 대한 상대적 평가라는 이야기다. 아리스토텔레스는 정의에는 산술적 정의와 기하학적 정의가 있다고 했다. 산술적 정의란 문자 그대로 사람을 1대 1로 평등하게 대우하자는 것이고, 기하학적 정의란 평등에 기초하되 사람의 가치를 비교적으로 고려해서 차별대우하는 것을 말한다. 문제는 상대적 평가의 기준이 무엇인가다. 기준은 그 공동체의 가치와 신념이다. 정의가 결국 공동체의 자원배분과 관련한다면 그 공동체가 평등 지향적이냐 아니면 자유(능력) 지향적이냐 하는 가치와 신념에 따라 결정되기 마련이다.

예를 들어 모든 공동체 구성원들이 비슷한 수준의 소득을 갖는 것이 바람직하다는 전제 아래 먼저 임금의 상한선을 두고 그리고 초과 수익에 대해서는 과도한 세금을 통해 재분배한다는 의견에 대해 스웨덴을 포함한 북유럽 나라의 국민들은 거의 반 정도가 동의한다. 그러나 미국 국민들은 단 10%도 찬성하지 않는다. 심지어 노조 간부들도 동의하는 비율이 겨우 15% 정도다. 북유럽 나라들의 가치와 신념이 분배에 대해 훨씬 평등 지향적이라면 미국은 매우 자유 지향적이란 뜻이다. 세계 모든 나라의 가치와 신념은 스웨덴과 미국 사이의 어딘가에 위치한다. 우리는 과연 어디쯤일까.

정치공동체에서 정의를 실현하는 주체는 누구일까? 서양 정치사상은 능력과 덕을 겸비한 유자격자가 그 역할을 해야 한다고 주장했다. 특히 플라톤은 사리사욕 없는 금의 자질을 가진 사람, 즉 철인왕(좀 더 정확한 표현으로는 지혜를 사랑하는 사람이다. 그저 철학박사나 철학과 교수 같은 사람이 아닌 실천적인 열정과 능력을 갖춘 성인 군주를 말한다. 통치자와 철학자를 한 몸에 모아놓은 모습이다) 같은 사람이 통치계층이 되어 그 역할을 수행해야 한다고 했다. 플라톤은 동굴의 비유를 통해 남보다 먼저 동굴의 어둠 속에서 빛을 발견한 사람은 혼자 동굴을 빠져나가는 것으로 그쳐서는 안 되고, 아직도 어둠 속에서 헤매는 나머지 사람을 구출해야 함을 강조했다.

플라톤은 『국가론』에서 동굴에 갇혀 그림자를 실재로 잘못 알고 살아가던 무리 가운데에서 먼저 빛을 발견하고 해방을 맛본 사람이 다시 동굴로 돌아가 빛을 밝혀주는 비유를 들어 통치계층, 즉 엘리트의 역할을 말한다. 그는 통치계층은 노동계층이나 생산계층이 향유하는 쾌락을 즐기지 못하게 했고, 사유재산도 금했다. 심지어는 결혼도 금지하고 자녀는 물론 아예 가정조차 갖지 못하게 했다. 자신의 이해와 공동체의 이해를 동일시하며 살라는 주문이다. 엘리트의 조건과 역할에 대한 플라톤의 주장은 이후 서양 정치의 중요한 규범으로 자리 잡아왔다. 그의 이상은 모든 정치운동의 전위적 이념이 되어왔고, 모든 견고한 정치조직을 지탱하는 기초가 되어왔다.

중세의 사제단이나 칼뱅(J. Calvin)의 신정정치, 그리고 18세기의 계몽 전제군주 등이 모두 플라톤의 이상을 의식적으로 모방한 경우들이다. 레닌(V. Lenin)의 전위 혁명당을 포함한 혁명파 지도 그룹들도 으레 이런 모습을 띠려 했다. 비록 지금은 엘리트들의 사명감이 예전만 못하지만 플라톤이 강조한 정의로운 사회와 그 정점에 서 있는 엘리트의 의연한 모습은 앞으로도 계속 이상형으로 작용할 것이다.

POINT

1. 정의의 원리는 분배의 원리다.
2. 분배의 기준은 그 공동체의 가치와 신념이다.
3. 정치공동체에서 정의를 실현하는 주체는 엘리트다.
4. 엘리트란 능력과 사명감이 있는 사람이다.

3. 권력과 권위

물리학의 기초 개념이 에너지라면 정치학의 기초 개념은 권력이다. 사람의 여러 욕심과 의지 가운데 가장 끈질기고 치열한 것이 권력욕이고 권력에의 의지다. 사실 좋은 꽃도 열흘 가기 어렵고 평생 꿈쩍 안 할 것 같던 권력도 십 년 넘기기가 어렵다. 누구나 사심만 잠깐 버리면 훤하게 보이는 상식이고 만고의 진리이기도 하다. 그럼에도 절대권력은 결국 썩을 때까지 꾸역꾸역 지탱해 간다. 나중에 험한 꼴을 당하더라도 끝까지 가고야 마는 것은 권력의 속성 탓이다. 정작 정승이 죽으면 문객이 없어 썰렁해도 정승 집 개가 죽으면 문전성시를 이루는 게 현실이다. 정승에게 눈도장이라도 찍어야겠다는 의도, 즉 권력 때문이다. 나중에 허망해지더라도 현재의 권력이란 비길 데 없는 단맛이다. 이렇듯 권력 앞에서 전전긍긍하는 이유는 간단하다. 권력이란 뭔가 목적을 달성하는 데 더없이 유용한 수단이기 때문이다. 여러 권력 가운데에서도 정치권력이 단연 압도적이다. 정치권력은 강제력을 갖고 지배하고 구속할 수 있는 힘이기 때문이다. 상대방이 원하든 원치 않든 강제적으로라도 목적을 달성시키는 힘, 그것이 정치권력의 무서움이다.

서양 정치사상사에서 처음으로 권력의 문제를 거론한 사상가는 마키아벨리다. 마키아벨리는 흔히 도덕과 정치를 분리한 사상가라는 평가를 받는다. 하지만 좀 더 엄밀히 말하자면 정치의 영역을 도덕의 영역과 분리했다기보다는 오직 정치권력에만 관심을 보였고 여타 모든 것에는 무관심했다고 할 수 있다. 그에게 정치의 목적은 정치권력 자체의 보존과 증대였다. 마키아벨리가 정치를 판단하는 기준은 정치권력의 보존과 증대 행위의 성공 여부에 있다. 그는 매우 실천적인 성격의 사상가로 다른 사상가들이 기피하려 했던 폭력과 기만 등의 정치술수에 대해서도 노골적이고 냉소적으로 쓰고 있다. 사실 마키아벨리는 그 이전의 사상가들과는 확연히 다른 성향과 지향을 보였다. 그는 플라톤이나 아리스토텔레스, 그리고 아퀴나스처럼 철학적 전통에 관심을 보이지도 않았고, 신약성서의 반권력적 경향도 현실정치에 적합하지 않다고 생각했다. 오히려 타키투스, 폴리비우스, 투키디데스, 리비우스 같은 역사가들의 저술에 주목했다. 그가 고대 역사가들의 저술에서 찾고자 했던 것은 권력의 흥망성쇠였다. 직접 『로마사론』을 집필하기도 했는데, 로마의 전성시대를 최선의 정치질서로 흠모하고 꿈꿔야 할 표본으로 여겼다.

홍미로운 사실은 큰 정치사상은 흔히 정치적 혼란에서 탄생한다는 점이다. 마키아벨리는 이탈리아 피렌체 사람이다. 그의 시대(1469~1527)에 영국이나 프랑스 또는 스페인 같은 나라는 이미 군주제가 정착되어 있었다. 이에 반해 그의 조국 이탈리아는 분열과 불안이 끊이지 않았다. 남부의 나폴리, 북서부의 밀라노, 북동부의 베네치아, 중부의 피렌체, 그리고 교황령 이렇게 다섯 개 국가로 분할되어 있었고 그중 어느 하나도 반도 전체를 통일할 만한 강력한 권력이 없었다. 마키아벨리는 이 사태의 책임이 교회에 있다고 생각했다. 로마 가톨릭 교회에 대한 그의 증오심은 대단해서, 만일 교황청이 상당히 덕이 있다고 알려진 스위스로 옮겨진다고 해도 스위스는 두 세대 안에 부패하고 말 것이라고 독설을 퍼부었다. 교황 스스로 이탈리아를 통일하기에는 힘이 약하면서도 다른 통치자가 이탈리아를 통일하려는 것은 방해한다는 것이다. 물론 그는 당시 탐욕만 부리고 비전 없는 봉건영주들에게도 분노의 화살을 퍼부었다. 그리고 이에 대한 처방으로 선을 위해서는 악을 이용할 것을 주장했다. 이것이 이른바 마키아벨리즘의 진수다. 말하자면 이탈리아에 존재하는 악(분할된 상태에서 계속되는 폭력, 사기, 강탈, 그리고 억압 등)을 하나의 절대 고지인 강력한 국가 창설이란 선을 위해 이용하자는 것으로, 강하고 중앙집권화된 국가를 창설할 수만 있다면 이를 방해하는 자들이 사용하는 것과 똑같은 수단을 얼마든지 쓸 수 있고 또 그런 군주가 나와야 된다는 뜻이다. 군주가 이 고상한 목적을 실현하기 위해서는 인간적인 방법뿐 아니라 일상적인 계율을 벗어나는 야수적인 방법도 사용할 수 있다. 군주는 모름지기 사자와 여우의 기질을 다 가져야 한다. 즉 위엄과 교활함을 두루 갖춰야 한다는 그의 주장이 바로 그런 뜻이다. 그렇다고 마키아벨리가 비도덕성을 옹호하거나 폭력지상주의를 설파한 것은 결코 아니다. 그는 단순히 목적이 수단을 정당화한다는 식으로 비윤리적 폭력 사용을 정당화한 것이 아니다. 이 대목이 마키아벨리가 가장 오해받고 있는 부분인데, 비도덕적 수단을 정당화시켜주는 유일한 목적은 국가를 창설하고 유지하는 경우뿐이라는 것이 그의 주장이다.

마키아벨리가 이렇듯 도덕적 호소나 감화보다는 적나라한 권력 사용에 집착한 것은 아마도 그의 인간본성에 대한 이해와 깊은 관련이 있지 않을까 싶다. 그의 인간관은 매우 냉소적이었다. 사람은 기본적으로 허약하고 비천한 존재이며, 대체로 위선적이고 배은망덕하며 위기 앞에 몸을 사리고 물욕에 눈이 어두운 속물이라고 생각했다. 사람의 욕망은 끝이 없어서 자신의 재산이 몰수되는 것보다 부친의 살해를 더 쉽게 용서할 정도라고 했다. 그러니 신중한 통치자라면 살인은 할망정 약탈해서는 안 된다는 것이다. 인간본성에 대한 마키아벨리의 이러한 현실적 인식은 도덕적 차원을 초월한 강한 지도자가 융통성을 발휘해야 한다는 생각으로 이어진다. 흥미로운 것은 죽어야 끝나는 권력욕을 얘기한 또 한 명의 사상가 홉스도 인간본성에 대해 지독하게 비관적이었다는 사실이다. 그런데 더 흥미 있는 점은 마키아벨리나 홉스가 형편없는 인간들을 구제하기 위해 강력한 권력 사용을 주장하면서도 정작 권력의 남용을 제한하는 문제에 대해서는 전혀 언급하지 않았다는 사실이다. 적나라한 권력의 남용을 제한하는 구상인 권력분립론은 마키아벨리 200년 후, 오히려 개방적이고 포용적인 넉넉한 인품의 몽테스키외(Montesquieu)에 가서야 등장한다. 그리고 다시 얼마 후 인간본성에 대한 불신과 권력 남용에 대한 우려를 보였던 미국 건국의 아버지들이 삼권분립 정부라는 견제와 균형의 제도를 확립하게 되었다.

이제 냄새나는 권력 얘기에서 잠시 벗어나 권위에 대해 말해보면 어떨까. 권력과 권위의 차이는 알아서 먹어주느냐 여부다. 권력이 공식적인 강제력이라고 한다면 권위는 법적으로 부여된 것 이상의 힘이다. 눈 부라리고 명령하지 않아도 행사되는 힘, 이것이 권위다. 즉 권력에 정당성이 더해지면 권위가 된다. 그런 의미에서 권력을 획득한 후 권위가 증가한 경우도 있고 그 반대로 권력은 여전하지만 권위가 감소한 경우도 있다. 예를 들어 전후 서독의 명재상 아데나워(K. Adenauer)는 겨우 한 표 차이로 힘겹게 총리가 되었지만, 총리라는 공식적 권력을 획득한 이후 국민의 존경과 사랑을 흠뻑 받으며 권위를 양껏 누렸다. 케네디가 암살당한 후 졸지에 대통령이 된 린든 존슨(L. Johnson)도 텍사스 출신 시골뜨기 정치인에서 일약 혼돈의 시대인 1960년대의 미국을 이끌고 간 의미 있는 정치인으로 권위를 행사했다. 그런가 하면 클린턴(B. Clinton) 대통령은 성 스캔들 이후 대통령의 합법적·공식적 권력은 그대로 유지했지만 의회와 지식인들에 대한 권위가 크게 떨어졌을 뿐만 아니라, 결국 2000년 대선에서도 그의 임기 중 부통령이었던 엘 고어 후보의 낙선에 변수로 작용할 정도로 국민에 대한 호소력이 저하되었다. 불행하게도 권위가 감소한 예는 우리의 경우 더 적나라하게 나타난다. 김대중 대통령이 아들들의 부패 연루 사건 이후 사실상 정치적 생명이 다해 국회의원 재보선에서나 지방선거에서 참패를 거듭한 것도 그 예이고, 그 전임이었던 김영삼 대통령 또한 아들의 국정 농단 건과 IMF 구제금융 이후 권위를 급격히 상실한 것도 그런 경우다.

서양의 정치전통이 동양과 조금 다른 점이 있다면 권력을 제한하는 방법에 대한 고민이다. 서양의 경우는 미국의 삼권분립적 정치구도에서 보듯 권력이 한 개인이나 한 기관에 집중되지 않고 견제와 균형을 이루게끔 구상했다. 제도화의 방법으로 권력 집중이나 남용을 제한하자는 시도다. 이에 반해 동양의 경우는 이미 고대의 유가사상가들로부터 적나라한 권력의 사용을 우아한 도덕으로 허화(虛化)시키려는 고민을 해왔다. 그리고 그들이 제시한 방법은 권력자의 도덕적 훈련에 호소하는 것이었다. 제도화보다는 사람에게 승부를 건 셈이다. 사실 어느 쪽이 더 유용한가를 따지는 것은 난센스이지만 제도화에 몰두해 권력자의 도덕성을 소홀히 하는 것이 좀 더 위험하지 않을까 싶다. 실제로 미국의 경우, 닉슨 대통령의 워터게이트 사건 이후에야 정치학자들이 정치윤리에 새삼 관심을 가지게 된다. 위정재인(爲政在人), 정치의 성패는 결국 사람에게 달려 있다는 사실은 동서양을 망라해 공통적이지 않을까.

POINT

1. 권력은 상대방의 동의와 무관하게 목적을 달성시킬 수 있는 강제력이다.
2. 모든 권력 가운데 정치권력이 가장 치열하고도 끈질기다.
3. 서양 정치사상사에서 권력의 문제를 본격적으로 거론한 사상가는 마키아벨리가 처음이다.
4. 마키아벨리즘의 진수는 단지 통일 국가 창출이란 목적을 위해서만 도덕을 초월한 비상수단을 쓸 수 있다는 것이다.
5. 권력은 공식적 강제력, 권위는 명령 없이도 행사할 수 있는 힘이다.

4. 자유와 권리

21세기인 지금 문서상 노예제도가 있는 나라는 이 지구상에 하나도 없다. 그러나 노예 상태로 인권을 침해당하는 경우는 너무 많다. 어린이 노동이 그

대표적인 경우다. 5세부터 14세 어린이 십억 명 가운데 네 명당 한 명이 노동 현장에서 혹사당하고 있다. 네팔에서 융단을 짜고 있거나 남미의 광산에서 수레를 끌고 있거나 아프리카의 들판에서 곡식을 거둬들이고 있다. 어린이를 혹사하고 있는 어떤 지주의 말이다. “아이들은 트렉터보다 돈이 적게 들고 황소보다 영리하다.” 한편, 세계의 가난한 사람 70%가 여성이다. 글을 못 읽는 문맹의 75%도 여성이다.

국제연합 인권선언 제1조는 이렇다. 모든 사람은 날 때부터 자유롭고 동등한 존엄성과 권리가 있다. 하지만 ‘모든 사람’이란 범주에 상당수의 여성과 어린이는 포함되지 않는 것이 현실이다. 유엔이 선언한 인권의 개념은 명백하다. 우리의 본성에 내재되어 있어서 우리가 인간답게 살아가는 데 없어서는 안 될 권리로, 물론 이 권리에는 정치적인 권리뿐 아니라 경제적·사회적인 권리까지도 포함된다. 문제는 참정권을 20세에서 19세까지로 낮춰준다든지 집회·결사의 자유나 거주 이전의 자유를 허용한 것과 같은 선언적인 자유는 별 경제적 부담 없이 실천할 수 있지만, 최저 생활 보장과 같은 복지권은 비용이 많이 드는 탓에 그저 선언적으로 허용한다고 끝나는 것이 아니라는 사실이다. 당연히 가난한 정부는 보장해 주기가 어렵다. 그러면 나의 생존권을 보장해 주지 못하는 정부에게 나는 과연 어떤 태도를 취해야 할까? 운으로 돌리고 참으며 물만 마셔야 할까, 아니면 혁명으로 전복시켜야 하는 걸까?

자유와 권리의 문제는 근대 정치사상의 중심과제다. 플라톤이나 아리스토텔레스 같은 고대 사상가들은 이 문제로 괴로움을 겪지 않았다. 우리가 오늘날 지극히 당연한 것으로 여기는 자유는 개인의 사적인 권리와 관계가 있다. 가장 기본적인 사적 권리, 즉 종교의 자유와 신앙의 권리, 그리고 재산권에서 시작했다는 뜻이다. 자유의 개념은, 첫째 자연권에서, 둘째 시민적 자유, 그리고 셋째 인간적 자유로 발전되어 왔다고 정리할 수 있다. 자연권이란 정부에 반대하는 권리와 독립의 자유를 말한다. 사람에게는 정부도 침범할 수 없는 개인적 영역이 있다는 얘기다. 즉 정치권력으로부터의 자유다. 시민적 자유란 정부에 참여하는 자유와 권리인 참정권을 말한다. 즉 정치권력에의 자유다. 인간적 자유는 정부에게 요구하는 권리를 말한다. 나의 재산소유권을 보장해 주는 정도를 넘어 경제적 안정을 보장해 줘야 하고(결핍으로부터의 자유), 전쟁에서 죽지 않게끔 전 세계적인 안전보장조직을 만들어서 나의 안전을 확보해 달라(공포로부터의 자유)는 것이다. 즉 정치권력에 의한 자유다. 자유 개념은 이렇게 발전해 오고 있는데, 결론부터 말하면 자유와 권리의 발달사는 지금도 계속되고 있는 현재진행형이다. 아직도 복지권을 인권의 범주에 넣으면 안 된다고 주장하는 사람들이 많다. 크랜스톤(M. Cranston) 같은 이는 복지권을 보장해 줄 형편이 못 되는 가난한 정부가 수두룩한 대목에서 괜히 인권의 범위만 확대해 정말 보장해 주어야 할 기본권까지 지켜주기 어렵게 되었다고 주장한다. 범주의 오류 때문에 개념이 헛갈리게 되었다는 얘기다. 그러나 철학자와 군인의 생각이 같아야 했던 1960, 70년대 우리의 어두운 시절을 생각하고, 개발연대 최저 생활도 보장되지 않아 전태일 의사가 몸을 던졌던 청계천 공장을 되돌아보고, 불과 30여 년 전만 해도 대통령조차 직접 선출하지 못 하고 체육관에서 우루루 거수기 투표하는 장면을 봐야 했던 우리의 상황을 회고하면 자유와 권리는 얼마든지 신장될 수 있고 또 앞으로도 계속 발달해야 함을 알 수 있다.

서양 정치사상사에서 자유를 말한 대표적인 사상가는 존 로크이다. 그는 자신의 천재성을 학식이나 논리보다는 상식으로 표현한 고풍의 자유주의자였다. 로크가 말한 자유는 재산권을 의미했다. 그의 자유론은 어떤 의미에서는 재산을 가진 사람만이 자유를 원한다는, 항산(恒産, 일정한 재산과 직업)을 가진 자만이 자유롭다는 엘리트적인 배타성을 띠고 있다고 할 수 있다. 그가 구상한 시민정부도 결국 어떤 권리보다 우선하는 사유재산권을 보호하기 위한 존재일 뿐이다.

로크는 자유를 말하기 위해 먼저 사회계약이란 신화를 만들어냈다. 이른바 자연 상태에서의 사회계약, 비록 어느 누구도 검증할 수 없는 상상 속의 세계지만 사회계약이란 신화는 그 자체가 근대적 의미의 개인이란 존재를 위한 구상이다. 로크가 상상한 자연 상태는 홉스가 무섭게 그려낸 만인의 만인에 대한 투쟁 상태는 아니다. 로크의 자연 상태는 자연법의 규율 속에 사는 목가적인 모습으로 비록 황금시대는 아니더라도 그런 대로 살 만한 환경이었다. 그러나 부패한 인간들의 사악함이 있고, 사람이란 기본적으로 편파성과 욕정, 그리고 원한을 가진 불완전한 존재인 탓에 자연 상태는 험악하거나 잔인한 것은 아닐지라도 여전히 지내기가 불편하다. 그 치유책이 바로 로크의 주장인 시민정부다. 사실상 그의 자연 상태는 정부가 생기기 전의 사회를 묘사한 것으로 오히려 홉스가 그린 자연 상태보다 훨씬 허구적이다. 어쨌든 홉스 생각대로 눈만 뜨면 생사를 걱정해야 하는 살벌한 상태에서는 생존이 절실하지만, 로크처럼 자유를 말하려면 자연 상태가 좀 더 순화되어야 할 필요는 있다.

거듭 말하지만 로크의 자유는 재산소유권이다. 자연 상태에서 자연인이 재산을 갖게 되면서 그 재산을 보호받고 또 사고 팔 자유가 필요하게 되는데, 그 과정은 이렇다. 이를테면 처음에는 그저 도토리나무 밑에서 도토리를 주웠다든지, 숲 속에서 사과를 땄다든지, 땅을 경작했다든지 하면 그것은 그 사람 것이 된다. 사유재산이란 노동의 결과로 생겨나기 마련이니까. 그러면 사유재산의 상한은 어디였을까? 처음에는 사람이 자연의 혜택을 즐기는 정도였을 것이다. 즉 쌓아두고 썩히는 정도가 아니고 당장의 필요를 충족할 정도라는 얘기다. 그런데 교환의 도구로 원시적인 형태지만 화폐가 생겨나면서 문제가 달라졌다. 화폐는 썩지 않고 축적도 가능하다. 결국 근면의 정도에 따라 개인 재산의 차이가 생겨나게 된 것이다. 이렇게 형성된 소유물의 차이 때문에 배가 아파진 사람들이 남의 소유권을 침해하는 일이 생겨나는데, 자연 상태는 이런 다툼을 판결할 공통의 척도인 법률이 없고, 분쟁을 해결할 권위를 가진 재판관도 없고, 판결을 지지하고 집행할 권력이 없기 때문에 불편하고 불안하다는 것이

로크의 논리다. 그래서 사람들은 자연권을 좀 더 안전하게 향유하기 위해 국가를 만들어 개인적 처벌권을 포기하고 그 권한을 국가에 위임하게 되었다는 것이다. 로크에 의하면 국가의 기원은 개인의 자발적 동의이고, 국가의 목적은 개인의 자유와 재산을 지켜주는 것이다.

그러면 로크가 자연 상태에서부터 사회계약을 통해 국가가 탄생하기까지의 신화를 구상한 이유가 무엇일까? 어떤 정치적 함의를 내포하고 있는 것일까? 영국의 명예혁명 이후 새롭게 지배층에 진입하게 된 신흥 부르주아, 즉 신분은 없지만 재산을 소유하고 있는 계층의 정치적 참여를 정당화하기 위함이었다. 그런 의미에서 로크를 근대 시민국가의 대변자라고 부른다. 비슷하게 사회계약설을 구상했지만 홉스가 다분히 보존적이라면 루소는 좀 더 참여적이고 로크는 주장적이라고 할 수 있다.

자연권에서 시작된 자유의 개념은 프랑스혁명 이후 혁명의 시대를 거치면서 피의 대가 위에 참정권으로 확대되고, 다시 20세기 중반에 이르러서야 복지권으로 발전하게 된다. 그러나 이 과정은 정말 투쟁의 역정이었다. 그리고 자유주의의 전통이 오류일 수도 있음을 보여주고 있다. 자유주의의 전통은 자유란 극대화되어야 할 뿐만 아니라 모든 사람이 그것이 극대화되기를 원한다는 것이다. 하지만 지난 경험은 오히려 사람들이 자유의 극대화를 원하지 않을 뿐 아니라 다른 사람들에게 떠맡긴 채 의존하고 싶어 한다는 사실을 보여준다. 자유로부터의 도피, 마냥 자유롭고자 하는 자유인들의 영원한 딜레마다.

POINT

1. 자유와 권리는 근대 서양정치사상의 핵심이다.
2. 자유주의 사상가들은 개인 권리의 출현을 설명하기 위해 사회계약이란 신화를 이용했다.
3. 로크의 자유는 재산권을 말하는 것으로, 그의 주장은 당시 새롭게 정치에 참여하기 시작한 부르주아의 입장을 대변하기 위한 것이었다.
4. 자유와 권리는 계속 발전하는 개념이다.

5. 평등

조지 오웰(G. Orwell)의 풍자 소설 『동물농장』에 이런 대목이 나온다. "물론 모두가 평등하다. 그렇지만 어떤 이들은 다른 이들보다 훨씬 더 평등하다." 그렇다. 평등이란 누구나 동의하는 일반적인 가치다. 하지만 정치 현실은 더 평등한 사람들이 있음을 보여준다. 그리고 평범한 인간에 대한 신념과 애정의 상실은 결국 대중 주권설을 무력화시키고 초인의 탈을 쓴 파시즘과 나치즘 또는 전체주의적 공산주의가 대두되는 배경이 되었음을 역사는 확증하고 있다.

평등에 대한 신념은 평범한 인간에 대한 믿음과 관련이 있다. 좀 더 구체적으로 말하면 정부에 참여하고 정부를 통제하고 정책을 평가하는 일련의 정치 과정에 평범한 사람들이 얼마든지 참여할 수 있다는 믿음과 연결되어 있다. 우리에게 평범한 인간에 대한 신념이 있어야 하는 이유는 두 가지다.

첫째, 정치적 판단이란 대부분 일상적이고 평범한 문제에 대한 판단이기 때문이다. 그리고 우리에게 필요한 것은 평범한 사람들의 개인적 판단이 아니라 집단적 판단이기 때문이다. 정치적으로 해결되어야 할 많은 평범한 문제를 푸는 과정에서 중요한 점은 어느 특정 개인의 견해가 다른 특정 개인의 견해보다 탁월한가 아닌가를 따지는 게 아니라는 사실이다. 중요한 것은 주어진 쟁점에 대한 집단적인 판단을 조직하는 것이다. 여기서 말하는 집단적 판단이란 물론 단순한 여론이 아닌 공론을 말한다. 전통적인 엘리트주의자라면 그래도 대학교수가 운전기사보다는 양심적 병역 거부 문제나 대통령의 탄핵 심판 문제에 대해 좀 더 나은 판단을 내릴 수 있다고 주장할 것이다. 하지만 이런 주장은 대부분의 정치적 쟁점이 집단적 판단을 초월하지 않는다는 점을 묵살한 것이다. 엘리트주의자라고 할 수 있는 아리스토텔레스도 『정치학』에서 시민들의 집단적 판단이 한 사람의 현인이 내린 판단보다 우수한 경향이 있다는 점을 분명히 했다. 철저한 엘리트주의자였던 칸트도 루소의 『인간 불평등 기원론』을 읽고는 번개 맞은 듯 놀라서 자신의 변화를 이렇게 말했다. "나는 천성적으로 진리를 추구하는 사람으로 사색과 지식만이 인류의 영광을 이룬다고 믿어왔다. 나는 아무것도 모르는 평범한 인간을 경멸했다. 그러나 루소의 글을 읽은 이제 맹목적인 편견은 사라졌다. 나는 인간본성을 존경해야 함을 배웠다." 칸트의 도덕적 평등주의도 이런 깨달음 뒤에 나온 것이다. 물론 집단적 판단이 꼭 옳지 않은 경우도 있다. 외교 문제 같은 경우는 너나없이 우루루 나선다고 해결될 성질은 아니다. 예를 들어 미국이 한편으로는 명분 없이 이라크를 침공하는가 하면 또 한편으로는 인권을 내세우며 '북한인권법'을 제정하는 등 외교에서 이중성을 보이고 있는데, 이를 쉽게 설명하긴 어렵다. 민주주의와 외교정책은 쉽게 양립할 수 있는 것이 아니기 때문이다. 그러므로 이런 외교 문제는 소수의 전문가들에게 맡겨야 한다. 하지만 그 밖의 정치적 문제는 대부분 평범한 사람들의 집단적 판단으로 충분히 다스릴 수 있다.

둘째, 정치 문제를 결정하는 데는 가치와 신념이 지능보다 중요하기 때문이다. 정치적 판단은 자신이 속해 있는 공동체에 널리 퍼져 있는 가치와 신념을 따른 것이기 때문에 특별한 기능이나 개성을 요구하지 않는다. 어쩌면 이 맥주가 저 맥주보다 더 맛이 깔끔하다는 식의 감식력조차 필요 없을 정도다. 도덕적 성취 가능성에서 평등을 믿었던 공자의 표현대로 하자면 극소수의 '上智(상지, 천재들)'와 '下愚(하우, 저능인들)'가 아닌 평범한 사람들의 상식만 있으면 된다. 사실 위대한 창조적 업적들은 결코 지적 업적만은 아니다. 공동체가 공유하는 가치와 신념들에 굳게 뿌리박은 확신의 업적인 경우가 더 많다. 엘리트주의자에서 도덕적 평등주의자로 변신한 칸트는 "정직하거나 선량하게 되기 위해서는, 더 나아가 현명하고 덕성 있게 되기 위해서는 굳이 과학과 철학은 필요 없다"는 말로 평범한 사람이 가장 잘 할 수 있다는 확신을 표현했다.

서양 정치사상사에서 루소만큼 평등의 문제와 평범한 인간에 대한 믿음의 문제를 열렬히 다룬 사상가는 없다. 루소가 워낙 가치로서의 평등을 강조하다

보니 이후 불평등을 주장하려면 오히려 그 근거를 대야 할 정도가 되었다. 루소 이후 사람들은 소득과 인생의 즐거움, 그리고 정치 참여 같은 기회에서 불평등한 것이 당연한가에 대해 의문을 품게 되었다. 물론 엄격히 말하면 루소는 평등사상을 크게 세련시켰다기보다는 불평등 문제에 천착했다고 하는 것이 더 정확하다. 그가 천착했던 주제는 인간은 평등하게 태어났음에도 왜 그처럼 엄청난 불평등 대우를 받는가 하는 문제였다.

루소는 불평등의 기원을 두 가지로 설명했다. 먼저 개인의 심리와 관련이 있다고 했다. 남들은 손도 못 대는 크고 사나운 동물을 정복했을 때 동료 인간보다 우월하다고 느끼는 자부심 같은 것이 출발점이다. 노래를 가장 잘하고 춤을 가장 잘 추는 사람, 가장 잘생긴 사람, 가장 강한 사람 등이 선망의 대상이 되면서 심리적 불평등이 생겼다는 것이다. 다음으로, 사회적 요인인데 사유재산과 관련이 있다. 불, 야금술, 농업이 발명하면서 생산 능력이 증대되고 부가 쌓여가면서 사유재산 문제가 생겨났다. 사유재산을 많이 가진 사람은 힘과 꾀로 가난한 사람을 지배하기 시작했는데, 바로 이것이 불평등의 기원이라는 것이다. 자연 상태에서는 단지 개인 간의 능력 차이만 있었기 때문에 그 자체가 의미 있는 불평등이 되지는 않았었는데, 문명 상태가 되면서 결국 부의 불평등으로 귀착되었다고 한다.

그러면 루소가 제시한 해결 방법은 무엇일까? 그는 문명이 원상태로 되돌아갈 수도 없고 소수의 청류파 말고는 숲속으로 되돌아갈 사람도 많지 않으니 사회조직을 개선하는 방법으로 해결하려 했다. 루소는 『사회계약론』에서 가장 강력하고도 완벽한 국가 이념을 정립했는데, 이 국가는 일반의지에 의해 작동된다. 일반의지란 개인 이익의 총합이 아니고 공동체 전체의 이익을 고려하는 것이다. 이 일반의지를 따르는 것만이 인간다운 존재가 되는 유일한 방법이다. 구체적으로 말하면 애초 사람은 자연 상태에서 자기 존경심을 갖고 살았었는데, 문명 이후 자기 존중은 타락해서 자기 자만으로 바뀌었다. 일반의지는 이 이기심을 억제시키고 자기 존경심을 다시 발현하게 하는 것을 뜻한다. 이런 사회를 실천하려면 전체 인구가 서로 면담을 통해 서로의 의사를 확인할 수 있을 정도로 작은 규모의 공동체여야 하고, 만일 일반의지에 따르지 않는 구성원이 있으면 공동체 전체가 일반의지에 복종하도록 강제해야 한다. 이른바 자유로워지도록 강제한다는 자유의 역설이다.

여기서 흥미 있는 것은 루소가 구상한 공동체의 규모가 아주 작다는 사실이다. 그 규모는 구성원들끼리 서로 공동의 이익을 확인해서 일반의지를 만들어 낼 수 있을 정도의 크기다. 루소는 중간 크기의 나라는 귀족정치가 알맞고 더 커지면 독재자가 출현하게 된다고 예상했다. 사실 플라톤 이후 많은 사상가들이 이상적인 공동체의 크기에 관심을 가졌었다. 플라톤은 아예 5,040명(당시 그리스 도시국가의 구조로 보면 5만 명 정도의 인구 규모였다)이라고 구체적인 숫자를 언급했고, 아리스토텔레스는 1,000~2,000명 정도라고 말했다. 19세기 프랑스의 아나키스트 푸리에(F. Fourier)는 미국 인디애나 주에 아나키즘 공동체를 만든 적이 있는데, 그 규모가 1,000명이었다. 1,000명이든 5,000명이든 아무튼 이들이 고려한 것은 공동체 구성원끼리 서로 무슨 생각을 하는지 알고 지낼 수 있는 규모였다. 서로 친밀한 의사소통을 할 수 없는 크기가 되면 대의정치를 할 수밖에 없는데, 루소는 의지란 대변될 수 없는 것이기 때문에 대의제 정부는 노예제의 표상이라며 적극적으로 반대했다.

또 하나 흥미 있는 점은 루소 사상의 압권인 일반의지가 많은 오해를 받고 있다는 것이다. 일반의지란 건전한 공론 같은 것인데 문제는 루소가 너무 절대적인 가치를 부여했다는 것이다. 자유의 역설이란 논리를 강요하다 보니 전체주의의 선구라는 평가도 받고 있다. 또 루소는 일반의지란 정당하기만 하다면 다수의 견해일 수도 있고, 유덕한 소수의 견해일 수도 있으며, 심지어는 한 개인의 의지일 수도 있다고 했다. 그런데 이 때문에 뜻하지 않은 지지자들이 생겨난 것이다. 나폴레옹은 루소를 신봉했는데 자신이 곧 루소가 말한 일반의지를 대표하는 입법자라고 믿었기 때문이다. 하지만 그건 아무래도 루소를 오해한 탓이 아닌가 싶다. 루소는 건전한 공론이 지배하는 열린사회를 말하고 싶었지, 독재자가 통제하는 닫힌사회를 구상한 것은 아니다. 또한 그는 시종 동정심 있는 사회를 강조했는데, 전체주의 사회가 인간의 동정심을 감상주의라고 매도하는 것으로 봐서도 루소가 전체주의의 사상적 시조라는 말은 지나치다고 본다.

POINT

1. 평등은 평범한 사람에 대한 믿음과 관련이 있다.
2. 외교 문제와 같은 일부의 예외를 제외한 대부분의 정치적 결정은 평범한 다수의 상식으로 판단할 수 있다.
3. 평등의 문제에 천착했던 대표적인 사상가는 루소다.
4. 루소의 일반의지는 오늘날의 개념으로 보면 건전한 공론 같은 것인데, 강제로라도 시행해야 한다는 주장과 정당하기만 하면 다수 또는 소수 심지어 한 개인의 의견이라도 관계없다는 주장 때문에 많은 오해를 받기도 한다.

6. 정치사상 공부는 대가들과 고담준론 나누기다

정치학은 많은 천재들을 삼킨 학문이다. 그들의 노력으로 상당히 정비되긴 했지만 불행히도 아직 전체를 포착하긴 어렵다. 그것은 정치학 자체의 책임도 있지만 연구 결과를 담는 주요한 도구인 언어 탓도 크다. 아마 수많은 정치학자들이 가장 고심하며 싸워온 적이 바로 언어의 불완전성일지도 모른다. 왜냐하면 정치란 대부분 언어적 행위이기 때문이다. 즉 정치 행위는 언어 행위다. 더욱이 정치 행위에 대한 고도의 성찰인 정치사상은 언어로 표현할 수밖에 없는데, 이 언어의 문제가 곧 정치사상 이해의 결정적인 장애인 것이다. 일찍이 노자(老子)가 말했다. "도를 도라 하면 이미 보통 말하는 그 도가 아니고, 이름을 이름이라고 해버리면 그 또한 보통 말하던 그 이름이 아니다(道可道 非常道

名可名 非常名).” 이 말은 존재에 대한 언어의 열등성 그리고 본체에 대한 현상의 허구성을 묘사한 기막힌 통찰이다. 역동적인 정치 현상을 고정적인 언어로써 억지로 표현하는 사상가들의 부득이한 심정과 고통을 이해하는 것이 정치사상 문헌을 읽는 출발점이 되어야 한다.

그런 의미에서 정치사상가들의 원전을 분석하고 평가하려면 적어도 세 가지 맥락은 짚어야 한다. 먼저 끊임없는 변화를 보여 온 역동적인 서구 사회의 모습을 역사적으로 조망할 수 있어야 한다. 다음으로 사상가의 지적 배경을 살펴야 한다. 그리고 사상가 개인의 성격을 파악해야 한다. 사실 모든 정치사상가는 그 시대의 사람들이지만 대체로 그 시대의 문제아들이었다. 그들은 전통의 한계를 뛰어넘기도 했고 새로운 건널목을 설치하기도 했다. 시대의 아픔을 누구보다도 예민하게 느끼고 개혁이든 혁명이든 또는 보수 회귀이든 자신의 고민과 포부를 정교한 언어로 표현한 사람들이다.

정치학은 학문의 황제다. 그리고 이 황제 학문인 정치학적 지식의 최고 수준에 도달하려면 위대한 정치사상가들과 고담준론을 나눌 수 있는 능력이 있어야만 한다. 그들이 온몸으로 고민했던 문제들, 예를 들어 우리가 본문에서 다뤘던 정의와 엘리트, 자유와 권리, 권력과 권위, 그리고 평등 같은 문제를 놓고 그들과 대화를 나눌 수 있어야 한다.

❑ 심화학습을 위해서

러셀, 버트런드. 2019. 『러셀 서양철학사』. 서상복 옮김. 을유문화사
로크, 존. 2011. 『인간 지성론』. 추영현 옮김. 동서문화사
롤스, 존. 2016. 『정치적 자유주의』. 장동진 옮김. 동명사
루소, 장 자크. 2018. 『인간 불평등 기원론』. 주경봉 고봉만 옮김. 책세상
마키아벨리, 니콜로. 2018. 『군주론』. 이시연 옮김. 더 클래식
아리스토텔레스. 2017. 『정치학』. 김재홍 옮김. 길
플라톤. 2005. 『플라톤의 국가 정체』. 박종현 옮김. 서광사

chapter 3

동양에서는 정치를 어떻게 생각했을까

류태건

인정(仁政)을 실시하면 번영하고, 인정을 펴지 않으면 치욕을 당하게 된다. 치욕을 당하는 것을 싫어하면서도 인정을 펴지 않는 채로 있는 것은 마치 습한 것을 싫어하면서도 낮은 곳에 있는 것과도 같다. 만약에 치욕을 당하는 것을 싫어한다면, 덕을 귀중하게 여기고 선비를 존중하여 현량한 인사를 벼슬자리에 있게 하고, 유능한 인재로 직책을 맡게 하여 국가를 한가하게 만드는 것보다 더 좋은 길은 없다. 그렇게 된 때에 이르러서 그 나라의 정치와 교육과 형벌을 밝힌다면 큰 나라라 할지라도 반드시 그 나라를 두려워할 것이다(『맹자』, 「공손추장구상」).

세상을 있는 그대로 방임해 둔다는 말은 들었어도, 세상을 다스린다는 말은 못 들었다. 세상을 있는 그대로 두는 것은 사람들의 본성이 오염될까 염려해서요, 세상을 방임해 두는 것은 사람들의 덕성이 변할까 염려해서다. 세상이 본성을 혼란시키거나 덕성을 변질시키지 않는다면 세상을 다스릴 필요가 있을까? (『장자』, 「재유편」).

우리는 지금 동양의 정치관에 대해 알아보고자 한다. 여기서 다루려는 '동양'이란 중국, 한국, 일본 등 동북아시아의 이른바 한자(漢字) 문화권을 말하고, '정치관'은 이 지역의 전통적인 정치사상의 특성을 말한다. 따라서 우리가 알아보고자 하는 동양의 정치관이란 곧 '한자 문화권의 전통적인 정치사상의 특성'이다. 그런데 한자 문화권의 전통적인 정치사상이라는 것은 그리 단순한 대상이 아니다. 고대로부터 시간을 거쳐 내려오면서 다양한 정치사상의 흐름과 내용이 전개되어 왔기에, 그것은 아주 다양한 모습을 띠고 있다. 여기에서 우리는 그중 가장 중요한 모습만을 살펴보기로 한다. 이때 중요하다는 것은 중요한 영향을 끼쳤다는 의미다. 중요한 영향을 끼친 동양의 전통사상으로는 통상 유교, 도교, 불교를 꼽는다. 그런데 정치에 대해 도교는 무위이치(無爲而治)를 주창하면서 인위적으로 정치하려 하지 말고 자연에 맡겨두라는 입장이고, 불교는 색즉시공(色卽是空)을 주창하며 정치 현상을 포함하여 모든 현상에 대한 우리의 인식이 공허하다는 입장이어서, 둘 다 체계적인 정치사상을 구축하고 있지는 않다. 결국, 이 지역에 서양문화가 도입되기 전까지의 가장 중요한 전통적 정치사상은 바로 유교의 정치사상이다. 따라서 유교의 정치사상적 특성을 주로 살펴보기로 하고, 그 특성을 이해하기 위해 필요한 경우에는 다른 전통사상의 내용을 곁들여 소개한다.

유교(유학)는 공자가 확립한 사상과 학문의 체계다. 유교는 11~12세기에 성(性), 리(理) 등의 형이상학적 개념을 도입해 새롭게 해석되었는데, 이 새로운 유교를 신유학, 신유교, 성리학, 도학, 주자학 또는 정주학 등으로 부른다. 이에 대해 기존의 유교는 고전유교, 고전유학, 또는 본원유학이라 한다. 유교나 유학이라 하면 이 둘을 모두 포함한다. 유교는 '사서오경'을 기본 경전으로 하는데, 사서는 논어·맹자·대학·중용이고, 오경은 서경·시경·역경·예기·춘추다. 주요 인물로는 고전유교의 공자(551~479 B.C.)와 맹자(371~289 B.C.)가 있고, 신유교의 주돈이(1017~1073), 장재(1020~1077), 정호(1032~1085), 정이(1033~1108), 주희(1130~1200)가 있고, 한국 신유교의 이황(1501~1570)과 이이(1536~1584)가 있다.

1. 정치

정치란 무엇인가? 정치의 본질에 대한 이 질문에 오늘날 서양의 — 그리고 서양의 영향을 받은 한국의 — 정치학자들은 대개 '권력투쟁과 권력행사'나 '가치의 권위적 배분'이라고 답한다. 다시 말해 이익에 대한 갈등과 조정이 정치의 본질이라는 것이다. 정치가 뭐냐고, 공자에게 어떤 권력자가 똑같은 질문을 던진 적이 있다. 공자는 서슴없이 '정(正)', 즉 바로잡음이라고 대답했다. 바로잡음이란 올바름을 추구한다는 뜻이니, 곧 정의의 실현이 정치의 본질이란 말이다. 정치를 보는 눈이 오늘날 서양 사람은 현실적인 이익의 문제에, 공자는 이상적인 정의의 문제에 초점을 맞추고 있는 것이다. 정치에 대한 이러한 공자의 시각은 그의 제자들, 즉 맹자나 훨씬 뒤의 신유학자들에게 계승되었다. 그렇다고 이들이 현실의 정치판에서 벌어지는 이익추구의 사실을 몰랐던 것은 아니다. 이들은 다만 이익추구의 정치는 타락한 정치이고 오직 의(義), 즉 정의의 추구가 올바른 정치라고 여겼던 것이다. 이러한 시각의 차이를 유교에서는 '의리지별(義利之別)', 즉 정의와 이익의 분별이라 한다.

공자나 맹자 등 유가(儒家) 자신들의 말을 통해 이 의리지별의 문제를 좀 더 알아보기로 하자. 공자는 말한다. "군자는 정의에 밝고, 소인은 이익에 밝다." 유교의 이상적인 인간인 군자는 이익이 아니라 정의를 그의 행위나 정치의 표준으로 삼는다는 말이다. 맹자가 어떤 나라에 찾아갔을 때 그 나라의 왕이, "이렇게 천리를 멀다 않고 찾아주시니 뭔가 내 나라에 이익이 될 일이 있겠지요?" 하고 반기니, 맹자는 매정하게 이렇게 대답했다. "왕께서 하필이면 이익[利]을 말씀하십니까? 역시 인자함[仁]과 정의[義]가 있을 뿐입니다. 왕께서 '어떻게 하면 내 나라를 이롭게 할까' 하고 말씀하시면 관리들은 '어떻게 하면 내 가문을 이롭게 할까' 하고 말할 것이고, 국민들은 '어떻게 하면 내 자신을 이롭게 할까' 하고 말할 것입니다. 이렇게 위아래가 서로 이익만을 취하게 되면 나라가 위태롭게 될 것입니다." 그리고 신유학자들 역시 의(義)를 '천리(天理)의 마땅함'으로, 이(利)를 '인간의 욕심'으로 규정하여 정의로써 이익을 제압할 것을 주장했다. 이러한 유교의 정치관에서 보면 현대의 정치는 소인배의 행위에 해당한다고 할 만하다.

그렇다고 동양의 정치사상사에서 이익을 중시한 사람이 없었던 것은 아니다. 묵자(墨子)는 이익을 정의 실현을 위한 기본조건으로 보았다. 그리고 법가(法家)의 사상가들은 오늘날 권력설을 주장하는 사람들과 마찬가지로 오직 권력의 획득, 유지, 행사, 확대가 정치의 본질이라고 여겼다. 그러나 그들의 사상은 동양의 지배적인 정치사상이 되지는 못했다.

정치의 본질을 권력추구나 가치배분 등의 이익 실현이라고 보는 것과 정의 실현으로 보는 것은 단순히 시각의 차이에 그치는 것이 아니고, 실제로 국가의 목표를 설정하거나 국가를 통치하는 방식에서 많은 차이를 가져올 수 있다. 온 국민이 이익을 소유하거나 배분하는 일에 매달리는 상황과 정의의 실현에 매달리는 상황을 상상해 보라!

POINT

1. 정치가 무엇인지 그 본질에 관한 개념정의는 시대에 따라, 또 같은 시대에서도 정치사상가나 정치학자에 따라 다르다. 이것은 정치 현상 자체나 정치를 보는 사람들의 시각이 다양하기 때문이다.
2. 정의란 올바른 도리라는 뜻으로, 삶과 행위의 표준을 가리킨다.
3. 이익이란 물질적으로나 정신적으로 보탬이 되는 것을 뜻한다. 유교에서 이익을 말할 때는 주로 개인의 욕심에 따른 사적인 이익을 말한다.

2. 정의

앞에서 본 바와 같이, 공자는 정치의 본질을 '바로잡음'이라고 했다. 그러면 무엇을 바로잡을 것인가? 다시 말해 무엇이 정의의 실현인가? 공자에게 그의 제자가 묻는다.

제자: 위나라의 임금이 선생님께서 정치해 주시기를 기다리고 있다면 선생님께서는 먼저 무슨 일부터 하시겠습니까?

공자: 반드시 이름을 바로잡을 게다.

공자에 따르면 정치를 바로 하려면, 다시 말해 정의를 실현하기 위해서는 무엇보다 먼저 이름을 바로잡아야 한다. 이름을 바로잡는다는 말이 한자어로는 '정명(正名)'이라서 공자의 이 입장을 정명론이라 한다. 그런데 이름을 바로잡는다는 것은 도대체 무슨 말인가? 공자는 이렇게 대답한다.

임금은 임금 노릇을, 신하는 신하 노릇을, 아비는 아비 노릇을, 자식은 자식 노릇을 다하는 것이다.

이름이란 사물, 사건, 사람 등의 대상을 가리키기 위해 사람들이 그 대상에 인위적으로 붙여 놓은 말을 뜻한다. 이름이 대상과 일치하면 올바른 이름이고 그렇지 않으면 틀린 이름이다. 만일 이름과 대상이 서로 일치하지 않으면 사회는 얼마나 혼란스러울까. 예를 들어 개를 보고 어떤 이는 개라 하는데 또 어떤 이는 소나 사람이라고 하거나, 아니면 개가 소나 사람처럼 굴면 말이다.

대상과 일치하지 않는 틀린 이름을 바로잡는 데에는 두 가지 방법이 있다. 첫째, 이름이 어떤 대상을 바르게 지칭하지 않으면 이름 자체를 바꿔야 한다. 예를 들어 어떤 사람을 보고 자꾸 '개'라고 지칭한다면 '사람'이라고 바꾸어야 할 것이다. 둘째, 이름은 올바른데 그 대상이 이름에 걸맞지 않을 경우에는 그 대상이 바뀌어야 한다. 예를 들어 사람은 사람인데 개처럼 굴면 그 사람이 바뀌어야 한다. 공자의 정명론은 특히 두 번째의 경우를 두고 하는 말이다. 이름 자체를 고친다는 말이 아니고, 이름에 걸맞지 않은 행위를 바로잡는다는 것이다.

임금은 임금 노릇, 신하는 신하 노릇, 아비는 아비 노릇, 자식은 자식 노릇을 다해야 한다는 것은, 사람은 자기에게 주어진 노릇, 즉 역할을 다해야 한다는 말이다. 따라서 정명론은 정치란 사람들 각자가 맡은 역할을 다하게끔 하는 것이고 이를 통해 정의가 실현된다는 이론이다. 공자가 동양문명의 초석을 놓았다면, 서양문명의 초석은 플라톤이 놓았다. 플라톤도 공자와 똑같은 말을 하고 있음은 흥미로운 일이다. '정의에 대하여'라는 부제가 붙은 『국가론』에서 플라톤은 정치의 본질을 정의의 실현으로 보고, 정의란 이익추구가 아니라 국가 내에서 사람들이 올바른 역할을 다하는 것이라고 결론지었던 것이다.

정명론의 논리는 임금, 신하, 부모, 자식 등의 사회적 역할을 다하라는 것만으로 끝나는 것이 아니다. 좀 더 근본적인 문제가 그 안에 아직 남아 있다. 임금, 신하, 부모, 자식 등의 이름으로 지칭되는 대상은 더 근본적으로는 무엇인가? 사람이 아닌가. 결국 정명론은 근본적으로 사람이 사람 노릇을 해야 한다고 주장한다. 사람 노릇을 제대로 해야 임금이나 부모 등의 노릇도 해낼 것이 아닌가. 이제 사람, 그리고 사람들이 모여 만든 국가에 대해 생각해 보자.

공자는 정명론에서 언어 자체에 대해서는 별 문제를 삼고 있지 않다. 그러나 우리는 한 발 더 나아가 언어 자체의 문제에 대해 좀 더 생각해 볼 수도 있다. 인간의 표현도구인 언어는 표현하려는 대상의 실상을 있는 그대로 표현하는 것이 아니라, 인위적으로 추상화하고 단순화한다. 따라서 언어가 표현하는 대상은 있는 그대로의 대상 그 자체는 아니며 결국 대상의 실상은 언어의 표현으로 인해 왜곡된다. 이렇게 언어가 대상을 자꾸 왜곡하기 때문에 성철스님은 하는 수 없이 "산은 산이요 물은 물이로다"라는 말로 대상을 표현했다. 불가(佛家)와 도가(道家)는 진리를 왜곡하는 이러한 언어의 한계에 대해 고민을 많이 했다. 그래서 그들에 의하면 도(道)는 '불립문자(不立文子)'이다. 다시 말해 진리는 문자로는 표현할 수 없다. 마음(언어적 개념작용이 없는 상태의 마음)으로 깨달아야 하는 것이다. 노자의 멋진 말을 하나 소개한다: "道可道 非常道 名可名 非常名(도가도 비상도 명가명 비상명)." 의역하면, '진리를 언어로 표현하면 본래의 진리가 아니요, 대상을 언어로 표현하면 본래의 대상이 아니다'라는 의미이다.

POINT

1. 공자에게 정의란 각자가 맡은 역할을 다하는 것이다.
2. 정명이란 이름을 바로잡는다는 뜻이고, 공자의 정명론은 이름(즉 역할)에 걸맞지 않은 행위를 바로잡아야 한다는 정치이론이다.

3. 인간과 국가

인간

국가란 다름 아닌 사람들의 집단이다. 국가의 구성원이 사람이므로 국가에 대한 사색인 국가철학은 사람에 대한 사색인 인생철학을 출발점으로 한다. 이제 국가에 대한 사색의 출발점으로 인생에 대해 먼저 생각해 보자. 사람이라고 부르는 존재를 유교의 정치사상에서는 어떻게 보고 있을까? 사람에 관해서는 공자의 제자인 맹자의 이론이 아주 유명하고 또 후세에 많은 영향을 끼쳤으므로 맹자의 이론을 살펴본다.

일반적으로 존재물들은 서로 공통되는 속성을 공유하기도 하고 서로 구별되는 독특한 속성을 각기 지니고 있기도 하다. 예를 들어 새와 개와 뱀은 모두 동물로서 유기체 또는 생명이라는 공통 속성을 가지는 한편, 새는 날개로 날고, 개는 네 다리로 걷고, 뱀은 몸으로 기는 독특한 속성이 각기 있다. 맹자에 따르면 이러한 독특한 속성이 바로 그 존재물의 고유한 본성이고, 본성에 따라 사는 것이 올바른 삶이며 또 행복의 조건이다. 새가 기려고, 개가 날려고, 뱀이 걸으려고 하는 것은 본성에 따르는 올바른 삶이 아니고, 올바른 삶의 방식으로 살려고 하지 않는다면 그것은 곧 불행의 시작이다.

사람도 역시 사람의 본성에 따라 사람답게 살려고 하지 않는다면 — 다시 말해, 사람 노릇을 하지 않는다면 — 올바른 삶이 아닌 것이다. 그럼 짐승 등 다른 존재물들과 구별되는 사람의 고유한 본성은 무엇인가? 맹자의 결론부터 소개하자면 그것은 '인(仁)·의(義)·예(禮)·지(智)'의 덕성이다. 그런데 무슨 근거로 이들 덕성이 인간이 태어날 때부터 가진 본성이라고 말할 수 있는가? 이에 대한 증명이 맹자의 유명한 '사단지설(四端之說)'인데, 맹자는 이를 통해 성선설을 바탕으로 하는 유교의 인간관을 굳건히 확립했다.

맹자의 사단지설은 우물가에 놀고 있는 어린 아기의 얘기로부터 시작한다. 아, 그 아기가 그만 잘못해 깊디깊은 우물에 곤두박질하려는 순간이다! 우리 자신이 이 광경을 목격한다면 우리의 마음은 어떠할까? 생각할 겨를도 없이 그 광경을 목격하는 바로 그 순간의 마음 말이다. 기쁠까? 우스울까? 맹자는 누구나 그 찰나에 측은한 마음이 생길 것이라고 말한다. 이때 생기는 측은한 마음은 남에게서 칭찬받으려고 의식적으로 떠올린 마음도 아니고, 생각해 보니 측은해져야 옳을 것 같아서 반성적으로 생기는 마음도 아닌, 의식과 생각 이전에 그야말로 본능적으로 생기는 마음이라는 것이다. 따라서 측은해하는 마음[측은지심(惻隱之心)]은 본래 천성적으로 인간에게 들어 있는 마음이다. 바로 이러한 차원에서 또 다른 세 가지 마음이 발견되는데, 그것은 부끄러워하는 마음[수오지심(羞惡之心)], 사양하는 마음[사양지심(辭讓之心)], 그리고 옳고 그른 것을 가리는 마음[시비지심(是非之心)]이다. 맹자에 따르면, 인간은 다른 동물과 공통점도 많지만 이런 마음은 다른 동물에게는 없고 오직 인간한테만 있는 특성으로, 이것이야말로 인간 고유의 천부적인 본성이다. 그리고 인간에게 이러한 마음이 깃들어 있다는 것은 인간의 본성이 본래 선하다는 증거다.

그런데 문제는 사람이 가진 이 네 가지 마음은 단지 본성의 단(端), 즉 싹에 불과하다는 것이다. 측은지심은 인(仁)의 싹이요, 수오지심은 의(義)의 싹, 사양지심은 예(禮)의 싹, 그리고 시비지심은 지(智)의 싹이다. 이 싹은 잘 길러내야지 그렇지 않으면 말라 죽어버릴 것이다. 이러면 사람은 짐승과 비슷해진다. 그러나 이 네 가지 싹[四端]을 잘 기르면, 각각 인·의·예·지[四德]로 성장하여 본성이 완전히 실현된다. 이런 경우 사람은 유교의 이상적 인간인 군자 또는 성인이 될 수 있다. 맹자의 표현에 따르면, "모든 사람이 요순과 같은 성인이 될 수 있고" 그 결과 "온 세상을 평안하게 하기에도 충분하다". 이것이 제대로 된 '사람 노릇'이다. 이리하여 맹자 이후 모든 유가(儒家)는 사단을 잘 길러 사덕을 완성함으로써 인간본성을 실현하는 것을 그들 인생의 일차적인 목표로 삼게 되었다. 훌륭한 통치자나 사회인이 되는 것은 그 다음의 문제다. 자신의 인격수양을 근본으로 하고 이를 바탕으로 올바른 사회적 역할을 수행한다는 이 입장을 유교에서는 '수기치인(修己治人)', '수기안인(修己安人)', 또는 '내성외왕(內聖外王)'의 도(道)라고 한다. 귀에 익숙한 다른 말로는 수신(修身) 후에 제가(齊家), 치국(治國), 평천하(平天下)한다는 말이다. 지금 위에서 우리가 살펴본 내용은 수기, 수신 또는 내성 — 이 셋은 서로 이름은 다르나 뜻은 같다 — 의 인간 문제다. 이제 치인, 안인, 외왕 — 이 셋도 마찬가지다 — 의 국가 문제를 살펴보자.

국가

먼저, 국가란 무엇인가? 오늘날의 서양식 관점에서 국가란 (일정한 영토 위에 통치권력을 중심으로 뭉쳐 있는) 개인들의 집합체다. 그러나 동양, 특히 유교의 관점에서 국가란 가정의 확대판이다. 이러한 유교의 전통적 관점을 이어받아 율곡 이이는 『성학집요』에서 "국가란 것은 가정을 미룬 것"이라고 정의하고 있다. 여기에서 통치자는 부모로, 국민은 자식으로 간주된다.

그럼, 그 국가는 어찌하여 생겨났는가? 공자 이전부터 전승되어 온 유교의 가장 오랜 경전인 『서경』의 '천명론'에 유교 최초의 대답이 있다. 이 이론에 따르면 (자연을 신격화한 최고신인) 하늘[天]은 사람들을 탄생시키고, 이들 가운데 덕(德)이 뛰어난 자에게 영토와 사람들을 맡겨 하늘을 대신해 이들을 다스리라고 명(命)했다. 결국, 하늘의 명령 즉 '천명(天命)'이 정치권력의 기원이며 국가는 그 결과 생겨난 것이다. 말하자면 유교식 왕권신수설이라 할 수 있다.

그런데 그 국가를 어떻게 다스려야 할까? 역시 천명론에 따르면, 하늘은 국민의 귀로 듣고 국민의 눈으로 보는데, 통치자는 덕으로써 국민을 위한 정치를 해야 한다. 그렇지 않으면 천명은 덕이 있는 다른 사람에게 옮겨가며, 이 사람은 하늘을 대신해 악덕한 통치자를 응징하고 자신이 통치자가 된다. 이것이 '혁명(革命)', 즉 천명의 바뀜이다. 이처럼 천명론은 '국민의 눈과 귀'인 민심이 곧 천심이라는 민본(民本)사상, 국민을 위한 정치인 위민(爲民)정치, 덕으로 하는 정치인 덕치(德治), 그리고 이에 근거한 통치권력의 정당성을 주장한다. 시간이 지나며 하늘은 신격을 상실하고 오직 자연을 상징했으니, 천명은 곧 민의(民意)라는 인본주의적 의미가 더욱 부각된다. 천명론의 이러한 민본, 위민, 덕치 등의 사상은 공자와 맹자가 수용, 발전시킨 후 유교 정치사상의 중심이 된다. 그 발전된 모습을 살펴보자.

공자의 정명론에 따르면 정치의 목표는 이름을 바로잡는 것, 즉 사람들의 인간적·사회적 역할을 다하도록 하는 데 있다. 어떻게 그러한 역할을 다하게끔 할 것인가? 두 가지 방법이 있다. 하나는 권력을 사용해 강제로 시키는 것이고, 다른 하나는 교육을 통해 자발적으로 하도록 유도하는 것이다. 유교에서는 전자를 법치(法治) 또는 패도(覇道), 후자를 덕치(德治)나 예치(禮治) 또는 왕도(王道)라 규정하고 후자를 선호한다. 여기에서 덕(德)이란 인간의 내면적인 도덕성을 지칭하고, 예(禮)는 내면적인 덕을 외부적으로 표현하는 양식으로서 사회적 행위규범을 말한다. 그리고 법(法)이란 통치자가 인위적으로 제정한 사회적 행위규범을 지칭하고, 패(覇)란 권력을 말한다. 이리하여 덕치 또는 예치는 인간 내면의 도덕성[德]에 바탕을 둔 자율적 행위규범[禮]에 의한 통치라는 뜻에서 외부적 강제성[覇]에 바탕을 둔 타율적 행위규범[法]에 의한 통치, 즉 법치와 대립되는 개념이다. 현대 용어로 도덕정치(moral politics)와 권력정치(power politics)의 대립이라고 할 수 있다.

동양의 정치사상사에서, 법가(法家)의 사상가들은 인간본성을 악한 것으로 보고 인간은 자율적으로는 사회질서를 지키기 글렀으니 강제적인 법과 권력으로 다스리라고 주장했다. 그러나 유가의 사상가들은 맹자처럼 인간본성을 선한 것으로 보고 인간은 스스로 이 본성을 계발해 자율적으로 예를 실천할 수 있고, 이를 통해 이상적인 사회질서를 구축할 수 있다고 보았다. 따라서 유가는 법치에 대해 부정적인 태도를 취했고, 기껏해야 차선책 정도로 여겼다. 공자는 말한다. "법제로 이끌고 형벌로 다스리면 국민들은 형벌은 모면하나 수치심이 없게 되고, 덕으로 이끌고 예로 다스리면 수치심이 생기고 또 올바르게 된다." 이러한 덕치, 예치가 다른 표현으로는 '수기안인(修己安人)' 또는 '수기치인(修己治人)'이다. 이에 대해 좀 더 살펴보자.

공자는 말한다. "자기 몸을 바로 한다면 정치에 종사하는 데 무슨 힘든 일이 있겠는가? 자기 몸을 바로 하지 못한다면 어떻게 남을 바로잡겠는가?" 정치의 기본적이고 일차적인 방법은 자기 자신을 바르게 하는 것, 자기의 인격수양, 즉 수기라는 말이다. 이것은 인간본성인 인·의·예·지의 덕성을 연마하여 사람 노릇하는 것을 말한다. 그런데 유교에서는 이 네 가지 덕성 가운데 인을 나머지 덕성을 아우르는 최고의 덕성으로 간주한다. 따라서 수기의 핵심은 인을 기르고 실천하는 것이라 할 수 있다. 인(仁)이란 넓은 의미로는 겸손, 관대, 성실, 자애, 지혜, 용기, 충서, 효성, 공경 등의 덕성을 포괄하는 전인격적인 의미로 쓰인다. 이때 인의 뜻은 '인간다움'이다. 좁지만 핵심적인 의미로 인은 사랑과 충서(忠恕)를 말한다. 그의 제자가 인에 관해서 여쭤보니 공자는 이렇게 답했다. "사람을 사랑하는 것이다[愛人]." 그리고 충서란 어떻게 하면 남을 사랑할 수 있는지, 즉 인의 실천방법으로 제시되고 있다. 공자는 말한다. "자기가 서고 싶으면 남을 서게 하고, 자기가 달성하고 싶으면 남을 달성하게 하라. 가까운 자기를 가지고 남의 입장에 비추어 볼 수 있다면 그것이 인의 방법이다." 이것을 '충서의 도'라 하는데, 사랑을 실천하기 위한 방법으로 공자는 자기와 남을 동일시할 것을 권한다.

수기는 치인·치국, 즉 정치를 위한 전제조건이다. 이런 의미에서 정치란 자기가 수양한 덕을 남에게 펼치는 것에 다름 아니다. 맹자는 이러한 정치를 다른 말로 '왕도정치(王道政治)' 또는 '인정(仁政)'이라 하는데, 맹자의 논리에 따르면 '남의 곤경을 측은히 여겨 차마 보지 못해하는 마음'을 길러 통치자 자신의 인(仁)의 덕성을 일차적으로 함양하고, 이차적으로 이것을 남에게 확대하면 모든 국민을 사랑하고 편안하게 하는 정치를 하게 된다는 것이다. 국민을 사랑하고 편안하게 하는 치인, 치국의 좀 더 구체적인 방법으로서 유교에서는 특히 국민의 교육과 부(富), 현명한 인재의 등용을 강조한다.

교육은 덕치의 필요불가결한 방법이다. 왜냐하면 덕치의 요체는 국민의 덕성을 계몽시켜 자발적으로 예의를 지키게 함으로써 사회질서를 바로잡는 것이기 때문이다. 그리고 국민의 부 역시 덕치를 위해 무시할 수 없는 수단이다. 대단한 부가 아니더라도 기본적인 생계는 확보되어야만 흔들림 없이 예의든 염치든 지킬 수 있기 때문이다. 맹자는 이를 "항산(恒産)이 있어야 항심(恒心)이 있다"는 말로 대신하고 있다. 이제 공자의 말도 들어보자. 공자의 한 제자가 공자가 탄 수레를 몰고 가며 서로 대화를 나누게 되었다.

공자: 사람들이 많구나.

제자: 사람들이 많으면 또 무엇을 보태야 합니까?

공자: 부유하게 만들어야 한다.

제자: 부유해지면 또 무엇을 보태야 합니까?

공자: 가르쳐야 한다.

끝으로, 현명한 인재를 등용하는 것도 덕치를 위해 빼놓을 수 없는 방법이다. 요즘도 흔히 말하기를 정치란 사람이 하는 것이므로 사람을 잘 써야 한다고 한다. 예나 지금이나 맞는 말이다. 제후 한 사람이 공자에게 물었다.

제후: 어떻게 하면 국민이 심복하게 됩니까?

공자: 곧은 사람을 등용해서 곧지 않은 사람들 위에 놓으면 국민이 심복하고, 곧지 않은 사람을 등용해서 곧은 사람들 위에 놓으면 국민이 심복하지 않습니다.

공자는 "나의 도(道)는 하나로 관철되어 있다"라고 말했다. 제자들은 그들 스승의 '하나로 관철된' 이 도가 곧 충서지도(忠恕之道)인 것으로 이해한다. 충서지도, 이 하나는 모든 인간행위에 관철하여 통용될 수 있는 보편적 행위원칙이라는 말이다.

POINT

1. 맹자는 도덕성과 지혜를 인간본성으로 본다. 그러므로 맹자는 인간본성이 선하다고 한다.
2. 인간의 본성에 대해서는 사람에 따라 그 판단이 다르다. 선하게 보기도, 악하게 보기도, 그리고 선하지도 악하지도 않게 보기도 한다. 이는 어느 판단이 절대적으로 옳고 그른 문제가 아니라 주관적인 시각의 문제다.
3. 현대민주주의에서 국가는 개인들의 집합체로 간주되나, 유교에서 국가는 가정의 확대판으로 간주된다.
4. 인이란 남을 사랑하는 것을 말한다.
5. 충서란 자기 정성을 다하여 남을 이해하는 것을 말한다. 이때, 충(忠)이란 자기를 다하는 것을 뜻하고, 서(恕)란 자기를 미뤄가는 것을 뜻한다.
6. 유교의 통치방법인 덕치는 수기, 국민의 교육과 부, 현명한 인재등용을 그 구체적 방법으로 강조한다.

4. 국민의 권리와 의무

그럼 국민 자신은 국가 내에서 어떻게 살아가야 하는가? 즉 국민으로서의 바람직한 생활태도는 무엇인가? 가장 바람직한 것은 각자가 수기치인의 도를 완성하여 모두가 요순과 같은 성인이 되는 것이다. 이것이 사실 유교의 궁극적인 이상이다. 이상은 그렇다 치자. 그저 하루하루의 일상생활에서는 어떻게 살아야 될까? 자기의 사회적 역할, 즉 임금은 임금 노릇, 부모는 부모 노릇, 자식은 자식 노릇 등을 다하면 된다. 그럼 그 노릇을 제대로 하려면 어떻게 해야 하는가? 그 노릇에 합당한 예(禮)를 지키면 된다.

예란 일상생활의 모든 행위규범을 망라하고 있으므로 사실상 아주 다양하고 광범위한 체계다. 그러나 숱한 예 가운데에서도 매우 강조되는 예가 있으니 바로 오륜(五倫)으로서, 곧 부자유친(父子有親), 군신유의(君臣有義), 부부유별(夫婦有別), 장유유서(長幼有序), 붕우유신(朋友有信)이 그것이다. 유교에서 오륜은 예의 표본이고 일상생활의 황금률이다. 결국, 국민은 일상생활에서 오륜을 지키는 것이 가장 바람직한 생활태도다. 이 오륜에 대해 좀 더 살펴보자. 유교에서는 사회를 인간과 인간의 관계구조로 파악하며, 사회질서는 인간관계의 구조 속에서 사람들이 자기의 역할을 다함으로써 달성되리라 간주한다. 이러한 인식을 통해 제시된 일상생활의 황금률이 바로 오륜이다. 오륜은 부자(父子), 군신(君臣), 부부(夫婦), 장유(長幼), 붕우(朋友)의 다섯 가지 인간관계를 사회의 기본구조로 파악하고 있으나, 이 중 부부는 남녀, 부자는 조상과 후손, 군신은 통치자와 피치자, 그리고 장유는 형제 관계에 확대 적용할 수 있다. 따라서 오륜은 대부분의 인간관계에 대입해 적용할 수가 있는 행위규범이다. 그리고 이러한 모든 인간관계에서 보편적으로 요구되는 행위원칙은 충서(忠恕), 즉 자신에 비추어 남을 이해하는 것이라 할 수 있다.

그런데 이 오륜은 국민의 의무에 해당하지 권리에 해당하는 것은 아니지 않는가? 그렇다. 그렇다면 국민의 권리는 무엇인가? 먼저 권리와 의무의 개념에 대해 생각해 보자. 사전적 정의에 따르면, 권리란 '일정한 이익을 주장하고 그것을 누릴 수 있는 자격'이고, 의무란 '일정한 행위를 해야 하거나 하지 말아야 할 구속'을 말한다. 권리는 이익의 문제와 직결되고, 의무란 행위규범을 말하니 정의의 문제와 관련됨을 알 수 있다. 이렇게 볼 때 유교의 정치사상은 거의 모두 통치자와 국민의 의무에 대한 규정이다. 이것은 유교사상이 '의리지별'을 통해 정의추구를 중시하고 이익추구를 멸시하기 때문이다. 왜 그랬을까?

그 뿌리는 덕치사상에 있다. 그리고 덕치사상의 뿌리는 가족공동체에 있다고 볼 수 있다. 앞에서 말했듯이 덕치란 통치자와 국민 모두가 자신에 내재된 인의예지의 덕성을 길러 자율적으로 맡은 바 사회적 역할, 즉 의무를 다함으로써 사회질서를 확립하려는 사상이다. 모든 사람이 타인에 대한 사랑[仁]과 공정심[義] 그리고 그 실천형식인 예절[禮]을 알고[知] 실천함[行]으로써 올바른 사회가 이룩된다는 것이다. 한마디로 말해 자율적인 사랑과 정의의 공동체가 바로 유교가 추구하는 이상사회다. 유교에서는 이러한 공동체의 기반(foundation)과 전형(model)을 가족공동체로 보고 이를 국가로 확대하여 적용한다. 그래서 치국(治國)의 근본은 제가(齊家)이고, 국가는 가정의 확대판으로 간주한다. 이런 견지에서 공자는 "효성과 우애가 인(仁)의 기본"이라 하고, 맹자 역시 "인의 핵심은 어버이를 섬기는 것이고, 의의 핵심은 형을 따르는 것이며, 지의 핵심은 이 두 가지를 아는 것이고, 예의 핵심은 이 두 가지를 잘 구현하는 것"이라 했다. 공동체를 앞세우는 이러한 가족주의 혹은 집단주의의 입장에서는 개인을 앞세우는 개인주의적인 가치는 부정된다. 다시 말해 개인의 권리나 이익은 공동체에 대한 의무에 종속되고, 개인의 권리나 이익의 주장은 오히려 부도덕한 것이 된다. 이런 까닭에 유교사상에는 오늘날의 민주주의 사상과는 달리 개인의 권리를 의식적으로 강조하는 이론이 없다.

그러나 국민(혹은 개인)의 권리가 완전히 무시되었다는 말은 아니다. 국민의 권리가 명시적·이론적으로 주장된 바가 없다는 것이지, 묵시적·현실적으로는 당연히 있다. 유교의 혁명론을 보더라도, 국민을 위한 정치를 하지 않는 통치자에게는 저항할 것을 주장한다. 그러나 이것을 국민의 저항할 권리, 즉 '저항권'이라고 명시적으로 주장하고 있지는 않다. 한편, 각자가 상대방에 대한 인간적·사회적 의무를 다해야 한다는 말은 달리 표현하면 각자가 상대방의 권리나 이익을 존중해 줘야 한다는 말이기도 하다. 앞에서 보았듯이 덕치의 기본정신은 인(仁)이고 인은 남을 사랑하는 것이며 인의 방법인 충서는 자기를 미루어 남을 배려하는 행위다. 이러한 의무를 다할 경우 국민의 권리나 이익이 무시될까? 그렇지 않을 것이다. 국민의 권리문제에 대해서는 자유와 평등의 문제와 함께 좀 더 얘기해 보자.

POINT

1. 현대적 의미에서 국민이란 동일한 통치권 밑에 결합되어 국가를 구성한 사람들을 말한다. 유교에서도 마찬가지다.
2. 오륜은 사회의 다섯 가지 인간관계를 사회의 기본구조로 파악하고, 그 인간관계에서 요구되는 예의를 규정한다.

5. 자유와 평등

자유와 평등은 현대 민주주의의 기본이념이며 국민의 기본 권리로 간주된다. 그 정치적·현실적 중요성을 감안해, 이에 대한 유교의 입장을 알아보자. 이를 위해 우선 이 개념들의 의미를 명확히 해둘 필요가 있다. 이들은 둘 다 서양에서 태어나, 서양 역사 속에서 이런저런 의미를 덧붙여 온 다의적 개념들이며, 지금도 여전히 그 의미에 대해 왈가왈부하고 있는 논쟁적 개념들이다. 따라서 그 의미를 어느 정도 명백히 해두지 않으면 자칫 그야말로 동문서답이 전개될 수가 있다. 서양 사람들 자신이 생각하는 이들 개념의 기본적인 의미를 명백히 한 후, 이 최소한의 개념정의를 바탕으로 유교에서의 자유와 평등 문제를 살펴보자.

이사야 벌린(Isaiah Berlin)은 자유를 '적극적 자유'와 '소극적 자유'로 구분했다. 적극적 자유는 각자가 자기 자신의 주인이 되고자 하는 열망에 근거한다. 자기가 자기의 주인이 된다는 말은, 외부의 영향에 수동적으로 반응하는 객체가 아니라 스스로의 의지로서 능동적으로 생각하고 행동하는 주체가 되는 것을 말한다. 이처럼 적극적 자유란 자기가 자기를 규율하여 자기의 생각과 행동의 주체가 되는 상태를 말하며, 한마디로 말해 개인의 자율이란 의미다. 이에 대해 소극적 자유란 개인의 일정한 영역에 외부의 간섭, 특히 자의적이고 강제적인 간섭이 없는 상태를 말한다. 밀(J. S. Mill)과 같은 자유주의자는 자기 자신에게만 관계된 사고나 행위 영역에서는 자기의 독립성이 당연히 절대적이기 때문에 아무도 간섭할 수 없다고 말한다. 다만 타인과 관계되는 부분에서는 간섭이 용인되나, 이 경우에도 '내가 타인에게 해를 끼치지 않는 한' 타인이나 사회 또는 국가가 나에게 간섭해서는 안 된다. 이처럼 소극적 자유란 타인에게 해를 끼치지 않는 한 개인의 독립성은 보장되어야 한다는 것으로, 개인의 독립을 의미한다. 정리하자면, 적극적 자유란 개인(또는 집단)의 자율, 소극적 자유란 개인(또는 집단)의 독립을 뜻한다.

평등의 의미는 '차별이 없이 고르고 똑같은 것'이다. 일반적으로 사람들은, 루소(J.-J. Rousseau)가 그랬던 것처럼, 인간에게 두 종류의 (불)평등이 있다고 본다. 하나는 자연이 만든 것으로, 나이, 건강, 체력, 정신적 자질 등의 자연적 (불)평등이다. 그리고 다른 하나는 인위적인 것으로, 부, 권력, 명예, 신분 등 사회적 (불)평등이다. 민주주의에서 평등을 논할 때에는 주로 사회적 평등이 문제가 된다.

덧붙여, 현대 민주주의에서는 이러한 자유와 평등을 인간의 천부적인 기본 권리로 간주하고 이것이 실현되는 사회를 이상적인 사회로 본다. 이제 위와 같은 이해를 바탕으로, 적극적·소극적 자유로서 개인의 자율과 독립, 그리고 사회적 평등에 관한 유교의 입장을 살펴보자.

자유의 의미를 특히 국가의 역할과 결부시켜 고찰할 때, 소극적 자유는 국가(권력)의 강제나 구속으로부터 벗어나는 '국가로부터의 자유', 적극적 자유는 국가가 적극적으로 나서서 국민의 기본권을 보장해 주는 '국가에 의한 자유'로 이해하기도 한다.

적극적 자유: 자율

앞에서 보았듯이 유교 정치사상은 강제적 법과 형벌에 의한 타율적인 법치를 비판하고, 통치자와 피치자 모두 자신의 덕을 계발하여 예를 실천하는 자율적인 덕치·예치를 주장한다. 그리하여 자신의 덕을 스스로 수양하고 실천하는 수신(修身)을 학문과 정치 나아가 인생의 기본으로 간주한다. 이러한 견지에서 유교는 개인의 자율을 강조하는 사상이다. 그러나 자율의 강조는 여기서 끝나지 않는다. 유교에서는 인의예지의 덕성이 인간의 본성으로서 마음속에 깃들어 있다고 보기 때문에, 수신의 근본은 마음속의 이 본성을 잘 수양하는 데에 있다. 그러자면 방법론상 당연히 자기의 마음 자체를 스스로 통제(mind control)해야 하지 않겠는가. 즉 마음을 수양하기 위해 먼저 마음의 주인이 되어야 한다는 말이다. 이런 까닭에 신유학자들은 마음의 주인이 되는 방법을 강구했으며, 그 방법이 바로 '경(敬)'이다. 퇴계 이황은 '경'을 일상생활에서 잠시도 떠날 수 없는 마음수양의 방법이라고 말한다. 경학(敬學)의 선구자인 정이(程頤)는 이렇게 말한다. "사람의 마음은 사물에 접해 느끼지 않을 수 없으므로 여러 가지 생각이 일어난다. 만일 생각은 있어도 혼란이 없게 하려면 오직 마음속에 주인이 있게 하는 것이다. 어떻게 하면 주인이 있을 것인가? 이것은 경뿐이다. 이른바 경이란 하나를 주로 하는 것을 말한다. 하나란 마음이 밖으로 나가지 않는 것을 나타낸다. 하나가 아닌 때에는 곧 둘, 셋이다." 경이란 쉽게 말해 마음 즉 정신의 통일과 집중 상태를 말한다. 경으로 자기 마음의 주인이 되어, 자율적으로 자기 본성인 인의예지를 수양해 이를 사회에서 실천해 나가는 것, 이것이 유교인의 학문과 정치 그리고 인생의 여정이다. 이러한 의미에서 유교는 개인의 자율을 매우 강조하는 '적극적 의미의 자유' 사상이다. 물론 이는 개인의 자아에 대한 자율을 뜻하지, 국가에 대한 자율, 즉 국민의 자치를 뜻하는 것은 아니다. 유교는 민주정을 주장하는 정치사상이 아니다.

소극적 자유: 독립

결론부터 말하면 유교에서 개인은 전혀 독립적이지 않다. 유교에서 개인은 민주주의의 개인과는 달리 실체적·독립적 존재라기보다 관계적·의존적 존재다. 그러므로 유교에서 인간의 정체성은 독립된 개인으로서가 아니라, 가족과 사회 나아가 우주의 구성원으로서 정립된다. 좀 더 알아보자.

개인은 독립적 존재가 아니라 우선 가족의 일원이다. 가족 속에서 개인은 독립적인 연아, 소율, 현진으로서보다는 아버지, 어머니, 아들, 딸, 형님, 아우 등 가족관계에서의 역할로써 정체성을 가진다. 사회나 국가 속에서도 마찬가지다. 여기에서도 역시 개인은 임금, 신하, 연장자, 연소자, 여자, 남자 등의 역할로서의 정체성이 강조된다. 그리고 공자의 정명론에서 본 것처럼, 이러한 가족적·사회적 역할을 다하는 것이 인간의 기본 도리가 된다. 그러므로 개인의 독립성을 주장하는 것은 잘못된 인식이고, 개인의 권리나 이익을 앞세우는 것은 부도덕한 일이다. 멸사봉공(滅私奉公, 사를 버리고 공을 받들 것), 극기복례(克己復禮, 자기를 극복하고 예에 따를 것), 살신성인(殺身成仁, 자신을 희생하여 사랑을 실천할 것) 등 유교의 대표적 경구들은 모두 개인의 독립성을 극복하고 사회성을 확립할 것을 강조하고 있다. 게다가 유교는 인의예지가 인간의 본성이라고 한다. 인의예지란 달리 표현하면 타인에 대한 사랑·공정심·예의·이해라 할 수 있다. 따라서 이것이 인간의 본성이라는 말은 (개체성이 아니라) 사회성이 인간의 본성이라는 뜻이다.

나아가 개인은 우주의 일원이다. 인간은 자연의 피조물로서, 자연으로부터 독립된 존재가 아니라 자연의 일부이고 자연과의 관계 속에서 존재한다. 이러한 인식하에서 신유학자들은 신유학의 토대를 이루는 기본명제 두 가지를 정립하고 있다. 그 하나는 '성즉리(性卽理)'다. 본성이 곧 이치라는 말인데, 인간의 본성인 인의예지는 인간에게 부여된 우주자연의 법칙 즉 자연법이다. 이처럼 인간은 자연법을 실현하고 있는 자연의 일부이지, 자연으로부터 독립된 존재가 아니다. 아니, 우주의 자연법이 인간본성으로 내재되어 있으므로 자기 본성을 다 발휘하면 오히려 인간은 천인합일(天人合一)의 경지에 이른다. 다른 하나의 명제는 '이일분수(理一分殊)'다. 이치는 본래 하나이나 다양하게 구현된다는 말인데, 하나의 통일원리가 겉으로는 특수·다양하게 나타난다는 뜻이다. 다시 말해, 우주 삼라만상은 다양하지만 그 속에는 우주의 통일원리가 관통하고 있다는 것이다. 그러므로 인간을 포함하여 우주의 삼라만상은 겉으로는(다른 말로, 현상적으로) 독립적이고 특수하게 보이지만 본래(다른 말로, 본질적으로) 하나의 통일체다. 따라서 개인은 현상적인 자신의 육체적 독립성을 극복하고, 자기 본래의 정체성인 우주자연과의 일체성을 회복해야 한다.

이상과 같은 견지에서 신유학자들은 장재(張載)의 글 『서명(西銘)』을 높이 칭송했다. 퇴계는 신유학의 핵심을 이루는 글 열 개를 선정해 도해(圖解)와 자신의 견해를 덧붙인 그의 『성학십도(聖學十圖)』에서, 이 글을 두 번째에 배치해 두었다. 이 글의 바탕에는 유교에서 강조하는 인간의 사회성과 자연성, 가족주의, 인의, 성즉리, 이일분수 등의 사상이 깔려 있다. 여기에 그 일부를 소개한다.

> 하늘은 아버지요, 땅은 어머니다. 나는 미미한 존재로서 그 가운데에 살고 있으니, 우주에 가득한 물질은 나의 몸이요, 우주의 이치는 나의 본성이다. 모든 사람은 나의 동포요, 모든 사물은 나의 동료이고, 임금은 내 부모의 큰아들이고, 그 대신들은 큰아들의 가신들이다. 노인을 존경함은 내 집의 어른을 모시는 일이고, 외롭고 약한 이를 보살핌은 내 아이를 사랑하는 일이다. …… 천하에 노쇠하고 병든 사람, 고아, 무자식 노인, 홀아비, 과부 등은 고난에 빠져 의지처가 없는 내 형제들이니, 우리가 그들을 보호함은 자식의 도리와 같고 그것을 싫어함이 없이 즐거이 하는 것이야말로 진정 순수한 효도다. …… 부귀와 행복은 우리의 삶을 윤택하게 하고, 빈천과 근심, 걱정은 우리를 연마해서 완성시키려는 것이니, 살

아서는 인간사에 충실하고, 죽어서는 부모 자연의 품에서 평안히 쉰다.

여기에서 '나'가 곧 유교적 자아이다. 그리고 그 정체성은, 위에서 보듯이, 일차적으로 가족관계 속에서 정립하고, 자신의 가족적 정체성을 사회와 국가 그리고 우주로 확대하여 완성한다. 이러한 까닭에 유교에서는 개인의 독립, 즉 '소극적 자유'의 개념이 없다.

종합해서 말하자면, 유교에서는 개인의 '적극적 자유'인 자율성을 확립해서 '소극적 자유'인 개인의 독립성을 극복하여, 가족적·사회적·우주적 정체성을 깨닫고 실천할 것이 요청되었다. 유교적 표현으로는, 이러한 정체성을 자율적으로 깨닫는 것을 '자득(自得)'이라 하고 그에 따른 역할을 자율적으로 떠맡는 것을 '자임(自任)'이라 한다. 그리고 이러한 자유는 인간의 권리가 아니라 의무로 간주되었다. 이것이 유교적 자유의 경지이고, 이러한 경지에 이른 사람을 군자(君子)요 천민(天民, 세계시민)이라 한다.

평등

동서양을 막론하고 고대와 중세는 신분제 사회였다. 신분제 사회란 신분에 따라 사람 사이의 인격적 불평등을 인정하는 사회다. 신분적 불평등은 정치적 권력의 불평등으로 이어졌고, 이것은 경제적 부의 불평등으로 귀결되었다. 유교사상이 정립되고 적용되던 고대와 중세의 역사적 배경은 바로 이런 신분제 사회였다. 이러한 사전 지식을 바탕으로, 이제 유교의 평등관을 살펴보기로 한다.

유교의 창시자인 공자의 가장 큰 공헌은 어찌 보면 신분주의적 인간관을 탈피해 도덕주의적 인간관을 수립한 데 있다. 공자 이전에는 군자란 귀족, 소인은 서민을 지칭했다. 공자는 이것을 군자란 덕이 있는 사람, 소인은 그렇지 않은 사람으로 바꾸어 놓았다. 맹자는 공자의 입장을 발전시켜 사람은 모두 인의예지의 덕을 본성으로 타고났으며, 이 본성을 계발하면 모두가 군자가 될 수 있다고 했다. 어떤 신분계층의 사람이건 모든 사람은 기본적인 인격과 도덕성에서 평등하다는 주장은 당시만 하더라도 혁명적 사상이었으며, 이는 인간존엄의 휴머니즘의 기틀을 마련했다. 그러나 이는 '기회의 평등'을 주장하는 것이지 '결과의 평등'을 주장하는 것은 아니다. 인격수양 여부에 따라 사람은 군자도 소인도 될 수가 있는 것이다. 특히 맹자의 논리에 따르면, 인의예지는 곧 인간본성이므로 이 본성을 실현하지 않는 자는 소인일 뿐 아니라 짐승과 같다. 이러한 군자-소인의 긴장·대립은 유교인들에게 인격수양을 위한 강한 교육적인 효과가 있었으나, 인격수양의 결과에 따라 유교는 인격상의 '상대적 불평등'을 인정하고 있다.

또한, 유교는 당시의 불평등의 기원인 신분제 자체를 뜯어고치라고 주장하지도 않았다. 그리고 성인군주정이나 현량한 인재에 의한 귀족정을 지지했지만, 민주정을 주장한 적도 없다. 이것은 유교의 역사적 한계였다. 그러나 군주정과 귀족정의 타락상에 대해서는 아주 신랄한 비판을 퍼부었다. 특히 위정자(즉 귀족)들이 위민(爲民) 혹은 여민동락(與民同樂)하지 않고 권력과 부를 사유화하는 것을 문제시했다. 신분제 자체는 문제시하지 않았으나, 신분제의 악용에 대해서는 심각한 문제의식이 있었던 것이다. 분석적 표현으로 말하자면, 사회적 모순의 원인을 사회구조의 문제로 본 게 아니라 사람들의 의식의 문제로 보았다. 따라서 그 해결책은 사람들의 마음이었다. 사회구조의 혁명적 전복이나 제도적 개혁이 아니라, 사람들의 의식을 개선하려고 했다. 무사(無私) 즉 개인의 사심·사욕을 버리고, 사랑과 정의의 정신으로 공공의 선(善)을 추구하는 것, 다시 말해 모두가 도덕군자가 되는 것, 이것이 덕치의 목표인 것이다.

이리하여 -'공상적'일는지 모르나- 유교의 궁극적인 이상은 '천하위공(天下爲公)' 즉 모두가 사(私)를 없애고 공(公)을 실천하는 '대동(大同)'의 세상을 확립하는 것이었다. 유교경전의 하나인 『예기』는 대동사회를 이렇게 묘사하고 있다.

큰 도가 행해지던 시대에는 천하를 공공의 것으로 보았다. 사람들은 자기 어버이만을 친애하지 않았으며 자기 자식만을 자애하지 않았다. 노인들이 그 생을 편안히 마칠 수 있게 하고, 젊은이는 충분히 그 힘을 발휘할 수 있게 하고, 어린이는 건전하게 자라날 수 있게 하고, 홀아비·과부·고아·자식 없는 사람·병자 모두 부양을 받을 수 있게 했다. 남자는 일정한 직분이 있고 여자는 가정이 있었다. 재화가 낭비되는 것은 미워하나, 자기를 위해 모아 두지는 않았다. 힘이란 자기 몸에서 나오는 것이지만, 반드시 자기를 위해서만 쓰지는 않았다. 이러하기 때문에 사기나 절도나 강도가 없었다. 그러므로 대문을 잠그는 일도 없었다. 이러한 세상을 일러 대동이라 한다.

이처럼 모두가 사심(私心)을 버리고, 사랑과 정의의 공공심(公共心)을 발휘해 공화주의적 평등사회를 이룩하려는 것이 유교의 꿈이었다. 그러나 꿈은 이루어지지 않았다.

6. 통치권력의 정당성

정치에 관한 사색의 마지막 단계로 이제 통치권력의 정당성 문제를 살펴보자. 어떤 사람은 다스리고 나머지 대부분의 사람은 다스려지는데, 다스리는 사람들은 무슨 정당한 근거로 국민을 다스리는가? 옛날에는 주로 통치권은 신이 왕에게 부여했다는 왕권신수설로 이를 정당화했다. 즉 신이 다스리라고 했다는 것이다. 모두 신을 믿었던 때에는 이것으로 통치의 정당성이 확보되었다. 그러나 세월이 지나면서 신을 안 믿는 사람도 많아지고 또 사람에 따라 믿는 신도 다른 경우가 많아져 왕권신수설은 그 타당성을 잃어버린 지 오래되었다. 그러고 나서 대두된 것이 오늘날의 국민주권설이다. 이 이론에 따르면 인간은 모두가 자기의 주인이므로 자기가 자기를 다스려야지 남이 자기를 다스리는 것은 어불성설이다. 따라서 통치권은 한 국가의 국민 모두에게 있다. 그런데 현실적으로는 국민의 숫자가 너무 많아 모두가 직접 이 통치권을 행사하기 불가능하고 또 비효율적이므로, 국민은 선거를 통해 대표를 뽑아 그들에게 자신들을 다스리라고 통치권을 위임했고 모두가 이에 동의했다고 한다.

맹자의 입장을 살펴보자. 물론 이것은 군주국가시대의 왕권의 정당성을 논의하는 이론이다. 다만 그 정당성의 근거를 어디에 두는지 주의해 보자. 맹자가 제나라의 왕과 토론을 하고 있다.

> 왕: 탕 임금이 걸을 쫓아내고 무왕이 주를 정벌했다는데 그런 일이 있었습니까?
>
> 맹자: 전해 내려오는 글에 그 일이 실려 있습니다.
>
> 왕: 신하가 자기의 임금을 죽여도 괜찮습니까?
>
> 맹자: 인자한 사람을 해치는 자를 흉악하다고 하고, 의로운 사람을 해치는 자를 잔학하다고 합니다. 흉악하고 잔학한 인간은 사나이라고 합니다. 사나이 주를 죽였다는 말은 들었어도 임금을 죽였다는 말은 듣지 못했습니다.

즉 군주로서 인과 의의 덕이 없는 자는 군주가 아니므로 이러한 군주의 권력은 정당성이 없으니 빼앗아도 된다는 뜻이다. 이것이 곧 맹자의 혁명론이고 저항권 이론이며, 앞에서 살핀 '천명론'의 혁명사상이 발전된 모습이다. 군주는 반드시 덕이 있는 자라야 하고, 또 덕이 있는 자만이 군주가 될 수 있다는 성인(聖人) 또는 덕인(德人) 군주사상이라 할 수 있다. 그런데 통치자가 덕이 있는지 없는지, 그래서 그가 정당한 통치자인지 아닌지를 무슨 기준으로 판단하는가? 맹자는 이렇게 말한다.

> 걸과 주가 천하를 잃은 것은 그 백성을 잃은 것이다. 그 백성을 잃은 것은 백성

의 마음을 잃은 것이다. 천하를 얻는 데는 길이 있다. 그 백성을 얻으면 곧 천하를 얻을 것이다. 그 백성을 얻는 데는 길이 있다. 백성의 마음을 얻으면 곧 백성을 얻을 것이다. 그들의 마음을 얻는 데는 길이 있으니, 그들이 원하는 것을 해주고 싫어하는 것은 해주지 않는 것뿐이다. 백성들이 인자한 데로 오는 것은 마치 물이 아래로 흘러 내려가고, 짐승이 벌판으로 달려 나가는 것과도 같은 것이다.

통치자가 국가(통치권)를 얻고 잃는 것은 국민의 마음을 얻고 잃는 데에 달려 있다. 그리고 국민의 마음을 얻고 잃는 것은 국민을 사랑하고 편안하게 하는 민본(民本) 또는 위민(爲民)의 정치를 하느냐 못 하느냐에 달려 있다. 결국 통치권력의 정당성은 국민의 마음, 즉 국민의 동의에 있다.

POINT

1. 통치권력의 정당성이란 어떤 통치자가 통치권력을 행사하는 것이 마땅하다고 인정하는 근거를 말한다.
2. 유교에서 통치권력의 정당성은 궁극적으로 국민의 동의에 근거한다.

7. 정치사상은 역사와의 대화다

지금까지 우리는 정치에 관한 유가의 입장을 주로 살펴봤다. 이제 다른 학파의 입장을 잠시 살펴보면서 우리의 공부를 마무리하자. 『장자(莊子)』라는 책에는 공자가 노자에게 도(道)에 관해 물어보는 일화가 있다. 물론 이것은 장자가 꾸며낸 이야기다. 어쨌든, 물음에 대해 노자는 이렇게 대답한다.

선생은 진정 천하가 혼란스러워지는 것을 바라지 않으십니까? 천지는 본래의 법칙이 있고, 해와 달은 본래의 광명이 있고, 무릇 별은 본래의 질서가 있고, 금수는 본래의 무리가 있으며, 나무는 본래의 특성이 있습니다. 선생 역시 이런 자연의 덕(德)에 따라 행하고 도(道)를 좇아 나아가시면 이미 충분합니다. 그런데 왜 하필 애써 인의(仁義)를 제창하여, 마치 북을 치면서 도망범을 추적하듯 하십니까? 아아! 선생은 인간의 천성을 어지럽히고 계십니다!

유가는 정의를 실현하기 위해 사람들의 인의예지의 덕성을 계발해야 한다고 주장한다. 도가는 진정한 정의란 자연 그대로의 삶이니 덕치나 예치를 주장하며 자꾸 다스리려 하지 말라고 한다. 무위이치(無爲而治), 즉 내버려 두면 자연법이 실현되어 저절로 다스려진다는 것이다. 도가의 사상가들은 이렇게 유가의 정치관을 비판했다. 누가 옳을까?

절대군주의 다스림에 치를 떤 근대 서양의 자유민주주의자들도 도가의 사상가들처럼 국가는 국민을 다스리려 하지 말고 가능한 한 내버려 두라고 주장했다. 그런데 그 결과 '한줌도 안 되는 부르주아지'가 국민의 부를 다 움켜쥐고 말았다. 그러자 사회민주주의자들이 나타나 국가가 적극적으로 다스리라고 한다. 어찌해야 할까?

어느 사상이 옳고 어느 사상이 적절한가에 대한 답은 역사의 몫이다. 정치사상은 이상적인 정치질서를 사색으로 모색한다. 그러나 이 사색은 항상 주어진 현실, 즉 일정한 시대와 장소 속에 주어진 현실을 비판하거나 옹호하면서 이루어진다. 이리하여 정치사상은 역사의 구속성을 면치 못하게 된다. 다시 말해 정치사상은 어떤 주어진 역사적 조건 속에서 형성되고 또 일정한 의의가 있다. 그러므로 어떤 정치사상을 평가할 때에는 자연주의적인 시각에서 벗어나 역사주의적인 시각을 지녀야 한다. 자연주의적인 시각이란, 자연현상과 마찬가지로 인간·사회현상에도 시공을 초월한 보편적인 진리가 있다는 입장이다. 이리하여 정치사상에도 시대나 장소를 초월한 보편적인 인간성이나 인생의 목적 또는 보편적인 국가의 특성이나 국가의 목표 등이 있다는 입장이다.

그러나 정치사상사를 살펴보면 이러한 입장은 별 신빙성이 없다. 시대와 장소를 달리한 다양한 정치사상들 사이에는 사실상 공통성보다 이질성, 보편성보다 특수성이 더 드러난다. 이는 인간과 국가에 대한 문제는 어떤 역사적 특수성과 사상가 개인의 체험에 따라 그 문제의식과 접근방법이 다르고 결국 해답이 달라지기 때문이다. 게다가 자연현상과 달리 인간은 자유의지의 존재로서 스스로를 변화시키고, 나아가 자신이 구성한 국가나 사회의 특성 역시 변화시킨다. 그리고 이를 바탕으로 전개된 정치사상 역시 그 내용이 달라진다. 이리하여 어느 사상이 더 옳고 어느 사상이 더 적절한지는 일정한 시대와 장소에 사는 바로 그 역사적 인간의 판단에 달린 문제다. 우리로서는, 시대와 장소를 달리해 생겨난 다양한 정치사상을 음미하며 우리의 현재를 반추하고, 미래를 설계할 영감과 지침을 얻고자 한다.

❑ 심화학습을 위해서

4서 3경, 『노자』, 『장자』

류태건. 2002. 『유교의 자연과 인간』. 세종출판사.

마쓰마루 미치오 외. 1989. 『중국사 개설』. 조성을 옮김. 한울.

소공권(蕭公權). 1994. 『중국 정치사상사』. 최명 옮김. 법문사.

신복룡. 1997. 『한국정치사상사』. 나남출판.

천병준. 2007. 『강좌 동양철학사상』. 한국학술정보.

풍우란. 1999. 『중국철학사』. 정인재 옮김. 형설출판사.

Chan Wing-Tsit. 1969. *A Source Book in Chinese Philosophy*. Princeton: N. J., Princeton University Press.

Derk, Bodde. 1981. *Essays on Chinese Civilization*. Princeton: N.J., Princeton Univ. Press.

chapter 4

정치권력을 찾아서

임석준

1. 권력으로의 초대

권력을 얻으려면 어디로 가야 할까

심장을 얻고자 하는 양철 나무꾼, 뇌를 갈망하는 허수아비, 용기를 찾으려는 겁쟁이 사자, 그리고 집으로 돌아가고 싶어 하는 순박한 캔자스의 시골소녀 도로시. 이들은 자신들의 소원을 이루어 줄 오즈의 마법사를 만나기 위해 노란 벽돌 길을 따라 함께 에메랄드시로 모험을 떠난다.

1939년에 탄생한 영화 〈오즈의 마법사〉(원제: The Wonderful Wizard of Oz)의 한 장면이다. 이 영화를 모르는 학생은 없겠지만, 원작은 1900년에 바움(L. Baum)이 쓴 정치소설이라는 것을 아는 사람은 드물 것이다. 작가 바움은 19세기 말 농민과 노동자를 기반으로 한 미국의 민중운동이 금융과 산업자본가들에 의해 몰락해 가는 과정을 그렸다. 허수아비는 중서부의 농민을, 양철 나무꾼은 도시의 노동자를 상징한다. 겁쟁이 사자는 당시 야당의 대통령 후보를 상징하는데, 그는 겁쟁이 사자와 같이 요란하게 울부짖었을 뿐, 그 이상의 실

〈그림 4-1〉 영화 〈오즈의 마법사〉 포스터

체가 없었다. 이들은 토네이도(강력한 정치바람) 때문에 길을 잃은 순박한 시골처녀 도로시와 함께 노란 벽돌 길(Yellow Brick Road)을 따라 여행한다. 여기서 노란 벽돌 길은 미국의 자본가들이 옹호하던 금본위제도를 상징하는데, 이는 도로시를 고향으로 데려다 주는 마법의 은색 구두가 상징하는 은본위제도와 대비되는 개념이다. 당시 미국은 남북전쟁을 치루면서 과도하게 발행한 화폐로 인플레이션을 겪고 있었다. 인플레이션은 돈의 가치를 떨어뜨리기 때문에 부채에 시달리고 있던 농민과 노동자에게는 좋은 소식이지만, 채권자인 자본가들에게는 환영받지 못했다. 따라서 자본가들은 금본위제를 도입하여 화폐의 가치를 보존하려 했고, 농민과 노동자들은 돈을 비교적 풍부하게 유통시키며 부채를 간접적으로 줄일 수 있는 은본위제를 지지했다. 사실 바움의 원작은 금본위제와 은본위제의 대결구도를 묘사한 소설이었지만, 불행히도 1939년 영화에서 제작진은 도로시의 은색 구두를 루비 구두로 바꾸었다.

이들은 모험 길에 동쪽의 마귀할멈(미 동부의 금융자본가)과 서쪽의 마귀할멈(미 서부의 철도 산업가)을 물리치고, 난쟁이 먼치킨들을 구해준다. 오늘날 '던킨 도너츠'에서 파는 동그랗고 작은 도넛 먼치킨 역시 이 작품에서 탄생했다. 그들의 소원을 들어줄 강력한 권력을 가진 마법사[당시 미국 대통령 윌리엄 매킨리(William McKinley)]는 과연 어떻게 생겼을까? 주인공들이 머릿속에서 상상하고 있는 마법사의 모습은 각자 다르다. 도로시는 권력자는 지혜를 가지고 있기 때문에 그가 거대한 머리를 가진 사람이라 생각한다. 허수아비는 날렵한 요정, 양철 나무꾼은 끔찍한 짐승, 그리고 겁쟁이 사자는 무시무시한 불덩어리라고 생각한다. 마법사에 대한 상상은 다르지만, 이들은 모두 마법사가 자신의 소원을 들어줄 수 있는 위대하고 강력한 권력을 가지고 있는 사람이라는 데는 의견을 같이한다. 하지만 이들이 천신만고 끝에 만난 마법사는 종이로 만들어진 세트 뒤에서 에메랄드시를 통치하는 주름진 얼굴에 머리가 벗겨진 키 작고 보잘것없는 영감이었다.

이 작품에서 우리가 알 수 있는 것은 권력이란 종종 속임수와 기만을 통해서 유지된다는 것이다. 에메랄드시에서 가장 많은 권력을 가지고 있는 마법사는 자신의 본래 모습을 종이로 만든 세트 뒤에 숨기고 남들의 상상력에 의존해 통치하고 있다. 그리고 대중은 무지하기 때문에 권력을 가진 정치인들에게 조작당한다는 것이다. 권력이란 도대체 무엇이기에 타인을 속이면서까지 얻으려 할까? 그리고 왜 정치학에서는 권력을 가장 중요한 개념으로 취급할까?

권력은 비물질적 재화다

〈오즈의 마법사〉에서 우리의 주인공들은 자신이 바라던 것을 어떻게 얻었을까? 보잘것없는 영감 마법사는 양철 나무꾼에게 심장(따뜻한 마음)을, 허수아비에게 뇌(생각할 수 있는 지적 능력)를, 그리고 겁쟁이 사자에게 용기를 준다. 이들이 원한 것은 이미 자신들이 잠재적으로 가지고 있던 덕목이고, 마법사는 단지 그들에게 자신감을 심어줌으로써 그러한 덕목을 '나눠줄' 수 있었다.

그러면 만약 우리의 주인공들이 빵이나 우유를 원했다면 어디로 갔을까? 분명히 그들은 힘든 모험을 하면서 이러한 재화를 찾아 헤매지는 않을 것이다(왜냐하면 빵과 우유를 사려면 시장/슈퍼마켓으로 가면 되니까). 그렇지만 그들이 원했던 것은 비물질적 재화인 용기, 지혜(뇌), 감정(심장)으로, 시장이나 슈퍼마켓에서 거래되는 물건이 아니었다. 이러한 추상적이며 비물질적 재화를 구하기 위해 이들은 정치인(마법사)에게 찾아갔고, 여기서 우리는 정치란 무엇인가 추상적인 것을 분배하는 과정임을 알 수 있다. 이 문제를 좀 더 구체적으로 살펴보기

〈표 4-1〉 경제학과 정치학의 차이점

	경제학	정치학
관심 대상	물질적 재화의 분배 (상품, 서비스)	비물질적 재화의 분배 (권력, 명예, 행복)
분배 방식	시장에서의 자발적 교환	명령에 의한 강제적 방식
동의 방법	교환에 참여하는 자들의 만장일치 (원하지 않는 거래는 하지 않는다)	다수결의 원칙 (소수는 종종 그들의 의사와는 상관없이 결정을 강요받음)
강조점	생산자와 소비자의 협조/경쟁	사회의 비물질적 재화를 둘러싼 갈등

위해서 정치학과 경제학을 비교해 보자.

정치학과 경제학은 모두 사회의 재화(goods)가 어떻게 분배되는가에 관심을 가지는 학문이다. 경제학에서 취급하고 있는 사회적 재화는 상품, 서비스, 자원 등의 물질적 재화이고 정치학에서 취급하는 사회적 재화는 권력, 존경, 명예, 희망 등 비물질적 재화다. 각각의 재화들은 어떻게 분배되는가? 경제학의 경우 상품과 같은 물질적 재화는 생산자와 소비자가 자발적으로 거래하는 시장을 통해 분배된다고 본다. 따라서 영화의 주인공들이 맛있는 쇠고기를 찾았더라면 그들은 시장(market)에서 돈을 내고 그것을 구입했을 것이다. 한편, 정치학의 관심인 권력과 같은 비물질적 재화는 이익단체·정당·국가와 같은 결사체 혹은 선거와 같은 정치적 시장(political marketplace)을 통해 분배된다고 본다. 영화의 주인공들이 소원을 이루기 위해 마법사(정치인)를 찾아가는 이유는 바로 그들이 원하는 것이 비물질적 재화이기 때문이다.

경제학에서 언급하는 시장은 물질적 재화를 자발적으로 거래하는 곳이다. 따라서 원치 않는 거래는 하지 않으며, 만장일치의 동의 방식을 채택하고 있다고 볼 수 있다. 한편, 정치학에서는 비물질적 재화가 자발적 방식이 아니라 명령에 의한 권위적 방식으로 분배된다고 본다. 이러한 의미에서 이스턴(D. Easton)은 정치를 "가치를 권위적으로 분배하는 것(authoritative allocation of value)"이라고 정의했다.

도로시는 어떻게 고향으로 돌아왔을까?

우리의 순진한 주인공 도로시에게 돌아가 보자. 그녀는 어떻게 고향으로 돌아올 수 있었을까? 고향으로 돌아가려는 그녀의 1차 시도는 실패한다. 도로시는 불행하게도 물질에 의존해 비물질적 문제를 해결하려 했기 때문이다. 즉 마법사가 제공한 풍선 기구를 타고 고향으로 가려고 했지만 불행히도 기구는 도로시가 타기 전에 출발한다. 당황한 도로시가 마법사에게 돌아오라고 외치자 마법사는 다음과 같이 대답한다. "돌아갈 수 없어. 어떻게 조작되는지 모르니까!" 정치인은 동서고금을 막론하고 경제 문제에 어두운 모양이다. 결국 도로시는 신고 있던 은(루비) 구두의 뒤축을 맞대어 고향인 캔자스로 돌아온다. 그리고 자신이 찾던 고향이 물질적 재화가 아니라 마음의 상태인 비물질적 재화였다고 깨달으며 꿈에서 깬다.

POINT

정치학과 경제학은 모두 사회의 재화가 어떻게 분배되는가에 관심이 있는 학문이지만, 경제학에서는 상품, 서비스, 자원 등의 물질적 재화를, 정치학에서는 권력, 존경, 명예, 희망 등의 비물질적 재화를 취급한다.

2. 권력이란 무엇인가?

권력은 정치학의 핵심 개념이지만 권력에 대한 정의는 각양각색이다.

권력은 정치학의 가장 중요한 개념이며, 동시에 정치학을 다른 학문과 구분하는 가장 큰 기준이다. 그 이유는 가정, 직장, 정당, 국가 등 사람들이 모여 사는 곳에서는 갈등이 있기 마련이며 권력은 사람들 간의 갈등을 해결하는 가장 구체적인 방법이기 때문이다. 이 책의 제2장에서 말했듯이, 영감님은 서로 포도를 더 먹겠다고 갈등하는 사람들의 '정치적' 문제를 권력의 행사를 통해 해결한다.

이렇게 정치학에서 가장 중요하게 다루는 개념이 권력이지만, 학자들 간에는 권력이 무엇을 의미하는가에 대한 이견이 분분하다. 루크스(S. Lukes)는 권력을 경쟁적 개념이라고 했다. 이것은 권력이라는 개념을 어떻게 정의내리고 사용하는가는 학자들마다 자신의 입장에 따라 달라진다는 말이다.

권력은 또한 한자 문화권에 있는 우리에게 번역상의 혼동을 제공하기도 한다. 권력에 해당하는 영어 단어는 power인데, 상황에 따라 권력, 세력, 힘, 위력 등 다양하게 번역되기 때문이다. 예를 들어 struggle for power에서는 '권력' 투쟁으로, balance of power에서는 '세력' 균형으로, national power에서는 '국력'으로, 그리고 power of love에서는 사랑의 '위력' 등으로 다양하게 번역된다.

권력의 고전적 정의

다양한 의미에도, 권력에 대한 가장 고전적 정의는 막스 베버(M. Weber)가 내리고 있다. 베버는 권력을 "사회적 관계에서 한 행위자가 다른 행위자의 저항에도 불구하고 자신의 의사를 관철시킬 수 있는 입장(지위)에 있을 가능성(Power is the probability that one actor within a social relationship will be in a position to carry out his will despite resistance, regardless of the basis on which this probability rests)"이라고 했다. 이것은 권력에 대한 수많은 정의 가운데 가장 간결하면서도 정확한 정의이지만, 이 말의 의미를 제대로 파악하는 정치학도는 사실 드물다. 여기서는 베버가 언급한 권력의 의미를 상세히 탐구해 보도록 한다.

① 권력은 사회적 관계에서 행사된다

권력은 일정한 상황에서 중요하며, 이러한 상황은 반드시 둘 이상의 행위자 간의 사회적 관계를 요구한다. 간단한 예로, 무인도에 혼자 사는 로빈슨 크루소는 권력을 행사할 대상이 없기 때문에 그에게 권력이라는 재화는 아무런 의미가 없음을 쉽게 알 수 있다. 심지어 로빈슨 크루소가 기르는 개가 그의 말에 절대적으로 복종한다고 하더라도 이것은 사람과 사람의 관계가 아니기 때문에 권력을 행사한 사례가 될 수 없다.

좀 더 복잡한 예로 이동해 보자. 한 사회에서 많은 권력을 가진 사람이 다른 사회로 이동했을 경우, 그가 누리던 권력은 어떻게 될까? 예를 들어, 한국의 국회의원이 호주로 이민을 갈 경우 그의 권력은 유효한가? 이에 대한 대답은 아마도 '아니다'일 것인데, 그 이유는 권력이 사회적 관계 속에서 행사되기 때문이다. 돈을 챙겨서 이민을 가면 다른 국가에서도 유용하지만, 권력은 특정한 사회적 관계를 넘으면 사라지기 때문에 이민가방에 챙겨 가지고 갈 수 없는 재화이다.

모든 사람이 권력을 공평하게 나눠 가지고 있다면 어떨까? 이 경우도 권력은 그 가치를 상실하게 된다. 왜냐하면 권력이 가치를 발휘하기 위해서는 다른 사람보다 더 권력이 많아야 하는데, 만약 모든 사람이 동등한 권력을 가지고 있다면 사회적 관계가 성립되지 않기 때문이다. 결론적으로, 권력은 권력이 놓인 사회적·정치적 상황에서만 그 중요성을 가지며, 사람들이 권력을 소중히 여기는 이유는 권력이 사회구성원 간에 불평등하게 분배되어 있기 때문이다.

② 다른 행위자의 저항에도

'다른 행위자의 저항에도'라는 말은 권력이 부정적인 것인 동시에 A와 B 두 행위자 간의 갈등을 수반한다는 것을 의미한다. 권력이 부정적이라는 말은 지배를 당하는 자에게는 제재와 박탈이 일어난다는 것을 의미한다. 만약 두 행위자 간에 가치의 갈등이 없는 상황에서 B가 A의 요구에 순종했다면 과연 A는 권력을 행사한 것인가? 베버는 이것은 권력의 행사가 아니라 권위라고 표현한다(4절 '권력은 어떻게 정당화되는가' 참조 바람).

베버가 내린 권력에 대한 정의는 권력의 특성을 다음과 같이 파악하고 있다. 첫째, 권력은 개별 행위자가 행사하는 것이다. 둘째, 권력은 한 행위자가 다른 행위자를 대상으로 행사하는 것이며 갈등을 수반한다. 셋째, 권력이 많은 자와 권력이 없는 자의 이익이 상반된다. 넷째, 권력은 부정적인 것이다. 즉 지배를 당하는 자에게는 제한과 박탈이 수반된다.

POINT

1. 권력은 사회적 관계에서 행사할 수 있다.
2. 베버는 권력을 "사회적 관계에서 한 행위자가 다른 행위자의 저항에도 불구하고 자신의 의사를 관철시킬 수 있는 입장에 있을 가능성"이라고 했다.

3. 다양한 형태의 권력

베버의 권력에 대한 고전적 정의는 간결하지만 권력을 지나치게 단순화시켰다는 비판을 피할 수 없다. 따라서 여기에서는 권력에 대한 좀 더 다양한 견해를 소개한다.

루크스와 권력의 세 가지 얼굴(three faces of power)

루크스(S. Lukes)는 1974년에 출간된 저서 『급진적 시각에서 본 권력(Power: A Radical View)』에서 정부는 ① 정책결정권(decision-making power), ② 무의사결정권(non-decision making power), ③ 이데올로기적 권력(ideological power) 등

세 가지 유형의 권력을 이용해 국민을 통제한다고 주장한다. 루크스는 이를 '권력의 세 가지 얼굴(three faces of power)' 혹은 '세 가지 차원의 권력(three dimensions of power)'이라고 했다.

권력의 첫 번째 얼굴은 일차원적 형태의 '눈에 보이는 권력'이다. 권력의 행사는 개별 행위자 간에 일어나는 것이고, 한 행위자가 다른 행위자가 원하지 않는 것을 하게끔 만드는 것을 권력이라 한다. 이러한 권력은 앞에서 베버가 언급한 권력(즉 갈등 상황에서 한 행위자가 다른 행위자의 저항에도 자신의 의지를 실현할 수 있는 능력)과 동일한 것이다.

그러나 권력은 '갈등 상황에서' 한 행위자가 다른 행위자의 '저항에도 불구하고' 자신의 의지를 실현할 수 있는 능력뿐만 아니라, 상대방이 반대하는 것을 원천적으로 방지할 수 있는 능력도 포함해야 한다. 권력의 두 번째 모습은 바로 이러한 무의사결정 상황을 다룬다. 무의사결정은 '정부가 특정 이슈를 어떻게 다루는가'를 질문하기보다는 '왜 중요한 이슈가 다루어지지 않는가'에 초점을 맞추고 있다. 무의사결정 이론에 의하면, 권력은 특정 이슈가 토론의 대상이 되지 않도록 그것을 정치적 의제에서 배제하는 능력이다. 즉 엘리트들이 자신들에게 유리한 이슈만을 논의하고 불리한 문제는 거론조차 못하게 봉쇄하는 것이 무의사결정이다. 따라서 무의사결정권은 "행위자 간에 명백한 갈등이 있지만, 그 갈등이 의제로 부각되는 것을 조직적으로 억제할 수 있는 능력"으로 정의할 수 있다. 최근 한국사회는 정치뉴스 보도에서 이른바 종편(종합편성채널)이 시청자를 지배하고 있다. 이들 종편은 뉴스 보도에서 대부분 보수적인 목소리를 반영하는데, 그 결과 진보적 시각은 취급되지 못하고 있다. 한국사회에서 명백한 보수-진보의 갈등이 있음에도 진보의 목소리가 채널 독점 때문에 의제로 부각되지 못한다면, 이는 무의사결정권이 작동되고 있는 사례라 할 수 있다.

권력의 세 번째 얼굴은 '잘못된 믿음'을 상대에게 심어줌으로써 상대를 나의 의도대로 움직이게 만드는 능력으로 이른바 이데올로기적 권력이다. 지배계층이 피지배계층에게 심어주는 잘못된 믿음을 마르크스는 허위의식이라고 했다. 예를 들어 우리말에 '생선은 대가리가 맛있고, 고기는 꼬리가 맛좋다'라는 뜻의 '어두육미(魚頭肉尾)'라는 말이 있다. 이것은 주인이 하인에게 먹을 수 없는 부분을 주면서 한 말인데, 만약 피지배계층인 하인이 주인의 말을 진정으로 믿고 생선 대가리와 고기 꼬리를 맛있게 먹는다면, 주인은 하인에게 잘못된 믿음을 심어줌으로써 하인에게 삼차원적 권력을 행사한 것이다.

루크스가 언급하는 세 가지 권력을 잘 구분할 수 있도록 예를 들어보자. 고등학교를 졸업한 준석이는 농촌에 머물다가 대기업의 생산현장에 노동자로 취직했다. 그런데 새로 입주한 회사의 기숙사에서는 네 종류의 신문을 구독할 수 있다. ① 급진신문, ② 자유신문, ③ 중도신문, ④ 보수신문. 네 가지 신문에 대한 준석의 선호도는 ① 〉 ② 〉 ③ 〉 ④ 이다. 즉 준석은 외부의 간섭이 없다면 ① 급진신문을 최우선으로, 다음 ② 자유신문의 순서로 신문을 구독할 것이라는 말이다.

준석이가 다니는 회사의 동료들은 모두 ③ 중도신문과 ④ 보수신문을 구독하고 있다. 그리고 어느 날 이들은 준석이가 급진신문을 구독하고 있다는 것을 알게 되었다. 그들은 준석을 의심의 눈초리로 보고 그와 더 이상 깊은 교제를 하려 하지 않는다. 심지어 한 동료는 준석을 불러 만약 급진신문을 계속 구독한다면 회사에서 왕따시키겠다고 위협했다. 만약 이러한 상황에서 준석이가 제재에 대한 위협을 느껴 ① 급진신문 구독을 중단하고 ③ 또는 ④로 옮겼다면 일차원적 권력이 행사된 것이다.

이차원적 권력은 무의사결정 상황으로 준석이가 머물고 있는 기숙사에 회사가 처음부터 ③ 중도신문과 ④ 보수신문만을 구독할 수밖에 없게 만든 경우다. 이는 준석이가 선호하는 ① 급진신문이나 ② 자유신문을 아예 선택 사항에서 배제하는 상황을 회사가 만든 것이다.

허위의식(false consciousness)

마르크스는 사회의 계급 구성원들이 자신들을 계급으로서 적극적으로 인식하고 있는 상태를 계급의식이라고 했다. 허위의식은 자신의 객관적 상태를 파악하지 못하는 상태, 즉 계급의식이 결여된 상태를 의미한다. 허위의식이 있는 계급은 현실에 대한 왜곡된 견해도 있다. 지배계급은 피지배계급이 허위의식에 빠지도록 다양한 도덕적 가치나 규범을 생산해낸다. 예를 들어 오늘날 대부분의 부(富)는 열심히 일해서라기보다는 상속으로 얻지만, 사회의 지배적인 도덕은 성공하기 위해서는 열심히 일해야 한다고 강조한다. 이렇게 함으로써 부의 불평등을 보존하고 사회의 하층민들은 성공에 필요한 능력과 의지가 없는 계급으로 매도된다.

권력과 무기력(Power and Powerlessness) — **삼차원적 권력의 사례**

루크스가 언급한 삼차원적 권력에 대한 좋은 사례로 가벤타(J. Gaventa)의 애팔래치아 산맥 탄광촌 연구를 들 수 있다. 미국 동부에 위치한 애팔래치아 산맥은 한국의 강원도 태백 지역과 유사한, 풍부한 천연자원과 빈곤이 공존하는 곳이다. 높은 실업률, 낮은 교육수준, 영양실조, 탄광에서 나오는 유해물질로 생기는 환경 파괴, 석탄가루를 호흡하기 때문에 폐가 검게 변하는 광부병인 탄진폐(black lung), 그리고 그들을 지배하는 기업과 부재 탄광지주. 이러한 열악한 상황에도, 이 지역의 주민들은 악덕 기업과 부재 탄광지주의 지배를 수십 년 동안 받아왔다. 왜 애팔래치아 산맥의 광부들은 지주들의 온갖 탄압과 나쁜 처우를 숙명적으로 받아들이고 저항하지 않았는가? 왜 힘없는 자들은 힘 있는 자들에게 저항하지 못하고 지속적으로 굴복하는가?

애팔래치아 탄광촌에서 사용자는 광부에 대해 직접적인 제재의 위협을 가하고 있지 않다. 따라서 권력에 대한 일차원적 정의와 이차원적 정의로는 이러한 질문에 대답할 수 없다. 하지만 권력에 대한 삼차원적 정의로는 탄광촌 주민과 그들의 삶을 통제하는 외부인들 간의 구조적·역사적 관계를 분석해 이러한 질문에 대한 해답을 제공할 수 있다.

저자 가벤타는 다원주의와 엘리트주의라는 두 동료와 함께 켄터키와 테네시에 있는 애팔래치아 탄광 마을을 여행한다. 여행길에 다원주의(민주주의적 절차로 사회적 불평등을 제거하려는 희망 세력을 상징함)는 점점 허약해지고, 탄진폐에 걸려 죽는다. 반대로, 엘리트주의는 탄광지역에 머물면서 뉴스를 조작하여 이를 토대로 부자가 되고 번영한다. 조작된 뉴스 기사는 이 지역의 계급 불평등, 외부 세력의 착취, 그리고 사용자에게 매수당한 어용노조에 대해서는 전혀 보도하지 않는다. 한편, 광부들은 외부인의 착취에 때론 항변하지만 결국에는 저항이 아무런 소용없는 짓이라는 패배주의적 믿음에 스스로 빠지게 된다.

세월이 흘러 준석이는 회사에 잘 적응했고, 동료들의 신임을 받고 있다. 그리고 그는 노동자의 권리를 옹호하기 위해서 사내에 노동조합을 조직하려 한다. 이러한 준석이에게 회사의 간부가 다가가 "너는 현재 노동자지만, 조만간 화이트칼라 관리직으로 승진될 것이다"라는 달콤한 말을 속삭였다고 하자. 준석이는 이 말에 현혹되어 자신을 다른 노동자들과 다르다고 생각하기 시작한다. 또한 이러한 준석의 화이트칼라 의식은 신문에 대한 선호도까지 바꿔 이제 준석이 스스로 오랫동안 구독했던 ① 급진신문을 단절하고 ④ 보수신문을 구독하기 시작했다면 이것은 이데올로기적 권력이 행사된 예다.

구조로서의 권력

사회과학에서 중요한 논쟁 가운데 하나는 개인과 사회구조와의 관계에 대한 논쟁이다. 이 논쟁은 '사회구조가 개인의 행동에 영향을 미치는가, 그렇지 않은가?'라는 질문을 둘러싼 논쟁인데, 쉽게 이야기하면 '영웅이 역사를 만드는가 혹은 역사가 영웅을 만드는가?'에 대한 논쟁과 유사하다고 보면 된다. 여기에는 크게 세 가지 견해가 있는데, 첫째는 개인이 사회구조의 영향을 전혀 받지 않는다는 생각이고, 둘째는 사회구조가 개인의 행동을 결정한다는 견해이며, 마지막 셋째는 사회구조와 개인이 상호작용하여 서로에게 영향을 미친다는 견해다.

구조로서의 권력은 바로 둘째 견해, 즉 사회구조가 개인의 행동을 결정한다는 견해와 일맥상통한다. 이것은 주로 마르크스주의자들의 견해인데, 이들은 권력을 구조적 관계 속에서 파악하며 개인과는 무관하게 행사된다고 보고 있다. 예를 들어 플란차스(N. Poulantzas)는 권력을 한 계급이 다른 계급의 반대에도 불구하고 자기 계급의 이익을 실현할 수 있는 능력으로 정의하고 있다. 이 견해에서 권력은 다음과 같은 특성이 있다. 첫째, 권력은 계급관계 그리고 경제관계와 뗄 수 없는 관계다. 둘째, 권력은 개인 간의 갈등뿐만 아니라 계급 간의 갈등을 수반한다. 일상적 예를 들어보자.

진기는 도시의 부잣집에서 태어났다. 그는 지배계급의 일원으로 태어났기 때문에 크게 노력하지 않고도 좋은 학교와 일류 학원, 그리고 족집게 과외선생을 만나서 명문 대학에 들어갔다. 졸업 후 그는 가정을 배경으로 일류기업에 취직했고 승진하여 승승장구했다. 진기의 어린 시절 친구인 태건이는 정반대의 환경에서 자랐지만 개인의 끊임없는 노력으로 간신히 고등학교를 졸업했다. 그는 운 좋게 진기와 같은 회사에 취직했지만, 생산현장의 노동자로 근무하고 있다. 그리고 어느 날 둘은 각자 사용자 대표와 노동자 대표로서 협상 테이블에 앉게 된다. 진기는 자본가를 대변하고, 태건이는 노동자 계급을 대표하고 있다. 둘은 과거에 친구였다는 것과 상관없이 그들이 놓인 구조적 상황 때문에 서로 갈등하게 된다. 협상이 결렬되자 태건이는 파업에 들어가지만, 진기는 경찰력을 동원해 집회를 강제로 해산시키고 결국 태건이는 주동자로 구속된다. 태건이가 수감 생활을 끝내고 나오는 날, 진기와 태건은 소주잔을 기울인다. 둘은 개인적으로는 친구지만, 사회적 계급의 차이로 다른 길을 갈 수밖에 없음을 깨닫는다. 사회의 계급구조가 권력을 낳은 예다.

푸코와 원형감옥: 보이지 않는 권력

공포영화에서 가장 무서운 장면은 귀신이나 괴물이 등장하기직전일 것이다. 영화의 주인공은 주변에 무시무시한 괴물이 있다는 것을 알고 있지만 볼 수 없고, 동시에 괴물이 주인공을 노려보는 느낌을 주는 장면이야말로 인간의 불안감을 자극하여 우리에게 공포를 준다. 스토킹도 같은 원리다. 스토커가 어디선가 지켜보고 있다는 것이 우리를 불안하게 만든다. 차라리 괴물 혹은 스토커가 눈앞에 나타나면 싸워볼 수 있겠지만, 내가 어떻게 할 수 없다는 무력감을 느끼게 만드는 상황, 그리고 그러한 상황이 나를 내가 의도하지 않은 방향으로 인도할 때, 푸코는 바로 이것이 권력이라고 했다.

푸코에게 권력은 행위자 간의 관계가 아니다. 오히려 사회라는 몸뚱이를 순환하는 피와 같은 무형의 힘이다. 그는 제재에 대한 위협이나 폭력의 사용 없이도 권력이 행사되는 과정에 관심을 기울인다. 푸코는 '원형감옥(panoptic)'에서처럼 우리는 스스로 보이지 않는 권위에 복종하고 있다고 주장한다. 근대사회는 잘 운영되는 원형감옥이며, 우리는 감옥에 갇힌 죄수처럼 보이지 않는 간수에게 스스로 복종하는 것을 배운다.

〈그림 4-2〉 원형감옥(파놉티콘, Panopticon prison)

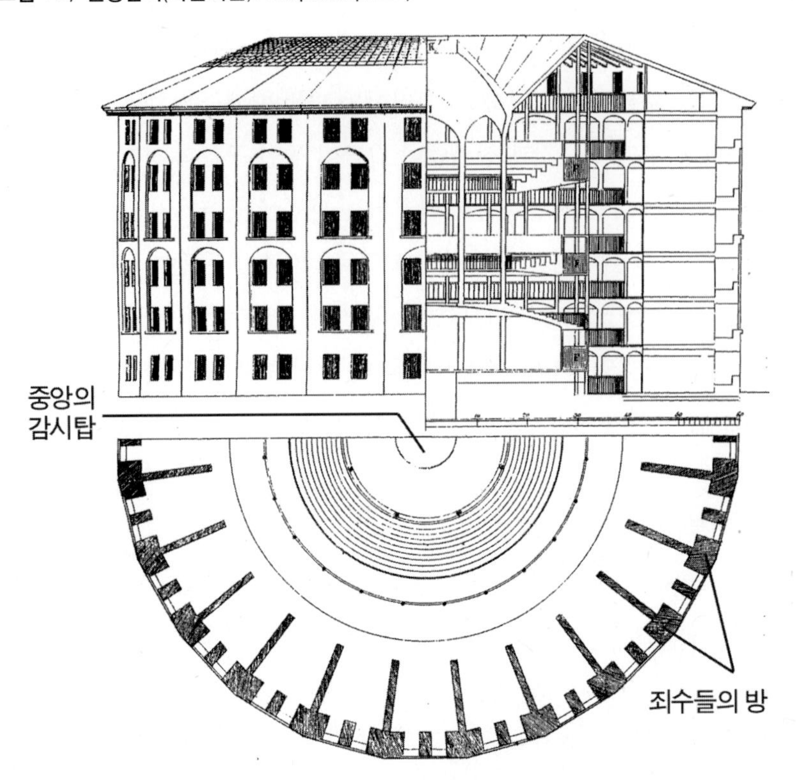

원형감옥(panopticon)

19세기 초 영국의 공리주의자인 벤담은 행정상의 효율을 위해 한 사람의 간수가 수백 명의 죄수를 감시할 수 있는 원형감옥 파놉티콘을 제안했다. 이런 방식으로 늘 감시받고 있다는 느낌을 주면 죄수들은 규율과 감시를 '내면화'해서 스스로를 감시하게 만든다는 것이다. 파놉티콘에 대해 푸코는 다음과 같이 말한다. "파놉티콘의 가장 중요한 효능은 수감자가 감시받고 있다는 것을 늘 의식하게 만들어서 권력이 자동적으로 작동하게 한다는 것이다. 그렇게 하기 위해서 권력은 눈에 보여야 하며 동시에 (죄수들이) 확인할 수 없어야 한다. 즉 파놉티콘 바깥쪽 원주를 따라서 죄수들의 방을 만들고 중앙 원형공간에 감시탑을 높이 세움으로써 권력을 눈에 보이게 한다. 또 죄수의 방은 늘 밝게 유지하고 중앙의 감시탑은 반대로 어둡게 해서 감시자의 시선이 어디를 향하는지 알 수 없게 만들어 권력을 확인할 수 없게 한다. 바깥쪽 원주의 죄수들은 완전히 노출되어 있지만 감시자를 볼 수 없다. 중앙 감시탑에 있는 감시자는 자신을 전혀 노출시키지 않으면서 모든 것을 볼 수 있다."

소프트 파워: 소통의 시대에 맞는 새로운 권력?

상대에게 위협을 가하거나 이데올로기를 사용하지 않고도 상대를 내가 원하는 방향으로 움직일 수 있다면, 이것은 어떠한 능력인가? 상대가 내가 두려워서가 아니라 나에 대해 매력을 느껴서 나의 정책에 자발적으로 따라온다면, 이것은 새로운 유형의 권력이 아닌가?

2004년 국제정치학자 나이(J. Nye)는 소프트 파워(soft power)라는 개념을 통해 기존의 군사력이나 경제력과는 차별화되는 새로운 유형의 권력에 주목했다. 나이에 의하면, 소프트 파워는 군사력·경제력 등의 물리적인 힘을 지칭하는 '하드파워(hard power)'에 대응되는 개념으로, "상대를 설득시키는 수단으로, 강제하거나 무력을 사용하거나 돈을 제공하기보다는 매료시키고 마음을 흡수하는 능력(the ability to attract and co-opt rather than coerce, use force or give money as a means of persuasion)"을 지칭한다.

국가의 소프트 파워는 문화적·정치적 가치, 그리고 외교정책의 세 가지 자원에 의해 결정된다. 이 중에서도 특히 문화는 국가브랜드를 제고하는 중요한 수단으로 간주되고 있다. 예를 들어, 한국 정부는 한류의 세계화를 적극 지원함으로써 한국의 국가브랜드 및 소프트 파워를 증가시키기 위해 노력하고 있다. 경제력과 군사력만으로는 상대를 움직이는 데 한계를 느낀 중국 역시 공자학원을 통해서 중국어와 중국문화를 세계에 전파하는 데 심혈을 기울이고 있다.

상대방의 마음을 움직여서 내가 원하는 바를 달성하는 방법은 국제관계에서뿐만 아니라 기업에서도 강조되고 있다. 전통적인 경영관리 이론은 사람이 '당근과 채찍'으로 상징되는 인센티브와 같은 외부적 동기에 반응한다고 생각했다. 그러나 최근의 경영이론은 직원의 창조성을 높이기 위해서는 단순한 금전적 보상보다는 그들의 마음을 열 수 있는 감성경영을 해야 한다고 주장한다. 국제관계뿐만 아니라 인간관계도 강압을 통한 복종(compliance)보다는 소통을 통한 참여(engagement)를 중시하는 시대가 온 것이다.

POINT

1. 한 행위자가 다른 행위자의 저항에도 자신의 의지를 실현할 수 있는 능력을 일차원적 권력이라 한다면, 이차원적 권력은 상대방이 반대하는 것을 원천적으로 방지할 수 있는 능력을 의미하고, 삼차원적 권력은 상대에게 '잘못된 믿음'을 심어줌으로써 나의 의도대로 움직이게 만드는 능력이다.
2. 원형감옥(panoptic)에서처럼 우리는 종종 제재에 대한 위협이나 폭력의 사용 없이도 권위에 복종하는 경우가 있다.

4. 권력은 어떻게 정당화되는가

우리는 권력이 통치자와 피통치자의 사회적 관계 속에서 행사되는 관계적 속성을 갖고 있다는 점에 대해 살펴봤다. 권력은 관계적 속성이 있기 때문에 권력을 행사하려는 지배자는 반드시 피지배자의 자발적 복종, 즉 정당성을 확보해야 한다. 정당성은 '현재 존재하는 정치제도들이 사회를 위해 가장 적합한 것이라는 신념을 유발하고 지속시킬 수 있는 능력'으로 정의 내릴 수 있다. 다시 말해, 정당성은 현존하는 권력에 복종하는 사람들이 그것을 자연스럽게 받아들이는 것을 의미한다. 이러한 의미에서 가장 정당한 권력은 행위자 간에 가치의 갈등이 없고 자발적 순응을 불러일으킬 수 있는 권위라고 할 수 있다.

예를 들어, 길을 걷는 행인을 경찰관이 검문한다고 하자. 이때 행인은 경찰관의 요구대로 순순히 신분증을 제시할 확률이 매우 높다. 그 이유는 경찰관의 제복은 그 사회의 가치·규범·법률 등을 반영하고 있으며, 행인은 이러한 가치·규범·법률에 묵시적이며 자발적으로 동의하기 때문이다. 따라서 경찰관은 물리력을 사용하지 않고도 행인에게 효과적인 권력을 행사할 수 있다. 반면에 강도가 행인에게 신분증을 요구했을 경우, 강도는 원하는 목적을 달성하기 위해서 흉기 등을 이용해 행인에게 위협을 가해야 한다. 강도 역시 경찰관과 마찬가지로 소기의 목적을 달성할 수 있지만, 강도의 경우 정당성이 없는 벌거벗은 권력(naked power)이 행사되었기 때문에 권력행사가 정당하다고 보기는 어렵다.

정당성은 어떻게 확보하는 것인가? 이에 대해서는 수많은 학자들이 다양한 의견을 제시하지만, 오늘날까지도 통용되는 가장 유용한 대답은 베버가 제시했다. 베버는 어떠한 정치체제이든 그것이 제대로 기능하기 위해서는 권력의 행사가 '정당한' 것으로 인정되어야 한다고 주장한다. 더 나아가 피통치자가 권력의 행사를 정당한 것으로 받아들이면, 그 권력은 권위가 된다고 했다. 베버는 동서고금을 막론하고 세 가지 유형의 권위, '전통적 권위', '법-합리적 권위', 그리고 '카리스마적 권위'가 있다고 말했다. 베버가 제시한 세 가지 유형의 권위를 각각 살펴보면 다음과 같다.

① 전통적 권위

전통적 권위는 지배자가 오랜 시일에 걸친 전통과 관습을 바탕으로 지배의 정당성을 확보하는 것을 의미한다. 예를 들어 한 사회의 신분제도에 불만을 품은 사람이 왕에게 '당신이 무슨 자격으로 왕 노릇을 하는가?'라는 질문을 했을 때, 전통적 권위를 확보하고 있는 국가에서는 '전통적으로 우리 아버지가 왕이었고 우리 사회는 장자상습의 관습이 있기 때문에 나 역시 왕의 위치에 올랐다'라는 대답만으로도 충분하다는 것이다. 전통적 권위를 바탕으로 통치한 정치체제의 유형으로 가부장적 지배와 군주제 지배를 들 수 있다.

② 법-합리적 권위

법-합리적 권위는 제정된 법에 대한 믿음과 절차를 바탕으로 지배의 정당성을 확보하는 것을 의미한다. 법은 비인격적 속성이 있다. 비인격적이라는 것은 권위가 인간의 자의적 의사에 의해 조변석개(朝變夕改) 식으로 변하지 않고 객관적이며 합리적이라는 것을 뜻한다. 법-합리적 권위가 작동하는 사회에서는 법에 따라서 정책을 결정하고 법에 따라서 정치권력이 행사되기 때문에 정당한 것으로 받아들이는 것이다. 예를 들어 '당신이 왜 통치하는가?'라는 질문을 받았을 때, 지도자는 '국민이 동의해서 만든 법과 그 법에 명시된 선거를 통해 대표가 되었기 때문에 통치한다'라는 대답으로 자신의 통치를 합리화시킬 수 있다는 것이다.

③ 카리스마적 권위

카리스마란 초인적인 자질을 갖춘 지도자의 신비한 힘을 말한다. 카리스마적 지도자는 혁명과 같은 정치적·사회적 격변기에 처한 정치체제에서 흔히 발견된다. 혁명은 사회·정치체제가 과거와 급속히 단절되는 상황을 말하는데, 이런 경우 일상화된 통치방식이 없기 때문에 국민들은 정치지도자의 초인적인 자질에 매료되어 그에게 복종하는 것을 정당한 것으로 받아들인다. 베버는 카리스마적 권위는 본질적으로 불안한 것이라고 보았다. 그 이유는 초인적 카리스마에 의존해 통치하는 지배자는 지속적으로 사람들을 매혹시킬 수 있는 새로운 주술을 보여줘야 하는데, 이것은 불가능하다는 것이다. 따라서 가능한

한 빨리 일상화의 과정으로 카리스마적 요소를 전통적 유형이나 합법적 유형의 권위로 전환해야 한다.

베버가 언급한 세 가지 통치 유형, 즉 정당성을 확보하는 방식은 어디까지나 이념형이다. 이것은 완전한 형태의 전통적·법적·카리스마적 권위가 현실 속에 있다는 것이 아니라, 현실을 좀 더 단순하고 쉽게 이해하기 위한 지표로 사용된다는 것을 의미한다.

모든 정치체제는 다양한 방법을 동원하여 권력의 불평등한 분배를 정당화시키고 있다. 대부분의 현대민주주의 국가들은 기본적으로 법-합리적 권위를 바탕으로 지도자를 충원하기 때문에, 합법적 절차인 선거를 통해 등장한 지도자는 정당성을 확보한다. 하지만 만약 군사정권에서와 같이 선거를 형식적으로 치렀지만 그것이 자유롭지 못하고 위협과 감시하에서 시행되었다면 그 정권은 정당화되기 어렵다.

한편 사우디아라비아와 같은 군주제 국가는 전통적 권위에 입각해 부자상속의 방식으로 최고 지도자 계승을 하고 있다. 또한 비록 국가는 아니지만 티베트의 달라이 라마는 카리스마적 권위에 의존해 통치하고 있다. 티베트의 경우 달라이 라마의 후계자는 부처의 화신이라고 여겨지는 특성이 있는 어린아이를 찾아서 이룬다. 여기서 다시 강조하고 싶은 점은 정당성은 정치체제의 특성으로 확보되지 않는다는 사실이다. 다시 말해, 정치체제가 아무리 낙후되었거나 억압적이라도 현존하는 정치제도가 사회를 위해 가장 적합하다는 신념을 유발시킬 수 있으면 정당성이 확보된다.

끝으로, 세 가지 통치 유형은 한 사회에서 동시에 나타날 수 있다. 현대민주주의 국가들은 법-합리적 권위를 바탕으로 통치하고 있지만, 민주주의 사회에 살고 있는 우리가 부모님의 말씀에 복종하는 이유는 부모님의 권위가 법-합리적이기 때문이라기보다는 오히려 대대로 내려오는 가족 내의 규범과 전통이기 때문이다. 이러한 경우 부모는 전통적 권위에 근거하여 자식을 지배하는 것이다.

POINT

1. 모든 정치체제는 다양한 방법을 동원하여 권력의 불평등한 분배를 정당화하고 있다.
2. 피통치자가 권력의 행사를 정당한 것으로 받아들이면, 그 권력은 권위가 된다.
3. 권위는 전통적 권위, 법-합리적 권위, 그리고 카리스마적 권위 등 세 가지가 대표적이다.

❑ 심화학습을 위해서

Bachrach, Peter and Baratz, Morton S. 1970. *Power and Poverty: Theory and Practice*. London: Oxford University Press.

Gaventa, John. 1980. *Power and Powerlessness: Quiescence and Rebellion in an Appalachian Valley*. Urbana: University of Illinois Press·Oxford: Clarendon Press.

Jackman, Robert. 1993. *Power without Force: The Political Capacity of Nation-States*. Ann Arbor: The University of Michigan Press.

Lukes, Steven. 1974. *Power: A Radical View*. London·New York: Macmillan.

Mann, Michael. 1993. *The Sources of Social Power: The Rise of Classes and Nation-States, 1760~1914* (vol.2). Cambridge: Cambridge University Press.

Nye, Joseph. 2004. *Soft Power: The Means to Success in World Politics*. New York: Public Affairs. (조지프 S. 나이. 2004.『소프트 파워』. 홍수원 옮김. 세종연구원)

Poulantzas, Nicole. 1979. *State, Power, Socialism*. London: New Left Books.

Weber, Max. 1922/1978. *Economy and Society* (2 vols.). Berkeley: University of California Press.

2부 정치과정과 정치발전

05 민주주의와 그 도전자들 _김홍수

06 어떤 정부형태가 좋을까 _김진기

07 자치 실현의 이상을 위하여 _강경태

08 문화는 발전의 조건인가 _이대희

chapter 5

민주주의와 그 도전자들

김홍수

계절로서의 '봄'과 그 봄에 피어나는 '꽃' 혹은 '색깔'이 정치적 사건들을 상징하는 사례가 많다. 1968년 4월, 당시 체코 시민들이 소련으로부터 체코의 자유화와 민주화를 요구했던 사태를 '프라하의 봄'이라고 부른다. 1978년 말에서 1979년 봄, 중국은 마오쩌둥 시대로부터 개혁·개방으로 정책 전환을 하게 된다. 당시 중국사회는 지식인의 다양한 주장이 허용되었는데, 이를 '베이징의 봄'이라고 했다. 그리고 1980년 초, 박정희 대통령 집권 18년의 오랜 권위주의 체제 이후 '3김'으로 대표되는 지도자들의 재기와 함께 민주화 논쟁이 활발했던 '서울의 봄'이 있다.

한편, 봄으로 상징되는 자유로운 의사표현과 함께 시민들의 적극적인 정치 참여를 꽃 혹은 색깔로서 표현한 것으로는 재스민 혁명, 오렌지 혁명 등이 있다. 오렌지 혁명은 2004년 우크라이나에서 시민들이 여당의 대대적인 부정선거에 항거하여, 결국 평화적인 정권 교체를 이룬 사건을 말한다. 당시 대통령 선거에서 여당이 부정선거를 통해 집권하자 시위대는 야당을 상징하는 오렌지 색 옷을 입거나 오렌지 색 깃발을 들고 시위에 참여했는데, 이런 연유로 오렌지 혁명이라고 불렀다. 재스민 혁명은 2010~2011년에 발생한 튀니지의 민주화 운동을 말하는데, 23년간 집권했던 독재정권을 쿠데타가 아닌 시민의 힘으로 몰아낸 사건으로, 튀니지에서 흔히 볼 수 있는 재스민 꽃 이름을 붙여 민주화의 의미를 살렸다. 재스민 혁명은 이후 아랍과 아프리카의 민주화 운동을 확산시킨 첫 사례로 의미를 가진다.

이처럼 '봄'이나 '꽃', '색깔'로 대표되는 정치적 사건들은 관찰자의 입장에서 보면 아름다워 보이지만, 실제로 그런 사건이 일어났던 현장을 분석해 보면 수많은 아픔과 슬픔을 담고 있다. 시민들은 그들이 원하는 정치체제를 수립하기 위해 많은 희생을 감수해야 했기 때문이다. 이런 정치적 사건들의 공통적인 염원에는 민주주의가 자리 잡고 있다. 시민들의 민주화 및 민주주의 활동을 아름답게 표현한 것은 그런 아픔에도 불구하고 포기할 수 없는 희망의 근거이기 때문이기도 하다.

민주주의는 삶의 실천 원리이면서 정치에 정당성을 주는 정치체제이다. 민주주의는 지향해야 할 목표나 이념이기도 하고 현실 정치체제에서 실천되는 사실이기도 하다. 이번 장에서 우리는 민주주의란 무엇인가를 구체적인 삶 속에서 이상과 현실로 규명해 보고 고대, 근대, 현대의 민주주의 역사를 살펴볼 것이다. 아울러 정치체제로서 민주주의가 어떻게 작동하고 있으며 민주주의적 혹은 도전자로서 독재와 전체주의 체제를 고찰한다. 마지막으로 현대 민주주의의 쟁점과 과제를 미래의 민주주의 논의와 함께 살펴본다. 이를 통해 삶과 철저하게 소통하고 삶과 함께 호흡하는 민주주의는 완성된 건축물이 아니라 현재 진행형으로 그 완성도를 높여가는 공사 중인 건축물임을 강조한다. 그리하여 미래 후손들에게 물려줄 민주주의에는 현재를 살아가는 우리들의 노력이 중요하다는 점을 학습하고 성찰할 수 있기를 기대한다.

1. 민주주의란 무엇인가?

삶과 민주주의: 민주주의 개념의 다의성

민주주의만큼 일상화되고 가장 많이 언급되면서 동시에 명확하게 개념 짓기 까다로운 단어도 드물다. "저 사람은 민주적인 인물이다"라고 할 때는 그 사람의 됨됨이를 뜻한다. "한국은 민주주의 국가이다"에서는 정치체제를 말한다. 한마디로 민주주의는 여러 가지 의미를 담고 있다. 그것은 사람들의 삶 속에서 그리고 고대, 근대, 현대라는 역사 속에서, 또한 서양과 동양 등 지역의 다양한 영역에서 민주주의라는 개념으로 규정하기 때문이다. 그 만큼 민주주의는 역사적 개념이면서 현재적 개념이다.

민주주의는 도달해야 할 규범이나 이상으로 정의하기도 하고 선진 민주주의 국가들에서 실제로 운용되고 있는 현실로 이해하기도 한다. 또한 민주주의는 어떤 결정이 내려지는 과정이 공정한가에 주목하는가 하면 사회적 가치에 초점을 두기도 한다. 한국사회에서 민주주의를 이해하는 어려움은 민주주의가 갖는 다의성에도 이유가 있지만 강요된 개항과 일본으로부터의 식민지 경험, 1945년 해방과 함께 분단과 전쟁으로 인한 민족 내부의 상처, '압축성장'과 독재 등 20세기 한국 현대사가 갖는 특수성에도 이유가 있다. 한국은 산업화와 민주화를 동시에 이룬 대표적인 국가로서 평가받고 있다. 그런데도 민주주의가 여전히 우리에게 명확하지 않은 것은 이런 이유가 복합되어 있기 때문이다.

민주주의를 설명하는 가장 대표적인 문장은 1864년 미국 링컨 대통령이 게티즈버그 연설을 들 수 있다. 그는 민주주의를 '인민의, 인민에 의한, 인민을 위한 통치'라고 정의했다. 정치권력의 소재가 인민에게 있다는 주권재민의 의미를 담고 있다. 정치권력의 행사도 인민들이 직접 혹은 대표자를 선출해서 권력을 행사하는 것이다. 여기에는 자유롭고 평등하며, 합리적인 개인들을 전제하고 그 개인들의 집합적 지혜를 모으는 제도를 강조한다. 국민을 위한 통치는 민주주의의 정당성을 말하는데, 정치의 목적이기도 하다. 이처럼 민주주의는 어떤 각도에서 어떻게 정의하느냐에 따라 달라질 수 있다. 민주주의에 대한 개념은 다음과 같은 세 가지 측면에서 그 의미를 찾을 수 있다.

첫째, 민주주의의 어원을 통해 그 의미를 탐구하는 것이다. 민주주의를 나타내는 단어인 'democracy'는 그리스어의 'demokratia'에서 유래했는데, 데모스(demos, 민중)와 크라티아(kratia, 지배)라는 두 단어의 합성어이다. 그러므로 민주주의란 모든 대중이 자유롭고 평등한 입장에서 정치에 참여하는, 민중이 지배하고 통치하는 체제를 말한다. 고대 그리스에서는 직접민주주의가 활짝 꽃피었다. 이때 민주주의는 언변(말)이었다. 로고스(logos)는 논리라는 뜻인데, 그 어원은 언변, 바로 말이었다. 민주주의가 성립되기 위해서는 말이 통해야 한다는 것이다. 이런 관점에서 접근한 현대 학자로는 독일의 하버마스(J. Habermas)를 들 수 있다. 그는 의사소통이론을 주장하는데, '민주주의는 지도자와 국민, 국민과 국민, 과거와 현대가 서로 소통하는 것이다'라는 것이 의사소통이론의 요지다.

둘째, 민주주의의 양극을 확인하는 것이다. 좁은 의미에서 민주주의는 정치원리로 이해된다. 모든 국민이 통치작용에 동의하고, 그 통치작용에 자유롭고 평등하게 참여하는, '국민이 지배하는 정치체제'를 말하는 것이다. 반면, 정치뿐만 아니라 일상생활에서까지 사용하는 민주주의는 넓은 의미에서 파악된다. 즉 국민의 국가사회 생활의 실천원리인 셈이다. 최근에는 민주주의의 최소·최대 강령을 나눠서 파악하기도 한다. 최소 강령이란 좁은 의미의 민주주의 개념과 같은 맥락으로 성인들에게 투표권을 비롯한 효과적인 시민권이 보장되고, 시민권을 행사해서 정부의 최고 공직자들을 견제하고 권력을 박탈할 수 있는 정치체제를 말한다. 이에 비해 최대 강령에서는 '국민들이 권리를 행사하는 데 상상할 수 있는 한 가장 인민적인 통제 원리와 평등의 원리를 실현하는 장치'로 정의한다.

셋째, 민주주의를 이념과 제도의 운영, 생활원리와 의식으로 나눠 파악할 수 있다. 각종 언론의 토론 프로그램에서 민주주의에 대한 쟁점 중 가장 대표적인 것으로 '제도와 의식 중 어느 것이 더 중요한가'라는 논쟁을 종종 발견할 수 있다. 민주주의가 갖는 세 가지 기본 특성인 이념, 제도, 생활원리 및 의식에 대한 이해는 민주주의를 좀 더 명쾌하게 해준다. 우선, 이념으로서의 민주주의는 인간의 존엄성, 자유, 평등을 포함한다. 이 중에서 인간의 존엄성이 핵심이다. 인간은 존엄하기 때문에, 그리고 그 존엄성을 지키기 위해서 자유와 평등이 필요하다. 다만, 자유와 평등은 조화되기 힘든 이념이기 때문에 학자에 따라, 또는 시대와 공간에 따라 자유냐 평등이냐에 대한 논란이 분분하다. 다음으로 제도(운영)로서의 민주주의를 들 수 있다. 사실 민주주의 이념은 현실에서 확인하기 어렵다. 말로는 무엇을 못 하냐는 말도 있듯이, 민주주의의 제도와 운영의 원리로서 제시되는 것으로는 권력분립제, 대표제와 선거, 경쟁적 정당제, 다수결의 원칙 등을 들 수 있다. 마지막으로 민주주의를 생활양식 혹은 실천원리로서 이해하는 방식이다. 제도가 헌법이나 법률을 통해 명문화되어 있다면, 생활양식 혹은 실천원리로서의 민주주의는 일상생활 속에서 민주적인 태도와 습관으로 드러나는 것을 강조한다. 합리적 경험주의, 자발적 참여의식, 독립적인 자아의식, 토론과 관용의 정신, 통합적 공동체 의식 등이 대표적인 예다.

민주주의, 그 실체를 찾아서

오늘날 이상적인 정치체제라고 하면 당연히 민주주의 정치체제이고, 가장 바람직한 정치지도자의 모습은 민주적인 지도자라는 데 이의를 제기할 사람은 없을 것이다. 그만큼 민주주의는 인물, 제도, 삶의 태도나 문화 등에서 가장 바람직한 가치로 수용되고 있다. 인류가 민주주의를 바람직한 삶의 가치이자

〈표 5-1〉 **정치체제의 분류**

통치형태 / 통치자 수	순수 형태	부패 형태
1인	군주정치	폭군정치
소수	귀족정치	금권적 과두정치
다수	법제적 민주정치	우민정치

정치제도로 일반적으로 널리 받아들이게 된 것은 제2차 세계대전 이후이다. 신생 독립국가들은 이념이나 제도로서 민주주의 정치체제를 형식적인 차원에서는 받아들이고 있지만, 실제 운용에서 민주주의를 보장하고 공고화하는 데까지는 아직도 많은 과제를 안고 있다.

민주주의란 단순히 정치체제로서나, 주권이 국민에게 있다는 정치원리를 넘어 일상생활의 실천원리이기도 하다. 그렇지만 정치학에서 민주주의를 주목하는 것은 삶의 실천원리를 포함하여 인간의 존엄성, 자유, 평등 등의 민주주의 이념과 다수결의 원칙, 삼권분립 등 제도로서의 현실을 포함하는 민주주의를 포괄하는 정치체제에 있다.

인간을 정치적 동물로서 규정하고 정치체제로서 민주주의를 규정했던 사람은 그리스의 정치철학자 아리스토텔레스이다. 그는 『정치학』에서 통치자의 수와 통치자가 지향하는 목적, 즉 공공복리를 목적으로 하는 순수형과 사리사욕을 목적으로 하는 부패형으로 나눠, 그에 따른 정치형태를 〈표 5-1〉과 같이 구분했다. 그는 순수한 정치형태로 1인이 다스리는 군주정치, 소수가 다스리는 귀족정치, 다수가 다스리는 법제적 민주정치(이를 어떤 사람들은 혼합정치라고 한다)를 꼽았다. 반면 부패한 정치형태는 군주정치가 폭군정치로, 귀족정치가 과두정치로, 법제적 민주정치가 우민정치로 된다고 보았다.

통치자 수와 통치형태에 따라 여섯 개의 정치체제로 나누었던 아리스토텔레스가 생각한 이상적인 정치체제는 무엇이었을까? 그는 최선의 정치체제는

〈표 5-2〉 민주주의 목표와 현실

이상		현실	
목표와 이상		현실의 민주정부	
민주주의란 무엇인가?	민주주의가 왜 필요한가	민주주의는 어떤 정치제도들을 필요로 하는가?	어떤 조건들이 민주주의에 우호적인가

이상적인 면에서는 군주제와 귀족제이고, 인간의 현실세계에서는 법제적 민주정치라고 했다.

정치체제는 아리스토텔레스의 분류 이후 각 시대와 국가의 정치상황에 따라 다양하게 전개되어 왔다. 근대정치학의 창시자로 불리는 마키아벨리는 군주제와 공화제, 몽테스키외는 군주정, 공화정, 전체정으로 분류했다.

현대의 민주주의 정치체제에 대한 가장 권위 있는 설명은 미국 민주주의의 아버지로 불리는 로버트 달(Robert Alan Dahl)이 했다. 그는 이상(규범)과 현실(경험)의 두 가지 기준으로 민주주의를 규정하고 있다. 민주주의가 상이한 시간과 상이한 장소에서 상이한 사람들에게 상이한 의미를 지녀왔으며, 그렇기 때문에 엄밀한 의미에서 민주주의는 20세기의 산물이라고 주장한다. 〈표 5-2〉에서와 같이 이상으로서의 민주주의는 민주주의란 무엇인가와 민주주의는 왜 필요한가라는 물음에 답을 구하는 영역이라고 보았다. 그는 민주주의는 '투표의 평등'과 '효과적인 참여'가 충족될 때 어느 정도 '절차적 민주주의'에 부합한다고 말하고, 여기에서 더 나아가 시민계몽과 교육, 그리고 공적인 토론에 기반하는 '계몽적 이해'가 확보될 때를 절차적 민주주의라고 규정했다. 달은 완전한 절차적 민주주의가 되기 위해서는 시민들의 중요한 의제가 정치에 반영되는 '의제의 통제'와 누가 시민에 포함되는가라는 '포용의 기준'이 충족되어야 한다고 주장했다.

현실 민주주의는 대의 민주주의로서 선출직 공직자, 자유롭고 공정한 선거, 표현의 자유, 중요 정보에 대한 자유로운 접근 허용, 결사의 자율성, 융합적 시민권이 제도적으로 보장되는 상태를 말한다.

오늘날 지구상에 존재하는 약 190여 개 국가들의 정치체제는 어떤 기준으로 어떻게 분류한 것일까? 분류의 기준을 좀 더 명확하게 하기 위해 정치학에서 도입한 것이 베버의 이념형이다. 민주주의 정치체제의 전형적인 나라를 든다면, 당연히 영국과 미국, 프랑스 등을 떠올릴 것이다. 그러나 엄밀히 말해 영국과 미국, 프랑스의 정치체제는 많은 면에서 서로 다르다. 우리가 민주적인 정치체제라고 말하는 것은 각 나라의 구체적인 정치 현실을 표준으로 한 것이 아니라, 민주주의 정치체제의 공통적 요인들의 이념형을 기준으로 분류한 것이다.

정치체제를 분류하는 기준에는 누가 권력을 갖고 있는가의 문제와 정치권력이 어떤 절차에 따라 형성되고 집행되는가의 두 가지 요소가 중요하다.

우리나라 헌법 제1조는 "대한민국은 민주공화국이다"라고 명시하고 있다. '민주공화국이다'라는 표현이 대한민국의 정치체제를 단적으로 말해주는 것이다. 주권이 국민에게 있고 권력이 국민의 합의 기관에서 결정되는 정치를 시행한다는 의미이다. 따라서 정치체제는 정치권력이 어디에 소재하는가, 다시 말하면 누구에게서 나오는가 하는 점과 함께 그러한 권력이 어떤 절차를 거쳐서 발휘되고 정책이 결정되느냐를 동시에 고찰하는 것이 중요하다.

달의 민주주의의 우호적인 조건들

달은 민주주의에 필수불가결한 조건들로 ① 선출된 공직자에 의한 군대 및 경찰에 대한 통제 ② 민주주의에 대한 신념과 정치문화 ③ 민주주의에 적대적인 강력한 외국에 의한 통제의 부재를 들고, 민주주의에 우호적인 조건들로 ④ 현대적 시장경제와 사회 ⑤ 하위문화의 온건한 다원적 공존을 제시했다.

민주주의의 단계적 이행과 성립 조건

앞에서 언급했지만, 제2차 세계대전 이후 민주주주의의 각 발단 단계에는 고유한 도전 과제가 있다. 비민주정부는 신생 민주정부로 변화할 것이냐가 도전이자 과제이고 신생 민주정부는 어떻게 안정화하고 공고화를 이룰 것이냐가 과제이며, 안정된 민주정부는 심화시킬 것이냐가 과제가 되고 있다.

민주주의 정치체제가 이행과 공고화 그리고 심화의 과제를 안고 있고 또 민주주의가 이념이자 제도이자 실천이라고 할 때 민주주의가 성립하기 위한 최소한의 조건은 무엇일까? 민주주의의 성립 조건에 대한 원론적인 견해를 제시한 사람으로 영국의 정치학자 버크(E. Burke)를 들 수 있다. 그는 민주주의를 공통의 문제에 여러 사람이 참여해 토론해서 정치적 결정을 내리는, 토론에 의한 정치로 본다. 이러한 정치적 결정 과정은 토론기관이 수행하는데, 정당·선거·의회·내각이 그것이다. 그는 민주주의의 핵심은 토론에 의한 정치고, 그런 토론에 의한 정치를 하려면 외적·물질적 조건과 동시에 시민적 자질 조건이 구비되어야 한다고 주장한다.

버크의 주장을 포함하여, 좀 더 넓은 차원에서 민주주의가 발전하기 위한 조건을 정치적·경제적·사회적·시민적 자질 조건으로 나누어 간략하게 정리해 보자.

첫째, 정치적 조건이다. 정치적 조건에는 지도자가 지도자다워야 하고, 정당과 언론집단을 비롯해서 자율성 있는 이차 집단이 있어야 한다. 또한 일반 국민들의 정치 참여 기회가 여러 통로로 열려 있어야 한다.

둘째, 경제적 조건이다. 어느 정도의 풍요로운 경제적 조건 아래에서만 민주주의가 꽃필 수 있다. 다시 말해 한 나라의 경제가 발전하면 국민소득 수준이 높아질 것이고, 이것은 국민들의 교육수준과 생활수준의 향상, 나아가 도시화와 국제교류의 확대로 이어져 결국 민주주의가 더욱 발전하게 된다. 또한, 경제적인 불평등은 사회구성원 간의 동질성을 파괴한다는 면에서 풍요로운 경제발전 못지않게 경제적인 평등도 중요하다.

셋째, 사회적 조건이다. 한 사회가 얼마나 도시화되어 있는가, 국민들의 문자 해독률은 얼마인가, 매스미디어는 얼마나 보급되었는가 등이 여기에 포함된다.

넷째, 시민적 자질 조건이다. 사회구성원들이 민주시민으로서 갖추어야 할 자질이 여기에 해당한다. 어떤 의견에 대한 자신의 주장을 분명히 하면서도 자신과 의견이 다른 사람의 입장을 존중하는 정신이다. 또한 대화와 토론, 투표 등으로 결론을 도출했을 때, 다수결의 원칙에 승복하는 태도도 민주시민이 가져야 할 자질이다. 이와 같이 민주주의의 시민적 자질 조건에는 합리적인 대화와 토론의 정신, 타협과 관용의 정신, 그리고 소수의견을 존중하는 시민정신, 자발적인 참여정신 등이 해당된다.

POINT

1. 민주주의는 다의성을 가진 개념으로 민주주의 어원과 최대·최소 내용, 이념·제도(운영)·생활원리 등 다양하게 규정된다.
2. 로버트 달은 이상(규범) 민주주의와 현실(경험) 민주주의를 구분해 그 공통점과 차이점을 파악하면서 민주주의의 개념을 명확하게 했다.
2. 엄밀한 의미에서 민주주의는 20세기의 산물이다.
3. 민주주의는 단계와 지역에 따라 민주주의로의 이행, 민주주의 공고화, 민주주의 심화의 과제를 갖고 있다. 민주주의가 발전하기 위해서는 정치적·경제적·사회적·시민적 자질 조건이 필요하다.
4. 정치체제를 분류하는 기준에는 누가 권력을 갖고 있는가의 문제와 정치권력이 어떤 절차에 따라 형성되고 집행되는가의 두 가지 요소가 중요하다.

2. 민주주의의 역사

고대 민주주의, 아테네의 직접민주주의

민주주의가 고대와 근대, 그리고 현대로 이어지면서 형성된 그 역사적 맥락을 알아보고 고대민주주의, 근대민주주의, 그리고 현대민주주의로 나누어 특징적인 모습을 찾아보자.

고대민주주의는 그리스 도시공동체인 아테네가 전형이고, 오늘날 민주주의의 뿌리이며, 직접민주주의를 특징으로 한다. 도시국가 아테네의 민주정은 페리클레스 시대가 절정이었는데, 이 시기 민주주의는 전체 시민이 직접 입법부를 구성하고, 정책을 토론하며, 투표에 참가하는 직접민주제였다(당시 아테네 인구는 약 30만 명으로, 그중 시민권을 가진 사람은 약 3만~4만 명으로 추정된다). 민회는 입법의 중추이자 중요 의제에 대한 최종 결정 기관이었다. 한편 민회와 함께 아테네 민주정의 입법과 행정의 핵심적 역할을 담당했던 기구는 500인 평의회였다. 평의회는 민회의 의사일정과 민회에 제출할 안건을 제안하는 임무를 맡았고, 민회는 평의회가 제출한 안건에 관해 결정을 내렸다.

이 시대를 말하면, 플라톤과 아리스토텔레스를 떠올릴 것이다. 그들은 민주주의에 대해 어떤 입장을 가졌을까? 우리는 그들을 민주주의의 할아버지쯤으로 여길지 모르나 그 예상은 과감하게 빗나간다. 플라톤과 아리스토텔레스가 서구 정치학의 할아버지인 것은 분명하지만, 민주주의의 대표자는 아니다. 그들은 민주주의 정치체제를 '다수의 빈곤한 사람들을 위한 공동선이 아니라, 자신들의 이익을 추구하기 위해 통치하는 타락한 정부형태' 정도로 취급했다. 아테네가 몰락하던 시기에 활동한 플라톤은, 민주주의는 국사를 다수의 변덕에 맡기는 체제라고 봤다. 그렇게 본 이유는 크게 두 가지다. 하나는 민주주의는 일반시민이 국가의 주요 정책결정에 참가하는 정부형태인데, 그 시민들에게는 정책결정을 내릴 만한 자질과 식견이 없다는 점이다. 또 하나는 일반시민들의 선거로 지도자를 선출하는 방식은 결국 시민들에게 아부하는 정치지도자를 양산할 수밖에 없다고 생각했기 때문이다. 아무튼 고대 도시공동체였던 아테네에서 선보인 민주주의의 특징은 개인과 공동체가 구분되지 않는 시대에 행해졌던 직접민주주의였다.

근대 민주주의, 개인의 자유와 사회의 계약

근대 시민혁명은 산업혁명과 더불어 근대의 상징이었다. 이 시민혁명을 거치면서 근대민주주의가 탄생한다. 프랑스 대혁명에서 선언한 자유·평등·박애 정신은 민주주의의 표어가 되었다. 이런 근대민주주의는 당시 재산과 교양을 가진 시민들의 권리를 어떻게 확대시켜 나가는가가 그 핵심이었다. 로크는 입법권과 행정권의 분리를, 루소는 인민주권론을, 그리고 몽테스키외는 삼권분립론을 주장했다.

시민혁명, 산업혁명으로 대표되는 근대민주주의는 절대주의적 군주제에 대한 반발로서 탄생한 것이었다. 따라서 근대민주주의는 정부의 권력으로부터 개인의 자유를 어떻게 보장할 것인가가 그 최대 관심사이자 특징이었다. 근대민주주의는 자유주의라는 큰 틀 속에서 성장했다. 즉 정부의 권력을 최소화시켜 개인의 자유와 재산 그리고 생명을 보장하려는 정치체제였다. 따라서 근대의 민주주의를 자유주의적 민주주의라고 한다. 한편, 개인의 자유와 권리에 대한 강조는 당연히 국가의 역할을 제한하는 소극적 정치를 지향했다. 이런 면에서 당시의 국가를 야경국가라고 한다.

아울러 근대민주주의는 '일정한 재산과 교양'을 갖춘 시민, 즉 부르주아지에 국한되고 다수를 차지하고 있던 일반 대중은 소외된 민주주의라는 면에서 시민민주주의라고 한다. 또 시민들의 권리와 재산을 보호하고 국가 권력을 제한하기 위해 권력분립, 대의제, 다당제, 다수결의 원칙과 같은 형식적 원리에 의존한 민주주의였다. 다시 말해 근대민주주의는 개인주의, 자유주의, 자본주의와 결합해 형성·발전했다. 개인의 자유에 기반을 둔 사회계약론에 입각해서 근대 민주주의가 성립한다. 시민사회는 근대민주주의를 탄생시킨 바탕이 되었다.

근대 이후 민주주의는 개인의 자유와 사회 계약을 기반으로 한다. 근대 이후 민주주의는 영국의 시민혁명, 미국 독립혁명, 프랑스 대혁명, 러시아 혁명을 통해 현실화되고 또 새로운 과제를 갖게 되었다.

영국의 시민혁명은 청교도혁명(1642~1660)과 명예혁명(1668)을 말한다. 청교도혁명은 의회의 다수를 차지한 청교도인들이 국왕에 맞서 세금과 군대에 대한 왕의 절대적 지배권을 거부한 사건이며, 명예혁명은 유혈 충돌 없이 왕정에 실질적인 권한 제약을 명문화한 '권리장전'(1689)을 탄생시킨 사건이다. 이후 영국은 절대왕정을 마감하고 국왕은 군림하나 통치하지 않는 입헌군주제 국가가 된다. 영국혁명은 시민들이 정치의 주역이 되고, 의회가 정치의 중심이 되며, 삼권분립과 견제와 균형이 현실정치에 정착되는 계기가 되었다.

프랑스대혁명(1789)은 인류 역사상 가장 전형적이고 상징적인 시민혁명이자 민주주의 혁명이다. 파리의 시민들이 바스티유 감옥과 파리 시청을 점령하여 아래로부터의 힘으로 루이 16세로 상징되는 구체제를 몰아내고 시민이 자신들이 지지하는 정부를 구성한 사건이다. 프랑스혁명은 '인간과 시민의 권리 선언'에 선언한 바와 같이 보편적 인간의 권리와 평등, 인민주권을 분명이 했다. 또한 인민주권을 비롯한 민주주의 이념을 현실 민주적인 제도로 정착시키는 계기가 되었다.

미국 혁명은 1766년 영국으로부터의 독립운동과 함께 일어났다. 미국혁명은 인류 최초로 헌법제정에서 공화주의를 성문화하고 철저하게 견제와 균형의 원리에 충실한 민주주의를 추구했다. 영국과 달리 과거의 세습적 군주정 및 귀족주의적 위계질서에서 벗어나 대통령과 의회 의원, 사법부 인사까지도 시민들의 투표를 통해 대표를 충원하고 삼권이 철저하게 균형을 잡도록 했던 것입니다. 또한 당시 독립을 주도했던 일반 평민들이 투표권을 가졌을 뿐만 아니라 직접 통치자로서 공직을 맡을 수 있는 권한을 가졌다는 점입니다. 그래서 오늘날 미국혁명은 실질적으로 대의 민주주의와 공화주의, 그리고 평등의 이념에 큰 공헌을 했다고 평가받고 있습니다.

러시아 혁명은 1905년과 1917년 두 혁명을 모두 포함하는데, 인류 최초의 마르크스-레닌의 공산주의 이념을 기반으로 한 사회주의적 민주주의라는 점이 특징이다. 이는 영국, 프랑스, 미국 혁명이 자유민주주의 발전으로 나아간 반면, 러시아 혁명은 사유재산 폐지와 노동자 농민의 권력을 강조하는 평등을 강조하는 사건이었다. 그러나 러시아는 스탈린주의와 공산당 독재로 귀결되었다. 그러나 러시아 혁명은 서구 민주주의가 자유 강조로 인한 폐해를 수정하는 실질적인 평등의 기제로서 역할을 했고 노동자·농민의 실질적인 평등사회에 대한 염원은 주목할 가치가 있다.

현대 민주주의, 대표성과 책임성

20세기 들어 자본주의의 발전이 좀 더 확대되고 심화되면서, 사회구조에서도 큰 변화를 겪었다. 이런 변화는 민주주의의 질적인 발전을 자극했다. 근대가 시민사회였다면 현대는 대중이 사회의 중심세력으로 등장했다. 이제 시민사회는 대중사회로, 시민민주주의는 대중민주주의로 발전되었다. 현대 민주주의는 대중의 참정권이 확대되고 대표를 통해 정치적인 이슈를 해결하며 나아가 국민들의 경제사회적 권리까지 보장하는 데 관심을 가졌다.

현대의 대중민주주의는 근대의 시민민주주의와 비교해 대체로 네 가지 특징이 있다. 첫째, 보통선거제의 실시이다. 근대사회는 재산과 교양을 갖춘 남자만 선거권이 있었던 데 반해, 지금은 인간이면 누구나 성별, 직업, 교육 정도에 관계없이 성인이라면 누구나 선거권이 있다. 그만큼 정치 참여의 폭이 확대된 것이다. 둘째, 정치의 심장이자 에너지로서 정당의 역할이 강화되었다. 정치는 정당을 중심으로 대표를 통해 이뤄지는 것이 일반화되어, 현대정치는 정당정치로 현대 민주주의는 정당 민주주의로 강조되었다. 셋째, 대중들의 사회참여와 정치 참여를 보장해 줄 정부의 규모나 역할이 아주 커진 대정부로 바뀐 모습이다. 넷째, 국가가 시민들의 사생활에 적게 개입하는 정치에서 대중들의 삶에 더 적극적으로 도움을 주는 적극적인 정치로 바뀐 것을 들 수 있다.

POINT

1. 민주주의는 크게 고대 아테네의 직접민주주의에서, 근대의 시민민주주의, 현대의 대중민주주의로 발전해 왔다.
2. 근대 시민혁명으로서 영국의 시민혁명, 미국 독립혁명, 프랑스대혁명, 러시아혁명은 민주주의 이념과 함께 제도를 정착시키는 데 큰 기여를 하였다.
3. 현대 민주주의는 대표성과 책임성을 중심으로 보통선거제, 정당 중심의 정치, 대정부, 적극적 정치를 특징으로 한다.

3. 비민주주의 정치체제

1939년부터 1940년대 초반까지 전 유럽이 나치의 공포정치 체제하에 있던 시대를 배경으로 한, 이탈리아의 로베르트 베니니 감독이 연출·주연한 〈인생은 아름다워〉에서 무겁지 않으면서도 결코 가볍게 넘길 수만은 없는 생생한 삶의 한 대목을 목격할 수 있다. 유태인 아버지 귀도와 이탈리아인 어머니 도라, 그리고 이야기를 전개해 나가는 아들 조슈아가 주인공이다. 유태인이라는 이유로 체포되어 강제수용소에 갇힌 귀도는 아들 조슈아가 위기를 넘기도록 지혜를 발휘한다. 그래서 모든 것이 탱크를 탈 수 있는 게임이라고 설명하면서, 고통스럽고 어려운 순간에도 1,000점을 따게 되면 탱크를 탈 수 있다는 희망을 아들에게 끊임없이 심어준다. 귀도는 체포되어 학살되는 그 순간까지 아들에게 탱크를 타기 위한 지침을 일러준다. 결국 귀도는 죽고 연합군이 조슈아를 구해 탱크를 타게 된다. 많은 시간이 흐른 후, 조슈아는 아버지가 자신에게 남겨준 삶의 지혜를 아주 담담하게 영화를 통해 증언한다. 언제 죽을지 모르는 한계 상황에서 인간이 표출할 수 있는 선택적 행동은 어떤 모습일까? 그 희극 같은 비극적 상황에서도 과연 인생은 아름다운가?

20세기의 가장 야만적이고 반민주적인 사례로는 파시즘과 나치즘, 그리고 스탈린주의를 들 수 있다. 미국의 비교정치학은 공산주의를 비민주적인 정치체제의 범주에 포함시킨다. 그러나 엄밀히 말해 나치즘이나 파시즘은 자본주의체제가 굴절된 최악의 형태였던 것처럼, 공산주의도 그 이념과 현실의 공산주의를 분리해서 봐야 한다. 스탈린이 통치했던 구소련의 상황은 분명 전체주의체제라고 할 수 있다. 그렇다고 공산주의 이념을 채택하고 있는 정당이나 국가가 모두 전체주의체제라고는 할 수 없다. 따라서 민주주의체제냐 비민주주의체제냐를 판단할 때는 민주주의를 정치체제와 삶의 원리를 포함해서 규정하듯이 국가나 사회의 형태뿐만 아니라 운영, 속성 등 내용까지 함께 파악해야 한다. 존 킨(John Keane)은 『민주주의의 삶과 죽음』에서 민주주의체제냐 비민주주의체제냐를 구분하는 것은 냉전시대의 이분법적 분류를 넘어서서 하나의 사회체제에서 형식과 내용을 동시에 고려해야 한다고 주장한다. 또한 최근에는 민주주의 논의에서 정치발전을 형식적인 정권교체라는 잣대보다도 안정적인 정치제도화의 맥락에서 해석하기도 한다. 개혁·개방 이후 일당 중심 정치체제인 중국에 대한 평가에서 '중국 특색의 민주주의' 논의가 대표적인 사례에 해당한다.

민주주의가 형식과 내용을 포함하듯이 민주주의에 대한 도전자들을 파악할 때도 그 형식과 내용을 함께 살펴봐야 한다. 특히, 과학기술이 발달된 현대는 마음만 먹으면 외양을 얼마든지 그럴 듯하게 포장할 수 있는 시대다. 민주주의도 예외는 아니다. 그러므로 민주주의 여부를 가릴 때는 형식과 함께 내용도 함께 따져봐야 한다.

전체주의

비민주적인 정치체제의 대표적인 형태가 전체주의다. 근대 이후 민주주의가 개인의 자유와 권리를 기반으로 만들어진 체제이다. 전체주의는 부분보다는 전체의 우월성을 주장하는 사상이다. 다시 말해, 전체주의는 권력을 쥔 지배자가 초월적인 관념, 예를 들면 종족우월주의나 민족지상주의를 제시하여 무지몽매하고 충동적인 대중들을 이용함으로써 권력을 집중시키고, 자신들의 권력체제를 제도적으로 공고화시킬 때 나타난다.

한나 아렌트(Hanna Arendt)는 『전체주의의 기원』에서 전제주의와 독재와 비교하여 전체주의를 '이데올로기와 테러를 동원한 전체적인 통제'로 정의한다. 그는 정치를 인간의 고유성을 말로 표현하는 공적활동이라고 보았다. 전체주의는 말이 끝난, 그리고 말이 제거된 정치체제로 규정한다. 그리하여 전체주의는 이데올로기와 테러를 동원한 총체적 지배의 운동으로서 인간의 고유성을 억압하고 정치 참여를 봉쇄하여 자유를 제거하였다고 규정한다. 총체적 지배는 인간의 본성과 개성을 모두 말살하고 개인이나 집단을 완전히 지배하는 것을 말한다. 구체적으로 총체적 지배는 법적인격 살해, 도덕적 인격살해, 개성의 제거를 들고 있다.

독일의 나치즘, 이탈리아의 파시즘, 일본의 군국주의, 소련의 스탈린주의 등이 그 전형적인 실례다. 전체주의 정치체제의 특징은 공통적으로 부분에 대한 전체의 우월성을 강조하고, 개인의 이익보다는 집단의 이익을 중시하며, 국가 권력이 국민들의 전 생활에 실질적인 통제를 가하는 것이다.

이처럼 전체주의는 첫째, 어떤 중요한 경제적·사회적·정치적 다원성을 인정하지 않는다. 둘째, 실질적으로 오직 하나의 지배 이데올로기만 인정되며, 지도자와 개인들, 사회단체들에게 오로지 인류와 사회에 대한 전체적인 사명을 강조한다. 셋째, 전 사회가 조직적으로 동원된 체제로서 개인적인 행위를 허용하지 않는다. 넷째, 리더십은 절대적인 카리스마를 띤다.

권위주의

일상생활에서 권위와 권위주의는 다르다. 권위가 어떤 지위에 대한 권력이 인정과 존경의 형태로 자리 잡는 것이라면, 권위주의란 특정 개인이나 집단의 이익을 위해 지위를 사용하는 것을 말한다. 정치체제로서 권위주의도 기본 속성은 마찬가지다. 형태가 어떻든 유일한 권력소유자가 정치권력을 독점하고 국민은 국가의 의사형성에 참정권이 없는 정치체제를 의미한다. 린츠에 따르면, 권위주의 정치체제는 전체주의 정치체제와 민주주의 정치체제의 중간에 있는 다양한 형태의 정치체제다.

권위주의 정치체제의 특징을 나타내는 핵심어는 '자유'와 '전면적 억압'의 중간 상황인 '제한된 자유'와 '제한된 다원주의'다. 다시 말해 권위주의 정치체제에서는 의회와 법원 등 국가 권력기관이 있지만 이 기관들은 권력소유자의 통치에 복종하든가, 아니면 실질적으로 권한의 양보를 강요당하게 된다. 우리나라의 유신체제나 제5공화국처럼 비정치 분야에서는 어느 정도 자유를 허용하지만 정치권력에 대해서는 억압적인 조치를 취한다든가, 정당이나 법원 등 제도적인 장치는 있지만 실질적으로는 지도자나 지도자를 둘러싼 핵심 권력기관의 시녀 역할밖에 하지 못하는 경우를 말한다. 린츠와 스테판은 실증적인 자료를 제시하면서 현대의 여러 나라들이 권위주의 정치체제를 가장 많이 유지하고 있다고 주장한다.

POINT

1. 비민주주의 정치체제는 형식과 내용에서 스펙트럼이 다양하다.
2. 전체주의는 개인보다 전체의 우월성을 주장하며, 파시즘·나치즘·스탈린주의가 대표적이다.
3. 한나 아렌트는 전체주의를 이데올로기와 테러를 동원한 전체적인 통제로 정의한다.
4. 권위주의 정치체제의 특징은 '제한된 자유'와 '제한된 다원주의'다.

4. 민주주의의 현재와 미래

왜 다시 민주주의인가

1990년대 이후 세계화·개방화·정보화·탈냉전의 영향으로 민주주의가 전 세계적으로 확고부동한 위치를 차지하면서, 미국으로 대표되는 자유민주주의는 진보의 추진력으로서 그리고 시장경제는 유일하게 생명력 있는 경제체제로서 옹호되었다. 헬드(D. Held)는 민주주의가 도시국가에서 한 나라의 수준으로, 그리고 범세계적으로 나아가고 있다고 주장하면서, 민주주의의 범세계적 모델을 제시한다. 분명, 우리 삶은 급속히 세계에 노출되고 있고 그 권리도 일국의 범주가 아닌 지역적·세계적 차원에서 고려해야 할 시점에 와 있다. 반면, 이런 세계화의 흐름의 반대편에는 1990년대의 걸프 전쟁, 2001년 미국의 9·11 테러와 아프가니스탄 침공, 그리고 2002년 이스라엘의 팔레스타인 침공 등 민주주의와는 상반되는 흐름이 부각되고 있다. 또한 과학기술의 발전은 인간의 활동영역을 확대시킨 반면, 동시에 우리 삶의 은밀한 부분까지 침투하여 감시·억압하는 등 양면성을 드러내고 있다.

이렇게 볼 때, 21세기의 민주주의는 인류 진보의 가능성과 불행의 가능성을 동시에 던져주고 있다. 일국 차원의 민주주의가 뿌리내린 상황에서 세계화를 주도하는 선진국과는 달리, 제3세계나 분단국인 우리나라 같은 경우는 일국 차원의 민주주의 과제와 함께 세계적 차원의 민주주의 과제를 소화해야 하는 이중 부담을 안고 있다. 강정인은 이런 현상에 대해 세계화의 흐름은 민주주의의 '외연적 확산'이라는 차원에서는 긍정적 성과를 거두었다고 진단하면서도, 민주주의의 '내포적 심화'라는 차원에서는 서구 선진 민주국가에서조차도 민주화의 지체 또는 역전의 조짐을 보인다고 평가한다. 여기서 우리는 세계적 차원의 민주주의를 성찰해야 하는 이유를 발견할 수 있을 것이다. 민주주의는 단순히 한 번 획득하면 고정되는 것이 아니라, 땅에 뿌리를 내리고 난 뒤에도 변화하는 자연환경 속에서 잘 자랄 수 있도록 끊임없이 물을 주고 다른 해충이 접근하는 것을 막는 등 계속 보살펴야 하는 식물과 같은, 사회적 생명체이기 때문이다.

실제 영국의 ≪이코노미스트≫ 산하 연구기관인 '이코노미스트 인텔리전스

유닛'(The Economist Intelligence Unit: EIU)의 민주주의 지수에서도 이런 점이 확인된다. EIU는 2006년 이후 167개국을 대상으로 '선거 과정의 공정성', '정부 기능', '시민의 자유', '시민의 권리, '정치문화'의 5개 분야 60개 지표로 10점 만점의 민주주의 수준을 발표한다. 민주주의 지수에 따라 '완전한 민주주의 국가들'(full democracies: 평균 8점 이상), '미흡한 민주주의 국가들'(flawed democracies: 평균 6점 이상 8점 미만) '혼합형 체제'(hybird regimes: 4점 이상 6점 미만), '권위주의 체제'(authoritarian regimes: 4점 미만)로 분류한다. 완전한 민주주의는 "기본적인 정치 자유와 시민 권리 보장이 이뤄지고, 민주주의를 선호하는 정치문화가 있으며, 정부 기능이 안정적이고 언론이 독립적이고 다양하며, 견제와 균형이 작동하는 제도가 있고, 사법부는 독립적이며, 판결이 집행되는 상태"를 의미한다. 완전한 민주주의 국가들은 노르웨이, 아이슬란드, 스웨덴 등 북유럽 국가들이 차지하고 있다. 167개국 중 20개국 내외다. 2018년 기준 한국은 21위, 독일 13위, 영국 14위, 일본 22위, 미국 25위, 프랑스 29위이다. 중국은 130위로 권위주의 국가, 북한은 최하위 167위를 기록했다. 최근 들어 완전한 민주주의는 20여 개 국가에서 확대되지 않고 있고 오히려 권위주의 확산에 따른 민주주의 퇴조 현상이 2017년까지 상승했고 2018년에 들어 다소 호전되었다고 분석되었다.

현대 민주주의의 일반적 위기들

현대 민주주의의 특징은 한마디로 대중민주주의다. 대중이 정치권력의 주체로 등장했다는 면에서 분명 역사의 진보임에 틀림없다. 그러나 오늘날 대중민주주의를 둘러싼 여러 가지 환경변화에 따라서 근본적으로 그 위기를 맞고 있다.

첫째, 관객민주주의화의 가능성 증대다. 현대 사회는 과학기술의 비약적 발전과 교육의 확대로 대중의 정치의식이 높아지고 합리적인 판단능력이 향상

되었다. 그러나 동시에 물질 중심, 획일화, 원자화로 공동체 의식이 상실되고, 대중의 객체화 현상도 가속되었다. 이에 따라 대중은 정책결정에 주체적인 역할을 하기보다는 오히려 소비적·수동적 대상으로 전락하고 말았다. 또한 오늘날 정치 문제가 고도의 전문적 지식을 요구하면서 대중은 정치에서 더욱 멀어지게 되었다. 아울러 매스컴의 발달, 특히 텔레비전의 보편적 보급에 따라 정책을 둘러싼 정보가 쏟아지고, 대중은 그 정보의 홍수 속에서 합리적인 판단에 혼란을 겪을 뿐만 아니라 거부반응까지 보인다. 이처럼 대중민주주의에서 정치는 하나의 오락이자 관객의 흥미 대상으로 변하기 쉽기 때문에 관객민주주의라고 한다.

둘째, 대중심리의 조작 가능성이다. 대중민주주의에서 주권은 국민에게 있고, 그 주권의 주체는 대중이다. 그러나 현실은 그 대중의 권리를 더욱 잘 반영하고 확대하기보다는, 권력자들이 각종 정치 관련 과학기술을 이용하여 여론과 대중을 조작할 가능성이 높아졌다. 그래서 형식적으로는 합리적인 토론과 결정이 존중되고 국민의 의사가 정책결정에 반영되는 것 같지만, 실제로는 '합의에 의한 독재', '조작된 자발성'일 가능성이 높다.

셋째, 효율성과 생산성의 숭상에 의한 합의와 토론의 약화현상이다. 현대사회는 '좀 더 많이, 좀 더 빨리'라는 생산성과 효율성이 지배하고 있다. 이에 따라 정책의 입안과 집행에서도 다양한 의견 제시와 토론에 의한 결정보다는 신속하고 효율적인 것을 강조하는 추세가 지배한다. 따라서 대화와 토론이 요구되는 의회정치는 말 많고 골치 아픈 기관으로, 국회의원들은 하는 일 없이 말만 많은 사람으로 취급되기 쉽다. 그러나 행정부의 역할은 높아지고 행정을 담당하는 공무원들의 숫자가 늘어날 뿐만 아니라, 행정업무를 좀 더 효율적으로 하기 위해서는 고도의 기술이 필요하다. 이런 현상은 행정이 전문화될수록 민주적인 통제가 점점 더 어려워진다는 것을 뜻한다.

넷째, 관료제적 민주주의화다. 소극정치에서 적극정치로 국가 기능이 변화해, 행정부는 의회의 정책결정을 충실하게 집행하는 데 만족하지 않고 모든 분야에 적극 개입하여 정책을 결정하며 집행했다. 그리하여 현대의 관료제는 공고한 기반 위에서 강력한 권한을 갖고 여러 가지 기능을 수행하게 된다. 즉 현대의 관료제는 '기술적 관리에서 행정적 지배로' 전환하게 되었다. 이런 상황 속에서 국민의, 국민에 의한, 국민을 위한 정치라기보다는 '관료의, 관료에 의한, 관료를 위한 정치'로 전환될 우려가 있다. 또한 의회주의의 약화와 더불어 정당과 관료기구의 밀착현상이 나타난다.

현존하는 서구의 경쟁하는 민주주의 모델

20세기 냉전의 시대를 넘어 21세기 탈냉전·세계화 시대의 민주주의는 자유민주주의가 가장 일반적인 민주주의로 자리 잡았다. 자유민주주의의 핵심은 성인 남녀의 시민들이 자유롭고 일정한 룰에 따라 선거가 치러지고, 정권교체가 경쟁적으로 실시되는 것으로 통용되고 있다. 그럼에도 민주주의가 자유민주주의로 대체될 수는 없다고 본다. 그것은 민주주의가 '다수의 지배'와 그 대중통치에 대한 다양한 해석이 가능하고, 현실에서 작동되고 있는 민주주의는 지구촌 곳곳 나름의 현실적인 여건에서 경쟁적인 모습으로 진행되고 있기 때문이다. 따라서 현대민주주의는 자유민주주의가 큰 흐름이면서 다양한 민주주의가 서로 경쟁하면서 공존하고 있다. 앤드류 헤이우드는 이처럼 경쟁적인 민주주의 모델을 고전적 민주주의, 방어적 민주주의, 발전적 민주주의, 인민민주주의로 나눈다.

- □ 고전적 민주주의: 고대 그리스 아테네 시민들이 주요 결정사항에 참여했던 직접민주주의. 오늘날 정치가 시민들로부터 멀어지는 상황에서 '인민에 의한 정부'를 보장한다는 차원에서 옹호되고 있음.
- □ 방어적 민주주의: 시민이 정치의 침해로부터 자신을 보호할 수 있는 하나의 방어를 보장하고 허용하는 형태.
- □ 발전적 민주주의: 대중의 자유와 정치 참여를 최대한 보장하고 이를 통해 공동체 전체의 발전을 지향함.
- □ 인민민주주의: 계급적인 관점에서 형식적인 정치적 자유나 선거보장을 넘어 인민들의 실질적인 경제적 보장을 강조하는 '경제적 해방' 달성을 목표로 함.

민주주의의 미래와 과제

새로운 세기를 맞이한 오늘날, 민주주의의 최대 쟁점은 민주주의 제도와 운영을 넘어 어떻게 하면 좀 더 많은 사람들이 인간으로서 권리를 실질적으로 행사하고 보호받을 수 있는가에 있다. 나아가 인간의 권리가 한 국가나 지역을 넘어 세계적인 차원으로 확대될 수 있는가에 주목하고 있다. 생산이나 무역만

이 아니라 인간의 보편적 권리가 존중되는 민주주의도 세계화의 기준으로 자리 잡아 가고 있다. 그러나 그 도전도 만만치 않다. 민주주의가 세계화되고 있지만 미국을 비롯한 강대국의 힘과 권력, 가치관이 관통하는 '차별화된 민주주의'의 가능성이 높은 것도 사실이다. 더욱 심각한 것은 세계적 차원의 민주주의를 주장하는 현실과는 달리 제3세계나 비서구문명권에서는 최소한의 인권조차 보호받지 못하고 있다는 점이다.

이처럼 21세기 들어 세계는 한 국가를 넘어선 전 지구적 차원의 민주주의를 주장하는가 하면, 다른 한편에서는 제3세계 국가나 비서구문명권만이 아니라 선진 민주주의 국가들의 민주주의도 위협받고 있다는 진단이 많다. 오늘날 민주주의 위기의 가장 큰 요인은 사회경제적 양극화에 따른 불평등의 문제를 들 수 있다. 또한 민주주의 제도를 지켜주고 있던 인간의 존엄성, 관용과 이해 등 민주주의의 기본적인 규범이 무너지고 있다는 점도 큰 위기로 지적되고 있다. 더구나 최근에는 각국에서 뉴미디어의 발전과 함께 가짜뉴스가 넘쳐나서 사회적 자본으로 일컬어지는 신뢰 상실, 그리고 과학기술 발전에 따른 감시 강화와 인권 경시 현상에 대한 심각성도 제기되고 있다.

로버트 달은 20세기를 "민주주의의 주요 승리이면서 충격적 실패의 한 세기이다"라고 평가한 적이 있다. 21세기도 거의 20년을 지내왔다. 어차피 민주주의가 미완성의 건축물이고 현재 진행형이라면, 민주주의는 지속적인 재구성과 보완이 필요하다. 민주주의는 '최고의 정치적 의사결정 권력이 궁극적으로 국민에게 있으며, 국민은 이 권력을 직접적으로 행사하거나 자신들이 선출한 대표들의 결정을 통해 행사하는 정치체제'이다. 이 점을 전제로 해서 미래 민주주의와 관련하여 앞서 언급한 지구촌 민주주의와 함께 참여민주주의가 가장 주목받고 있다. 또한 심의민주주의, 생태민주주의, 파수꾼 민주주의(monitory democracy) 등도 현재의 민주주의를 보완하면서 미래 민주주의로 논의되고 있다.

참여민주주의는 현대 민주주의에서 가장 문제가 되는 '대표성'의 위기에 대한 대안으로서 국민과 시민의 다양한 정치 참여를 통한 민주주의의 회복을 주장한다. 최근 들어 정당정치의 약화와 투표율 저하와 관련하여 대표성의 위기가 지적되어 왔다. 또한 선거를 통해 대표자를 선출했다고 하더라도 상시적으로 권력을 감시하고 국민의 뜻을 정치에 반영하기 위해서는 직접 민주주의적인 요소를 강화해야 한다는 게 참여민주주의의 요지다. 강정인은 민주주의로 이행과 정착을 넘어 '내포적 심화'를 위해 참여민주주의를 제안한다. 내포적 심화는 노동자, 여성, 소수 집단, 외국인 노동자, 장애인, 노인 등 사회에서 소외되고 주변화 된 모든 계층의 정치적 평등과 함께 사회적·경제적 평등, 나아가 일상생활에서 인간으로서 삶을 누릴 수 있도록 보장하는 것을 말한다. 최근 주목을 받고 있는 '인정의 정치', '다름의 정치', '정체성의 정치', '다문화사회의 시민권' 논의가 이런 것을 강조하고 있다.

심의민주주의는 참여민주주의와 상호 보완적인 관계라고 할 수 있는데, 오늘날의 복잡한 정치 환경에서 정치의 주체인 시민들의 자질로서 숙고하고 성찰을 강조한다. 심의민주주의는 사회의 정치적 이슈가 공론장에서 충분히 협의하고 논의되어 정책결정에 반영될 때 사회정의에 좀 더 나아갈 수 있다는 입장이다. 생태민주주의는 인간과 자연의 공존을 강조하는 관점으로서 지구촌의 환경은 현세대의 문제일 뿐만 아니라 미래 세대와 연결하여 지속 가능한 발전에 대한 요구를 반영한 것이다. 이는 각성된 시민사회를 기반으로 주민자치, 평화운동, 여성운동과 결합하여 전 지구적 민주주의 논의와도 연계되어 있다. 파수꾼 민주주의는 앞서 언급한 존 킨의 『민주주의의 삶과 죽음』에서 새롭게 주장하는 민주주의다. 그는 파수꾼 민주주의는 무엇인가 곧 닥쳐올 위험을 미리 경고하고 사람들로 하여금 특정한 방식으로 행동하도록 하며, 대상의 내용이나 품질을 검토하게 하는 것에 주목하고 있다.

이러한 차원에서 미래에는 참여와 연대를 통해 국내외 환경변화에 대응해

민주주의의 가치를 실현해 나가야 할 것이다. 이것이 길을 만들며 나아가는 민주주의'이며, 민주주의의 민주화는 지속되어야 한다.

POINT

1. 민주주의 모델은 고전적 민주주의, 방어적 민주주의, 발전적 민주주의, 인민민주주의가 있다.
2. 세계화 시대의 민주주의는 외연적 확산뿐만 아니라, 내포적 심화의 문제로 새롭게 조명되어야 한다.
3. 현대 민주주의의 일반적 위기로는 관객민주주의, 대중심리의 조작 가능성, 합의와 토론의 약화현상, 관료제적 민주주의화 등이 있다.
4. 참여민주주의는 노동자, 여성, 장애인 등 사회 소외 계층의 정치적 평등뿐만 아니라, 사회적·경제적 보장을 강조한다.
5. 미래 민주주의는 참여민주주의, 심의민주주의, 생태민주주의, 파수꾼 민주주의 등이 논의되고 있다.

❑ 심화학습을 위해서

강원택·유진숙 편. 2018. 『시민이 만드는 민주주의』. 박영사

김비환. 2013. 『이것이 민주주의다』. 개마공원.

달, 로버트. 2018. 『민주주의』(증보판). 김왕식 외 옮김. 동명사.

던, 존. 2016. 『민주주의의 수수께끼』. 강철웅·문지영 옮김. 후마니타스.

사워드, 마이클. 2018. 『민주주의란 무엇인가』. 강정인·이석희 옮김. 까치.

아리스토텔레스. 2017. 『정치학』. 김재홍 옮김. 도서출판 길.

이승원. 2014. 『민주주의』. 책세상.

최장집. 2005. 『민주화 이후의 민주주의』(2판). 후마니타스.

최장집·박찬표·박상훈. 2007. 『어떤 민주주의인가』. 후마니타스.

킨, 존. 2017. 『민주주의의 삶과 죽음』. 양현수 옮김. 교양인.

페팃, 필립. 2019. 『왜 다시 자유인가』. 곽준혁·윤채영 옮김. 한길사.

헬드, 데이비드. 2013. 『민주주의의 모델들』. 박찬표 옮김. 후마니타스.

chapter 6

어떤 정부형태가 좋을까

김진기

장면 1

1215년, 영국의 존 왕은 귀족들의 압력으로 '대헌장(마그나카르타)'에 서명한다. 이후 국왕이 세금을 걷기 위해서는 의회의 승인을 받아야 한다는 전통이 영국에서 확립되었다. 그러나 튜더 왕조를 뒤이은 스튜어트 왕조의 제임스 1세와 그의 아들 찰스 1세가 이러한 전통을 무시하고 전횡하는 모습을 보이면서 국왕과 의회의 대립이 시작된다. 1628년, 대외전쟁으로 재정의 어려움을 겪던 영국 왕 찰스 1세는 세금 인상 등으로 전쟁비용을 충당하고자 했다. 이에 대해 귀족과 부유한 평민들의 대표로 구성되어 있던 영국의회는 국왕의 요구를 받아들이는 대신 의회의 요구조건을 수락하도록 강요한다. 결국 찰스 1세는, '의회의 승인 없이 과세할 수 없다, 법에 의하지 않고는 누구도 체포, 구금할 수 없다'는 등 의회의 권한을 명기한 서류에 서명하게 된다. 바로 '권리청원'이다. 이후 계속된 국왕과 의회의 대립은 1688년에 이르러 다시 한 번 결정적인 계기를 맞게 된다. 왕권을 강화하려는 제임스 2세에게 의회가 항거하고, 신변의 위협을 느낀 왕은 프랑스로 도주한다. 이에 의회는 국왕을 바꾸고 의회의 권한을 대폭 강화한 법령을 새로운 왕에게 제출하여 승인을 받게 된다. 바로 '권리장전'이다. 피 한 방울 흘리지 않고 정권이 바뀌게 된 이 사건이 그 유명한 '명예혁명'이다. 이러한 일련의 과정을 통해 영국의 의회는 왕권을 제약하고 국가 권력의 중심에 서게 되었다.

장면 2

1774년. 당시 미국은 영국의 식민지였기 때문에 본국인 영국의 상품시장, 원료의 공급지에 불과했다. 식민지 미국의 주민들은 본국인 영국의회에 자신들의 대표를 보낼 수 없었음에도 불구하고 세금만을 강요당한다. 이에 불만을 가진 미국의 식민지 대표들은 제1차 대륙회의를 필라델피아에서 개최한다. 세금 문제로 시작된 이들의 투쟁은 차츰 독립운동으로 그 성격이 바뀌었으며, 드디어 1776년 '독립선언서'를 공포하고 영국으로부터의 독립을 선언한다. 영국과의 전쟁을 거쳐 독립을 쟁취한 각 주의 대표들은 1787년 헌법제정회의를 열고 아메리카합중국의 탄생을 선언한다. 각 주의 자치권을 인정한다는 연방주의, 권력을 나눠 행사한다는 삼권분립주의, 모든 권력은 국민에게서 나온다는 국민주권주의라는 3대 원칙을 기초로 한 아메리카합중국이 탄생한 것이다. 국왕도 귀족도 없이 모든 국민의 자유와 평등을 보장하는 대통령제 민주주의 국가는 이렇게 세계 최초로 등장했다.

#

장면 1은 영국에서 의회가 권력의 중심으로 등장하는 모습, 장면 2는 미국에서 대통령제가 탄생하는 모습을 간략하게 설명한 것이다.

우리는 날마다 신문지면이나 방송을 통해 국회에서 어떤 일이 벌어졌고, 대통령이 무슨 발언을 했는지 보고 듣는다. 이와 같이 오늘날의 정치는 국회나 대통령 또는 행정기관과 법원 등의 제도를 통해 구체적으로 운영되고 있으며, 우리는 이를 당연한 것으로 받아들이고 있다. 그러나 이러한 제도나 조직들이 인간사회의 출발과 함께 애초부터 존재했던 것은 아니다. 인간의 자유와 안전, 행복을 보장하기 위해, 그리고 공동체가 지닌 문제점을 해결하는 과정에서 장기간에 걸쳐 나타난 것이다.

그렇다면 국왕의 권력은 어떻게 의회로 넘어갔는가? 왜 영국에서는 의원내각제를, 그리고 미국에서는 대통령중심제를 정부의 기본 형태로 삼았는가? 이 제도들의 특징은 무엇인가? 이러한 문제들에 대한 해답을 살펴보는 것은 국내정치뿐만 아니라 다른 나라의 정치를 이해하기 위해서도 매우 중요하다. 이에 우리는 민주주의의 정신을 구현하기 위해 역사상 나타났던 제도들과 정부형태들에 대해 살펴볼 필요가 있다.

1. 민주적 정치제도는 어떻게 형성되었는가

우리가 여기에서 살펴볼 정부란 국가의 통치기구를 의미한다. 넓은 의미에서의 정부는 입법, 사법, 행정에 관한 모든 조직과 기관을 나타내지만, 좁은 의미에서의 정부는 내각 또는 행정부, 이에 부속된 행정기구만을 뜻한다. 설명의 편의상 이 글에서는 전자의 의미, 즉 입법, 사법, 행정에 관한 모든 조직과 기관을 지칭하는 의미에서 정부라는 용어를 사용하기로 한다.

정부가 구성되어 있는 모습을 정부형태라고 한다. 오늘날 민주주의 국가의 정부형태는 대체적으로 입법부, 사법부, 행정부의 3개 기관으로 구성되어 있으며, 각각의 기관이 독자적인 권한과 기능을 행사한다. 입법부는 입법권으로 법을 만들고, 행정부는 집행권으로 법을 집행하며, 사법부는 사법권으로 법이 제대로 제정·집행되었는지 판단한다. 그러나 이러한 정부형태가 옛날부터 있었던 것은 아니다. 그것은 서구 각국에서 의회제도가 나타나는 18세기 이후에야 형성되었다.

의회가 나타나기 이전에는 한 사람의 군주나 소수의 귀족이 국가의 모든 권한과 기능을 장악한 정부형태가 일반적이었다. 이러한 정부형태는 현대에 들어와서도 공산주의나 파시즘과 같은 전체주의적 정부의 형태로 나타나기도 했으며, 오늘날의 세계에서도 여전히 존재하고 있다. 그러나 우리는 인류 역사에서 한 사람 또는 소수의 전제적 지배가 국민을 억압하고 탄압하는 바람직하지 않은 현상들을 수없이 보아왔다. 이와 같은 전제정치의 부작용이 없는 정부를 구성하기 위해 끊임없이 노력한 결과로서 나타난 것이 오늘날의 민주적인 정부형태라 할 수 있다. 오늘날 존재하는 민주적인 정부는 헌법에 입각하여 정부가 수립되었다는 의미에서 입헌정부라 한다. 그리고 입헌정부는 법에 의한 정치(법치)와 절대권력에 대한 견제(권력분립)를 그 특징으로 한다.

민주적 정부에는 여러 가지 형태가 있다. 미국의 경우 입법부·사법부·행정부의 엄격한 권력분립을 원칙으로 한다. 그리고 국민이 선거를 통해 입법부의 의원과 행정부의 수반인 대통령을 각각 따로 뽑는 대통령제 정부형태를 취하고 있다. 그러나 영국이나 일본의 경우 국민은 선거를 통해 입법부의 의원만을 선출한다. 국민에 의해 선출된 입법부의 의원들은 총리를 선출하고, 그 총리가 의원들을 중심으로 내각을 구성한다. 이러한 정부형태를 우리는 의원내각제(내각책임제)라 칭한다. 프랑스의 경우는 의원내각제와 대통령제 요소를 결합한 혼합형 정부형태를 취하고 있다.

이와 같이 민주주의 국가들 사이에서도 정부형태는 다양하게 나타나고 있다. 그러나 정부형태의 차이점에도 불구하고 민주국가들이 구현하고자 하는 기본정신은 거의 대동소이하다. 의회가 국가의 최고결정기관이라는 의미에서 의회주의, 권력행사를 법으로 한다는 의미에서 법치주의, 모든 국민이 대표 선출에 참여하는 보통선거제도와 이를 통한 국민주권주의, 그리고 권력의 횡포를 막기 위한 견제 방안의 마련 등이 그것이다.

그럼 이제부터 민주주의 정부형태를 대표하고 있는 의원내각제와 대통령중심제, 그리고 혼합형 정부제가 역사적으로 어떻게 나타나고 공고화되었는지, 그리고 어떠한 모습으로 어떻게 운용되고 있는지를 영국, 미국, 프랑스의 예를 들어 살펴보도록 하자. 물론 우리는 이들 국가와 다른 모습의 민주적 정부형태를 다른 나라들에서 발견할 수도 있다. 그러나 이들 국가의 정부형태 역시 기본적으로는 위에서 언급한 세 가지 정부형태의 요소들을 혼용하고 있기 때문에 큰 틀에서는 이 세 범주를 벗어나지 않는다.

국왕의 권력을 견제하라: 의회권력의 강화

중세를 벗어나 근대로 접어들면서 유럽에서는 국가 권력이 왕 한 사람에게 집중된 절대군주 국가가 등장하는 한편, 새로운 사회계층인 '시민계급'이 출현하게 된다. 유럽에서 태어났던 근대 의회제는 이 시기 절대군주의 전제적 지배에 대항해 시민계급의 권익을 옹호하기 위한 제도로서 등장한 역사적 산물이었다. 그러므로 우리는 의회제도를 이해하기 위한 역사 여행을 잠시 해야 할 필요가 있다.

서구에서 중세란 봉건영주와 농노로 대표되는 봉건제적 질서가 지배하던 시대였다. 이 시기 국왕의 권력은 매우 미약했으며, 실질적인 권력은 봉건 귀족들이 갖고 있었기 때문에 이들 귀족들이 크고 작은 토지를 분할해 다스렸다. 따라서 이 시기의 사회는 토지를 가진 왕과 봉건귀족이 지배계층을, 그리고 이들의 토지에서 노동을 제공하는 농노가 피지배계층을 구성하고 있었다. 그러나 중세 말기에 들어서게 되면서 이와 같은 사회계층의 구성에 변화가 나타나게 된다. 즉 상공업의 성장과 함께 이에 종사하는 계층인 '시민계급'이 성장하여 토지를 가진 귀족세력에 대항하는 새로운 사회세력으로 대두했던 것이다.

영국에서는 상공업의 발달이 다른 나라들보다 앞섰기 때문에 일찍부터 시민 세력이 강했다. 이들 신흥 시민계급인 상업자본가들은 봉건영주들의 경계를 넘어 더 광범위한 영역 또는 국제적 규모의 경제활동을 위해 국가의 보호와 지원을 필요로 했다. 따라서 시민계급은 왕권이 강화되어 봉건영주들의 경계가 허물어지기를 바랐으며, 이는 곧 자신의 권력을 강화하고자 하는 국왕의 이해관계와 일치했다. 그러나 국왕이 더 넓은 지역을 관리하고 통치하기 위해서는 관료제도를 정비하고 군대조직을 갖추어야 했다. 이를 위해서는 당연히 많은 돈이 필요했으며, 이에 국왕은 자본가들에게 재정적 지원을 요청하게 된다. 그 결과 국왕과 상업자본가의 제휴가 성립되어 국왕은 상업자본가에게 여러 가지 독점권을 부여하고, 상업자본가는 국왕을 재정적으로 지원하게 된다. 국왕은 상업자본가의 지원 아래 관료제도를 정비하고 군대를 육성하여 봉건귀족과 자치도시의 권력을 회수하면서 전국을 통일하기 시작했다. 이러한 과정에서 출현한 것이 중세와 근대의 과도기적인 정치형태로서 절대왕정이다.

절대왕정이 출발할 때부터 시민계급의 도움을 받았다는 점은 그것이 시민계급의 견제를 받을 수밖에 없는 씨앗을 안고 있었음을 의미한다. 왜냐하면 절대군주가 출현하면서 격화되기 시작한 국가 간 대규모 전쟁에는 많은 재원이 필요했으며, 이는 결국 귀족과 시민계급의 세금으로 충당할 수밖에 없었기 때문이다. 그 결과 귀족과 시민계급은 국왕의 재정을 해결해 주는 대신 자신들의 대표기구인 의회의 권력을 확대시켜 나갔다. 영국에서 의회 권력의 확대를 가장 상징적으로 나타내는 사건은 청교도혁명과 명예혁명이었다.

국왕을 중심으로 한 왕당파와 의회를 중심으로 한 의회파가 서로의 권력 강화를 위해 부딪친 내란이 바로 청교도혁명이다. 그 당시 의회파의 중심 세력이 청교도(퓨리턴)들이었기 때문에 이를 청교도혁명이라고 한다. 이 전쟁에서는 크롬웰이 이끄는 의회파가 승리함으로써 국왕(찰스 1세)은 처형을 당하고 왕정은 폐지되었다. 물론 크롬웰이 죽은 후 왕정이 다시 복고되기는 하지만, 이 사건은 국가 권력이 국왕에서 의회로 옮겨가고 있다는 것을 상징적으로 보여주었다.

절대왕정

절대왕정은 일반적으로 중세와 근대의 과도기에 유럽에서 나타난 정치형태를 말한다. 절대왕정이라는 말은 국가 군주들에게 절대적인 권력이 있었다는 데서 유래한다. 하지만 그것은 이전에 비해 국왕의 권력이 강화되었다는 상대적 의미이지, 전제군주와 같은 무소불위의 권력을 가졌다는 의미는 아니다. 서양 역사의 흐름에서 절대주의라고 부르는 시대는 나라에 따라 다르나, 일반적으로 영국 튜더 왕조의 시작(1485)부터 프랑스혁명의 발발(1789)까지가 여기에 해당된다. 그러나 유럽 절대주의의 전성기는 17~18세기였다.

절대주의 시대의 국가는 권력관계가 중세 봉건영주 간의 수평적 권력관계에서 국왕을 정점으로 한 수직적 지배관계로 변함에 따라 성립되지만, 지역에 따라 형성 과정과 발전 과정, 그리고 특징들에서 차이점을 보인다. 예를 들어, 스페인, 영국, 프랑스와 같은 서유럽 국가들에서는 왕권신수설에 의한 절대권력의 합리화, 체제유지를 위한 관료제와 상비군(군대) 제도의 도입, 그리고 중상주의에 의한 자본 축적이라는 특징들이 공통적으로 나타난다. 그러나 프로이센, 오스트리아, 러시아 등과 같은 동유럽의 국가들에서는 자생적인 시민층의 성장과 자본축적이 결여되어 도리어 봉건영주제가 강화되는 양상을 보인다. 그 결과 서유럽에서는 대체적으로 시민혁명을 통해 절대왕정을 극복하면서 근대화가 이루어지지만, 동유럽에서는 시민계급에 의한 아래로부터의 근대화가 아니라 국가가 나서서 근대화를 추진하는 양상을 보인다.

청교도혁명 이후 또다시 의회권력을 확인시켜 준 사건이 이 장의 앞부분에서 언급한 '명예혁명'이고, 이때 의회의 권한을 대폭 강화한 법령이 '권리장전'이다. '권리장전'에서는 의회의 동의 없는 세금징수의 금지, 잔인한 형벌의 금지, 선거와 언론의 자유 등을 규정하고 있다. 권력에 대한 견제, 인권, 언론 자유 등 근대 민주주의의 토대를 이루는 내용이 포함되어 있음을 알 수 있다. 근대 의회제도는 이처럼 영국에서 명예혁명을 통해 가장 먼저 제도적으로 정착되었다. 이 시기에 영국의회는 국정 최고기관으로서의 지위를 획득했을 뿐 아니라 국민의 의사를 대표하는 기관으로서의 입지를 구축했다. 그러나 영국의회가 이러한 국정 최고기관으로서 지위를 획득하는 데에는 13세기부터 17세기에 걸쳐 약 500년 동안의 시간이 필요했다. 영국뿐 아니라 다른 나라에서도 의회가 국가의 최고의사결정기관이 되기 위해서는 장기간의 투쟁 과정이 필요했다. 예를 들어 가장 단기간에 근대화에 성공한 것으로 알려진 일본에서조차, 의회가 절대군주였던 천황의 권한을 가져오는 것은 메이지 유신 이후 거의 70년이 지난 시점, 그것도 패전이라는 상황과 점령 당국의 압력에 의해서 가능했던 것이다.

이제까지 살펴본 바와 같이 민주주의 정부의 한 기구인 의회와 의회의 권력은 땅에서 솟아난 것도 아니고 하늘에서 떨어진 것도 아니며 오랜 기간에 걸친 투쟁으로 쟁취한 것이다. 따라서 근대 민주주의의 발자취는 바로 의회제도의 발전사라고도 할 수 있다.

권력의 행사는 규칙(rule)에 따라야 한다: 법에 의한 지배

이제 권력의 중심은 국왕으로부터 의회로 넘어왔다. 국왕의 권력은 의회의 견제를 받음으로써 이전과 같은 횡포는 어렵게 되었다. 그러나 여기서 또 다른 문제가 대두되었다. 국왕의 권력을 견제하기 위한 의회의 권력행사는 의회 마음대로 해도 되는 것인가? 의회의 권력행사가 정당한지 아닌지는 무슨 기준으로 판단하는가? 이러한 문제들을 해결하기 위해 나타난 것이 '법에 의한 지배' 원칙이다. 즉 모든 권력의 행사는 법에 의거해야만 그 정당성을 확보할 수 있다는 것이다.

법 가운데에서 가장 기본이 되는 것은 국가의 기본정신과 조직을 규정한 헌법이다. 따라서 대부분의 국가들은 탄생과 동시에 가장 먼저 헌법을 제정하고, 이 헌법에 따라 정부를 운영한다. 예를 들어 우리나라의 헌법에서는 제1조 1항에 민주공화국임을 명기하고 있으며, 2항에서 주권은 국민에게 있고 모든 권력은 국민으로부터 나온다는 점을 밝히고 있다. 그리고 제2장에서 국민의 권리와 의무를 규정한 후, 입법부(제3장), 행정부와 대통령(제4장), 사법부(제5장)의 순서로 각각의 권한과 책임 등을 명기하고 있다. '법에 의한 지배'란 국가의 기본법인 헌법, 그리고 이를 토대로 만들어진 하위법령의 규정에 따른 권력행사를 의미한다.

그렇다면 법은 누가 만드는가? 바로 국민의 선거로 선출된 의원들이 구성하는 대의기관, 즉 의회에서 만든다. 법 제정이 의회의 가장 큰 권한이기 때문에 의회를 입법부라 일컫는다. 근대 의회제도는 절대권력에 대항하는 국민주권주의와 법치주의 정신을 관철함으로써 그 토대를 마련했으며, 법 제정을 통하여 절대권력자로부터 국민의 자유와 권리를 보호함으로써 그 입지를 구축해 왔다.

그러나 입법권이 있다고 해서 의회가 무한한 권력을 가진 것은 아니다. 즉 민주적 정부형태에서는 국민투표라는 견제장치가 의회의 부당한 권력행사를 견제하는 수단으로 마련되어 있다. 만약 국민의 대표로 선출된 국회의원이나 의회의 어떤 정당이 부당한 권력을 행사한다면, 국민은 선거를 통해 이를 심판할 수 있다. 그러나 권력기관의 부당한 권력행사, 또는 어떤 정책이나 사안에 대해 일일이 국민투표를 실시할 수는 없다. 따라서 권력기관의 횡포를 견제하기 위한 장치가 마련되어야 한다.

권력은 권력으로 견제하라: 견제와 균형

권력기관의 횡포라는 문제를 해결하기 위해 민주주의 정부에서는 입법부와 행정부에 서로 견제할 수 있는 권한을 부여했다. 의원내각제를 취하고 있는 국가들의 경우 의회에는 내각불신임권, 내각에는 의회해산권이라는 권한을 부여함으로써 서로 견제할 수 있는 수단을 부여하고 있다. 행정부의 내각이 부당한 권력을 행사하거나 무능하다고 판단될 경우 의회는 내각을 불신임할 수 있다. 불신임을 받은 내각은 즉각 물러나든지 의회를 해산해 다시 선거를 실시할 수 있다. 즉 의원내각제에서는 의회와 내각이 대립할 경우 국민의 의사를 물어볼 수 있는 장치를 고안해 내었던 것이다.

반면 대통령제를 채택하고 있는 미국의 경우에는 엄격한 권력분립으로 권력집중을 방지함으로써 이러한 문제를 해결하려고 했다. 즉 입법부, 행정부,

사법부가 행사하는 권력의 범위를 명확히 규정하여 서로 견제할 수 있는 장치를 마련함으로써 권력의 전제화를 방지하고자 한 것이다. 이는 식민지 미국인들이 독립하기까지의 과정에서 영국 국왕뿐 아니라 영국의회로부터도 매우 혹독한 억압을 받은 경험에서 나온 것이다. 당시 미국의 식민지 주민들은 자신들의 대표를 영국의회에 보낼 수 없었음에도 불구하고 영국의회의 결정으로 가혹한 세금을 낼 수밖에 없었다. 따라서 당시 미국의 식민지 주민들은 행정부의 전제뿐만 아니라 입법부의 전제에도 대응할 수 있는 제도의 마련이 필요하다고 보았던 것이다.

이러한 점은 식민지 모국이었던 영국인들이 절대군주를 타도했던 의회, 즉 입법부에 전폭적인 신뢰를 보여 '의회주권론'을 주장한 것과는 사정이 달랐다고 할 수 있다. 즉 미국인들은 행정부뿐만 아니라 입법부의 전제도 견제해야 한다는 식민지의 역사적 경험에서 자신들의 정치제도를 구축하고자 했던 것이다. 그 결과 미국의 혁명지도자들은 중앙의 통치기관(입법부, 행정부, 사법부)들을 분리하여 서로 견제하는 정부형태를 만들게 된다.

미국적 전통에서 나타난 권력분립주의는 오늘날 행정부와 입법부, 사법부 사이에서뿐 아니라 연방정부와 주정부와의 관계에서도 적용되어 나타나고 있으며, 미국 이외의 많은 민주국가들에서도 적용되고 있다. 예를 들어 중앙정부의 권력을 견제한다는 의미에서 지방자치체(지방정부)의 권한을 확대시키는 것도 권력분립의 정신을 구현한 것이라고 할 수 있을 것이다.

모든 국민을 참여하게 하라: 선거권의 확대

국민주권주의와 법치주의 정신이 관철되었다고는 해도, 시민혁명기의 영국과 프랑스에서는 재산으로 선거권을 제한했다. 따라서 모든 국민에게 동등한 선거권이 주어지지는 않았다. 즉 근대 초기에 선거권은 재산이 있는 자만의 특권으로 여겨졌기 때문에 모든 국민이 국가의 주인이라는 오늘날과 같은 의미의 국민주권주의가 존재했다고는 할 수 없었다. 즉 이 당시의 평등은 일정한 재산이 있는 사람만이 대상이 되는 것으로서 오늘날과 같은 의미의 정치적·사회적 평등은 아니었다. 이러한 '평등'의 개념은 청교도혁명의 지도자나 프랑스혁명의 지도자들 사이에서도 나타난다. 따라서 시민혁명이 완료된 이후에도 여전히 '법에 의한 지배', '법 앞의 평등'이라는 정신이 완전히 실현된 것은 아니었던 것이다. 따라서 이후 민주주의를 위한 운동은 선거권 확대 운동으로 나타나게 된다.

선거권 확대의 역사는 오랜 것으로서, 영국의 경우 제1차 선거법 개정(1832), 제2차 선거법 개정(1867), 그리고 제1차 세계대전 후인 1918년과 1928년의 선거법 개정으로 비로소 남녀평등의 보통선거권이 실현된다. 미국의 경우도 흑인에게는 남북전쟁 후인 1869년에, 여성에게는 1920년에 선거권이 부여되었다. 독일에서는 1919년의 바이마르 헌법에서, 그리고 프랑스에서는 제2차 세계대전 후인 1946년이 되어서야 비로소 여성에게 선거권이 주어졌다. 대체적으로 거의 모든 국가가 여성에게까지 선거권을 인정한 것은 제2차 세계대전 후의 일이다. 이런 점에서 세계의 민주주의는 제2차 세계대전 후에 이르러 비로소 정착되었다고 해도 좋을 것이다. 요컨대 시민혁명에 의한 의회제도의 확립 이후에도 선거권이 국민 전체로 확대되어 적용되기까지는 매우 오랜 시간이 걸렸던 것이다.

이제까지 우리는 절대왕정하의 서구 역사에서 왕권을 견제하기 위한 제도로서 의회가 등장하는 모습을 보았다. 의회의 등장 후, 국가 권력에 대한 견제의 규칙으로서 '법에 의한 지배' 관념이 정립되고, 나아가 명실상부한 국민주권을 확립하기 위해 보통선거권이 확립되는 과정도 살펴보았다. 이제부터 살펴보게 될 각국의 정부형태 또한 이러한 과정을 통해 나타난 것이다.

〈그림 6-1〉은 영국, 미국, 프랑스에서 나타나는 정부형태를 단순화시켜 비교한 것이다. 영국형 의원내각제와 미국의 대통령제에서 나타나는 가장 큰 차

〈그림 6-1〉 영국, 미국, 프랑스의 정부형태

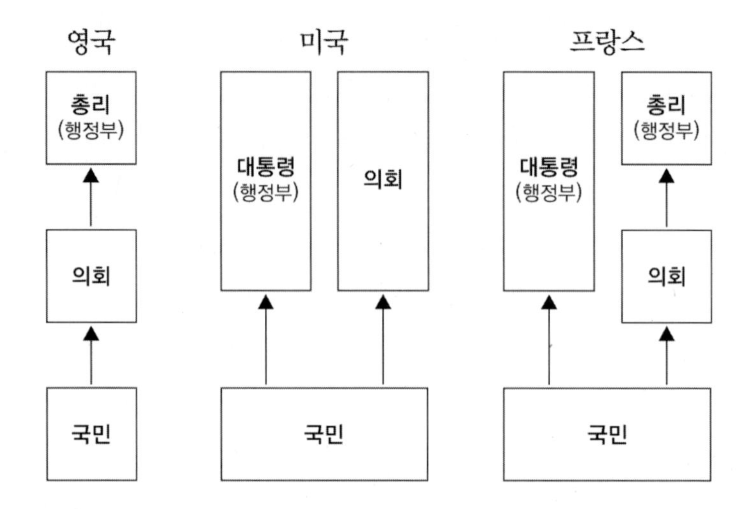

이점은 행정부의 수반(총리 또는 대통령)을 국민이 직접 선출하느냐, 아니냐에 있다. 영국형 의원내각제의 경우 국민은 의회 의원만을 선출하며, 총리는 의회에서 선출한다. 미국의 대통령제에서는 의회 의원과 대통령을 국민이 따로 따로 선출한다. 프랑스의 경우, 대통령과 의회 의원은 국민이 직접 선출하고 총리는 의회 다수세력의 대표자를 대통령이 임명한다.

이제 각국의 정부형태를 좀 더 구체적으로 살펴보자.

POINT

1. 민주적 정부형태에는 여러 가지가 있지만, 이 정부들에서 공통적으로 발견할 수 있는 점은 의회제, 법치주의, 보통선거제가 확립되어 있으며, 권력 전제화를 견제하기 위한 방안이 마련되어 있다는 것이다.
2. 의회제도의 확립과 의회의 권력 강화는 국왕의 권력을 견제하는 과정에서 나타났다.
3. 절대권력에 대한 견제는 임의로 하는 것이 아니라, 법에 따라야 한다.
4. 민주적 정부형태에서는 전제권력을 견제하기 위한 제도적 장치가 마련되어 있다.
5. 의회가 대표성과 정당성을 가지려면 모든 국민에게 선거권이 있어야 한다.

2. 영국형 의원내각제의 특징: 책임정치의 구현

영국에는 입법부인 의회가 상원과 하원, 두 개의 원(院)으로 구성되어 있어서 양원제라고 한다. 우리나라처럼 의회가 하나만 있으면 단원제라 한다. 영국의 상원은 국왕이 작위를 수여한 귀족이나 성직자 등으로 구성되어 있으나 입법에 대한 실질적 권한은 없다. 따라서 실질적으로 영국의 입법부를 대표하는 것은 하원이다. 하원은 선거를 통해 선출된 국민의 대표로서 법을 제정하는 국가의 최고기관이다.

영국에서 정부를 구성하는 첫 단계는 국민의 대표인 하원의원들을 선출하는 일이다. 선거에서 이겨 다수를 점한 정당은 자기 정당 의원을 중심으로 행정부를 구성한다. 의원내각제에서의 행정부, 즉 내각(cabinet)은 행정수반인 총리와 행정 각 부처의 장(長)인 각료로 구성된다. 의원내각제 정부에서는 대체적으로 행정수반과 국가원수가 분리되어 있어 총리가 행정수반으로서의 지위를 가진다. 그러나 대외적으로 국가를 상징적으로 대표하는 국가원수로서의 지위는 국왕(영국, 일본과 같이 상징적 국왕이 있는 경우)이나 대통령에게 있다.

의원내각제에서는 하원의 다수를 차지한 정당이 보통 내각을 구성한다. 통상적으로 다수당의 당수가 총리로 선출되며, 총리가 각료들을 선임하여 내각을 구성한다. 만약 특정 정당이 하원의석의 과반수를 차지하면 이 정당이 단독으로 자기 정당 출신의 의원들로 내각을 구성하며 이를 단독내각이라 한다. 만약 과반수를 차지한 정당이 없으면 정치적 성격이 가까운 둘 이상의 정당이 연합하여 과반수를 차지함으로써 내각을 구성할 수 있다. 이를 연립내각이라 한다. 이때는 관련 정당의 의원들이 모여 협의를 통해 총리와 각료들을 정한다. 과반수가 중요한 이유는 의회의 입법과 같은 주요 안건의 결정이 다수결의 원칙에 따라 의원 과반수의 찬성으로 성립되기 때문이다.

이제 하나의 내각이 구성되었다고 가정해 보자. 입법부인 의회의 의원들을 중심으로 행정부인 내각이 구성된 것이다. 그래서 이를 의원내각제라고 한다. 행정을 대통령이 아닌 내각이 책임진다는 의미에서 내각책임제라고도 한다. 국가의 행정업무는 내각의 권한이다. 그러나 의원내각제에서는 내각에 대한 불신임권을 의회에 부여함으로써 내각에 대한 견제장치를 마련했다. 의회가 내각불신임을 결의하면 내각의 구성원은 모두 총사퇴해야 한다. 이를 내각의 연대책임원칙이라 한다. 만약 총리가 의회의 내각불신임이 부당하다고 판단하면 총사퇴하지 않고 의회를 해산하여 선거를 실시함으로써 직접 국민들에게 신임을 물을 수 있다. 이 권한이 내각의 의회해산권이다.

의회가 내각불신임권을 남용하면 내각이 자주 바뀌므로 정국이 불안정해지고 행정부의 일관된 국정운영은 어렵게 된다. 이와 같은 의회의 횡포를 막기 위해 내각에 의회해산권을 부여한 것이다. 내각이 의회해산권을 발동해 의회를 해산시켜 버리면 당연히 총선거를 다시 치를 수밖에 없다. 총선거에서 의회를 해산한 총리의 지지자들이 새로운 의회의 과반수를 차지하면 내각은 그대로 유지될 것이다. 그러나 총선거에서 패한다면 또 다시 의회를 해산시킬 수는 없기 때문에 내각은 총사퇴할 수밖에 없다. 그러면 새롭게 다수 세력으로 등장한 정치세력이 자기 정당의 의원들로 다시 내각을 조직한다.

이제까지 설명한 내용을 정리하면 다음과 같다. 의원내각제에서는 국민이 그들의 대표인 의원을 선출하여 의회를 구성한다. 의회는 총리를 선출하고 총리는 의원들로 내각을 구성한다. 의회는 내각을 신임하거나 불신임할 권한을 가지며, 이에 대해 총리는 의회해산권을 갖고 있다. 요컨대 내각은 신임/불신임을 통해 일차적으로 의회에 책임을 지지만, 궁극적으로는 내각과 의회 모두 선거를 통해 국민에게 책임을 지는 정부형태가 의원내각제인 것이다.

POINT

1. 의원내각제에서는 의회와 내각에 각각 내각불신임권과 의회해산권을 부여해 상호 견제를 구현하도록 한다.
2. 의원내각제에서는 의회에서 총리(수상)를 선출하고 총리가 내각을 구성한다. 의원내각제에서는 보통 행정수반과 국가원수가 분리되어 있다.

3. 대통령제의 특징: 엄격한 권력분립주의에 의한 권력전제화의 방지

오늘날 대통령제를 채택하고 있는 국가는 매우 많다. 이는 19세기 후반부터 20세기에 걸쳐서 군주제가 점점 폐지되면서 군주를 대신하여 대통령직이 설치되는 경우가 많았기 때문이다. 그러나 우리가 여기서 살펴볼 '대통령제'라는 것은 대통령이 있는 모든 국가의 정치제도를 의미하는 것이 아니라 미국에서 전형적으로 나타나는 정치제도와 그 운용을 의미한다.

미국형 대통령제에서 나타나는 특징들은 대부분 엄격한 권력분립주의에서 나타나는 것이다. 미국에서는 건국 초기부터 중앙정부의 권력분립뿐만 아니라 중앙과 지방 간의 권력분립주의도 엄격히 지켜왔다. 즉 입법, 행정, 사법이라는 통치기관 사이에서의 권력분립뿐만 아니라 연방정부와 주정부 사이에서도 권력분립은 나타나고 있는 것이다. 전자는 주요 통치기관들 사이에 권력이 배분되는 것이기 때문에 권력의 수평적 분립이라고 하고, 후자는 권력이 상이한 수준의 정부(중앙, 지방) 사이에서 배분되는 것이기 때문에 권력의 수직적 배분이라고 한다.

미국의 의회형태는 권력의 수직적 배분이 낳은 소산이다. 미국은 독립전쟁 이전 각 주들이 사실상 각각의 나라라고 할 수 있을 정도의 독자적인 권한이 있었다. 건국 초기 나라[邦]에 해당하는 13개 주가 중앙정부 없이 연합[聯]의 형태로 출발하여 국가를 만들었기 때문에 연방(聯邦)국가(federal state)라 하며, 각각의 나라(캘리포니아, 텍사스 등)들이 합쳐서 미국이라는 국가를 이루고 있기 때문에 미합중국이라 한다. 이와 같이 연방을 이루는 각 주들이 이전에는 사실상 각각의 나라였기 때문에 각 주의 대표들은 연방국인 미국(중앙정부)에 발언권이 있어야 했다. 그 결과 미국의 의회는 각 주를 대표하는 상원과 국민 또는 지역주민의 이익을 대표하는 하원으로 구성되었던 것이다.

상원은 각 주를 대표하기 때문에 큰 주든, 작은 주든 일률적으로 2명씩의 상원의원을 뽑는다(현재 100명). 하원은 국민과 지역구민을 대표하여 인구비례로 선출된다(현재 435명). 따라서 인구수가 많은 주는 하원의원수도 많다. 상원의원의 임기는 6년으로 2년마다 1/3씩 다시 선출된다. 상원의장은 헌법에 따라 부통령이 겸임한다. 하원의원의 임기는 2년으로, 2년마다 실시되는 선거에서 전원이 다시 선출된다. 상원과 하원은 지위나 권한에서 상하관계가 아니다. 대부분의 법률안은 상, 하원 각각의 과반수 찬성이 있어야만 한다. 다만 조약의 비준이나, 대통령이 임명하는 정부관리에 대한 인준권은 상원에 있고, 예산관계 법안은 하원에서 먼저 심의할 권한이 부여되어 있다. 미국의 대통령제에서는 법안의 제출권이 의회에만 부여되어 있으며, 행정부는 법안을 제출할 수 없다. 따라서 행정부가 정책집행을 위해 법안이 필요하면 여당의원을 통해 법안을 의회에 제출할 수밖에 없다.

대통령은 국회의원선거와는 별도의 선거(국민은 각 주별로 대통령선거인단을 선출하고, 이 대통령선거인단이 대통령을 뽑는 방식)로 선출된다. 따라서 의원내각제하의 총리와는 달리 대통령의 임기가 보장되어 있다. 이러한 임기보장과 함께 엄격한 삼권분립 속에서 행정부의 모든 권한을 대통령이 장악하고 있기 때문에 대통령의 권한은 매우 강하다. 대통령제하에서는 행정 각 부처의 장을 국회의원이 아닌 사람 가운데 대통령이 선임한다. 영국과 같이 다수당의 총재가 자기 정당의 국회의원을 중심으로 내각을 조직할 필요가 없다. 따라서 미국에서는 헌법상 내각제도가 존재하지 않는다. 행정부의 각료는 대통령의 조언자에 불과하며, 행정부의 결정도 대통령에 대한 단순한 조언에 불과하다. 각료는 오직 대통령에 대해서만 책임을 지며, 의회에 대해서는 책임지지 않는다. 미국에서는 각 부서를 이끄는 각료를 Minister라 부르지 않고 Secretary라 부른다. 예를 들면, 국무장관은 'the Secretary of State'라 부른다.

대통령제에서는 행정부가 법안을 발의할 권한이 없다. 그러나 대통령은 의회에서 가결된 법안을 거부함으로써 의회를 견제할 수 있다. 내각제와는 달리 대통령은 의회의 불신임을 받지 않기 때문에 의회를 해산할 권한은 없다. 미국에서 대통령의 권한은 대체적으로 미국 전체에 관한 문제에 한정되고 있으며, 이러한 항목들을 헌법에 열거함으로써 대통령이 그 권한을 임의적으로 확대하기 어렵게 만들어놓았다. 중앙정부의 권한 또한 연방헌법에서 정하는 고유한 권한에 한정되어 있다. 이는 독재로 흐를 위험성이 있는 대통령의 독주를 가로막을 수 있는 매우 효과적인 장치로 기능한다.

권력분립 정신에서 나타나는 미국 정치제도의 또 한 가지 중요한 특징은 사법부에 입법부와 행정부를 견제할 권한을 부여한 것이다. 혹자는 이를 '사법권의 우위(Judicial supremacy)'라고 한다. 즉 사법부에 위헌입법(법령)심사권을 부여하여 입법부와 행정부의 권력을 견제하는 역할을 할 수 있게 했다. 앞서 언급한 것처럼 미국의 대통령은 정책상의 실패에 대해 책임지거나 사퇴할 필요가 없기 때문에 강력한 리더십을 발휘할 수 있지만 독재로 흐를 가능성도 배제할 수 없다. 미국 의회 또한 내각제하의 의회처럼 해산당할 걱정이 없기 때문에 의회에 의한 전제정치의 가능성을 전혀 배제할 수 없다. 그래서 대통령과 의회, 그 어느 정치권력이든지 전제화를 억제하는 수단으로서 '사법부 우위'의 제도가 고안되었다. 따라서 미국 최고재판소(Supreme Court of the United States)는 전통적으로 매우 권위가 있다. 심지어는 정부정책에 대해 독자적인 판단으로 위헌판결을 내리는 경우도 있다. 사법부는 의회에서 통과된 법률을 무효화할 수 있을 뿐 아니라 정부 권한에 대한 모든 논쟁의 최종심사권을 갖고 있다.

이제까지 살펴본 바와 같이 대통령제에서 나타나는 여러 가지 특징들은 거의 모두 권력분립의 원칙에서 나타난다. 이러한 권력분립은 입법부, 사법부, 행정부와 같은 통치기구들 사이에서뿐 아니라 중앙정부와 주정부 사이에서도 적용된다. 이 결과 권력기관들이 서로 견제하여 힘의 균형을 이룸으로써 어느 한 쪽의 독주와 전횡을 예방한다.

중앙집권적 국가(centralized state)

모든 정치권력이 중앙정부에 부여되어 있는 형태의 국가. 중앙정부는 권력과 의무의 일부를 하위 수준의 정부에 양도할 수 있지만, 지방정부의 책임과 특권에 대한 규정은 중앙정부가 명시한다. 대부분의 경우 중앙정부는 전국에 걸쳐 균등하게 적용되는 법률과 지침을 제정하며, 지방정부는 중앙 수준에서 논의된 결정과 정책의 단순한 집행자 역할을 한다.

연방국가(federal state)

중앙정부와 지방정부 사이의 권력배분에 기초한 국가. 지방정부는 헌법에 의해 독자적인 권력을 가지며 중앙정부는 지방정부가 가진 권리를 침해할 수 없다. 대표적인 예는 미국이다. 미국의 경우 연방정부에 부여된 권한(조폐권, 전쟁선포권, 통상규제권 등)을 제외한 나머지 권력은 주정부에 부여되어 있다. 즉 미국의 주정부는 헌법에서 연방정부에 위임한 권한, 그리고 주정부에 금지된 권한을 제외한 모든 권한을 갖는다.

국가연합(confederation)

복수의 주권국가 연합체로서 연합을 구성한 개별 국가들이 모든 정치권력을 갖고 있다. 오늘날의 국가들은 경제와 안보 문제의 국제화에 대처하기 위해 강력한 중앙집권국가를 필요로 하기 때문에 오늘날의 세계에서는 보편적이지 않다. 대표적인 예로서는 구소련국가들로 구성된 독립국가연합(CIS: Commonwealth of Independent States)을 들 수 있다.

POINT

1. 대통령제에서는 엄격한 권력분립주의에 의해 행정부, 입법부, 사법부가 완전히 독립적으로 운영되고 있으며, 각 권력기관이 서로 견제해서 권력의 전횡을 방지한다.
2. 미국적 상황에서 권력분립주의는 국가의 통치기관뿐 아니라, 연방정부와 주 정부 사이에서도 철저하게 적용된다.

4. 혼합형 정부형태

지금까지 우리는 의원내각제와 대통령제를 영국과 미국의 사례를 중심으로 살펴보았다. 그러나 현재 프랑스에는 대통령도 있으며, 의회의 다수세력에 의존한 내각과 총리도 존재한다. 프랑스에서 대통령은 국가의 상징적 지도자인 동시에 상당한 권한을 갖고 있다. 내각은 의원내각제에서 보는 바와 같이 다수당의 의원들로 구성되며 하원은 내각불신임권을 갖고 있다. 이와 같이 정부형태가 단순한 대통령제도 아니고 의원내각제도 아닌 형태로서 내각책임제 요소가 가미된 대통령제를 취하고 있기 때문에 혼합형 이원집정제 또는 준(準) 대통령제라고 한다. '준'이란 미국과 같은 '순(純)'대통령제에서만큼 행정부와 입법부가 완전히 분리되어 있지 않다는 사실을 나타낸다.

혼합형 정부형태가 들어서기 이전에 프랑스 정부는 내각책임제로 운영되었다. 그러나 정당의 난립과 이합집산으로 정부는 무기력했으며, 잦은 불신임과 의회 해산으로 내각의 평균수명은 6개월에 불과했다. 이에 대한 반발로 1958년 제5공화국 헌법이 제정되었으며, 1962년의 헌법개정을 거쳐 대통령직선제가 도입되었다. 대통령은 국민의 직접선거로 선출되지만, 1차 투표에서 과반수 득표자가 없으면 1, 2위 후보자끼리 2차 결선투표를 실시하여 과반수를 획득한 자가 대통령으로 선출된다. 대통령의 임기는 7년으로 연임제한이 없었으나, 2000년 9월에 실시된 국민투표에서 5년으로 줄어들었다.

프랑스의 정부형태에서 나타나는 가장 뚜렷한 특징은 대통령에게 막강한 권한을 부여한 반면 의회의 권한을 축소한 것이다. 대통령은 국가의 원수(元首)인 동시에 행정부의 수반으로서 총리와 각료를 임면(任免)한다. 그리고 의회 구성 1년 후에는 의회의 해산권을 갖고 있다. 이에 반해 의회는 대통령을 불신임할 권한이 없다. 또한 대통령은 모든 법률안에 대해 국회에 재심의를 요구할 수 있는 권한이 있으며 중요한 안건을 국민투표에 회부할 수 있다. 이

외에도 프랑스의 대통령은 조약을 체결하고 국군의 최고 사령관을 겸하며 비상대권이라는 특별권한을 갖고 있어 미국 대통령과 비교해서도 그 권한이 훨씬 크다고 할 수 있다.

프랑스의 의회는 영국, 미국과 마찬가지로 양원으로 구성되어 있다. 지역 출신의 하원의원, 도의원, 시의원 등으로 구성된 선거인단이 상원을 간접선거로 선출한다. 임기는 9년으로 매 3년마다 1/3씩 교체되며, 대통령이 해산할 수 없다. 하원은 국민투표로 선출되며 임기는 5년이지만, 대통령이 해산할 수 있다. 프랑스 헌법에 의하면 대통령은 의회(하원) 다수당의 지도자를 총리로 임명하도록 하고 있다. 총리는 내각의 장관들을 지명하지만 임명은 대통령이 한다.

대통령의 막강한 권한에 비교한다면 의회(하원)의 권한은 통상적인 권한이다. 즉 의회에는 내각불신임권, 입법권, 예산심의의결권이 있지만 대통령을 견제할 수단은 없는 것이다. 그렇다고 대통령이 모든 것을 마음대로 할 수는 없다. 총리가 이끄는 내각을 의회의 다수파가 장악하고 있기 때문에 대통령의 권한은 사실상 제한적이다. 그리고 의회의 다수세력이 구성하는 내각은 의회에 대해 국정의 책임을 지기 때문에 내각책임제라고 볼 수도 있다. 의회는 절대다수결로 내각(행정부)에 대한 불신임결의권을 행사할 수 있으나 한 회기에 한 번만 가능하다.

한편 2000년 9월의 국민투표에서 대통령 임기가 줄어들기 전에 프랑스에서는 서로 다른 정당에 소속된 대통령과 총리가 동거하는 형태의 정부(cohabitation)가 나타날 가능성이 높았다. 왜냐하면 대통령의 임기(7년)와 하원의원의 임기(5년)가 다르고, 하원의석의 다수를 차지한 정당 대표를 대통령이 총리로 임명하기 때문에 대통령과 총리의 소속 정당이 다른 현상이 나타날 수 있었다. 이러한 동거정부가 최초로 등장했을 당시 프랑스에서는 대통령과 총리의 권한배분이 쟁점이 되었다. 이에 프랑스에서는 대통령과 총리의 권한이 대체적으로 분리되어 운영되는 관례가 만들어졌다. 즉 국방, 외교와 같은 외치는 대통령이, 국내의 국정운영은 총리가 총괄하는 이원적 집행권이 만들어졌다.

대통령과 하원의원의 임기가 다르기 때문에 나타나는 동거정부는 정국불안과 정치의 비효율성을 초래한다는 비판 역시 제기되었다. 또한 대통령의 임기가 연임제한이 없는 상황에서 7년이란 기간은 장기집권으로 이어질 가능성이 있으며, 이는 현대민주주의에 역행한다는 비판도 제기되었다. 그 결과 2000년 9월의 국민투표에서 대통령의 임기는 5년으로 단축되었다. 그러나 동거정부의 가능성이 완전히 사라진 것은 아니다. 왜냐하면 대통령 재임기간에 대통령이 의회(하원)를 해산해 재선거를 실시하고, 그 결과 대통령이 소속되지 않은 정당이 다수를 차지할 경우 동거정부가 등장할 가능성이 있기 때문이다.

✔ 대혁명 이후 프랑스의 정치사

1789년 대혁명이 발발한 이후에도 프랑스는 100년 사이에 네 차례의 대규모 혁명을 경험했으며 두 번의 제정(황제에 의한 통치)과 두 번의 왕정, 그리고 세 번의 공화정(국민들에게 주권이 있는 정치체제)을 거쳤다. 계속된 혼란 속에서 정국은 안정을 찾지 못했으며 공화파와 군주파의 대립은 계속되었다. 이런 점에서 보게 되면 1689년의 영국, 그리고 1776년의 미국과는 다르게, 대혁명에도 불구하고 프랑스는 정치체제에 대한 사회적 합의를 창출하는 데 실패했다고 보아야 할 것이다. 아래의 연표가 나타내는 바와 같이 1789년 이후의 계속된 격변 속에서 프랑스의 정치체제는 군주제, 공화국, 제정의 순으로 반복을 계속했으며, 이에 따라 정부형태도 다양한 형태로 전개되었다. 프랑스에서 군주제로의 회귀 전망이 사라진 것은 20세기 들어서였다. 그러나 1940년 이후에도 네 차례에 걸친 정부형태의 변화를 겪었다는 사실은 프랑스의 정치사 또는 헌정사가 매우 혼란을 겪었다는 점을 나타내는 것이다. 제4공화국 시기의 1946~1958년 사이에 프랑스 국민들은 25개의 내각과 18명의 총리를 맞아야 했다. 1년 이상 유지된 정부는 1개에 불과했으며, 많은 정부가 단기간에 해체되었다. 제5공화국 헌법이 보통 국가원수에게 주어지는 것보다 훨씬 강력한 권한을 대통령에게 부여한 것은 이러한 역사적 경험에서 나온 것이라 할 수 있다.

프랑스대혁명 이후의 정치체제 변화

1789~1792	입헌군주정
1792~1799	제1공화국
1799~1814	나폴레옹(나폴레옹 보나파르트) 총독정치와 제1제정
1814~1830	부르봉 왕정(루이 18세, 샤를 10세)
1830~1848	7월 왕정(루이 필립)
1848~1852	제2공화국
1852~1870	제2제정(나폴레옹 3세)
1870~1940	제3공화국
1940~1944	독일 점령. 비시 괴뢰정부(마샬 페탱)
1944~1946	임시정부
1946~1958	제4공화국
1958~	제5공화국

POINT 혼합형 정부형태에서는 대통령과 총리의 권한이 분리되어 운용된다.

5. 우리나라의 정부형태

우리나라의 정부형태를 규정짓는 헌법은 1948년 7월 제정된 이후 아홉 번에 걸쳐 개정이 이루어졌으며, 현재의 헌법은 1987년 10월에 채택된 것이다. 불과 40년 동안에 헌법이 아홉 번 개정되었다는 점은 우리나라의 정치사가 매우 굴곡이 많았음을 나타내는 것이다. 그동안 이루어졌던 헌법 개정의 내용이 국민의 자유나 재산권 보호 등과 같은 기본권에 관한 것이라기보다는 권력구조와 정부형태에 관한 것이었다는 점을 감안하면, 개헌 동기 또한 집권세력의 집권연장 또는 정권유지에 유리한 권력구조의 마련을 위한 것이었다는 점을 알 수 있다. 예를 들면, 제1차 개헌(1952.7)과 제2차 개헌(1954.11)은 이승만 대통령의 정권유지를 위한 개정이었으며, 제6차 개헌(1969.10)과 제7차 개헌(1972.12)은 박정희 대통령의 장기집권을 위한 개헌이었다.

현행 헌법에서 규정하고 있는 우리나라의 정부형태는 대통령을 국민이 직접 선출하는 대통령제를 취하고 있다. 그러나 우리나라의 대통령제에는 의원내각제적 요소가 많이 가미되어 있어 미국형 대통령제와 완전히 같은 것은 아니다. 우리나라의 대통령제에서 나타나는 대통령제적 요소로서는 대통령이 국민에 의해 선출되므로 권력의 정당성과 대표성을 국민으로부터 직접 부여받고 있다는 점을 들 수 있다. 따라서 대통령은 임기 5년간 탄핵소추를 제외하고는 국회에 대해 정치적 책임을 지지 않는다. 그리고 대통령은 법률안거부권을 행사함으로써 국회의 전제를 방지할 수 있다. 이 외에도 현행 헌법에서는 대통령을 국가원수인 동시에 행정부 수반으로서의 지위와 권한을 가지는 것으로 규정하고 있다. 이러한 요소만을 보게 되면 현행 헌법의 정부형태는 대통령제라고 할 수 있다.

그러나 현행 헌법에는 의원내각제적 요소도 가미되어 있다. 즉 국무총리직을 설치하여 국무총리의 임명에는 국회의 동의를 얻도록 하고 있다. 그리고 의원내각제의 내각에 유사한 국무회의를 설치하여 행정부의 중요 정책을 심의하도록 하고 있다. 여기서 국무총리는 대통령의 명을 받아 행정 각 부를 통괄한다. 또한 국무위원의 임명을 대통령에게 제청한다든지, 해임을 건의한다든지 할 수 있다. 국회는 국무총리 또는 국무위원의 해임을 대통령에게 건의할 수 있으며, 국무총리와 국무위원은 국회에 출석하여 국정처리 상황을 보고하거나 의견을 진술하고 질문에 응답할 수 있다. 정부 또한 의원내각제에서의 행정부와 같이 법률안을 제출할 수 있다.

이상에서 살펴본 바와 같이 우리나라의 대통령제에는 의원내각제적 요소가 많이 가미되어 있다. 이러한 기능들은 애초 대통령의 권한행사를 견제하기 위해 마련된 것이었으나 오늘날 들어서는 대통령의 권한을 오히려 강화시켜 주는 측면으로 작용하고 있다. 예를 들어 국무총리는 의원내각제의 총리와 같은 실질적 권한을 행사하는 것이 아니라 대통령의 보좌기관에 불과하며, 국무회의도 의원내각제의 각료회의와 같은 의결기관이 아니라 심의기관에 불과하다. 또한 국무총리, 국무위원에 대한 국회의 해임건의도 의원내각제의 내각불신임과 같은 법적 구속력은 없다.

현행 헌법상의 대통령제는 국민적 열망에 의한 대통령 직선제로의 개헌에 의해 성립한 것이지만 그 정부형태의 문제점 또한 지적되고 있다. 이러한 문제점으로는, 국회의 견제에도 불구하고 여전히 나타나는 대통령으로의 권력집중과 이로 인한 정치적 부패의 가능성, 선거권자의 과반수 지지를 받지 못해도 대통령으로 선출될 수 있는 대통령선거제도의 문제점 등을 들 수 있다. 국회와 대통령의 임기가 다르기 때문에 국회 다수당과 집권당이 일치하지 않을 경우 나타날 수 있는 국회와 행정부의 심각한 대립과 충돌, 그로 인한 국정의 교착상태 또한 간과할 수 없는 문제점이다. 역으로 집권당이 의회 다수당과 일치하여 집권당을 통한 권력의 집중화가 나타날 경우 이러한 권력에 대한 통제는 사실상 불가능하다는 점 또한 문제점으로 지적된다.

결론적으로 우리나라의 현재 헌법상 정부형태는 미국형 대통령제와는 다르고 프랑스형의 대통령제와도 구별된다. 대통령제에 의원내각제적 요소를 가미하고 있으나 프랑스의 대통령제에서 나타나는 의원내각제적 요소, 즉 국회해산권과 정부불신임권은 존재하지 않는다. 따라서 현재 우리나라 헌법의 정부형태는 형식적으로는 '대통령제에 의원내각제의 요소가 다소 가미된 절충형' 또는 '혼합형 정부형태'라고 할 수 있으나, 실질적인 운용에서는 대통령제의 모습을 보이고 있다.

POINT 현재 우리나라의 정부형태는 형식적으로는 혼합형 정부형태를 취하고 있으나, 실질적 내용의 측면에서는 대통령으로 권력이 집중되는 양상을 보이고 있다.

6. 제도가 만병통치약은 아니다

이제까지 우리는 민주적 정부형태의 대표적인 예로서 의원내각제와 대통령제, 혼합형 정부형태에 대해서 살펴보았다. 그러나 절대적으로 완벽한 정부형태란 없으며 제도로 모든 문제를 해결할 수도 없다. 예를 들어 내각이 의회에 책임을 진다는 점은 의원내각제가 가진 최대의 장점이지만, 운용여하에 따라서는 혼란스러운 결과를 초래할 수 있기 때문에 최대의 단점이라고도 할 수 있다. 즉 정치문화가 성숙되지 않은 국가에서 해산권을 남발하면 집권세력이 계속 바뀌게 되어 정국불안을 부를 수도 있는 것이다. 프랑스의 혼합형 정부형태가 바로 이에 대한 반발로서 나타난 것이라는 점에서도 이는 드러난다. 오늘날 우리나라에서 벌어지는 정치상황에서도 유사한 상황을 가정해 볼 수 있다. 거의 모든 사안에서 여야가 첨예하게 대립하는 우리의 정치상황에서 의회해산과 총선이 반복될 경우 과연 안정적으로 정국을 운영할 수 있을 것인가를 고려해 보면 그 해답은 자명하다.

대통령제도 마찬가지다. 대통령제에서는 대통령에게 많은 권한이 집중되어 있기 때문에 독재로 흐르기 쉽다. 제2차 세계대전 후 나타났던 많은 신생독립국 가운데 의원내각제 정부형태보다 대통령제 정부형태를 취한 국가에서 독재자가 등장하는 경우가 많았다는 것이 그 증거다. 강력한 지도자가 대통령 선거에서 승리한 후, 자신의 인기와 지위를 이용해 정부의 다른 부문을 희생시켜 점점 더 많은 권력을 획득하려 시도하기 때문이다.

요컨대 민주적인 정치를 위해서는 제도와 형식도 중요하지만, 그에 못지않게 중요한 것은 바로 제도를 운영하는 사람들의 의식과 그 사회의 정치문화다. 똑같은 의원내각제와 대통령제를 도입했음에도 이러한 제도가 다른 나라로 건너가서는 정국불안정을 낳고 독재로 바뀌고 마는 현상을 우리는 우리의 역사에서 이미 겪었다.

오늘날 '정치가 부패했다'고 많은 사람들이 느끼는 것은 제도가 부족한 것 못지않게 바람직한 제도를 만들려고 노력했던 정신이 타락했다는 것을 의미한다. 이 경우에는 제도가 만들어지던 초기의 정신을 부활시키든지 아니면 전혀 다른 새로운 정신으로 새로운 제도를 확립할 수밖에 없다. 개혁을 그렇게 외치면서도 지지부진한 것이 전자의 예라면, 역사적으로 나타났던 시민혁명과 사회주의 혁명은 후자의 길을 택한 전형적인 예라고 할 수 있다. 시민혁명 이후 나타난 많은 서구의 정치체제가 계속 발전할 수 있었던 것은 제도가 아닌 초기의 정신이 살아 있었기 때문이다. 그리고 사회주의 혁명 이후 나타난 많은 사회주의 정부들의 거대한 실험이 실패로 끝난 것은 혁명 초기의 정신이 타락했기 때문이다.

어떤 제도든 올바른 정신과 문화가 뒷받침되어야만 바람직한 정치가 펼쳐질 수 있다. 정치는 우리들의 일상생활과 동떨어진 것이 아니다. 따라서 모든 사람들의 적극적 관심과 건전한 비판이 필요하다. 정치발전을 위해서는 제도 못지않게 시민들의 건전한 정치의식과 활발한 정치 참여가 무엇보다도 중요한 것이다.

❑ 심화학습을 위해서

윌슨, 프랭크. 1996.『비교정치학』. 이명남·김왕식 옮김. 동명사.

이주영. 2001.『경험으로 본 서양의 역사』. 삼지원.

한종수. 2001.『현대 정치학의 이해』. 동성사.

정만희. 2003.『헌법과 통치구조』. 법문사.

모리스, 피터. 1998.『현대 프랑스정치론』. 장원석 옮김. 제주대학교 출판부.

Birth, Anthony H. 1983. *The British System of Government*. London: George Allen & Unwin.

Skidmore, Max J. and Wanke, Marshall Carter. 1977. *American Government: A Brief Introduction*. New York: St. Martin's Press.

Wright, Vincent. 1983. *The Government and Politics of France*, 2nd edition. New York: Homles & Meier.

chapter 7

정치라는 수레바퀴

강경태

1. 미세먼지, 국민의 생명을 위협하다.

국민들의 기본적인 일상생활을 위협하는 미세먼지가 중요한 이슈로 등장했다. 우리나라 미세먼지 농도는 주요 선진국 도시와 비교할 때 높은 수준이다. 2014년의 경우 황사를 포함한 서울의 미세먼지(PM10) 농도는 미국 LA보다 1.5배 높고, 프랑스 파리와 영국 런던보다 각각 2.1배, 2.3배 높았다.[1] 또한, 배출원 유무, 교통 상황 등에 따라 지역별 미세먼지 농도가 큰 차이를 보이고 있고, 미세먼지 주의보 발령 일수도 점차 증가하고 있다(환경부, 2016).

2013년 세계보건기구 산하 국제암연구소는 미세먼지를 1군 발암물질로 신

1) PM은 Particulate Matter로 미세먼지를 의미하며 PM10은 입자의 크기가 10㎛(마이크로 미터; 1㎛는 100만분의 1m) 이하인 먼지를 의미한다. 이 정도면, 인체의 폐포까지 침투하여 각종 호흡기에 직접적으로 악영향을 미치며, 인체 면역 기능을 악화시킨다. PM 2.5는 입자크기가 2.5㎛ 이하인 먼지로 초미세먼지라고 한다.

규 지정했고, 장기간 미세먼지에 노출되면 감기, 천식, 기관지염, 폐암 등의 호흡기 질환은 물론 심혈관 질환, 피부 질환, 안구 질환 등 각종 질병에 노출될 수 있다고 경고했다. 또한, 2014년 한 해에 미세먼지로 인해 기대수명보다 일찍 사망하는 사람이 700만 명에 이른다고 발표했다. 따라서 한국이 미세먼지 대책을 수립·추진하지 않을 경우, 2060년에는 한 해 인구 100만 명 당 1,000명 이상이 조기 사망할 수 있다고 경고했다(OECD, 2016). 이에 따라 정부는 미세먼지의 심각성을 인식하고 2016년 '국민안전과 건강보호를 위한 미세먼지 관리특별대책'을 수립했다. 미세먼지 농도를 2021년 20㎍/m^3, 2026년 18㎍/m^3로 WHO 기준 이내의 단계적 개선을 목표로 정하고, 10년 이내에 수도권의 초미세먼지(PM2.5)를 유럽 등의 수준으로 낮추겠다고 약속했다. 그리고 2017년 신정부 출범과 함께 '미세먼지 관리 종합대책'을 추가로 내놓고 7조 2,000억 원의 예산을 투입하여 2022년까지 미세먼지 국내 배출량을 30% 줄이겠다고 발표했다. 구체적으로 공정률 10% 미만인 석탄발전소 9기 중 4기는 액화천연가스 등 친환경 연료로 전환하고, 30년이 넘는 노후 석탄발전소 7곳은 임기 내에 폐쇄하고, 대기배출총량제를 전국적으로 확대하기로 했다. 이밖에 노후 경유차 221만 대를 조기 폐차하고 전기차 등 친환경차를 2022년까지 200만 대 보급한다는 목표를 세웠다(한국과학기술기획평가원, 2018).

미세먼지에 대한 정부의 대책과 노력에 발맞추어 지방정부도 다양한 노력을 하고 있다. 매일 방송되는 날씨정보에도 미세먼지 농도와 심각성을 알려주고 국민들이 어떻게 대응해야 하는가를 알려준다. 또한 어떤 지방정부에서는 최근 미세먼지 신호등을 설치해 미세먼지 농도의 심각성을 알려준다.

2018년에도 국민과 전문가, 대중미디어에서 연일 미세먼지의 심각성과 위험성에 대해 방송하였고, 수많은 토론회와 공청회, 여론조사들이 이루어졌다. 이처럼 미세먼지라는 새로운 이슈에 대해 국민들의 관심이 증가하게 된 것은 국민의 삶의 질 그리고 건강문제와 직결되기 때문이다. 이러한 문제에 대해 정부와 정당은 각종 여론조사와 전문가들과의 논의를 통해 해결책을 찾으려고 노력하였다. 이러한 미세먼지 문제는 매스미디어가 심각성을 연일 보도하면서 더욱 큰 이슈로 자리 잡았고, 국민건강에 밀접한 영향을 미치는 미세먼지 해결에 대한 정책이 진행 중이다. 특정 정책과 관련한 이러한 일련의 과정을 정치과정이라고 할 수 있으며, 정부와 정당, 매스미디어, 이익단체, 국민 그리고 전문가 등이 주요 행위자로 등장한다.

2. 정치과정

이 장에서는 다양한 '정치과정'에 대해 알아보는데, 우선 정치과정이라는 용어의 뜻부터 이해하도록 하자. 정치는 앞 장에서 배운 바대로 인간사회의 가치를 권위적으로 배분하는 것이며, 과정이라는 말을 일이 진행되는 순서라고 한다면, 정치과정은 '가치가 권위적으로 배분되는 절차나 순서'라고 할 수 있다. 즉 정치가 어떻게 이루어져 나가는가 하는 것이 바로 정치과정이라고 할 수 있다.

정치과정에 대한 이해는 크게 두 가지 방법이 있는데 한 가지는 전통적인 방법으로 정치 현상을 정태적으로 이해하는 것이다. 이는 입법, 사법, 행정 등 정부의 각 기관이 수행하는 업무가 곧 '정치의 모든 것이다'라는 주장이다. 하나의 법안이 국회에서 제정되고 이를 행정부가 수행해 나가는데, 이때 이 법안의 적용이 제대로 이루어지는지를 국회와 감사원이 감독한다, 그리고 이 과정에서 문제가 되는 법적 문제는 사법부의 결정에 따르는 정치과정을 거치게 된다.

두 번째 방법은 일반국민의 태도나 의사를 정치행위의 중요한 요소로 보는 것이다. 이슈가 다양화되면서 국민들이 유튜브, 쇼셜미디어, SNS 등을 통해 적극적으로 자신들의 의사를 표현하는 적극적인 행위자로 등장했다. 특히 국민은 '대한민국 청와대 국민청원 및 제안'이라는 코너를 통해 청와대를 통한 직접 소통을 이끌어내고 있으며, 국민이 물으면 정부가 대답하도록 하는 적극적 행위자가 되었다. 특히 국민들은 정치, 사회, 문화뿐 아니라 국제정치, 사회의 중대한 이슈에 대해 적극적으로 의견을 표현하고 있다. 최근 방영된 〈녹두꽃〉이라는 사극드라마는 관리의 부정부패에 대해 국민들이 적극적으로 의사를 표현하고, 정치에 대해 중요한 행위자로 등장하고 있음을 보여준다. 이러한 모습은 고려시대를 배경으로 한 〈기황후〉라는 사극드라마에서 궁중의 몇몇 여인들이 당시의 고려와 원나라를 좌지우지한 것으로 묘사된 왕과 그 주변의 몇몇 엘리트들의, 그 엘리트들에 의한, 그 엘리트들을 위한 사회와는 전혀 다른 모습이다.

우리나라는 광복 이후 민주주의가 본격적으로 도입되면서, 국민이 정치지도자를 직접 선출하고, 왕과 그의 측근들이 아니라 국민이 선출한 공직자들에 의해 국민의 행복과 안녕을 위한 정치행위가 이루어지고 있다. 따라서 현대 정치과정에서는 국민들의 의사를 어떻게 잘 파악하고, 그들의 의사를 어떻게 잘 조직하며 대변하는가 하는 문제가 필수적인 요소가 되었다. 이에 현대 정치과정에는 여론, 선거, 정치 참여, 정당, 이익집단, 매스미디어, 지방자치, 정치발전 등 다양한 영역이 상호 유기적으로 연계되어 있다.

3. 여론

여론이란 무엇인가?

'여론'은 어떤 쟁점에 대한 국민들의 표출된 의견이라고 할 수 있다. 여기서 '쟁점'이라고 함은 행복과 같이 모든 사람이 공통적으로 추구하는 대상이 아니라 어떤 문제에 관해 구성원 간 의견이 대립할 때 그것을 쟁점이라고 할 수 있다. 예컨대 복지국가 실현을 위한 증세 문제, 저출산·고령화, 빈곤과 불평등, 인권 등 어느 한 쪽의 의견이 일방적으로 옳지 않고 다양한 목소리를 가지는 경우에 쟁점이라고 할 수 있다. 또한 여론은 국민들이 표출하는 대체적인 의견인데, 지도층의 의사보다는 국가의 주인인 일반국민들의 의사가 국가번영의 근본이라는 원칙에 따라 국민 대다수의 의사인 여론을 중시한다.

국민들의 삶이 나아지면서 특히 건강에 관한 관심이 매우 높아졌다. 특히 중국발 황사와 함께 미세먼지가 인체에 미치는 영향에 대해 대중미디어를 통해 알려지면서 미세먼지에 대한 정부의 정책도 다양해지고 있다. 이러한 미세먼지 발생 원인이 중국발 황사의 영향이라는 여론이 커지면서 중국과의 갈등을 야기하기도 하였다. 또한 미세먼지 발생은 중국의 영향뿐 아니라 국내 자동차, 화석연료 사용도 중요한 영향이라는 주장에 대해서도 국민들 간의 여론이 분열되기도 했다. 무엇보다도 미세먼지 대책이 체계적이지 못하다는 지적과 미래지향적인 미세먼지 저감정책이 마련되지 못하고 있다는 여론이 강해지면서 중앙과 지방정부의 대책에 대한 부정적 시각이 나타나기도 했다.

일반적으로 현대의 어떤 국가도 국민들의 의사를 절대적으로 무시하거나 정책결정 시 고려해야 할 사항에서 완전히 배제하는 경우는 거의 없다. 왜냐하면 시공간적 변화와 정치 경제적 상황변화에 따라 국민들의 의식이 변화하고, 세계 이슈의 변화에 따른 국민들의 새로운 의사표현이 여론이기 때문이다. 이러한 여론에 대한 인식은 크게 두 가지로 구분할 수 있다. 첫째, 여론을 중시하는 정책은 위험하다는 것이다. 이런 견해는 여론의 변화가 너무 심하고 정부가 정책의 근거를 어느 시점의 여론에 정책의 근거를 두어야 하는지를 알기 어렵다는 지적이다. 지금부터 200년 전의 영국 정치인이자 정치학자인 에드먼드 버크(Edmond Burke)는 "민주정부는 국민에게 봉사는 하되, 국민여론에 순종할 필요는 없다"라고 설파하였다.

우리나라에서 1990년대 중반 삼풍백화점과 성수대교가 붕괴되고 나서 부실공사를 막아야 된다는 국민들의 염원이 극에 달하였으나, 지금은 '삼풍'이나 '성수대교'라는 이름도 잘 기억하지 못할 정도이다. 또한 서울-부산 간 '고속철(KTX) 사업'은 1992년 노선 결정 후 공사가 순조롭게 진행되다가 1999년 양산 천성산(원효터널 13.28km 구간)에서 산지 늪이 발견되면서 습지가 파괴되어서는 안 된다는 환경주의자와 지율 스님 등의 강력한 반대로 공사가 5년 이상 연기되었다. 스님의 3,000배와 100일 단식농성 등에도 불구하고 결국 법원 판결로 2005년에 공사가 재개되었다. 당시 여론은 친환경적인 것에 보다 높은 가치를 두었다면 시간이 흐르면서 현실적인 측면에서 경제성과 효율성에 대한 인식이 높아졌다. 하지만 지금은 이러한 고속철 사업 과정에서 대립했던 이야기를 기억하는 사람들이 거의 없다. 또한 국민들의 정책에 대한 선호가 짧은 시간에 자주 예측하기 어렵게 변화한다. 외교정책과 여론의 변화추세를 연구한 아몬드(Gabriel Almond)는 사건의 변화에 따라 무원칙하고 무정형적으로 여론이 변한다는 것을 발견하였다. 그러므로 정책의 정확한 판단은 국민 일반이 아니라 전문성을 가지고 있는 공직 담당자가 해야 한다는 것이다.

둘째, 이런 주장과 달리, 여론은 크게 보아 일정한 흐름이 있으며, 정부는 이러한 변화에 따른 흐름을 정책에 반영해야 한다는 것이다. 자유민주주의 사상가들은 민주주의는 대중들의 의사를 정치에 반영할 수 있는 제도가 실현될 때 가능하며, 다수에 의한 결정이 소수에 의한 결정보다 현명할 가능성이 많다고 보았다. 또한 갤럽(George Gallup)은 "지도자의 역할은 국민이 바라는 바를 달성하는 것이다"라고 주장했다. 지도자들이 여론이 너무 변화무쌍하여 믿지 못하겠다고 비난하는 것은 자신들의 지지도가 하락할 때 나오는 변명이기 때문에 그들의 주장에 신빙성이 없다고 주장한다. 특히 여론이 무정형, 무원칙이라는 주장에 대해 페이지와 사피로(Benjamin Page & Robert Shapiro)는 여론은 개인들의 의사와는 달리 집단의사이기 때문에 안정적이며, 실제로 상당한 수준에서 합리적이라고 주장했다. 이들은 여론은 일관된 패턴 속에서 조직되며 최선의 정보에 근거해 만들어진다고 보았다.

1980년대 말 민주화 항쟁의 열기는 국민들의 열화와 같은 민주화에 대한 의지가 군사정권의 강압에 침잠하기도 했으나, 대체로 지난 30년 이상 꾸준하게 지속되어 온 결과인 점을 감안하면 국민여론의 지속성을 무시하기가 어렵다고 하겠다. 또한 여론은 정부의 정책방향에 대한 대중들 선호의 구체적 표현이므로 국가에 대한 국민들의 명령으로 보아야 하기 때문에 항상 국민의 뜻을 따라야 한다.

여론을 알아볼 수 있는 방법은 여러 가지가 있는데, '시위나 동원'의 형태로 나타나기도 한다.

이명박 정부 초기인 2008년 5월 이 대통령이 미국에서 조지 부시 대통령과 회담하면서 미국산 쇠고기의 수입 재개 허용 발표에 대해 수십만 명의 학생과 시민, 주부들까지 촛불을 들고 시위에 참여한 바 있다. 여름 내내 진행된 시위는 쇠고기라는 단일 문제에서 이명박 정부의 주요 정책인 교육과 대운하로까지 확대되었다. 결국 여론은 500만 표 이상의 격차로 집권한 신정부의 퇴진까지 요구했다. 이런 시위는 현 정부에 대한 반대 여론을 가장 극명하게 보여주는 사례가 된다. 하지만 이러한 시위나 동원이라는 부정적인 이미지를 벗고, 2000년 월드컵의 4강 진출 등의 예에서는 국민들이 자발적인 참여를 통한 촛불 문화로 승화시켜 세계적인 관심을 받기도 하였다.

가장 광범위하면서도 합법적인 여론조사 방법은 '선거'를 통한 방법이다. 정치과정의 측면에서 선거는 정당과 함께 국민과 국가를 연결해 주는 핵심적인 매개체이며, 선거를 통해 국민의 의사 혹은 의지를 정부에 표출한다. 따라서 민주주의 국가는 선거 결과를 함부로 바꾸지 못하고 반드시 결과에 승복해야 한다. 왜냐하면 이러한 선거결과는 정부와 집권여당 그리고 야당에 대한 국민들의 질책과 신뢰에 대한 표현이기 때문이다. 하지만 선거를 한 번 실시하는

데 소요되는 엄청난 시간과 비용 등을 감안하면 어떤 쟁점으로 인해, 여야가 치열하게 대립할 때마다 투표로 결정하는 것은 오히려 비효율적일 수도 있다.

그래서 흔히 여론조사를 이용하여 여론을 파악한다. 우리나라에는 한국갤럽, 알앤알(R&R), 리얼미터 등 수십 개의 여론조사 회사들이 있다. 이들은 주로 전국적인 여론조사를 전화면접을 통해 실시하는데, 응답자 수를 대략 1,000~1,500명 정도의 샘플로 조사한다.

1920~1930년대 미국에서 여론조사가 선거에 처음으로 적용될 때는, 샘플에 가능하면 많은 응답자가 포함되어야 정확한 여론 파악이 가능하다고 생각한 적도 있었다. 1936년 현직인 민주당의 프랭클린 루스벨트 후보와 공화당의 앨프 랜든 후보 간 선거에서 ≪리터러리 다이제스트(The Literary Digest)≫라는 잡지가 1,000만 명에게 설문지를 발송하여 200만 통을 회수했다. 이를 통해 랜든 후보의 압승을 예측했으나 예상과는 달리 루스벨트 대통령이 재선에 성공했다. 이 예측의 실패로 잡지사는 폐간되었다. 그러나 같은 선거에서 불과 5,000명의 샘플로 루스벨트의 승리를 정확하게 예측한 갤럽은 여론조사계의 신화로 부각되었다.

두 조사의 차이는 무작위 샘플에 있었다. ≪리터러리 다이제스트≫의 샘플은 당시 부유층인 전화 가입자나 자동차 소유주들이 많았는데 이들은 주로 공화당 지지자이다. 1,000만 명이나 되는 응답자들이 설문지를 받아보기도 전에 이미 공화당 후보를 지지할 가능성이 매우 높은 작위적인 샘플인 것이다. 그러나 갤럽의 5,000명이라는 소수지만 무작위로 추출된 샘플은 미국 일반 유권자들을 골고루 대표했기 때문에 정확한 예측이 가능했다. 여론조사 기법은 그 이후로도 계속 발전해 이제는 모집단이 100만 명 이상일 때 샘플의 크기는 1,000~1,500명 정도면 정확하게 모집단의 특성을 파악할 수 있다.

물론 이러한 여론조사에 대해 부정적인 시각도 있다. 로저스(Lindsay Rogers)는 여론조사는 특정한 질문에 대한 응답자의 긍정, 부정의 반응만을 얻어내기 때문에 '아기들의 이야기를 듣는 것'과 같아서 여론을 제대로 측정할 수 없다고 주장한다. 그러나 컴퓨터의 발달과 통신기술의 진보로 신속한 여론조사가 가능하게 되어 신문사, 방송국, 정당, 정치지도자 등은 쟁점이 부각될 때마다 수시로 여론조사를 실시하여 현안에 대한 국민여론을 파악하며 이를 통해 자신의 입장이나 정책방향을 설정하기도 한다.

그런데 여론조사에서 흔히 나타나는 현상 중 할로효과(halo effect)가 있다. 응답자들이 여론조사에서 자기의 솔직한 경험이나 판단을 표시하기보다는 당위적으로 옳은 듯한 항목으로 답하는 경우이다. 예컨대 민주사회에서 선거에 참여하는 것은 민주시민의 역량을 대변한다고 볼 수 있기 때문에 실제로 선거에 불참한 유권자들이 여론조사에서는 선거에 참여했다고 응답하는 경우가 있다. 이를 과잉응답(over reporting)이라고 하는데, 우리나라에서는 10~15% 정도, 미국에서는 25% 정도가 이에 속한다.

또한 할로효과는 선거에 승리한 후보를 찍었다고 주장하는 경우도 포함한다. 예를 들면 2017년 대선에서 실제 투표에서는 안철수 후보에게 표를 던졌는데, 선거 후 여론조사에 응답할 때나 주위 친구들에게는 승리자인 문재인 후보에게 표를 던졌다고 주장하는 것이다. 이렇게 유권자들 중에는 자신의 판단이 여러 대중의 판단과 비슷해 보이려고 하는 욕망이 여론조사에 반영되기도 하는데 이런 현상도 할로효과라고 한다.

여론조사에 나타나는 또 다른 문제점으로, 응답문항이 어떻게 구성되어 있느냐에 따라 응답자들의 응답 결과가 다르게 나타난다. 예를 들면, 단순하게 ① "OOO 대통령을 어떻게 평가하십니까?"라고 질문하는 경우와, ② "OOO 정부가 집권한 후, 정치, 경제, 일자리 창출에 있어 긍정적인 결과가 나오고 있습니다. 그렇다면 OOO 대통령을 어떻게 평가하십니까?"라는 경우와 ③ "OOO 대통령이 집권한 후, 후보였을 당시 약속한 정책들이 제대로 실현되지 못하고, 특히 여성, 아동, 노인에 대한 복지혜택이 축소되었습니다. OOO 대통령을 어떻게 평가하십니까?"라고 물었을 때 응답자들의 반응은 큰 차이를 보인다. 평소 OOO 대통령을 존경하거나 지지하는 유권자는 ①, ②, ③ 중 어떤 식으로 질문하든 거의 언제나 긍정적으로 평가할 것이다. 또한 평소 OOO 대통령을 부정적으로 평가하는 유권자 역시 ①, ②, ③의 질문 형식에 무관하게 대체로 부정적으로 평가한다. 그러나 평소 OOO 대통령에 대해 중립적으로 평가하는 유권자나 정치에 그다지 관심이 없는 유권자는 문항에 나타난 자구의 형식에 따라 반응이 큰 차이를 보이게 된다.

즉 ②와 같이 긍정적 문장으로 유권자에게 일정한 암시를 준 경우, 긍정적 평가를 하는 유권자의 수가 증가할 것이며, ③과 같이 부정적 문장으로 유권자에게 일정한 암시를 준 경우, 부정적 평가를 하는 유권자의 수가 증가할 것이다. 이와 같이 응답자의 반응을 어떤 방향으로 유도하는 문구를 필터(filter)라고 한다. 필터가 없는 ①의 경우가 가장 공정한 질문이 될 수 있다. 흔히 여론조사를 실시한 기관마다 특정 지도자에 대한 지지도나 어떤 정책에 대한 지지도가 큰 차이를 보이는 것은 조사기법 등 다른 이유도 있으나 이와 같이 문항 작성에 사용된 필터가 미세하게 다르기 때문이다. 따라서 여론조사를 실시한 후에는 조사문항을 공개하는 것이 바람직하다.

여론의 근원

그렇다면 여론의 기본이 되는 국민 개개인의 개별적인 의견은 어떻게 형성되는가? 일반인들이 정치적 견해나 가치를 가지게 되는 것을 '정치사회화(political socialization)'라고 하는데, 개인의 정치사회화 과정이 전국 여론형성의 기반이 된다. 정치사회화는 아동 시기에서 시작되어 죽을 때까지 계속되며, 어떤 경우는 10년 뒤에 의사표현으로 나타나기도 하며, 결정적 사건을 목격한 경우는 그다음 날 바로 나타나기도 한다.

정치사회화의 여러 요소 중 가정, 학교, 미디어, 사회적 환경, 정부 역할 국제환경 등에 대해 알아보면 다음과 같다.

부모님으로부터 특정 교육을 받고 이들의 권위를 아동이 어떤 식으로 받아들이는가에 따라 성인이 되었을 때 각종 정치적 사건에 대한 해석을 달리하며, 후보자 선정이나 정당 선호도도 달라진다. 왜냐하면 아동은 스펀지가 물을 빨아 먹듯이, 자신에게 발생하는 현상을 거의 무비판적으로 받아들이기 때문이다. 따라서 부모가 보수적인가 진보적인가에 따라 아동의 정치성향이 거의 그대로 결정되기 때문에 아동이 성인이 되었을 때 가지는 의견이나 태도에 미치는 영향은 절대적이다.

10대들의 생활은 주로 집과 학교에서 이루어지기 때문에 학교에서의 교육 역시 어린 시절의 사고방식이나 가치관에 매우 큰 영향을 미친다. 학교에서 배우는 내용은 정형화된 것, 올바른 것, 대통령, 국회, 경찰, 소방관 등의 표준화된 역할이나 기능을 배움으로써 이들의 권위에 복종하고 존경하는 마음을 가지도록 훈련 받는다. 물론 우리 사회에는 성인이 되어서 기본 법규를 어기거나 비민주적인 행동을 하는 사람들도 많다. 이것은 학교교육을 통해 학생들이 규범적인 것을 배우기도 하지만 학교 내에서 이루어지는 비공식적 교육에 비민주적인 요소들이 있기 때문이다. 예컨대 교육 내용이나 선생님의 조직이 학생의 의사와 무관하게 이미 구성되어 있으며, 학생 간의 폭력이나 왕따, 시험 부정 등 비민주적이고 비이성적인 행위를 많이 보기 때문에 성인이 되었을 때 학교교육이 원하는 만큼의 인간형이 완성되지 않을 수 있다.

인간은 모든 경험을 직접적으로 할 수 없기 때문에 대부분 '간접경험'으로 대체한다. 이런 간접경험은 대체로 책, 신문, 잡지, 라디오나 텔레비전, 온라인 매체 등을 통해 이루어진다. 그중에서도 20세기 후반 이후의 시대는 텔레비전의 시대라고 할 만큼 텔레비전의 영향력은 막강하다. 텔레비전을 통해 새로운 사실을 배우고 다른 사람들의 사고방식 등을 익히게 된다. 그러나 텔레비전의 내용이 알려진 만큼은 지대하지 않다. 시청자들은 텔레비전 뉴스나 보도 중 자신의 생각이나 태도와 일치하는 내용에 대해 흥미를 가지면서 자신의 생각과 태도가 강화되는 경향을 보인다. 그러나 자신의 생각이나 태도와 다른 내용을 접하게 되면 채널을 돌리거나 내용의 신빙성 자체를 부정하기도 한다. 특히 언론 보도에 가장 큰 영향을 받는 국민은 정치에 무관심하거나 정치의식이 낮은 계층이라고 할 수 있다. 이들은 어쩌다 한 번 접하는 충격적인 보도로 사건이나 인물에 대한 총체적인 평가를 해버리는 우를 범하기도 한다.

최근에는 디지털의 발전으로 컴퓨터, 소셜미디어, 유튜브 등 다양한 채널을 통해 국민들의 여론이 형성되거나 표출되고 있다.

그 외에도 많은 요인들이 여론의 밑바탕이 되는 의식이나 태도에 영향을 준다. 전통이나, 관습, 도덕, 직업, 신분, 직장, 동호회 등 여러 사회적 환경도 무시할 수 없는 여론의 구성인자라고 할 수 있다. 현재까지 전반적으로는 한국인의 정치적 이데올로기 정향은 진보보다는 보수파가 조금 더 많다고 보는데 이는 6·25전쟁과 과거 오랜 군사정권의 영향에도 일부 기인하나 전통적인 유교 의식과도 어느 정도 관련이 있다.

최근에는 '정부 역할'도 여론형성에 크게 영향을 준다. 20세기에 들어와서 경제발전과 복지강화 등의 이유로 정부의 권한이 전 세계적으로 강화되고 있다. 정부도 치적(治積)을 홍보하고 다음 선거를 의식하여 반대파의 설득이나 회유, 지지파의 확대를 위해 홍보물을 활용하다든지, 대통령의 기자회견 등으로 여론에 밀접한 영향을 미친다.

마지막으로 현대를 살아가는 우리들의 사고방식에는 '국제적인 사건'이나 사고에도 엄청난 영향을 받는다. 2001년 9월 11일 미국에서 발생한 테러사건은 테러의 무차별성을 다시 한 번 부각시켰으며, 공산국가의 멸망에도 불구하고 세계가 평온하지만은 않다는 신념을 전 세계적으로 확산시켰다.

POINT

1. 여론은 쟁점에 대한 다수 국민들의 표출된 견해이다.
2. 여론을 알아내는 방법에는 시위·동원, 선거, 여론조사 등이 있다.
3. 여론을 형성시키는 요인에는 가정, 학교, 미디어, 사회적 환경, 정부, 국제환경 등이 있다.

4. 선거

선거 원칙

선거는 특정 단체나 조직의 대표 혹은 임원 등을 투표로 선출하는 행위를 말한다. 민주국가의 척도 중 가장 중요한 요소 중 한 가지가 선거를 제대로 실시하는가 여부인데, 선거에는 몇 가지 주요 원칙이 있다.

현재 대부분의 국가에서는 일정한 연령에 있는 성인 남녀는 모두 선거권을 가지고 있다. 우리나라에서는 2019년 12월 공직선거법 개정안이 국회를 통과하면서 18세 이상의 남녀는 학력, 재산, 종교 등에 무관하게 선거에 참여할 수 있다. 이를 '보통선거'라 한다. 유럽이나 미국에서도 완전한 보통선거가 실시된 것은 20세기 이후 최근의 일로서, 특히 여성이 선거권을 가지게 된 것은 전 세계적으로 60~70년 정도밖에 되지 않는다. 과거에는 재산이나 학력이 부족한 시민은 선거권이 없었다.[2] 이를 '제한선거'라고 한다. 물론 현재에도 정신적 지체장애자나 형을 집행받는 자 그리고 외국인 등은 선거권이 제한된다. 하지만 우리나라의 경우 전국동시지방선거에서 일정 기간 거주한 외국인에게도 선거권을 허용하고 있다.

---

2) 구체적으로 프랑스는 1946년, 영국이 1928년, 미국이 1920년에 여성들이 남성들과 동등한 참정권을 획득하였다. 아시아와 아프리카의 대부분 신생국가들은 제2차 세계대전 이후 독립 과정에서 여성들의 평등권을 획득했는데, 한국은 1948년 제헌헌법 26조에 남녀평등 참정권을 인정하였다.

모든 시민이 1표를 행사할 때 이를 '1인1표주의'라고 하며, 이렇게 되어야 평등한 선거라고 할 수 있다. 그러나 보통선거가 실현되기 전 유럽이나 미국에서는 재산이나 학력의 정도에 따라 7표까지 행사하는 유권자도 있었는데, 이는 대단히 불평등한 선거라고 할 수 있다. 우리나라에서는 광복 이후 제헌 국회에서 민주적인 헌법이 제정되어 사실상 불평등 선거나 제한선거는 없었으며, 20세(지금은 18세) 이상 성인 남녀는 누구나 한 표를 행사할 수 있다.

모든 민주국가의 선거는 반드시 '비밀선거'로 실시해야 한다. 한 개인이 누구에게 투표하는지를 어느 누구도 알 수 없어야 한다. 과거 군에서의 선거결과는 주로 여당표가 야당표보다 훨씬 많이 나왔는데, 이는 '비밀선거'가 아닌 공개 내지는 반공개적인 선거였기 때문이다. 따라서 민주국가의 선거는 선거의 공정성 여부도 대단히 중요하나 반드시 선거는 보통선거, 평등선거 그리고 비밀선거여야 한다. 이제는 몇 십 년 전과 달리 대통령선거, 국회의원선거 혹은 지방선거 수준에서는 비밀선거 원칙을 위반하는 경우가 거의 없다. 그러나 소규모 집단의 선거, 예를 들면 학교의 학생회장, 대학총장, 동창회장 등 소규모 선거에서는 누가 어느 후보를 선택했는지 상황에 따라 추측이 가능하게 되어 비밀선거 원칙이 위배되기도 한다.

유권자가 공직자를 직접 선출하는 것을 직접선거라 하며 유권자가 선거인단이라고 불리는 일단의 대표를 선출하고 이들이 공직자를 선출하게 되면 유권자의 입장에서는 간접선거가 된다. 우리나라 대통령선거, 국회의원 그리고 전국동시지방선거는 국민들이 직접 선출하는 직접선거를 실시하고 있다. 직접선거가 민주적 선거의 기본적인 원칙이기는 하나 간접선거도 민주주의 국가에서 실시되고 있다.

예컨대 미국의 대통령선거가 간접선거인데 일반국민들은 전체 연방의원 수에 해당하는 538명(상원의원 수 100명 + 하원의원 수 435명 + 수도 워싱턴 대의원 수 3명)의 선거인단을 선출하고 이들이 다시(간접적으로) 대통령을 선출한다. 2000

년 미국 대선에서 미국 선거의 많은 문제점(투표용지에 천공이 바로 되었는지, 흑인들이 투표하는 데 방해를 받지 않았는지, 개표가 바로 되었는지) 등이 발생했는데, 이때 유권자의 뜻이 바로 전달되어지는 직접선거를 실시하자는 주장이 많이 대두되었으며 지금도 이에 대한 연구가 진행 중이다.

약 250년 전 미국이 선거를 처음 실시할 때는 교통이나 통신이 낙후하여 일반 유권자들은 누가 대통령에 출마했는지도 잘 몰랐으며, 문맹률도 대단히 높아 일반국민이 자신들의 대표를 선출하는 데 어려움이 많았다. 따라서 일반국민들은 자기 지역에서 정치적으로 잘 알려진 인물을 상대적으로 쉽게 선출할 수 있고, 이들은 일반 유권자와는 달리 전국적인 정치인이나 국가 상황을 대체로 잘 안다고 보았기 때문에 이들이 대통령을 선출하게 되었다. 이런 선출 관행은 250년이라는 시간이 흘러도 대체로 큰 문제없이 지속되어 왔다. 그러나 시대 상황이 지금은 많이 변했기 때문에 앞으로는 어떤 식으로든 미국 선거제도에 변화가 있을 것으로 보인다.

유권자 투표행태와 선거참여 여부

미국에서는 1940년대 미국 대통령선거를 시작으로 유권자의 투표행태에 관한 연구가 활기를 띠었다. 이에 유권자들이 후보를 어떻게 선택하는가에 관한 주요 저서를 중심으로 후보 선택에 대해 알아본다. 1944년에 발표된 『국민의 선택(The People's Choice)』라는 책에서는 소득, 학력, 연령 등 유권자의 사회경제적 지위와 입장 등의 차이에 따라 후보 선택을 달리한다고 밝히고 있다. 따라서 소득이 낮고 학력 수준이 낮거나 나이가 어린 유권자는 민주당 후보를 지지하는 경향이 있고, 그 반대 경우의 유권자는 공화당 후보를 지지하는 경향이 높다고 한다. 이러한 발견은 현재 우리나라 상황에서도 거의 그대로 적용되는데, 미국의 민주당과 한국의 더불어민주당이, 미국의 공화당과 한국의 자유한국당이 대체로 비슷한 부류의 유권자를 지지 기반으로 한다.

1960년에 출간된 『미국 유권자(The American Voter)』에서는 이런 사회경제적 요인들도 중요하나 후보가 속하는 정당을 판단 기준으로 하여 투표한다는 연구결과가 나왔다. 이와 같은 결과는 1950년대 미국 대선을 연구하면서 도출되었는데, 당시 미국 국민들은 전후 최고의 사회적·경제적 안정을 만끽하면서 선거나 정치 등에 큰 관심이 없었다. 이에 따라 후보 간 차이점을 잘 몰랐으며 누가 어떤 정책을 선호하고 반대하는지도 잘 몰랐다. 따라서 유권자들은 정당 이름을 기준으로 쉽게 후보를 결정하게 된 것이다.

이와 같이 정당이 유권자에게 후보를 선정할 수 있는 신호를 주는 기능을 '큐 제공자(cue supplier)'라고 한다. 후보가 많이 출마할수록, 선택해야 되는 후보가 많을수록 주요 정당의 위력은 커진다. 우리나라 전국동시지방선거에서는 유권자들이 광역단체장, 지역구 광역의원, 비례대표 광역의원, 교육감, 기초단체장, 지역구 기초의원, 비례대표 기초의원 등 많은 후보를 동시에 선택해야 하는데, 이때 유권자들이 출마 후보들을 제대로 파악하기가 쉽지 않을 것이다. 따라서 후보 선택에 정당이 큰 역할을 하게 되는 것이다.

1976년에 출간된 『미국 유권자 변화(The Changing American Voter)』에서는 1960~1970년대 미국사회에서 인종분규, 사회폭력, 월남전이나 워터게이트 사건 등 각종 쟁점이 폭발하면서 이들 쟁점에 대한 후보의 견해와 유권자의 견해가 얼마나 일치하는가에 따라 후보 선택이 이루어졌다는 연구가 나왔다. 최근 미국사회에서는 동성애 찬성 여부가 핵심 이슈로 부각되고 있다. 최근 한국 선거에서는 복지, 교육, 일자리, 한일 역사문제, 북핵문제가 주요 쟁점이다.

민주국가에서는 모든 정책의 최종 책임은 대통령과 그 정부가 지게 되어 있다. 복지에 대해서는 진보정당에서 더욱 더 강하게 주장하고 있고, 현재 문재인 정부는 복지와 관련해 최저임금과 일자리 창출에 있어 긍정적인 평가도 있지만, 부정적인 평가도 있다. 하지만 남북정상회담의 개최로 인해 북한에 대한 위기감이 상대적으로 낮아지면서 긍정적인 평가도 있지만 장기적인 관점에서는 평가가 다를 수도 있다. 그리고 최근 한일역사문제가 경제적 문제로 확대되면서 한일 양국의 경제에 악영향을 미친다는 우려에 대한 시각과 일본 제품에 대한 불매운동의 확산 등 다양한 변수가 나타나면서 국민들의 정부와 정당에 대한 지지도에도 영향을 준다. 하지만 이러한 변수들이 정부와 정당 지지도에 어느 정도 반영되는 가를 명확히 파악하기는 쉽지 않지만 국민들의 인식과 가치에 영향을 주어 차기 선거에 큰 영향을 미칠 것이다.

이상 세 권의 저서에서 나온 결과는 지금도 전 세계 거의 모든 나라의 후보나 정당 선택에 미치는 요인 분석에 기본적인 틀이 되며 우리나라 선거분석에서도 매우 유용하게 사용되고 있다.

지금까지 유권자들이 후보나 정당을 어떻게 선택하는가에 대해 알아보았는데 이제 선거참여와 기권에 관해 논의하자. 미국의 저명한 정치학자인 라스웰(Harold Lasswell, 1902~1978)에 따르면, 선거는 민주사회에서 누가 무엇을 얻는가를 결정한다고 했는데, 정치인들은 선거 불참자들에게 관심을 가지지 않으며 이들의 숫자가 증가할수록 민주주의 발전에 치명적인 장애가 되어 권위주의나 전제주의적인 환경이 조성된다고 주장했다. 세계적으로 정당이나 후보 당선에 관한 연구는 많으나 선거 참여 혹은 불참에 대한 연구는 다소 부족한 편이다. 이런 연구 부족 내지는 관심 부족은 선거 참여자와 불참자 간의 선거 행태가 그다지 다르지 않기 때문에 참여자와 불참자를 굳이 구분하여 연구할 필요가 없다는 현실적인 필요성에 일부 기인한다.

그러나 1980년 미국 대선에서 로널드 레이건 후보가 현직의 지미 카터 후보와 경쟁하여 52%의 득표율로 당선되었는데, 모든 기권자들이 전부 투표했다면 결과는 달랐을지도 모른다. 이런 주장의 근거는 레이건과 카터 간의 기권자 지지율이 37% 대 51%로 무려 14%나 차이가 나는 데 있다. 그러므로 누가 선거에 참여하고 기권하는가 하는 것은 후보 당선에 대단히 중요하다.

투표에 참여할 것인가 기권할 것인가에 미치는 요인에는 소득, 교육, 연령 등 사회경제적인 요인과 더불어 선거 관심도, 정당 선호, 정치효능감과 같은 정치심리적인 요인도 있다. 예를 들면 소득이 높은 유권자가 낮은 유권자에 비해 선거참여 가능성이 높다는 것이다. 또한 선호하는 정당이 있으면 그 정당이 선거에 승리하기를 원할 것이며 따라서 평소에 정당을 선호하지 않는 무당파보다는 특정 정당을 선호하는 유권자들의 선거참여율이 더 높다는 것이다. 정치효능감이란 국민이 자기나라 정치에 미치는 자신감이라고 할 수 있다. 부정부패가 만연하는 선거라면 국민들의 이런 자신감은 저하될 것이며, 이때 정치효능감이 낮다하고 할 수 있다. 그러므로 유권자들이 선거가 얼마나 공정하다고 보느냐에 따라 그들의 정치효능감 수준이 달라질 것이며, 이런 수준에 따라 선거참여율도 달라진다.

POINT

1. 민주국가는 반드시 보통선거·평등선거·비밀선거를 실시해야 하며, 직접선거와 간접선거는 선택적으로 실시할 수 있다.
2. 후보를 선택하는 기준에는 소득, 학력, 연령 등 사회경제적인 요인과 정당 및 각종 쟁점이 있다.
3. 선거에 참여할 가능성이 높은 유권자는 소득, 교육, 연령 등이 높거나, 선거관심도, 정치효능감이 높고, 무소속보다는 정당 성향이 있는 유권자들이다.

5. 정당

정당이란 무엇인가?

20세기에 접어들면서 교통이나 통신 등 과학기술의 급격한 발달로 인류는 느긋한 전원생활이 아니라 오히려 도시화의 물결 속에 교통체증으로 포위된 운전자처럼 고립화되었다. 19세기 시민사회에서는 자율성을 가진 시민의 자발적인 정치 참여가 가능했으나, 아노미적인 20세기 대중사회는 구심점을 잃고 수동적으로 방황하는 형세를 취하고 있다. 그러나 국민 대다수의 힘이 정치에 막강한 영향력을 미치게 된 것은 인류 역사상 20세기에 처음 나타나는 현상으로, 이들의 힘은 서구에서 200여 년에 걸쳐 획득된 1인1표라는 선거권의 확대에서 비롯된다. 따라서 현대정치과정에서 이들 대중의 일반적인 의사, 즉 여론의 향배는 정치인들에게 대단히 중요하며 이런 대중의 여론을 수렴하거나 조직화 내지는 표출시키는 단체가 필요하게 되는데, 이들이 바로 정당이다.

정치학에서 정당연구는 핵심 연구 주제이며, 20세기 후반부터 현실화된 이데올로기의 종언, 세계화 그리고 정보화에 따라 정당 쇠퇴론이나 정당 무용론이 등장하면서 정당의 역할에 대한 재평가 논의가 있었다. 하지만 현대정치에서 정당은 필수불가결한 존재이다.

최근 정당의 역할 중 많은 부분이 이익단체, 언론, 복지단체, 선거/홍보 관련 벤처기업들에 의해 수행됨으로써 정당의 중요성이 감소된 면이 없지 않다. 또한 우리나라의 경우 정당이 이념에 따라 생성·발전된 것이 아니라, 몇몇 정치 지도자의 선거 전략에 따라 나타나고 사라지는 경향이 많기 때문에 정당에 대해 부정적 시각이 다분히 존재하면서 정당을 없애야 한다는 극단적 주장도 있다. 이런 주장의 이면에는 우리나라의 정당 평균 수명이 6개월이 못될 만큼 짧아 광복 이후 수많은 정당이 등장했는데, 국민들 사이에 서구에서 흔히 보이는 정당일체감 – 유권자가 특정정당에 대해 가지는 일체감 – 이 형성되기 힘들며 이는 정치 허무감 및 정치 발전의 장애로 나타난다. 하지만 현대정치에서 국민여론을 주도적으로 정치의 장(場)에 표출시키고 국민대표를 출마시키는 단체가 필요한데, 이것이 바로 정당이다.

샤츠슈나이더(Elmer Schattschneider)는 "정당을 빼놓은 현대 민주주의는 생각할 수 없다"라고 말하고 있으며, 로시터(Clinton Rossiter)는 "정치 없는 민주주의는 없고, 정당 없는 정치는 없다"고 함으로써 정당의 중요성을 역설하고 있다. 또한 정당 전문가인 엡슨타인(Leon Epstein)은 민주국가에서는 정당이 없으면 민주국가가 아니며 그것도 반드시 '두 개 이상의 정당이 상호 공정한 경쟁'을 하여야 민주국가라고 하였다. 히틀러는 나치당을, 공산주의 국가들은 공산당을 유일한 정당으로 인정하였는데, 이는 비민주적이라는 것이다. 특정 정당에 반대하는 사람들끼리 지지하는 정당이 항상 자유롭게 존재하며 경쟁하여야 민주적이라고 하였다.

일반적으로 정당은 국민 일반의 여론과 자신들의 이념에 따른 정강(政綱: 정치상의 중요 방침, 정치의 강령)을 만들며, 정강에 부합하는 후보를 선거에 공천하며, 국민에 대해 정강을 공식적·비공식적으로 홍보하여 자당과 소속 후보들의 지지 확대를 도모한다. 최근까지 우리나라 선거에서 후보가 정당의 후보로 출마할 때는 주로 정당 대표와 주요 참모들에 의해 일률적으로 결정되었다. 이런 공천을 하향식 공천이라고 하는데, 각 지역구의 당원이나 지역구민의 의사와 무관한 비민주적 공천이라고 할 수 있다. 물론 당 지도부 입장에서는 한 명의 후보라도 더 당선시키는 것이 자당에게 절대적으로 유리하기 때문에 후보 공천을 발표하기 전에, 지역구민들의 경쟁 후보들에 대한 반응을 탐색하고 전문 여론조사기관에 의뢰하여 당선 가능성을 조사한 후 결정한다.

그러나 아직도 지역색이 완연한 한국 정치 현실에서 영남이나 호남, 충청 지역의 경우에 인기가 없거나 당선 가능성이 낮더라도 해당 지역을 기반으로 하는 정당의 후보로 출마하면 당선될 가능성이 높기 때문에 반드시 당선 가능성이 높은 후보가 해당 선거구에서 그 정당을 대표해서 출마할 필요가 없다. 이때 누구를 출마시킬 것인가를 결정짓는 것은 당대표인데, 그는 그 자신에 대한 충성도와 사람들 간의 인간관계 등 비합리적이고 비민주적인 정실주의로 후보를 결정하기도 하는데, 이러한 공천을 전략공천이라고 부르기도 한다. 이런 기류가 선거가 끝난 뒤에도 계속 지속되면서 정치권이 국민의 뜻과는 다소 무관하게 작동하게 된다.

이런 현상이 정치 전반에 확산됨으로써, 국민들은 정치에 무관심하게 되며,

'경제는 일류, 정치는 이류'라는 비판을 듣게 되었다. 이런 문제점을 시정하기 위해 2002년 대선에서는 여당인 민주당이 집권당 최초로 전국 시도를 순회하면서 당원경선을 통해 후보를 결정했다. 이에 따라 노무현 후보가 당원들의 압도적 지지로 민주당 공식 후보로 결정되었다. 당대표나 지도부의 의사와 무관하게 당원들과 국민들의 지지에 의해 대통령 후보로 선출되었기 때문에 이를 상향식 공천이라고 하며, 이런 선거는 미국의 예비선거와 유사하다. 이러한 상향식 공천 방식은 그 후 대부분의 정당들에서 대통령 선거 때마다 적용되고 있으며, 1차 선거에서 50% 이상의 지지율 확보를 전제로 하고 있다. 만약 1차 선거에서 50% 이상의 지지를 받은 후보가 나오지 않을 경우, 결선투표 형식으로 2차 선거를 하도록 당헌에 규정하고 있다. 이러한 상향식 공천은 이제 한국 대통령 선거후보 결정 과정에서 공식적인 원칙으로 자리 잡고 있으며, 국민들의 정치에 대한 관심을 높이는 데 중요한 역할을 하고 있다. 만약 대선 후보뿐만 아니라, 국회의원과 지방선거 후보들까지도 완벽하게 상향식으로 결정되면 우리나라의 대표적 후진 정치 현상인 밀실정치와 정실정치가 상당히 완화될 것으로 보인다.

마지막으로 20세기 말 세계화와 정보화의 급속한 변화로 인해 정보통신혁명을 기반으로 한 ICT 정당이 등장하고 있다. 즉 인터넷을 통한 새로운 소통방식을 통해 국민들이 적극적인 행위자로 등장해 다양한 의견과 정책들을 제시하고 있다. 최근 한국 정치에 등장한 UCC 영상을 통한 선거운동, 유튜브, 블로그, SNS를 통한 정치 참여에 대해 관심도 증대되고 있다.

정당의 기능

정당은 국민들의 다양한 이해와 입장을 종합하여 대변하고 조직화하는데, 그 기능을 구체적으로 살펴보면 첫째, 정당의 가장 기본적인 목적은 정권 획득이다. 듀베르제(Maurice Duverger)는 "정당의 주된 목표는 권력 장악과 실행에 있다"고 정의하고 있으며, 의회를 장악해 온 의원들은 재선의 목표를 달성하고 정치적으로 지속적인 조직을 통한 권력획득의 필요에서 만든 정치적 조직이 정당이다. 따라서 모든 정당은 국회의원 선거에서 다수당이 되거나 대통령 선거에서 자당의 후보를 당선하게 하여 정권을 장악해 정부를 조직하고자 한다. 물론 선거에 패한 정당은 집권 여당과 정부 정책을 감독하고 비판함으로써 궁극적으로는 다음 선거에서 승리하고자 한다.

둘째, 많은 정당학자들은 선거를 통해 공직자 선출을 통한 정치적 충원기능을 정당의 가장 중요한 핵심 목표로 보고 있다. 사르토리(Giovanni Sartori)는 이런 측면에서 "선거에서 공식적으로 정당의 이름으로 후보를 지명해 선거에서 후보자를 당선시키는 정치단체로 정당을 정의"하고 있다.

19세기와 20세기 초의 미국 정당은 각 도시와 주의 정당 보스가 지역정치를 좌우하면서 절대적인 권한을 행사했다. 시카고의 전설적 갱두목인 알 카포네는 금주령이 내려진 가운데 주류 판매와 마약 및 매춘으로 엄청난 돈을 벌었으며 이 돈은 바로 정당으로 흘러가서 정당의 자금원이 되었다. 정당은 거대한 도시를 관리하는 데 이 자금을 사용했고, 정당 활동에 도움을 준 사람들에게 금전적으로 보상하거나 엽관제라고 하여 시청과 같은 공직에 취업을 알선했다. 요즘은 이와 같이 노골적으로 부패한 공직 충원은 거의 없으나 대다수의 국가에서 정당이 주요 공직자를 추천하는 기능은 그대로 유지되고 있다.

셋째, 이념의 확산과 정치사회화를 들 수 있다. 모든 정당은 일정한 이념을 가지고 있다. 미국의 민주당, 일본의 민주당, 영국의 노동당은 진보적이며, 미국의 공화당, 일본의 자민당, 영국의 보수당은 보수적인 경향을 보인다. 우리나라의 경우에는 더불어민주당과 정의당이 진보적이며, 자유한국당과 바른미래당이 보수적인 정당이라고 할 수 있다. 진보적인 정당은 주로 중산층 이하 계층, 노조 등에 지지 기반을 두고, 보수적인 정당은 중산층 이상 상류층, 기업가나 재벌 등에 지지 기반을 둔다. 각 정당은 자신의 지지 기반을 공고히 하기를 원하며, 이를 위해 일반적으로 진보적인 정당은 실업수당의 확대, 근로자 복지 증대를 주장하며, 보수적인 정당은 이런 것보다는 기업의 투자 증대나 이윤 확대와 같은 친기업적이면서 산업 발전에 좀 더 많은 관심을 가진다. 그런데 최근에는 보수와 진보 정당과 같은 이분법적인 정치성향이 중도로 융합되는 경향이 나타나기도 한다.

넷째, 정당은 정부정책 지원 또는 견제의 기능을 갖는다. 슐레징어(Joseph Schlesinger)는 "정당이란 공직자 선거에서 승리함으로써 정부를 통제하는 권한을 얻기 위한 조직"이라고 정의하고 있다. 실제로 우리나라의 경우, 선거에서 승리한 집권여당은 행정부를 지지하고 보조하는 역할을 하고, 야당은 집권여당의 정책이나 정부정책에 대한 비판을 통해 견제하는 기능을 하고 있다.

POINT

1. 정당의 가장 기본적인 목적은 정권 획득이다.
2. 민주국가에서 정당은 반드시 상호 경쟁적인 정당이 두개 이상 존재해야 한다.
3. 정당 후보의 공천에는 상향식과 하향식이 있는데, 상향식 공천이 더 민주적이라고 할 수 있다.

6. 이익집단

민주주의 국가에서 정당과 마찬가지로 이익집단들은 사회와 정부 사이에서 소통의 주요한 통로이다. 이익집단은 주요 정당들이 쫓는 광범위한 의제들 보다 특수한 관심사를 추구한다. 이익집단은 선거경쟁 조직은 아니며, 선거대표성을 보완해 주는 역할을 하면서 권력에 대해 때로는 비판하고 때로는 지지하는 일을 주로하고 있다. 즉 이익집단은 정부에 전문적 지식을 제공하고, 소수자들에게 다수제 규율의 과도함에 대항하는 목소리를 제공하기도 한다.

우리 사회에는 교육단체, 체육단체, 봉사단체 등 다양한 단체가 공존하는데, 이들 단체가 자신들의 목적과 가치 달성을 위해 입법부·행정부·사법부 등 각 부처의 정책결정 과정에 영향력을 행사할 때 이런 단체를 압력단체(pressure group)라고 한다. 따라서 압력단체는 단순한 친목단체가 아니며 정부 활동에 영향력을 미치고자 한다는 면에서 정치조직이라고 할 수 있다. 일반적으로 압력단체는 이익단체(interest group)라고도 한다. 전자는 단체가 소기의 목적을 이루기 위해 관청이나 의원들에게 일정한 압력을 행사한다는 데 초점을 맞춘 용어이며, 후자는 그 단체들이 주로 자신들의 이익을 위해 노력하는 단체라는 것을 강조하는 용어이다.

2000년 전후 한국의 의약분업 사례에서 등장하는 두 개의 주요한 이익단체는 의사협회와 약사협회이다. 의사협회의 주장은 약사의 임의 조제와 대체 조제를 막아달라는 것이었다. 임의 조제란 의사의 처방전 없이 일반의약품 몇 종류를 섞어서 파는 것으로, 환자의 진료에 굳이 의사가 필요 없다. 대체 조제란 의사가 처방한 약이 약국에 없는 경우 약사가 약효가 조금 다른 약으로 적절히 바꾸는 행위를 말하는데, 이 역시 의사의 입지를 축소시킬 수 있는 행위라고 본다. 의사들의 가장 큰 불만은 의약분업을 실시하기 전에는 병의원 운영이 주로 약값 마진으로 충당되었는데, 이런 마진이 약국으로 빠져나가면서 줄어든 수입을 보전하라는 것이었다. 의사들은 자신들을 의약분업의 최대 피해자로 규정하고 수개월에 걸쳐 파업과 시위를 단행하였다.

이에 대해 약사협회에서는 선진국처럼 감기약이나 파스와 같은 간단한 일반의약품은 얼마든지 약국에서 판매할 수 있다고 주장한다. 대체 조제도 환자의 동의를 거쳐 사후에 의사들에게 통보되기 때문에 의사들의 불만은 지나친 이기주의라고 비판하다. 또한 주사제를 의약분업에서 제외한 것은 완전한 의약분업 정신을 해치는 지나친 양보로 본다. 이러한 의사협회와 약사협회의 갈등은 '진료는 의사에게, 약은 약사에게'라는 슬로건처럼 서로 상생(win-win)하는 결과가 달성되도록 지금도 진행 중이다.

의사협회와 약사협회의 예에서 보았듯이, 20세기 대중사회에 접어들면서 과학기술의 비약적인 발달로 직업이나 업종이 폭발적으로 증가하면서 이들 간의 이해관계는 개인보다는 단체가 더 잘 대변하게 되었다. 물론 정당이 이런 다양한 이해를 잘 조화시킬 수 있으면 이익단체의 중요성이 감소될 수 있겠으나, 정당 역시 어느 정도 한계를 가진다. 특히 우리나라와 같이 정당이 대다수 국민의 이해보다는 상층 지도부의 이해가 더 잘 반영되는 현실에서는 정당보다는 자생적으로 만들어진 단체나 조직을 통해 자신들의 이익을 극대화하고자 한다.

의료, 교육, 세무, 미용, 요식업, 여성 등 다양한 분야에서 수많은 압력단체들이 생겨나고 있다. 이 단체들은 거의 모두 정기적 혹은 부정기적으로 회원으로부터 거둔 회비나 찬조금으로 시지부·도지부를 구성하고 전국적으로 조직되어 정책에 영향을 미친다.

이러한 압력단체의 등장과 증가는 선거가 민의를 완벽하게 대변하지 못하는 데서도 찾아볼 수 있다. 선거를 통해 일반국민은 그들의 대표를 선출하며, 선출된 이들은 지역구의 민의를 대표하고 이익을 대변한다. 그러나 지역구민의 수가 증가하고 이해관계가 복잡해질수록 지역구민의 이익을 적절하게 대변하기가 어렵게 된다. 따라서 다른 방식으로 이들의 이익을 대변할 기구나 단체가 필요한데 이것이 바로 이익단체이다. 또한 민주주의 원칙 중 '다수결의 원칙'은 소수의 이익보다 다수의 이익이 우선시되는데, 이때 무시되기 쉬운 소수의 이익이 바로 단체를 결성함으로써 보완될 수 있다.

시민단체와 이익단체는 크게 보면 비슷하나, 시민단체가 이익단체에 비해 좀 더 광범위한 국민들의 이해를 대변한다. 전체 유권자 혹은 소비자들의 권익을 보호하거나 환경보호, 여성 권익 향상, 인권보호 등을 위해 노력한다. 예를 들어 의사협회나 약사협회는 우리나라 의사집단과 약사집단의 특정 이익을 총괄하거나 대변하는 이익단체라면, 경실련, 참여연대와 같은 시민단체들은 특정집단이 아니라 국민 전체의 이익이나 권리를 위해 노력하는 단체로 볼 수 있다. 즉 참여연대와 같은 시민단체는 이슈들인 아동, 교육, 노동, 노인, 일자리 등 다양한 계층과 다양한 이익을 대변한다.

정당과 이익단체 역시 비슷하기도 하면서 다르다. 국민의 이익을 대변하는 단체라는 면에서는 공통점을 찾을 수 있는데, 다음과 같은 차이점이 있다. 첫째, 정당의 궁극적 목적은 정권 획득으로 선거 시 후보를 출마시키나, 이익단체는 후보를 출마시키기보다는 출마한 후보에게 선거자금 등으로 후원하여 당선 후 입법 활동에서 자기 단체에게 유리하도록 유도한다. 둘째, 정당은 국민 전체의 이익을 대변하기 때문에 정당의 정책은 포괄적이며 유연성을 가지나, 이익단체의 정책은 협소하고 경직된 면이 많다. 전국경제인연합회(전경련)나 중소기업중앙회 등 이익단체들은 자신들의 목적과 다른 단체나 국민들의 이해관계와 조율하기보다는 자신들의 이해를 항상 먼저 고려한다.

우리는 정치과정에 참여하는 정당과 압력단체 그리고 시민단체 등의 집단에 대해 살펴보았다. 이러한 다양한 주체들의 의견을 수렴하고 보완해 다양한 이해관계를 수용해 줄 수 있는 곳이 바로 정당이다. 이러한 정당들 가운데 좀 더 많은 국민을 배려해 줄 수 있는 정당이 차기 선거에서 유리한 입장에 서게 되어 선거에 승리하게 될 것이다. 따라서 정당 무용론이 제기되기도 하지만, 정당이 국민 여론과 다양한 압력단체, 다른 정당의 비판과 협조 속에 '국민을 위한 정치과정이라는 수레바퀴'는 계속 돌아가게 된다.

POINT

1. 압력단체는 자신들의 목적을 달성하기 위해 국가정책에 영향력을 행사하는 정치단체이다.
2. 압력단체는 현대 정치에서 정당이 수행하는 국민이해 대변 기능의 불완전성을 보충해 주는 역할을 한다.
3. 압력단체는 소속회원들만의 이해에 관심이 많으나, 시민단체는 더욱 광범위한 시민이나 지역에 관심이 많다.

❑ 심화학습을 위해서

김광웅 외. 1996. 『정당·선거·여론』. 한울.

도웩, 질(Dowek, Gilles). 2006. 『여론조사를 믿어도 될까?』. 김성희 옮김. 민음인.

리프먼, 월터(Lippmann, Walter). 2013. 『여론』. 이동근 옮김. 아카넷.

박대식. 2005. 『한국 지역사회 이익단체 활동과 영향』. 오름.

안병만. 2005. 『한국의 선거와 한국인의 정치행태』. 인간사랑.

이갑윤. 1997. 『한국의 선거와 지역주의』. 오름.

이달원·정승윤. 2007. 『시민단체 희망인가 덫인가』. 시대정신.

정진민. 2008. 『한국의 정당정치와 대통령제 민주주의』. 인간사랑.

조중빈 엮음. 1999. 『한국의 선거 III』. 푸른길.

타르드, 가브리엘(Tarde, Gabriel). 2012. 『여론과 군중: SNS는 군중의 세계인가 공중의 세계인가』. 이상률 옮김. 지도리.

한국정치학회. 2008. 『정치학이해의 길잡이-정치과정』. 법문사.

한국과학기술기획평가원. 2018. 『혁신성장과 미래트렌드 2018 plus 10』. 한국과학기술기획평가원.

환경부. 2016. 『바로 알면 보인다. 미세먼지, 도대체 뭘까?』. 환경부.

헤이그, 로드·마틴 하롭(Hague, Rod & Martin Harrop). 2011. 『비교정부와 정치』. 김계동·김욱·민병오·윤진표·지병근 옮김. 명인문화사.

Campbell, Angus, Phillip E. Converse, Warren E. Miller, and Donald E. Stokes. 1960. *The American Voter*. New York: John Wiley and Sons.

Epstein, Leon D. 1986. *Political Parties in the American Mold*. Madison, Wisconsin: The University of Wisconsin Press.

Lasswell, Harold. 1936. *Who Gets What, When and How*. New York: McGraw Ltd.

Lazarsfeld, Paul F., Bernard Berelson, and Hazel Gaudet. 1944. *The People's Choice: How the Voter Makes up His Mind in a Presidential Campaign*. New York: Columbia University Press.

Nie, Norman, Sidney Verba, and John R. Petrocik. 1976. *The Changing American Voter*. Cambridge, Massachusetts: Harvard University Press.

OECD. 2016. *The economic consequences of outdoor air pollution*. OECD.

chapter 8

문화는 발전의 조건인가

이대희

한국은 1960년대 초에 아프리카의 가나와 1인당 국민소득이 비슷했지만, 약 60년이 지난 2018년 현재 가나의 1인당 국민소득은 약 2,000달러를 겨우 넘어선 반면 한국은 3만 달러를 넘어섰다. 그뿐만 아니라 한국은 첨단산업에서 세계적인 기업들과 경쟁할 정도로 고도의 산업화를 이루었고 정치적으로도 민주주의를 성취한 국가로 인정받고 있다. 이것을 어떻게 설명해야 할까? 왜 가나는 60년 전의 상황에서 크게 나아지지 않은 반면 한국은 기적이라 불릴 만큼 발전할 수 있었는가? 미국의 정치학자 헌팅턴(S. Huntington)은 단정적으로 문화 때문이라고 대답한다.

더 나아가 그는 이념의 대결이 끝난 이제는 문명 간의 충돌이 시작되었다고 주장한다. 문명이 빚어낸 정체성과 가치는 계급과 국가를 초월해서 문명에 따른 구획선에서 멈춘다. 즉 문명의 단층선이 국경선을 대신할 것이다. 정체성과 가치는 역사와 관습의 산물이어서 절대성을 지니므로 서로 다른 문명은 조화될 수 없고 오히려 폭력을 수반한 충돌을 일으키게 된다. 이런 내용이 담긴 그의 주장에 따르면 '문화는 정말 중요하다'.

우리는 흔히 우리의 정치문화 또는 정치의식의 수준이 낮아서 민주주의가 제대로 정착되지 않는다고 말한다. 다시 말하면 정치문화나 정치의식이 바뀌어야 제대로 된 정치, 제대로 된 민주주의가 가능하다는 이야기다. 정치뿐만 아니라 다른 분야에서도 '의식 개혁' 또는 '발상의 전환'을 통해서 개인과 사회의 발전을 이끌어내자는 구호성 짙은 주장들이 많다. 이러한 주장들 역시 정신이나 사고에 호소하고 있다는 점에서 문화의 변화가 개인과 사회가 변화하는 선행조건임을 암시한다.

우리가 여기에서 공부할 내용은 정치문화와 정치발전의 관계다. 그런데 정치문화와 정치발전을 올바르게 이해하기 위해서는 사회과학 전반에서 논의되는 문화와 발전의 일반적인 관계를 살펴볼 필요가 있다. 따라서 이 문제에 대한 중요한 시각들을 역사적인 순서에 따라 세 시기로 나누고, 각 시기마다 대립되는 두 개의 시각을 병렬해 논쟁점을 부각시켜서 문화와 발전의 관계를 공부해 보자. 운동경기에 비유한다면, 1차전은 마르크스 대 베버, 2차전은 근대화이론 대 종속이론 그리고 3차전은 아시아적 가치 대 보편적 가치라고 할 수 있다.

1. 대립적인 두 가지 시각: 마르크스 대 베버

문화와 발전 또는 문화와 민주주의의 관계는 이미 근대의 사회사상가들이 언급했었고 더 과거로 거슬러 올라가면 아리스토텔레스도 거론한 바가 있다. 그러나 현대적 의미의 사회과학적 방법으로 문화와 발전의 관계를 분석한 이는 마르크스와 베버라고 할 수 있다. 이 두 학자의 이론과 방법은 문화와 발전의 관계에 관한 대립적인 시각을 대표할 뿐만 아니라, 가장 중요하고도 근본적인 시각을 제공하고 있어서 현재에도 사회과학 전반에 걸쳐 심대한 영향력을 행사하고 있다. 그러면 마르크스와 베버는 문화와 발전의 관계를 어떻게 파악했는가?

마르크스적 시각: 물질적 토대와 상부구조

수험생 시절에 가장 많이 듣는 교훈적인 금언 가운데 하나가 '정신을 통일하면 이루지 못할 것이 없다'라는 뜻을 가진 '정신일도 하사불성(精神一到 何事不成)'이다. 그만큼 정신 또는 의식이 중요하다는 것을 강조한 글귀이고 마음만 먹으면 강한 정신력으로 어떤 난관이라도 극복할 수 있고 또 바라는 바를 성취할 수 있다는 뜻이다. 다시 말하면 나의 내면 의식이 내가 처해 있는 외부의 조건이나 상태를 변화시키는 힘이라는 것이다. 그런데 이런 교훈에 다음과 같은 의문들을 제기해 볼 수도 있을 것이다. '다른 조건의 변화 없이 정신 또는 의식은 저절로(독자적으로) 바뀔 수 있나?', '의식이 변화하면 모든 것은 아닐지라도 상당한 정도로 내외부의 조건을 정말로 바꿀 수 있나?', '만일 그렇다면 우리 주위에서 그러한 사례를 얼마나 많이 관찰할 수 있나?'

이런 질문들에 대해 정면으로 '아니다'라고 답하고 그 이유를 가장 이론적이며 체계적으로 설명한 사람이 바로 마르크스다. 그에 따르면 이론은 실천을 위해서 만들어져야 하고 실천은 이론으로 무장되어야 하는데, 그러기 위해서 이론은 의식이나 관념과 같은 정신세계가 아니라 구체적인 물질세계를 분석의 대상으로 삼아야 한다. 왜냐하면 의식이나 정신 또는 더 나아가서 문화보다 물질세계가 더 중요하기 때문이다. 여기서 물질세계란 물리적인 자연이 아니라 사회적·경제적 관계다. 왜 물질세계, 즉 사회적·경제적 관계가 더 중요한지 이제 그의 설명을 따라가 보자.

마르크스가 관심을 두는 인간 존재는 사회와는 무관한 개별적인 존재로서의 인간이 아니라 사회적 존재로서의 인간이다. 인간은 생존에 필요한 물질을 획득하기 위해 자신의 의지와는 독립된 채로 존재하는 사회적 생산관계에 들어가게 된다. 여기서 사회적 생산관계는 생산수단을 소유하는 자(부르주아지)와 소유하지 않은 자(프롤레타리아)로 구분되는 계급관계를 말한다. 즉 우리는 생존하기 위해서 사회 안에서 생산관계를 맺어야만 하는 사회적 존재이고, 생산관계는 우리의 의지를 넘어서 존재하는 사회적 조건을 이룬다. 그런데 우리의 존재를 결정하는 것은 우리의 의식이 아니라 우리가 처해 있는 사회적 조건이라는 생산관계다. 만일 우리가 부르주아지라면 부르주아지로서의 의식을 가지게 되고, 프롤레타리아라면 프롤레타리아에 적합한 의식을 가지게 된다는 것이다. 따라서 마르크스에 의하면, 정신이나 의식은 홀로 독자적으로 존재하고 또 스스로 변화함으로써 개인이나 사회를 바꾸는 것이 아니라, 우리가 처해 있는 계급관계에 의해서 결정되기 때문에 오히려 계급관계의 변화가 의식 변화의 선행조건이라고 할 수 있다. 그래서 정신이나 의식의 중요성을 강조하는 사상이나 논리를 마르크스는 물질의 중요성을 이해하지 못하는 관념론이라고 비판한다.

이러한 논리를 일상적인 언어로 표현한다면, 우리의 사고방식은 우리가 처해 있는 사회적·경제적 위치에 의해 영향을 많이 받고 그에 따라 가치관이 형성된다고 할 수 있다. 사회적으로 높은 지위에 있거나 많은 부를 소유하고 있는 사람들은 일반적으로 안정을 강조하는 보수적인 가치관을 가지고, 그 반대의 위치에 있는 사람들은 대체로 변화를 추구하는 진보적인 가치관을 가진다는 것이 마르크스의 논리를 뒷받침하는 하나의 예이다.

그런데 문제는, 사람들이 반드시 계급관계에 상응하는 의식을 가지지는 않는다는 것이다. 그 이유는 모든 시대에 걸쳐서 지배계급의 의식이 사회를 지배하는 의식이 되기 때문이다. 지배계급은 자신들의 지배와 착취를 정당화하고 공고히 하면서 피지배계급이 착취당하고 있다는 것을 의식하지 못하도록 자신들의 의식을 피지배계급이 받아들이도록 한다. 피지배계급은 자신들의 계급적 위치와는 상관없는 지배계급의 의식을 당연한 것처럼 수용하게 되는

데, 이것이 바로 마르크스가 말하는 허위의식이자 이데올로기다.

이제 논의를 좀 더 진전시켜서 마르크스가 사회의 변화나 발전을 어떻게 설명하고 있는지 문화와 관련지어 알아보자. 마르크스에 따르면 사회는 하부구조와 상부구조로 이루어져 있는데, 하부구조는 우리가 일반적으로 경제라고 부르는 물질의 영역이고 상부구조는 경제 외의 비물질적 영역을 의미한다. 그런데 하부구조는 우리가 흔히 이해하는 경제가 아니라 생산양식, 즉 경제체제(노예제, 봉건제, 자본주의 등)를 말하고, 생산양식은 생산력(자연자원과 기술)과 생산관계(계급관계)로 이루어져 물질적 토대로 불린다. 그리고 상부구조는 그 밖의 사회의 다른 모든 측면을 일컫는데, 그중에서 대표적인 것이 정치(국가), 법, 문화 등이다.

하부구조와 상부구조의 관계는 동등하거나 상호 의존적이지 않고 하부구조(생산양식 또는 물질적 토대)가 상부구조를 결정한다. 물질적 토대가 형성되면 거기에 알맞은 정치제도, 법체계, 문화 등이 자리를 잡는 것이지 그 역은 성립되지 않는다. 종교와 의식, 가치 등 문화를 포함한 상부구조는 단지 물질적 토대를 반영할 뿐이고 스스로 변화하거나 더 나아가 하부구조를 변화시킬 힘, 즉 자율성을 갖지 못한다. 더욱이 하부구조의 생산관계를 반영하는 상부구조는 피지배계급에 대한 지배계급의 지배와 착취를 정당화하고 고착화하는 기능을 수행한다. 국가와 법은 지배계급이 피지배계급을 지배하는 수단으로 활용하는 제도이고, 문화는 이런 지배를 정신적 측면에서 정당화해 주는 기능을 수행한다. 문화의 중요한 요소인 종교를 마르크스는 인민의 아편이라고 맹렬히 비난한다. 종교는 피지배계급이 현재 겪고 있는 고통을 참고 견디면 내세에 보상을 받을 것이라고 믿게 만든다. 그래서 피지배계급을 현재에 순응하게 만들고, 현재에 대한 비판의식과 변화에의 의지를 무력화시켜서 지배계급의 통제에 봉사한다는 것이다.

그러면 사회의 변화 또는 발전은 어디에서 유래하는가? 위의 논리를 적용하면 그것은 물론 하부구조다. 그렇다면 하부구조는 어떻게 변화하는가? 마르크스는 생산력은 항상 발전하려는 속성이 있다고 보았다. 생산력이 일정 수준 이상 발전하게 되면 기존의 생산관계는 오히려 생산력의 발전에 장애물이 되기 때문에 생산력의 발전수준에 알맞은 새로운 생산관계가 성립되고 그에 따라 새로운 상부구조가 형성된다. 이것이 마르크스가 말하는 인류발전의 과정이고, 역사적으로 인류는 원시공산사회에서 노예제와 봉건제를 거쳐 자본주의에 도달했다고 한다. 마르크스는 이렇게 인류의 역사적 발전 과정을 물질을 중심으로 파악했기 때문에 그의 역사관을 사적 유물론이라고 부른다. 그리고 그의 이론의 중심에는 물질, 즉 경제가 놓여 있고 경제가 그 외의 다른 모든 사회의 구성요소들을 결정한다고 분석하고 있기 때문에 그의 이론은 경제결정론이라고 비판받기도 한다.

1970년대에 등장한 네오마르크스주의자라고 불리는 사람들은 큰 틀에서는 마르크스의 이론을 추종하면서도 경제결정론이라는 편향된 시각을 교정하기 시작했다. 그중에 대표적인 것이 중층결정이론이다. 이 이론에 따르면 사회는 정치, 경제, 문화로 구성되어 있는데, 정통 마르크스주의와 달리 사회는 이들 구성요소들에 의해 중층적으로, 즉 총체적으로 결정된다는 것이다. 따라서 사회를 온전하게 종합적으로 이해하기 위해서는 이들 구성요소들을 모두 고려해야 할 뿐만 아니라 이들 구성요소들이 각각 자율성을 가지고 있는 것으로 판단해야 한다. 우리의 주제와 관련지어 이 이론을 생각해 보면, 문화는 사회의 발전에 나름대로의 독자성을 가지고 일정하게 영향을 끼칠 수 있다. 그러나 어떤 요소가 가장 중요한 영향력을 행사하는가는 최종적으로 경제가 결정한다고 주장함으로써 이 이론도 마르크스의 시각을 크게 벗어난 것은 아니다.

베버적 시각: 자본주의의 발전과 종교

과연 마르크스가 주장한 대로 경제 또는 물질적 토대가 사회의 발전에 그렇게 결정적인 역할을 하는가? 이 문제에 대한 베버의 답은 부정적이었다. 오히려 베버는 다른 어떤 요소보다 문화, 그중에서도 종교의 역할에 관심을 두었다. 문화와 발전의 관계에 대한 베버의 시각은 다음의 질문에 대한 해답을 찾는 데서 시작된다. '자본주의는 다른 곳이 아닌 왜 서구에서 발전했는가?'

그 해답을 베버는 종교 특히 개신교에서 찾았다. 일단 자본주의는 개신교가 우세한 지역에서 발전했고 더욱이 개신교 중에서도 칼뱅주의가 우세한 지역에서 더욱 발전했다는 사실을 관찰했다. 왜 그런가? 베버의 해석은 부의 합리적 축적이라는 자본주의의 정신과 칼뱅주의로 대표되는 개신교의 윤리가 정합성을 가진다는 것이다. 칼뱅주의의 특징은 예정설에 기초하고 있다는 점인데, 예정설에 따르면 인간의 구원은 이미 하느님에 의해 결정되어 있다. 그런데 인간은 하느님의 섭리를 모르기 때문에 누가 구원될지는 모르고 다만 현세에서의 생활로 그것을 확인할 수 있을 뿐이다. 즉 현세에서의 직업적 성공이 내세에서의 구원을 확인하는 방법이다.

기독교도에게는 현세에서도 천국을 건설해야 하는 사명이 주어져 있다. 따라서 직업에서 성공하기 위해 노력해야 하지만 그 성공은 반드시 윤리와 금욕에 바탕을 두어야 한다. 이렇게 칼뱅주의에서는 직업을 하느님으로부터 받은 소명으로 여기고 노동을 신성시하면서 윤리적으로 축적한 부를 긍정적인 것으로 받아들인다. 그리고 사치와 낭비는 금욕의 정신에 위배되기 때문에 부정되고, 근검하고 절약하는 생활을 해야만 한다. 윤리적인 노동을 통한 부의 축적에 대해 긍정적인 입장을 취하고, 금욕주의에 기초한 근검·절약한 생활을 강조하는 바로 이런 칼뱅주의적 개신교의 윤리가 서구에서 자본주의의 발전을 이끌어낸 진정한 동력이었다고 베버는 분석했다.

자본주의의 기본적인 정신을 이루는 부의 축적에 대한 열망은 비단 근대의 서구 사회에서만 존재하는 것은 아니었다. 더구나 근대 이전까지 서구 외의 다른 문명, 특히 중국은 서구보다 경제적으로나 기술적으로 진보된 상태였다는 점을 베버는 알고 있었다. 그럼에도 중국에서는 왜 자본주의가 발전하지 않았는가? 베버는 그 원인을 역시 종교에서 찾았다. 먼저 사회적·경제적·정치적인 측면에서 중국을 분석한 베버는 사회적·정치적·경제적인 요소들이 중국에서 자본주의가 발생하지 않은 결정적인 원인이 될 수 없다고 파악했다. 그리고 그 원인을 중국의 종교인 유교에서 찾았다.

유교는 절대자의 존재와 내세를 상정하지 않기 때문에 현세주의적인 관점을 가진 이성적 윤리라고 그는 이해했다. 그에 따라 유교에서는 기독교에서 볼 수 있는 것 같은 절대자와 피조물, 현세와 내세 그리고 인간과 세계 사이의 긴장이 결여되어 있다. 즉 유교의 윤리에는 구원의 관념이 존재하지 않는다. 대신 현세주의적 관점에서 유교는 인간과 세계 그리고 인간과 사회 사이의 화해를 강조한다. 따라서 기존의 질서는 극복의 대상의 아니라 성실히 따라야 할 대상이어서 권위와 전통에의 추종을 강조하는 예(禮)가 중시된다. 결국 유교는 서구의 기독교 윤리와 달리 사회적·경제적 변화를 이끌어내는 동력으로 작용하지 못하고 현실에 안주하게 만드는 윤리로 기능함으로써 자본주의의 발전을 저해하고 중국사회를 정체의 상태에 머물게 만들었다는 것이 베버의 분석이다.

이렇게 베버는 자본주의 발전의 원인을 종교라는 문화적인 요인에서 찾고 있다는 점에서 마르크스의 물질적 시각과는 대비되는 비물질적 또는 정신적 시각을 취하고 있다. 그러나 베버의 시각을 문화결정론이라고 단정 지을 수는 없다. 왜냐하면 그가 중국의 사례를 분석한 데에서도 알 수 있듯이 중국을 사회적·정치적·경제적 측면에서 분석한 다음에 이런 면들로는 설명이 불충분하다고 파악하고 문화적 요소의 중요성을 강조한 것이지 문화가 다른 모든 부문을 결정한다고 보지는 않았기 때문이다. 어쨌든 문화가 발전에 결정적인 역할을 수행한다고 분석함으로써 베버는 문화와 발전의 관계를 이해하는 새로운 지평을 열었다.

POINT

1. 마르크스는 물질적 조건이 의식을 결정한다고 보았고, 경제(생산양식)가 물질적 토대를 이루기 때문에 경제가 정치와 문화를 결정한다고 주장했다.
2. 베버는 자본주의 발전에 문화(종교)의 중요성을 강조했다. 그에 따르면 서구에서는 기독교 윤리가 자본주의의 발전을 이끌어낸 반면, 중국에서는 유교가 자본주의의 발전에 장애로 작용했다.

2. 정치발전과 정치문화의 개념 정립, 그리고 그 비판: 근대화이론 대 종속이론

그동안 많은 처방과 노력이 있어왔는데도 비서구 국가들이 정치적으로나 경제적으로 발전하지 못한 이유는 무엇인가? 또 발전하기 위해서 무엇을 어떻게 해야 하는가? 현재 우리가 제시하는 대부분의 처방과 해결책은 이미 1950~1960년대 사회과학자들, 특히 미국의 사회과학자들이 이론화시켜놓은 것들이다. 이 이론들은 일반인들의 사고에도 많은 영향을 끼쳤지만, 학계에서도 중심적인 위치를 차지하고 있기 때문에 주류이론이라고 불린다. 그러나 1960년대 말부터 이 주류이론을 비판하면서 제3세계의 저발전을 새로운 관점에서 설명하는 이론들이 등장했다. 근대화이론으로 통칭되는 주류이론과 이를 비판하는 종속이론 사이에 바로 발전에 관한 제2의 논쟁이 시작된 것이다.

근대화이론

① 정치발전의 개념과 방법

그러면 정치발전이란 무엇인가? 이 질문을 본격적으로 제기하고 이에 대답한 사람들은 제2차 세계대전 후의 미국의 정치학자들이었고, 이에 따라 정치발전론은 정치학에서 중요한 분야로 자리 잡았다. 앞의 질문에 대한 대답, 즉 정치발전의 개념은 학자들에 따라 아주 다양하게 정의된다. 그러나 근대화이론으로 불리는 주류이론에서 명시적으로 또는 묵시적으로 상정하고 있는 정치발전의 모델이 있는데 그것은 서구의 민주주의다. 즉 비서구 국가들(당시의 표현으로는 '신생국' 또는 '후진국')이 모방해서 따라잡아야 할 대상은 서구 국가들이라는 것이다. 이런 관점을 잘 보여준 예는, 서구의 민주주의 정치제도를 비서구 국가들이 도입해서 적용하면, 즉 서구의 민주주의를 제도적으로 이식하기만 하면 민주주의가 정착할 것이라는 초기의 소박한 낙관론이다. 이런 낙관론은 물론 곧 무너졌다.

서구 정치제도를 도입했는데도 비서구 국가들이 독재와 정치적 불안정을 벗어나지 못하자, 이제 정치발전의 개념을 정교하게 이론화하고 정치발전의 방법과 조건을 모색하게 되었다. 근대화이론에서 제시된 수많은 정치발전에 관한 이론 중에서 대표적인 세 가지를 살펴보자.

학계는 물론 일반인에게도 널리 알려진 정치발전이론을 제시한 사람은 립셋(S. M. Lipset)이다. 그는 서구 민주주의 제도의 확립, 즉 자유선거를 통한 규칙적인 정권의 교체와 그것을 위한 다수당의 존재, 그리고 정치 참여의 확대 등을 정치발전이라고 보았다. 이런 점에서 그는 서구 민주주의를 정치발전의 모델로 상정한 대표적인 예이다. 그런데 그는 정치발전의 개념보다 정치발전의 조건에 더 많은 관심을 기울였다.

서구의 역사적 경험에 비추어 볼 때, 경제발전은 부의 증대와 교육의 확대 그리고 중산층의 증가를 가져와서 민주주의가 발전할 수 있었다. 반면 비서구 국가들에서 민주주의가 정착하지 못하는 이유는 사회적·경제적 수준이 낮기 때문이다. 따라서 그에 의하면 정치발전, 즉 민주주의의 전제조건은 사회적·경제적 발전이고, 비서구 국가들이 정치발전을 이루기 위해서는 사회적·경제적 발전이 선행되어야 한다. 그는 사회적·경제적 발전의 구체적 지표로 경제적 부, 산업화, 교육, 도시화 등을 들고 이런 지표들의 지수가 높을수록 민주주의의 가능성이 높다고 주장했다.

알몬드(G. Almond)는 정치발전을 정치 구조의 분화와 전문화라고 보았다. 정치 구조의 분화란 정치과정 속에서 기능에 따라 정치 구조가 세분되는 것을 의미한다. 예를 들면 제6장에서 보았듯이 정당과 압력단체는 개인과 다양한 집단의 이익을 대변하지만 정치과정 속에서 각각 그 기능은 다르다. 만약 압력단체 없이 정당만 존재한다면 이런 정치 구조는 미분화한 것이다. 민주화가 이루어지기 전인 1980년대까지 우리나라에서도 전국경제인연합회나 어용적인 노동조합 외에는 제대로 된 압력단체가 없었기 때문에 정치 구조가 미분화되어 있었다고 할 수 있다. 반면에 압력단체와 정당이 모두 존재하면서 각각의 기능을 수행한다면 이런 정치 구조는 분화되어 있는 것이다.

그리고 정치 구조가 분화될수록 각 구조는 전문적인 기능을 수행한다. 즉 압력단체는 특정 단체의 이익을 대변해서 정부에 영향력을 행사하는 반면, 정당은 국민 전체의 이익을 대변하면서 정권의 창출을 목표로 삼는다. 이렇게 정치 구조가 분화되고 그 기능이 전문화되면 정치체제의 효율성과 능력이 증대됨으로써 국내외의 요구와 도전에 잘 대응할 수 있게 되는데, 이것이 그가 말하는 정치발전이다.

반면에 헌팅턴은 정치 참여와 제도화의 관계에서 정치발전을 찾았다. 그에 따르면 비서구 사회는 지속적인 근대화 과정에 놓여 있는데, 그 결과 정치 참여가 폭발적으로 증가한다. 정치제도가 잘 발달되어 있어서 이런 정치 참여의 욕구를 잘 수용하면 정치적 안정을 이루고, 정치제도화의 수준이 낮아서 잘 수용하지 못하면 정치적으로 불안정하게 된다. 헌팅턴이 말하는 정치발전이란 바로 증가하는 정치 참여에 상응해서 정치제도화의 수준이 높아져 정치적 안정을 이루는 것이다. 이때 시민지배의 정치체제가 달성된다. 반면 정치제도가 증가하는 정치 참여를 수용하지 못해서 발생하는 정치적 불안정은 정치쇠퇴이고, 이 같은 상황은 군의 정치개입을 불러와 군부독재가 성립한다.

정치체계가 자율성을 가지고 사회집단에 권위를 행사하는 능력을 정치제도화의 핵심이라고 파악하고 있기 때문에 결국 정치발전의 목적은 정치적 안정이다. 따라서 군부독재 정부도 안정과 질서를 유지하는 강한 정부라는 점에서 그는 좋은 정부라고 인정하고, 정치적 안정을 이루기 위해서는 과도한 정치 참여도 제한할 필요가 있다고 본다.

② 정치문화의 개념

정치발전을 언급하는 대부분의 학자들은 반드시 정치문화를 언급하고, 일반인들도 예외는 아니다. 흔히 알고 있는 것처럼 서구의 민주주의 정치제도를 도입했는데도 비서구 국가에서는 정치가 서구처럼 민주적으로 운영되지 못하고 파행을 거듭하는 이유가 정치문화의 차이 때문이라는 것이다. 즉 민주주의가 정착되기 위해서는 먼저 정치문화가 민주적으로 변화해야 한다는 것이 바로 정치문화를 거론하는 이유다.

우리는 미국의 정치문화, 일본의 정치문화, 한국의 정치문화가 서로 다르다는 것은 안다. 그러나 '무엇이 어떻게 다른가?'라는 질문에 예를 들거나 포괄적으로 답할 수는 있지만 정확하게 구체적으로 답하기는 쉽지 않다. 그 이유는 정치문화의 개념에 대한 명확한 정의가 없거나, 있더라도 서로 다른 정치문화를 비교할 수 있는 명확한 기준을 제시하지 못하기 때문이다.

이런 문제에 대한 해답을 구한 대표적인 사람들이 알몬드와 버바(S. Verba)이다. 그들에 따르면 정치문화란 정치적 대상에 대한 태도와 정향이다. 정치적 대상은 너무나 다양하지만 알몬드와 버바는 그것을 크게 정치체제(국가나 정치제도), 투입(정치적 요구), 산출(정책), 주체(정치적 행위자로서의 개인)로 분류한다. 그리고 태도 또는 정향은 정치문화의 구성요소인데, 정치적 대상에 대한 인지(지식)와 감정 그리고 평가로 구성된다. 예를 들면 우리나라의 정치체제가 대통령제임을 알고 있다는 것은 인지적 측면이고, 대통령제가 좋다는 것은 감정적 측면이며, 대통령제가 장단점이 있다고 판단하는 것은 평가의 측면이다. 이렇게 정치문화를 개념화하면 한 국가의 정치문화를 좀 더 구체적으로 파악할 수 있고 또 여러 국가의 정치문화를 비교하기도 쉽다.

그들은 앞의 정치문화의 개념에 따라 정치문화를 지방형(parochial), 신민형(subject), 참여형(participant)으로 나누었다. 지방형 정치문화는 전통사회에서 볼 수 있는데 앞의 네 가지 정치대상에 대해 아무런 정향도 발견되지 않는 정치문화이다. 정치적 의식이 국가적 차원으로 확대되지 못하고 촌락이나 지방에 머물고 있기 때문에 지방형이라고 불린다. 신민형 정치문화는 흔히 과도기에 처한 권위주의 사회에서 나타나는데, 정치체제와 산출, 즉 위로부터의 정치과정에 대해서는 비교적 높은 정향이 있으나, 투입과 주체, 즉 아래로부터의 정치과정에 대한 정향은 아주 낮다. 왕정하의 신하들처럼 국가나 정부의 권위에 쉽게 복종하는 반면, 정치 참여나 개인의 정치적 역할은 없기 때문에 신민형이라고 불린다. 참여형 정치문화에서는 모든 정치대상에 대한 정향이 높게 발달되어 있고 특히 시민들이 활발하게 정치에 참여하기 때문에 참여형이라고 불린다.

이런 세 가지 유형의 정치문화는 가상으로만 상정할 수 있는 것이지 현실에서 각 국가의 정치문화는 세 가지 유형이 혼합된 형태로 나타난다. 다만 어떤 유형의 정치문화가 지배적인가가 문제될 뿐이다. 알몬드와 버바는 민주주의에 가장 적합한 현실의 정치문화 모델로 시민문화를 제시했는데, 시민문화는 세 가지 유형의 정치문화가 혼합되어 있지만 참여형이 지배적이고 서구 민주주의 국가에서 발견되는 정치문화이다.

정치발전과 정치문화를 정치학의 영역에서 본격적으로 다룬 이들의 이론을 묶어서 근대화이론이라고 부르는 이유는 앞의 설명에서 미루어 짐작할 수 있지만, 좀 더 부연해서 설명해 보자. 무엇보다 이 이론들은 사회를 근대사회와 전통(전근대)사회로 나누는 이분법적 사고에 기초하고 있고, 전통사회가 근대

사회로 변화하는 것을 발전이라고 가정하고 있다. 이때 근대사회의 모델이 서구사회이기 때문에 근대화는 곧 서구화를 의미한다. 즉 아직 전통사회에 머물러 있거나 근대화의 과정에 돌입했다고 하더라도 전통사회의 특징이 많이 남아 있는 비서구 국가들은 서구 국가들의 역사적 경험을 되풀이하면서 서구의 가치와 제도를 모방하면 근대화가 성취될 것으로 보고 있다. 이러한 시각은 우리의 일상적인 사고에도 많은 영향을 끼쳐서 우리의 낙후된 정치 현실, 예를 들면 지역주의나 정경유착, 위계적인 우두머리 중심의 정치를 쉽게 전근대적인 행태라고 비판하면서 서구처럼 근대적인 정치를 할 것을 촉구한다.

종속이론

근대화이론은 1960년대 말부터 등장하기 시작한 종속이론으로부터 호된 비판을 받는다. 근대화이론에서 발전이 문제이고 그 해답이 근대화라면, 종속이론에서는 저발전(저개발)이 문제이고 그 해답은 종속이다. 즉 종속이론이 제기한 문제는 '왜 제3세계(종속이론에서는 '후진국', '개발도상국' 등의 용어보다 '제3세계'라는 용어를 선호한다) 사회는 발전하지 못하고 있는가?'이다. 그래서 종속이론을 저발전이론이라고 부르기도 한다(국제정치에서는 이를 구조주의라고 부르기도 한다).

종속이론도 그 속에는 다양한 이론과 시각이 있지만 대부분 마르크스 이론과 방법에 영향을 받고 있고, 종속이라는 개념이 그 중심에 놓여 있다는 공통점을 갖는다. 따라서 이 이론에서는 경제를 중심으로 제3세계의 저발전을 설명하는 시각이 전제되어 있고 경제적인 측면에서의 종속을 기본적인 연구대상으로 삼는다. 그러나 경제적인 종속이 정치와 사회의 전반에 걸친 결과를 초래한다고 설명하기 때문에 정치경제학적 접근이라고 할 수 있다.

종속이론에서 말하는 종속(dependency)은 한 국가의 현재 상황이나 발전이 내부적인 힘에 의해 결정되지 못하고 외부 세력에 의해 좌우되는 상태로 정의되기 때문에 종속은 의존(dependence)과는 다른 개념이다. 선진자본주의 국가들 서로는 상호 의존의 관계를 맺고 있지만, 선진자본주의 국가와 제3세계 국가 간의 관계는 바로 지배와 종속의 관계다. 이러한 종속이 제3세계 사회 저발전의 원인이다. 근대화이론이 비서구 국가들의 후진성을 개별 국가의 내부에서 찾으려고 했다면, 종속이론은 저발전의 원인을 내부가 아닌 외부, 즉 선진자본주의 국가에서 찾는다. 그러므로 제3세계의 발전 또는 저발전을 이해하기 위해서는 개별 국가의 차원에서 발전과 저발전을 연구하는 것으로는 한계가 있고, 세계적인 차원에서 자본주의의 구조를 파악해야 한다.

종속이론가들이 파악한 세계자본주의의 구조는 중심부와 주변부의 관계인데, 중심부에는 서구 선진자본주의 국가들이 그리고 주변부에는 제3세계가 자리 잡고 있다. 중심부는 주변부를 지배하면서 자원과 노동을 착취함으로써 발전할 수 있었고, 이에 따라 주변부는 저발전의 질곡에 처하게 되었다. 주변부에서 생산된 경제적 부(잉여가치)가 중심부로 계속 이전됨으로써 주변부는 저발전을 탈피할 수 없었다는 것이다. 그러므로 중심부, 즉 선진자본주의 국가들의 발전과 주변부, 즉 제3세계의 저발전은 개별적인 현상이 아니라 동시에 발생하는 동전의 양면과 같은 현상이다. 이러한 종속이론의 시각에 따르면 세계자본주의 체제에 깊숙이 편입되면 될수록 발전이 아니라 저발전의 발전(저개발의 심화)이 있을 뿐이고, 발전이 있다 하더라도 그것은 진정한 질적인 발전이 아니라 단지 양적인 팽창에 불과하다. 즉 발전의 성과가 소수의 지배계급에만 돌아갈 뿐만 아니라 종속으로부터 벗어나지도 못한다는 것이다.

그러면 중심부는 어떻게 주변부를 착취하는가? 물론 제3세계가 식민지 상태에 있던 과거에는 직접적인 정치적·군사적인 지배로 착취가 가능했지만 현재는 그것이 불가능하다. 그래서 경제적인 지배라는 간접적인 방법에 의존하는데 그 대표적인 예가 다국적기업이다. 다국적기업은 본국 부르주아의 이익을 위해 제3세계에 침투해서 값싼 노동력을 착취하고 자원을 고갈시키며 농업을 피폐하게 만든다. 예를 들면 제3세계의 많은 국가들이 식량난에 처해 있는데도 자국에서는 거의 소비되지 않고 수출만을 목적으로 한 작물, 예를 들면 커피나 바나나 같은 환금작물을 재배한다. 이런 작물의 세계시장은 소수의 다국적기업에 의해 지배되기 때문에 항상 낮은 가격으로 수출된다. 더욱이 세계시장 가격이 폭락하면 이런 작물의 수출에 경제적으로 크게 의존하고 있는 국가들은 큰 타격을 입게 되고 그 피해는 누구보다도 농민들에게 돌아간다. 이런 농업 방식은 결국 해당 국가의 식량난 해소에도, 경제발전에도 도움이 되지 않지만 중심부와 중심부의 이익을 대변하는 다국적기업 그리고 소수의 현지 토착 지배계급에 의해 유지된다.

그리고 서구의 역사에서 지배계급인 부르주아는 국가의 지배에서 벗어나 독자적인 계급을 형성하고 결국 절대주의 국가를 무너뜨림으로써 자본주의에 기초한 근대민주주의를 수립했다. 그러나 제3세계의 부르주아는 피지배계급을 착취한다는 점에서는 서구의 부르주아와 같은 역할을 수행하지만, 다른 한편으로는 중심으로부터 착취당하면서 중심에 의해 지배계급의 지위를 보호받기 때문에 자율성을 가질 수 없고, 따라서 서구 부르주아가 수행한 역사적 역할을 반복할 수 없다. 제3세계의 정부는 국민의 지지에 의해 정통성이 확보되는 것이 아니라 다국적기업 같은 외국자본가와 서구 국가들의 지원에 의해 성립되고 유지되기 때문에 외국의 지원이 철회되면 언제라도 붕괴될 수 있을 만큼 허약하다. 그래서 제3세계의 정부는 외국자본가와 국내의 소수 자본가의 이익을 실현하기 위해 국민의 광범위한 정치 참여를 배제하거나 억압하면서 관료 위주로 정치를 펼치게 되는데, 이것이 제3세계 국가에서 흔히 관찰되는 관료권위주의 정부다. 따라서 제3세계의 저발전과 권위주의적인 정부는 종속의 상황이 초래한 결과다.

이러한 논리에 따라 종속이론에서는 발전의 전략으로 세계자본주의체제와 단절하고 내부 지향적인 자립적 발전의 길을 걷도록 권고한다. 근대화이론에서 근대화가 보편적인 현상이며 비서구 국가들도 서구 국가들의 역사적 경험을 답습할 것으로 보고 발전에 관해 보편적으로 적용될 수 있는 이론을 정립하려고 노력한 것과는 달리, 종속이론에서는 제3세계의 특수성을 강조하면서 제3세계가 서구의 역사적 경험을 되풀이할 수 없다고 주장한다. 대신 마르크스의 시각이 전제되어 있는 만큼 종속이론에서 상정하고 있는 이상적인 발전 방향은 사회적·경제적인 개혁이나 혁명을 통해 사회주의 체제를 수립하는 것이다.

근대화이론에서는 베버가 그랬던 것처럼 문화가 발전에 결정적이거나 최소한 그 전제조건 중의 하나라고 인정하는 반면, 종속이론에서는 마르크스가 그랬던 것처럼 사회적·경제적 조건, 그것도 외부에의 경제적 종속이 저발전의 핵심적인 요인이라고 주장한다. 또 근대화이론이 서구의 역사적 경험을 토대로 미국의 학자들이 중심이 되어 구축해서 세계로 수출되었다면, 종속이론은 남미의 역사적 경험을 토대로 남미의 학자들이 중심이 되어 이론화해서 세계로 수출한 것이다. 우리는 두 이론을 어떻게 받아들여야 할까? 다시 말하면 두 이론 중에 어떤 것이 한국과 더 나아가 제3세계의 현실과 발전을 설명하는 데 더 적절한가?

POINT

1. 근대화이론에서는 근대화(서구화)가 발전이라는 전제하에 정치발전의 모델로 서구 민주주의를 상정하고, 정치문화를 정치발전의 결정적인 또는 중요한 요소라고 본다.
2. 종속이론에서는 제3세계 저발전의 원인을 종속에서 찾으며 사회적·경제적인 요인으로 저발전을 설명한다.

3. 동아시아의 발전과 문화: 아시아적 가치 대 보편적 가치

1980년대부터 재연된 문화와 발전의 관계에 대한 논쟁은 이제 우리나라를 포함한 동아시아 국가들을 대상으로 유행처럼 전개되었다. 일본에 뒤이어 신흥공업국(NICs)으로 등장한 한국, 대만, 싱가포르, 홍콩 등 동아시아 국가들의 눈부신 발전 그리고 그 뒤를 이은 중국과 태국, 말레이시아의 발전을 어떻게 설명해야 하는가? '동아시아 발전 모델'이라는 이름으로, 경제학에서는 시장경제의 우수성을 주장하고 정치학에서는 정부(국가)의 적극적인 역할이 발전의 원동력이라고 분석한다. 그러나 어떤 분야에서든지 서구와는 다른 유교문화 또는 아시아적 가치가 발전에 결정적인 또는 적어도 중요한 기여를 했다고 대부분 인정한다.

이런 점에서 동아시아 국가들의 발전은 그 어떤 이론보다 베버의 명제와 종속이론에 심각한 도전이었다. 이들 국가들은 기독교 윤리의 전통도 없을 뿐만 아니라, 종속 상황에서 고도의 발전을 이룩해냈기 때문이다. 따라서 아시아적 가치에 기초한 설명이 맞는다면 두 이론은 동아시아 국가들의 발전으로 용도폐기되어야 할 처지였다. 그런데 1997년에 동아시아에 불어 닥친 금융위기는 아시아적 가치를 비판할 새로운 소재를 제공해 주었다. 금융위기의 주범이 바로 아시아적 가치라는 것이다. 따라서 동아시아 국가들도 진정한 발전을 이루고 정상적인 사회에 돌입하기 위해서는 전 지구적으로 보편화된 가치를 수용해야 한다는 것이다. 이제 문화와 발전에 관한 세 번째 논쟁, 즉 아시아적 가치 대 보편적 가치의 논쟁이 시작되었고, 이것은 앞의 두 논쟁과는 달리 문화 영역 안에서만 전개되었다.

유교 자본주의 또는 아시아적 가치

유교의 문화적 전통이 동아시아 국가들의 발전에 기초가 되었다고 보는 이유는 일본을 비롯한 동아시아의 네 마리 용들이 모두 유교문화권에 속해 있기 때문이다. 이들 국가들은 자본주의적인 발전을 이루어냈지만 서구와는 다른 문화적 가치 위에 자본주의를 성립시켰고, 그에 따라 서구의 기독교 자본주의와는 성격이 다르다는 점에 착안해서 유교 자본주의라고 부른다. 그런데 태국이나 말레이시아 등 유교의 전통이 없는 동아시아의 다른 국가들로 발전이 확산되자 더 넓은 의미로 아시아적 가치를 내세우게 되었다. 그러면 서구와는 다르면서 아시아에 고유한 어떤 가치들이 이들 국가들의 발전에 기여했는가?

우선 베버가 기독교 윤리의 미덕으로 묘사한 근검과 절약의 정신이 유교의 윤리에서도 발견된다는 것이다. 유교 사회의 전통에서도 피치자(被治者)뿐만 아니라 치자(治者)에게도 사치는 비판의 대상이 되었고 분수에 맞는 검약한 생활이 본보기였다. 노동을 신성시하지는 않았지만 주어진 사명에 대해서는 성실하게 최선을 다할 것과 세속적인 성공을 중요하게 생각하는 성취동기가 대단히 강했다. 이런 유교의 가치는 현대에 와서 지구상에서 가장 높은 저축률과 장시간의 노동으로 나타나 자본주의 발전의 원동력이 되었다.

동아시아 발전 모델의 핵심적인 내용 중의 하나가 정부주도형 발전인데, 이것은 우수한 관료 집단이 있었기 때문에 가능했다. 그러면 우수한 인재들이 왜 관료로 진출하는가? 그것은 바로 유교사회의 전통에서 유래했다. 전통 유교사회는 관료가 지배하는 사회라고 할 정도로 문민지배의 전통이 강했고, 관리는 바로 성공의 상징이었다. 이런 전통이 현대에도 고스란히 전해져 내려왔다. 그런데 관리는 과거제도라는 능력본위의 시험을 통해 선발되기 때문에 교육은 대단히 중요한 의미를 갖는다. 이것은 교육의 중요성을 강조하는 유교의 가치와 어우러져 현대에도 높은 교육열로 나타난다. 익히 알려진 바와 같이 부존자원이 빈약한 일본과 동아시아의 신흥공업국들은 인적 자원을 발전의 원동력으로 삼을 수밖에 없는데, 높은 교육열은 인적 자원의 개발에 기폭제 역할을 했다.

아시아적 가치의 정점은 아마도 집단주의 또는 공동체주의일 것이다. 개인주의가 발달한 서구와는 달리 아시아인들은 우선 심리적으로 집단에 소속되어 있을 때 안정감을 느낀다. 그리고 개인의 권리나 이익보다 자신이 속한 집단에 대한 의무와 집단의 이익을 우선한다. 이런 가치는 좁게는 가족에 대한 헌신과 기업이나 집단에 대한 복종, 넓게는 국가에 대한 충성으로 나타난다. 공공의 이익, 즉 공공질서나 안녕 또는 국가 차원의 경제 발전과 복리가 실현된다면 개인의 권리와 이익의 희생도 감수하는 것이 아시아인에게 내면화된 가치다. 이런 가치로 인해 국민들은 정부의 권위에 복종하면서 정부가 주도하는 경제발전에 적극적으로 동원되었다.

여기에서 아시아적 가치는 발전의 원동력일 뿐만 아니라, 정치적인 의미가 있다. 아시아적 가치를 옹호하는 사람들은 개인의 자유와 권리를 지나치게 강조한 서구 사회는 범죄와 마약이 만연해져 무질서와 방종으로 나아갔다고 주장하면서, 서구식 자유민주주의가 비서구 사회가 따라야 할 보편적인 모델이 될 수 없다고 본다. 아시아 국가들에는 아시아의 고유한 전통과 문화에 어울리는 정치체제, 즉 아시아식 민주주의를 발전시켜야 한다는 것이다. 그것은 질서와 안정 그리고 권위를 존중하는 집단주의적 가치에 부합하면서 경제발전을 통한 복리의 증진에 효율적인 정치체제를 말하는데, 대표적인 모델이 싱가포르이다. 경제적인 측면에서 유교 자본주의라고 부르는 것처럼 민주주의를 유교적 가치 위에 실현한다는 의미에서 유교 민주주의라고 부를 수 있을 것이다. 한국의 경험에서 보자면 이런 정치체제는 박정희 대통령 시절의 '개발독재'와 크게 다르지 않을 것이다.

보편적 가치 또는 아시아적 가치의 부정

2002년 한일 월드컵에서 우리 축구대표팀은 4강 신화를 달성했다. 월드컵 개최 당시 세계 순위 40위이고, 월드컵 경기에서는 16강에라도 오르면 성공이라던 우리 대표팀은 어떻게 4강에까지 오르게 되었을까? 그것을 대표팀의 감독이었던 히딩크의 공으로 돌리는 데 대부분의 사람들은 주저하지 않는다. 그러면 대표팀의 감독으로 있던 1년 6개월 동안 그는 무엇을 어떻게 했기에 우리 대표팀을 세계적인 수준으로 올려놓을 수 있었는가? 무엇보다 학연과 지연 같은 연고주의에서 탈피하여 실력 위주로 대표팀 선수들을 선발했다는 점, 대표팀 안에서 선배와 후배 사이의 상하 위계질서를 무너뜨려 선수들 사이에 평등하고 협력적이면서도 경쟁적인 관계를 유도해냈다는 점이 지적된다. 즉 보편적 가치의 적용이 그 해답이다.

아시아적 가치는 1997년 동아시아에 금융위기가 불어 닥치면서 호된 시련을 겪게 된다. 아시아적 가치가 금융위기의 주범으로 몰리고 그 해결책으로 보편적 가치가 다시 제시된 것이다. 동아시아의 금융위기는 물론 다양한 영역과 차원에서 설명이 가능하지만 여기에서는 우리의 관심사에 맞게 문화의 영역에 한정하자.

아시아적 가치를 부정하는 사람들의 눈에 아시아적 가치는 발전에 오히려 부정적인 기능을 수행한다. 금융위기는 이런 부정적인 측면이 누적되어 폭발한 현상이라는 것이다. 아시아적 가치 중 대표적인 비난의 대상은 연고주의와 정실주의다. 혈연이나 지연 그리고 학연 등의 연고가 아시아에서 일반적으로 중요한 자산이 된다는 것은 익히 알려진 사실이다. 연고에 매여 형성된 집단은 집단 내부에 적용되는 것과는 다른 규범을 외부에 적용해 내부의 사람들이 즐기는 각종 이익으로부터 외부의 사람들을 소외시킨다. 여기에서 학벌주의, 지역주의 등 사회 전체의 이익을 외면하는 집단이기주의가 나오는 것이다. 더욱이 아시아 사회에서는 인간관계를 아주 중요하게 여기는데, 사적인 인간관계를 법적 또는 제도적 공식관계보다 우선하거나 동일시하는 정실주의 전통이 강하다. 연고에 매여 형성된 집단은 공식적이고 투명하게 사회를 운영하는 것보다 사적인 관계를 통한 정실에 의해 사회를 운영한다. 연고주의와 정실주의는 비판을 허용하지 않을 뿐만 아니라 부조리와 부패의 온상이기도 하다. 따라서 사회의 효율성은 떨어질 수밖에 없다.

또한 가족주의의 강한 전통은 가족에만 머무는 것이 아니라 사회 전체를 확대된 가족으로 파악하게 만든다. 공식적인 관계가 되어야 할 사회관계는 곧잘 형제지간이나 심지어 부자지간으로 치환된다. 예를 들면 가족과 같은 분위기가 바람직한 기업의 문화로 거론되고 있고, 정치에서 정치지도자와 추종자의 관계는 전통적인 주종관계에서 조금도 벗어나지 못하고 보스정치가 계속되고 있다. 더욱이 가족주의는 가족의 범위를 넘어선 관용과 합리성을 허락하지 않고 가족이기주의에 매몰되어 있다. 대표적인 예가 기업의 족벌경영체제다. 이런 문화적 전통은 사회 전체에 가부장적이고 권위적인 위계질서를 존속시켜 사회적·정치적 권위주의의 성립을 용이하게 만들고 있다.

이런 연고주의와 정실주의의 가장 큰 문제는 기업 내부나 기업 간 그리고 기업과 정부 간의 관계도 공식적으로 투명하게 이루어지지 못하고 연고와 정실에 의해 불투명하게 이루어져서 결국 부패로 얼룩진 정경유착을 낳게 한다는 것이다. 이것이 바로 경제위기의 주범으로 지목되는 정실자본주의다.

아시아적 가치를 부정하는 사람들에게 '아시아적'이라고 불리는 가치는 동서양을 막론하고 전근대 사회가 가지는 일반적인 특징일 뿐 아시아에만 고유한 가치는 아니며, 진정한 근대 사회로 진입하게 되면 동아시아도 보편적인 가치를 수용하게 될 것으로 본다. 즉 아시아에만 고유한 가치는 없다는 것이다. 더 나아가 아시아적 가치를 주장하는 사람들의 불순한 정치적 동기를 지적하기도 한다. 그들은 지금까지의 발전전략, 즉 개발독재를 옹호하고 현존하는 권위주의 정치체제를 정당화하기 위해 아시아적 가치에 호소하고 있다는 것이다.

지금까지는 동아시아의 발전 모델이 긍정적인 역할을 수행했다고 할지라도 이제 한계에 봉착한 이 모델을 극복하고 더 높은 단계로 발전하기 위해서는 보편적 가치의 수용이 필요하다는 것이 아시아적 가치를 부정하는 사람들의 주장이다. 그들이 말하는 보편적 가치란 서구에서 먼저 발생했지만 보편성을 획득한 투명성과 합리성, 인권, 자유 그리고 민주주의다. 다시 말하면 요즘 유행하는 표현인 '지구적 표준'에 합당한 규범을 준수하라는 것이다. 이러한 가치들은 항상 비판의 가능성을 만들어주기 때문에 부패를 차단하고 효율적으로 사회를 운용할 수 있는 효과를 낳고 특히 집단주의에 매몰된 개인성을 회복시켜 자본주의의 발전에 결정적인 역할을 하는 창의성을 제고해 줄 수 있다.

그러면 무엇이 또는 어떤 사회가 지구적 표준의 모델인가? 보편적 가치를 주장하는 사람들이 암시적으로 제시하는 것은 물론 서구 사회다. 한국이 발전을 시작하던 초기, 즉 1960~1970년대에 서구화를 의미하는 근대화를 추구하면서, 전통적인 가치들이 발전에 장애가 된다고 판단하고 이 가치들을 불식시키려고 국가적인 차원에서 무던히 노력했었다. 이 노력은 현재 보편적 가치의 주장과 너무나 흡사하다. 유행이 돌고 돌 듯이 이론도 돌고 도는가.

POINT

1. 동아시아 국가들의 눈부신 발전은 유교의 문화적 전통이나 아시아의 고유한 가치가 그 원동력이라는 데 많은 사람들이 공감한다.
2. 반면 유교의 전통이 오히려 발전의 저해 요인일 뿐만 아니라 아시아에 고유한 가치는 존재하지 않으며 더 높은 수준의 발전을 위해서는 보편적 가치의 수용이 필요하다는 반대의 주장도 있다.

4. 계속되는 논쟁

지금까지 살펴본 세 번의 논쟁은 아직 완결되지 않고 진행형으로 남아 있다. 사실 이 논쟁들 외에 그리고 논쟁들 사이에서 접합점을 찾으려는 많은 이론과 설명들이 있지만 시각의 차이를 부각시키기 위해 논쟁식으로 정리했다.

문화를 언급할 때는 세심한 주의가 요구된다. 문화는 아주 복합적이고 다면적이어서 그 속에는 대립적인 가치들이 존재하기 때문에 어떤 요소를 강조하느냐에 따라 전혀 다른 설명이 나올 수 있다. 아시아적 가치에 대한 논쟁에서 우리는 이런 점을 확인할 수 있다. 동일한 문화와 그 문화에서 유래한 동일한 가치들을 두고 한 쪽에서는 긍정적으로 평가해서 유교 자본주의라고 부르고, 다른 한 쪽에서는 부정적으로 평가해서 정실자본주의라고 부른다. 따라서 전체적인 맥락 속에서 문화를 이해해야지 문화의 한 측면만을 강조해서 그것이 핵심인 양 과장하면 위험한 발상이 될 가능성이 많다.

이런 오류는 아시아적 가치에 몰두해 있는 사람들에게서 흔히 발견된다. 예를 들면 유교에도 민본정치와 위민사상의 전통이 있기 때문에 조선시대에 민주주의의 모습이 발견된다는 주장이 대표적이다. 조선은 기본적으로 신분사회이고 유교는 무엇보다 지배층의 통치를 정당화해 주는 이데올로기였다는 것을 망각한 발상일 뿐이다. 민본과 위민을 명분으로 내걸지 않은 문화와 정치가 있을까? 그렇다고 보편적 가치를 주장하는 사람들이 전적으로 순수하다는 것은 아니다. 그들의 주장은 자칫하면 서구의 가치를 보편적 가치로 둔갑시켜 비서구 사회의 주장을 무장해제시키는 논리로 작용하거나 비서구 사회를 지배하는 이데올로기로 사용될 가능성도 배제할 수 없다. 이러한 서구중심주의는 오랜 역사적 전통을 가지고 있는데, 서구인들이 자신들의 시각과 가치를 기준으로 동양을 비롯한 비서구 사회를 바라보고 평가해서 결국 왜곡하고 폄하하는 지식체계인 오리엔탈리즘이 그 대표적인 예이다. 이런 점에서 문화는 또한 권력이기도 하다.

아시아적 가치와 관련해서 다음과 같은 질문을 던질 수 있다. 만일 유교 자본주의론의 주장대로 베버의 설명이 틀렸다면, 즉 베버가 발견하지 못했거나 잘못 판단한 유교의 가치가 발전의 원동력이라면 이슬람과 같은 다른 문화에도 우리가 발견하지 못했거나 잘못 판단하고 있지만 발전에 기여할 수 있는 가치들이 있지 않을까? 다만 아직 발동되지 못하고 있을 뿐이 아닐까? 기독교 문화에도 있고 유교 문화에도 있는 발전의 원동력이 되는 가치들이 다른 문화에는 없을까? 만일 있다면 문화적 설명은 설득력이 없어진다. 모든 문화가 다 발전에 긍정적인 역할을 할 수 있는 가치들을 갖고 있다면 우리는 그 가치들이 발현되는 다른 조건에 주목해야 할 것이기 때문이다. 만일 없다면 너무나 슬픈 일이다. 왜냐하면 '문화는 운명'이므로 빈곤과 저발전도 운명이 될 것이기 때문이다. 2018년의 가나가 60년 전의 모습과 크게 다르지 않은 것처럼.

문화는 발전의 조건인가? 논쟁은 계속된다.

□ 심화학습을 위해서

김영명. 2010. 「한국의 정치와 문화: 연구 현황과 새로운 방향 모색」. ≪비교민주주의 연구≫ 제5집 2호.

노튼, 앤. 2010. 『정치, 문화, 인간을 움직이는 95개 테제』. 오문석 옮김. 앨피.

베버, 막스. 2018. 『프로테스탄트 윤리와 자본주의 정신』. 박문재 옮김. 현대지성.

원용진. 2010. 『새로 쓴 대중문화의 패러다임』. 한나래.

임혜란. 2008. 「동아시아 발전의 정치경제」. 한국정치학회 엮음. 『정치학 이해의 길잡이 4: 정치경제』. 법문사.

전경옥. 2006. 『문화와 정치』. 숙명여자대학교 출판국.

정재철. 2014. 『문화연구의 핵심 개념』. 커뮤니케이션북스.

헌팅턴, 새뮤얼·해리슨, 로렌스 엮음. 2015. 『문화가 중요하다』. 이종인 옮김. 책과함께.

황광우·장석준. 2003. 『레즈를 위하여: 새롭게 읽는 공산당선언』. 실천문학사.

히라노 겐이치로. 2004. 『국제문화론』. 장인성·김동명 옮김. 풀빛.

3부 세계화, 지방화 그리고 한국

09 세계화의 빛과 그늘 _이정호 · 차재권

10 지방화와 함께 가는 지방자치 _박재욱

11 국제정치의 관점들, 그리고 한반도 _김준형

chapter 9

세계화의 빛과 그늘

이정호 · 차재권

세계화(globalization)는 정치경제학자들의 입에서나 오르내릴 수 있는 거창한 이야기만은 아니다. 세계화는 실제로 우리 실생활 어디에서나 쉽게 보고 느낄 수 있는 현실이다. 우리가 매일 생필품을 구입하는 '홈플러스'와 같은 대형마트에서도 주의 깊게 살펴보기만 하면 세계화의 단면들을 쉽게 찾아볼 수 있다.

'홈플러스'의 전신이었던 '삼성-테스코'는 영국 굴지의 유통전문기업인 테스코사가 한국의 재벌기업 삼성과 합작하여 설립한 회사였다. '홈플러스'는 세계 거대자본이 국내에 진출하여 성공한 대표적 사례로 그 태생부터 자본의 세계화가 만들어낸 작품이었다. 1998년 제정된 「외국인 투자촉진법」을 비롯한 일련의 자본시장 개방 조치들이 있었기에 '홈플러스'와 같은 거대 유통전문기업의 탄생이 가능했던 것이다.

'홈플러스' 매장 안에 진열된 상품들도 세계화의 단면을 고스란히 드러낸다. 내로라하는 국내 브랜드의 제품들도 많지만 가는 곳마다 세계 곳곳에서 흘러 들어온 수입품으로 가득하다. 손에 잡히는 대부분의 공산품은 '메이드

인 차이나'의 원산지 꼬리표를 달고 있다. 주류매장에는 칠레산 포도주가 넘쳐나고 농산품 코너에서도 미국산 오렌지, 필리핀산 바나나가 먹음직스레 소비자를 유혹한다. 한마디로 전 세계의 시장을 옮겨 놓은 느낌이다. 보릿고개를 넘어가며 힘겹게 살아온 지금의 기성세대들에겐 상상하기 힘든 놀라운 변화이다.

'홈플러스' 매장 안을 분주히 오가는 사람들에게서도 세계화의 단면을 확인할 수 있다. 정규직 직원과 비정규직 직원들이 구분 없이 섞여 일하고 있지만 그들이 받는 처우에는 큰 차이가 있다. 비정규직 직원들의 표정이 더 어두울 수밖에 없다. 오가는 고객들 중에는 이런 저런 이유로 우리나라에 체류하고 있는 외국인 고객들도 쉽게 찾아볼 수 있다. 그들은 중국, 몽골, 필리핀, 베트남 등 해외에서 국제결혼을 통해 이주해 온 다문화 가정의 주부나 외국인 노동자들이 대부분이다. '홈플러스'가 보여주는 이 모든 우리 삶의 군상들이 바로 세계화가 빚어낸 삶의 단면들인 것이다.

정보통신기술의 발전과 각국 경제의 급격한 자본주의화와 개방에 힘입어, 세계화는 이미 경제뿐 아니라 정치·사회·문화 등의 광범위한 영역에서 깊고도 빠르게 진행되고 있다. 지난 20여 년 동안에 이루어진 세계화의 진전은 실로 엄청난 것이라고 할 수 있다. 세계화는 우리가 좋아하고 싫어하는 것에 관계없이 이미 우리 생활에 깊숙하게 뿌리내린 현실이다. 이 장에서는 세계화가 무엇이며, 어떻게 진행되고 있으며, 그 영향과 의미는 무엇인지 살펴보자.

1. 세계화란 무엇인가

세계화란 용어를 어떻게 이해할 것인가?

언제부터인가 세계화는 하나의 유행어가 되어왔다. 각 나라의 공항은 국경을 넘나드는 여행객들로 붐빈다. 나라마다 업종을 불문하고 외국인 노동자들이 일하는 모습을 쉽게 찾아볼 수 있다. 대형할인매장에는 이름도 모를 수입품들이 그득하다. 세계화의 그림자는 이처럼 우리 생활 곳곳에 깊숙이 드리워지고 있기에 세계화는 유행어 그 이상의 의미를 갖고 있다.

세계화는 도대체 어떤 개념인가? 세계화란 용어는 1985년 레비트(T. Levitt)가 국제경제 분야에서 발생한 대변화를 설명하면서 처음 사용한 개념이다. 세계화 현상은 과연 1980년대부터 나타나기 시작한 독특한 시대적 현상일까? 아니다. 인류 역사라는 큰 틀에서 볼 때 세계화는 그 시원이 언제인지 밝힐 수 없을 만큼 오래 전에 시작된 현상이다. 그런데 학자들 간에 세계화가 역사적으로 어떻게 전개되어 왔는지에 대해 일치된 견해는 없다. 학자에 따라서는 세계화의 시원을 중세의 몰락과 자본주의라는 새로운 생산양식이 대두되던 15세기까지 확장하는 경우도 있다. 하지만 대부분의 학자들이 세계화가 자본주의의 발전 과정과 그 맥을 같이하고 있고, 특히 1970년대 석유 위기를 포함한 세계적인 경제 위기 이후에 본격적으로 대두되기 시작한 신자유주의의 정치적 이데올로기에 힘입어 더 강화되어 왔다는 점에는 동의하는 듯하다.

시기의 문제 이외에도 우리가 세계화를 언급할 때 혼동해서는 안 될 용어 사용의 문제도 있다. '세계주의(globalism)'와 '국제화(internationalization)'가 그것이다. '세계주의'는 세계화와는 다른 차원의 이념적 시원을 갖고 있다. 그것은 모든 인류가 인종과 민족, 정치적 이념과 문화의 차이를 극복하고 하나로 뭉쳐 잘 살아나가자는 인류공영의 이상주의적 이념을 말하는 것이다. 따라서 표준화(standardization)와 자유경쟁을 통해 경제적 이익을 추구하는 데 초점을 맞춘 현실적 관념으로서의 세계화와는 근본적으로 다르다. 우리가 유엔이라는 국제기구를 통해 세계평화와 지구공동체의 지속 가능한 발전을 고민하는 것이 세계주의의 대표적 사례라 할 수 있다. '국제화'는 세계에서 통용되는 보편적 가치와 기준을 수용한다는 점에서 세계화와 비슷한 점이 없지 않다. 하지만 각 나라의 지리적 경계와 대외적 주권이 여전히 존중된다는 점에서는 다르다. 국제화는 이해 당사국 간의 직접적 관계를 중시하는 양자주의(bilateralism)를 견지한다는 점에서 국가주권의 해체와 다자주의(multilateralism)를 지향하는 세계화와 차이가 있다. 따라서 이런 차이들을 염두에 두고 세계화를 이해할 필요가 있다.

세계화는 '장벽파괴'와 '통합'이다

세계화란 한마디로 '장벽파괴'인 동시에 '장벽파괴'를 통한 '통합'이다. 즉 국경이라는 장벽의 높이가 낮아지고 인류사회가 세계라는 하나의 거대한 공간으로 통합되는 것을 의미한다. 자본과 노동력, 상품과 서비스가 세계라는 통합된 공간에서 덩그러니 형체만 남아 있는 국경을 자유롭게 넘나드는 현실이 바로 세계화인 것이다.

이러한 통합의 주된 원동력은 경제 부문에서부터 나오고 있다. 즉 국가 간에 자본, 노동, 상품, 서비스, 정보 등의 흐름을 막던 인위적인 장벽이 제거되어 세계가 거대한 단일시장으로 통합되는 추세가 점점 강화되고 있는 것이다. 상품이 국경을 넘는 대가로 치러야 했던 비용인 관세가 낮아지거나 없어지고, 자본과 노동력 그리고 서비스의 자유로운 이동을 방해하던 국가적 경계가 열어지면서 경제적 교류가 활발해지고, 그 결과 세계는 점차 단일의 통합된 공간이 되어가고 있는 것이다.

이러한 세계화가 1990년대 급속히 진전된 것에는 많은 요인들이 있다. 그중에서도 의미 있고 중요한 요인으로는 냉전체제의 붕괴를 들 수 있다. 냉전체제는 세계를 자본주의 진영과 사회주의 진영으로 나누어놓았다. 따라서 냉전 체제의 붕괴란 본질적으로 두 진영 사이에 가로놓인 장벽이 붕괴된다는 것을 의미한다. 그러나 더 중요한 것은 이데올로기적 블록 간의 장벽이 붕괴되면서, 냉전시대의 주요한 국제적 행위자였던 국가도 이러한 흐름에서 예외가 될 수 없게 되었다는 점이다. 국가권력이 국경을 따라 높이 쌓아 올렸던 국가 간 장벽의 높이 또한 낮아지게 되었다. 이것은 결국 강고한 국가권력과 그것을 지탱해 온 구조의 약화를 초래하게 되었다.

냉전시대에 세계를 두 개의 거대한 블록으로 갈라놓았던 것은 이념이었다. 국경의 의미가 퇴색되고 국가의 힘이 약해진 세계화의 시대에는 신자유주의적 자본주의의 원리가 냉전시대의 이념을 대체하고 있다. 신자유주의적 자본주의는 국가가 시장경제에 간섭하지 않고 시장의 자유를 보장하면 할수록 경제가 효율적으로 작동하게 된다고 믿는다. 그리고 효율적으로 작동하는 경제는 발전과 번영을 가져올 것이라 확신한다. 당연히 자본주의가 세계적으로 널리 퍼지면 퍼질수록 인류사회는 번영하게 될 것이라는 믿음 또한 갖게 된다. 따라서 세계화는 이념을 놓고 동서 양 진영이 대결하는 대신에 이 신자유주의 원리가 국경을 넘어 전파되는 현상을 일컫는다.

신자유주의자들은 20세기 중반 이후 국가가 시장에 대한 간섭을 강화하고 복지국가화한 것이 결국은 경제적 효율성을 떨어뜨리고 경쟁력을 약화시켰다고 주장한다. 그리하여 정부의 시장에 대한 규제의 철폐, 노동시장의 유연화, 민영화 및 시장 개방 등 고전적 자유주의로의 복귀를 강조하는 정치경제적 이념 성향을 나타낸다. 이 신자유주의 정책은 1980년대 미국의 레이건 행정부와 영국의 대처 정부에서 공격적으로 실행되기 시작했다.

냉전체제의 붕괴와 더불어 교통수단의 발전과 정보통신 혁명 역시 세계화를 진전시킨 중요한 요인 중의 하나이다. 이 부문의 발전을 통해 인적·물적 자원의 이동과 문화의 전파 속도가 급격히 빨라졌다. 그 결과 시간적 격차와 공간적 거리는 급속히 압축되었고, 세계는 '시간적으로는 동시화되고 공간적으로는 지구촌화'되었다. 세계의 모든 정보와 자료가 국경이나 거리의 제한을 받지 않고 24시간 쉬지 않고 빛의 속도로 이동하면서 지구를 시·공간적으로 좁혀놓고 있는 것이다.

특히 전자정보 초고속도로가 개설되고 인터넷 사용이 보편화되면서 상품, 자본, 정보의 이동비용이 대폭 줄어들었다. 그뿐 아니라, 세계적인 전자정보 통신망을 비롯해 각국 산업 분야의 정보통신망이 구축됨에 따라 산업, 재정, 금융, 주식, 물가, 환율, 국제수지, 외환보유고, 대외채무 등에 관한 정보가 전면적으로 노출되어 국제 거래에 수반되어 온 경제적인 리스크가 획기적으로 감소됨으로써 세계화를 가속화시키고 있는 것이다.

세계화의 진전에 세계무역기구(WTO: World Trade Organization)의 출범 역시 중요한 역할을 했다는 것에 대해 부정하는 사람은 없을 것이다. WTO 협정이 경제적 의미의 국경을 붕괴시키는 요인으로 작용했기 때문이다. 1999년 11월 미국 시애틀에서 개최된 제1차 회의를 시작으로 2017년 12월 부에노스아이레스에서 개최된 제11차 회의에 이르기까지 WTO 각료회의가 격년으로 열릴 때마다 강력한 반세계화 시위의 목표물이 되어온 것도 바로 이 이유에서다. 2003년 멕시코 칸쿤에서 개최된 제5차 각료회의에서는 우리 농민을 대표해 시위에 참여했던 이경해 전 농업경영인중앙연합회 회장이 반대 시위 도중 할복을 시도해 사망하기도 했고, 2013년 12월 인도네시아 발리에서 개최된 제9차 각료회의에서는 WTO에 반대하는 인도 농민들이 회의장을 점거하는 사태가 벌어지기도 했다.

물론 자역무역질서의 파수꾼이라 할 수 있는 WTO의 역할에 대해 부정적인 견해도 제기되고 있다. 점점 높아가고 있는 보호무역주의의 파고 속에 WTO의 분쟁해결 기능이 거의 정지 상태에 이르렀고, 따라서 전 세계 국가가 협력해 구축한 WTO 중심의 다자통상체제가 결국 종언을 고하게 될 것이란 전망이 제시되고 있는 것이다.

끝없이 계속되는 100m 경주

세계화 시대를 특징짓는 또 다른 핵심어는 '무한 경쟁'이다. 경제적으로 통합되면서 경쟁이 세계적으로 격화되고 있다. 국가는 국가대로, 기업은 기업대로, 개인은 개인대로 치열한 경쟁의 태풍 속에 놓여 있다. 이러한 경쟁의 격화는 작은 단위로 쪼개져 있던 시장이 거대한 규모의 세계시장으로 통합됨에 따라 필연적으로 나타나게 된다. 시장이 커지면 커질수록 경쟁이 거세지기 마련이어서 세계시장의 통합은 '무한 경쟁'을 낳을 수밖에 없는 것이다.

급속한 기술혁신으로 인해 상품수명주기(product life cycle)가 급격하게 줄어들어 심지어 최신의 발명품마저도 얼마 못 가 퇴물이 되어버리는 경우가 허다하다. 그래서 세계화로 인해 경쟁상대를 "끊임없이 경계하고 간발의 차이라 할지라도 남들보다 조금이라도 앞서기 위해 잠시도 마음을 놓지 못하는 편집광들만이 살아남는 세상"으로 변해가고 있다고 푸념하는 사람들도 생겨나고 있다.

냉전시대와 탈냉전의 세계화 시대를 스포츠에 비교한 재미있는 비유가 있다. 프리드먼(T. Friedman)에 따르면 냉전은 일본 씨름인 스모에 해당하고, 세계화는 100m 달리기라는 것이다. 스모 시합에서는 "두 명의 거한이 씨름판 안에서 각종 의식을 장황하게 치르지만 막상 실제로 맞부딪치는 것은 승부를 가름하는 최후의 몇 초일뿐인데, 이때 패자는 원 밖으로 밀려난다. 하지만 여기서 죽거나 치명상을 입는 사람은 아무도 없는" 별로 위험할 것 없고 치열하지 않은 게임이라는 것이다. 이에 비해 세계화는 "끊임없이 반복되는 100m 달리기에 비유할 수 있다. 그동안 몇 번을 이겼든 상관없이 그다음 날도 여지없이 또 경주에 나서야만 하는 게임이다. 게다가 단 100분의 1초만 뒤져도 한 시간 뒤진 것처럼 느껴지는" 끝없이 피를 말리는 전력질주 게임이 바로 세계화인 것이다.

냉전 시대에는 적과 아군이 뚜렷하게 구분되었다. 하지만 세계화 시대에는 모두가 경쟁자다. 과거에는 경쟁이 동종업체 사이에서 주로 이루어졌지만, 이제는 업종을 넘어서 업종 간 경쟁이 격화되고 있다. 스마트폰은 업종 간 경쟁을 보여주는 대표적 상품이다. 스마트폰은 인터넷과 전화가 결합된 대표적인 디지털 융합 기기(digital convergence device) 중 하나다. 휴대폰 속에 인터넷 검색 기능이 탑재되면서 다양한 어플리케이션(application)이 개발되었다. 스마트폰을 통해 음악도 들을 수 있게 되었고 자동차 운전의 길안내도 받을 수 있게 되었다. 전자수첩 기능이나 디지털 카메라 기능도 스마트폰이 척척 대신해주는 세상이 되어버렸다. 따라서 기존에 음악을 듣기 위해 구입해야 했던 MP3나 자동차 운전의 필수품이었던 내비게이션 시스템이 더 이상 필요 없다. 전자수첩이나 디지털 카메라도 이제는 스마트폰과 별도로 지니고 다닐 필요가 없다. 하지만 이런 변화는 겨우 스마트폰 기술의 초기 단계가 이끌어 낸 작은 변화에 불과하다. 블록체인(block chain), 사물인터넷(IoT), 빅데이터(big data), 클라우드 컴퓨팅(cloud computing), 인공지능(AI: artificial Intelligence)으로 대표되는 이른바 4차 산업혁명 기술이 일상화되기 시작하면서 스마트폰의 기술진화는 더욱 본격화되고 있다. 중국 화웨이가 개발한 AI 칩셋을 탑재한 스마트폰이나 디스플레이 시장의 판도를 바꿀 폴더블 스마트폰의 상용화는 이제 스마트폰과 같은 디지털 융합 기기가 이끌 업종 간 경쟁이 어떤 양상을 보일지 추측조차 할 수 없는 단계로까지 진화하고 있는 것이다. 스마트폰이 이끄는 이러한 변화와 그로 인한 기업 간 경쟁은 MP3, 내비게이션, 전자수첩, 카메라 등을 제조해 오던 기존 기업들에겐 사형선고나 마찬가지다. 그런 업종의 매출은 현격히 줄어들고 있고, 업종 간 경쟁에서 살아남기 위해 끊임없는 자기 변신을 강요받고 있다. 한마디로 무한 경쟁이 업종 간 경쟁의 지형을 통째로 바꿔버린 것이다.

경쟁은 기업 분야에 한정되지 않는다. 국가도 엄청난 경쟁의 소용돌이에 휘말려 있다. 1980년대 이후 지속되어 온 세계화의 흐름 속에 '자본 자유화'의 움직임이 더욱 빨라졌다. 개방된 자본시장에는 금융 이윤을 찾아 헤매는 헤지펀드(hedge fund)와 같은 투기성 단기자본이 넘쳐나기 시작했고 각국의 금융시장은 그러한 대규모 금융자본의 움직임에 따라 요동치게 되었다. 그 결과, 1992년 유럽 ERM 금융위기를 시작으로 1994년 멕시코, 1997~1998년 우리나라와 태국 등 아시아 국가들, 1998~1999년 브라질과 러시아, 2002년 아르헨티나 등에서 쉴 새 없이 외환 및 금융 위기가 나타나기 시작했다. 이러한 위기에서 탈출하기 위해 각국은 IMF의 구제금융에 의존했다.

그러나 IMF의 구제금융은 마치 독이 든 성배와 같았다. IMF 구제금융을 받는 순간 IMF가 요구하는 대외적인 시장개방, 각종 공기업의 민영화, 기업과 은행의 구조조정, 외국인 투자에 대한 규제 철폐 등 신자유주의적 요구 사항들을 수용해야만 했다. 즉 IMF라는 국제적인 금융 지휘자에 의해 자본시장의 통합이 더욱 가속화되면서 세계화의 속도가 더 빨라지게 된 것이다. IMF의 개입 배경에는 IMF에서 가장 강한 발언권을 갖고 있는 '팍스 아메리카나'의 주인공인 미국의 패권 관리의 논리가 작동하고 있다. 경쟁과 효율을 앞세우는 이른바 워싱턴 컨센서스(Washington Consensus)로 불리는 신자유주의 스탠더드가 IMF를 통해 강요됨으로써 미국의 패권 행사가 훨씬 용이하게 되는 것이다.

문제는 IMF를 통해 미국이 세계경제에 더 많이 개입하면 할수록 각국의 경제시스템이 더욱 동일화되면서 자본주의 국가 간의 연결이 더욱 강화된다는 점이다. 물론 이런 현상이 반드시 나쁜 결과를 빚는 것은 아니지만 한편에서 그러한 각국의 경제시스템이 통일되고 연계성이 강해지면서 자연스럽게 자본주의 시장의 위기 또한 더 쉽게 감염되는 역효과를 나타내고 있어 문제가 된다. 한마디로 자유화된 자본의 흐름 때문에 '미국' 경제가 기침을 하면 '세계' 경제가 바로 콧물을 흘리게 되는 지경에 이르게 된 것이다. 2008년 이후 미국발 금융위기를 시작으로 이어지고 있는 유럽의 재정위기를 비롯한 세계적 경제위기는 자본주의 세계화가 가져온 이러한 문제점을 적나라하게 드러낸 사례라 할 수 있다.

물론 세계화로 인한 장벽파괴와 통합이 가져온 긍정적인 효과들도 얼마든지 있다. 우선 기업으로서는 시장이 넓어졌다는 점에서 기회를 확장하는 것이고, 소비자의 입장에서는 기업 간의 경쟁으로 질이 좋은 상품을 좀 더 싼 가격에 구입할 수 있게 되었다. 또한 경쟁의 활성화는 생산성의 증대로 이어지고, 이 효과가 전 세계적인 수준에서 인류의 복리 증진에 기여하게 된다.

하지만 세계화의 긍정적 영향을 아무리 강조한다 하더라도 불평등의 확산과 대외의존도의 심화라는 세계화의 부정적 영향의 파급력을 상쇄할 수 없으며 최근 지구상의 거의 모든 국가들에서 확인되고 있는 사실이다. 토마 피케티의 명저 『21세기 자본』은 그에 대한 경험적 증거들을 수록한 반세계화의 바이블이 되고 있다. 또한 영국의 브렉시트(Brexit)와 세계 각국에서 일고 있는 극우 포퓰리즘 정치세력의 득세, 그리고 점점 강도를 더해가고 있는 미중 무역분쟁은 세계화가 초래하는 부작용이 무엇인지를 보여주는 준엄한 경고에 다름 아니다.

POINT

1. 세계화는 장벽의 파괴를 통한 통합이다.
2. 세계화를 관통하는 원리는 신자유주의다.
3. 세계화 시대는 국가와 기업, 개인 모두에게 무한 경쟁을 의미한다.

2. 어떻게 진행되고 있나?

생산의 세계화

세계화 이전에는 한 국가 안에서만 주로 이루어지던 기업의 생산활동이 세계화로 인해 여러 나라에서 동시에 이루어지고 있다. 생산의 세계화가 전개되고 있는 것이다. 생산의 세계화에 앞장서고 있는 기업들은 당연히 다국적기업들(multi- national enterprises)이다. 이들 기업은 가능하면 노동자의 임금수준이 낮은 곳에서 제품을 생산하기를 원한다. 따라서 중국, 베트남, 멕시코, 칠레 등과 같이 비교적 값싼 노동력이 풍부한 개발도상국들에는 세계적으로 유명한 브랜드를 지닌 이들 초국적기업의 생산공장이 입지하기 마련이다.

홈플러스 가전제품 코너에 전시되어 있는 TV를 예로 들어보자. 세계화가 본격적으로 시작되기 전인 1980년대만 하더라도 소니사나 파나소닉사의 TV는 당연히 일본산이었다. 그래서 컬러 TV를 사기를 원하는 소비자들은 자신이 원하는 가격과 브랜드만 선택해도 자신이 원하는 품질의 제품을 쉽게 선택할 수 있었다. 일본기업의 브랜드를 달고 있는 TV는 당연히 일본산이었고 그것으로 품질이 보장되었기 때문이다.

그러나 생산의 세계화가 진전된 지금은 사정이 복잡해졌다. 한때 세계 최대의 가전제품 생산기업이었던 소니사지만 지금은 그냥 소니라는 브랜드만 보고 덥석 사서는 후회하기 십상인 시대가 되었다. 소니사가 세계 각국에 부품생산과 완제품 조립에 필요한 생산라인을 갖추고 생산을 세계화하고 있기 때문이다. 상품에 표기된 완제품에 대한 원산지 표시 정보를 통해 상품이 어디서 조립된 것인지를 알기는 쉽지만 그 제품의 품질을 결정짓는 중요 부품들을 어느 나라에서 만들었는지 파악하기란 거의 불가능하다.

반도체, 휴대폰 등 세계 전자제품 시장을 석권하고 있는 한국의 삼성전자 역시 크게 다를 바 없다. 그들 역시 세계 각국에 생산 네트워크와 판매 네트워크를 갖추고 있다. 삼성전자는 2018년 말 기준으로 전 세계 74개국에 2,389개의 1차 협력회사와 30만 명이 넘는 임직원을 보유하면서 19조 원의 연구개발비를 투자하는 말 그대로 글로벌 기업이다. 삼성전자가 갖고 있는 이러한 글로벌 네트워크는 경쟁업체인 소니사를 완전히 압도하는 수준이다.

이처럼 오늘날 주요 상품은 과거와 같이 특정한 국가 내에서 일원화된 공정라인으로 생산되지 않는다. 다국적기업의 주요 상품은 대부분 세계 도처에 산재한 부품공장과 조립라인에서 생산된다. 다국적기업은 이윤을 극대화하고 자사의 경쟁력을 증대시키기 위해 특정 상품을 가장 저렴하게 생산할 수 있는 곳에 공장을 설립하여 상품을 생산한다. 또한 생산시설을 설립하는 데에서도 다양한 요인들을 고려한다. 예컨대 세금이나 임금이 낮다거나, 판매나 수출에 유리하다거나, 생산지역이 입지한 지역의 정부가 제공하는 경제적 혜택(무상으로 공장 부지를 제공한다든지, 공장설립 비용 중 일부를 현지 정부가 부담한다든지)의 규모 등과 같은 요인들이 그에 해당된다. 모든 면에서 최적의 조건을 제공하는 곳이라면 그곳이 어떤 나라든 크게 상관하지 않는다.

이처럼 다국적기업은 국경을 뛰어넘어서 세계 각국에 자회사를 설립하여 세계적인 차원에서 수직적 분업을 확대하고, 생산의 다양화를 추구하고 있다. 이것이 생산의 세계화를 더욱 촉진시키는 원동력이 된다. 다국적기업의 비중 확대는 그 생산 규모나 국제교역에서 단연 두드러지게 나타난다. 300대 다국적기업이 전 세계 생산시설의 약 1/4을 소유·관리하고 있는 것으로 집계되고 있다. 이러한 다국적기업의 해외 직접투자는 1990년대 중반 이후 세계 경기 동향에 따른 등락을 거듭하면서도 전체적으로 지속적인 증가 추세를 보여왔다. 세계은행의 집계에 따르면 1990년에 2,000억 달러였던 해외직접투자는 1999년에는 5배인 1조 900억 달러, 2007년에는 무려 10배가 넘는 2조 1,400억 달러를 기록했다. 이후 해외직접투자는 미국발 금융위기의 직접적인 영향으로 급격히 줄어들어 2009년의 경우에는 2007년의 거의 절반 수준까지 떨어지기도 했다. 2013년 이후 2015년까지 등락을 거듭하면서도 증가세를 유지해 왔으나 2016년 이후 다시 급격히 하락해 2009년 수준 이하로 줄어들었다.

제품뿐만 아니라 서비스 영역에서도 세계화 현상은 두드러지게 나타나고 있다. 세계적인 다국적기업들이 필리핀, 인도, 남아프리카공화국 등과 같이 영어를 공용어로 사용하는 개발도상국에 콜센터를 설치하여 고객을 관리하거나 소프트웨어 개발, 사무관리 지원, 엔지니어링 디자인 등을 전담하는 별도의 서비스 부서를 두는 것이 그런 서비스 세계화의 대표적 사례라 할 수 있다. 외과성형 기술 등 의료기술이 발달한 우리나라를 찾는 의료 관광객이 증가하고 있는 추세 역시 서비스산업 분야의 세계화를 보여주는 또 다른 예라 할 수 있다. 2009년 약 6만 명에 불과했던 한국을 찾는 외국인 환자 수가 2018년에는 약 38만 명 수준에 육박해 10년 간 누적 환자수가 226만 명에 달하는 등 한국이 의료관광의 메카로 자리잡아가고 있다. 2010년부터 제주특별자치도가 적극 추진하고 있는 제주영어교육도시(Jeju Global Education City) 역시 교육서비스 분야의 세계화를 보여주는 좋은 사례라 할 수 있다. 초등학교 7개교, 중학교 4개교, 국제고 1개교를 포함 총 12개의 각급 학교에 1만 명이 넘는 교사와 학생, 그리고 학부모들이 주거상업시설 및 교육문화시설까지 갖춘 정주형 영어마을에서 미국, 유럽 등 교육선진국의 교육기관들이 직접 개설한 학교에서 영어 전용 수업을 받고 있는 것이 세계화된 오늘날 우리 교육의 현실을 잘 보여주고 있다. 2018년 세계은행 무역보고서(World Bank Trade Report)는 세계무역에서 서비스업이 차지하는 비중이 21%에서 2030년까지 25%로 증가할 것으로 전망했다.

무역과 금융의 세계화

자본주의 경제에서 생산과 유통, 금융은 동전의 양면과도 같다. 기업 활동의 핵심 영역이 결국 이들 분야이기 때문이다. 따라서 생산의 세계화는 유통과 금융의 세계화를 촉진하고, 거꾸로 유통과 금융의 세계화는 생산의 세계화를 더욱 증폭시키는 역할을 한다.

2013년 세계은행의 무역보고서에 따르면 전 세계 GDP에서 수출액이 차지하는 비중은 1986년 18.4%에서 2012년 31.8%로 크게 늘어났다. 같은 기간 전 세계 평균 수출 증가율은 평균 GDP 증가율의 두 배에 이르며, 그와 같은 추세는 2035년까지 이어질 전망이다. 이는 세계화의 진전으로 무역이 더욱 활발해지면서 생산된 물품이 국내시장에서 소비되기보다는 대부분 해외로 수출되고 있기 때문이다.

세계무역기구(WTO)는 이러한 세계화에 따른 국제교역의 획기적 증대에 크게 기여했다. 서구 선진 자본주의 국가를 제외한 다른 지역에서 국제교역의 비중은 1980년대 중반만 하더라도 40%대에 머물러 있었다. 우루과이 라운드의 타결에 이어 WTO 체제가 출범하자 이들 지역에 잔존하고 있던 무역장벽이 빠르게 완화되고, 그에 따라 1997년에는 국제교역의 비중이 70%대로 급격히 증가했다. 이는 탈냉전 시대의 개막과 함께 경제적 개념의 국경을 소멸시켜 세계시장의 통합화를 추진한 WTO의 영향이 어느 정도인지를 잘 보여준다.

WTO는 관세협정을 통해 관세율을 인하하고, 공산품에 대한 무관세화를 추진함으로써 관세장벽을 대폭 완화했다. 농산물에 대해서도 관세장벽을 완화시키고 각종 보조금을 감축시키는 협정을 통해 장벽을 낮추었다. 서비스 교역에서도 내국민 대우와 최혜국 대우 등을 통해 유통, 금융, 통신, 건설, 교육, 문화 등 서비스 분야의 시장 개방에 박차를 가하고 있다.

하지만 한편에서는 WTO가 자유무역을 확장시킨 긍정적 측면을 인정하면서도 결국 WTO가 국제적인 자유무역 레짐으로 제대로 작동되지 않는다는 비판적 주장도 적지 않다. WTO가 무역장벽 철폐를 목적으로 출범했지만 무역

자유화의 결과, 대부분의 개발도상국들은 부가가치가 작은 1차 상품이나 노동집약적이면서도 수출지향적인 상품 생산에만 의존하게 됨으로써 결국 임금 수준을 놓고 서로 경쟁하게 되고, 국제적인 자유무역의 결과는 결국 미국과 유럽의 기업농과 제약회사 그리고 금융자본의 배만 불려주고 있다는 것이다.

WTO의 역할과 기능에 대한 상반되는 주장에도 불구하고 1990년대 구축된 WTO 체제하에서는 중국이 새로운 세계의 공장으로 급성장하면서 국제무역의 성장 추세가 지속되고 있다. 2008년 미국 금융위기로 촉발된 세계적인 장기적 경기침체에도 불구하고 세계 각국의 자유무역협정(FTA: Free Trade Agreement) 체결이 가속화되면서 세계 무역규모는 지속적으로 확대되고 있다. HSBC 은행의 무역전망보고서에 따르면 세계 무역 규모는 향후 지속적인 성장을 거듭해 2026년에 이르러서는 2012년 대비 88% 성장할 것으로 예상된다.

인터넷을 비롯한 정보통신에서의 괄목할 만한 발전도 국제교역의 증대를 부채질했다. 전통적인 국제교역은 공급업자로부터 상품 카탈로그를 받아서 구매 의향서를 보내고, 상품가격과 구매조건 등에 대한 협상에 짧게는 몇 주일씩, 길게는 몇 달씩을 소요했다. 그러던 것이 이제는 인터넷 무역이나 웹 상거래를 통해 앉은자리에서 몇 번의 클릭으로 끝내고 있다. 그리고 상품대금의 결제는 전자결제 시스템을 통해 간단히 처리한다. 최근에는 비트코인(Bitcoin)이라는 디지털 화폐까지 등장하고 있다. 결국 정보통신의 발전은 전통적인 국제교역에 존재하던 거리 장벽을 소멸시키고 무역의 세계화를 추진하는 강력한 힘이 되고 있다.

2000년에 자유로운 이동이 가능한 국제 유동성 금융자산은 무려 80조 달러에 이르렀다. 이 자본은 생산시설에 대한 직·간접적인 투자를 위한 자금이거나 다양한 형태의 차관 또는 헤지펀드와 같은 투기 자금이다. 이 자금은 이윤의 극대화를 위해 끊임없이 움직이면서 조그마한 정치적·경제적 변화에도 민감하게 반응한다. 그리고 정보통신의 발전은 이 금융자본의 이동성을 더욱 높여 놓았다. 전자통신망의 세계적인 확대와 발전으로 금융자본은 국가를 불문하고 한 번의 클릭으로 순식간에 엄청난 규모의 자금을 이동시킬 수 있게 되었다.

금융자본의 규모가 커지고 그 유동성이 높아지면서 금융의 세계화는 경제의 안정성을 위축시키고 경제위기를 촉발하는 부작용을 낳기도 한다. 대규모의 국제자금은 금융이 취약한 국가의 통화를 무자비하게 공격함으로써 막대한 외환 차익을 챙기고, 공격을 받은 국가의 경제는 위기에 빠지게 된다. 1997년 아시아 외환위기의 원인 가운데 하나도 바로 막대한 규모의 외국자본이 일시에 빠져나간 데에 있는 것으로 지적되고 있다. 2006년 아이슬란드나 터키 등 신흥시장에서 발생한 외환위기 역시 주요 선진국이 차례로 금리를 인상함에 따라 국가 간 정책금리의 차이를 노리고 투자되었던 외국의 투기성 자본이 한꺼번에 유출되면서 발생했다.

조지 소로스(G. Soros)라는 이름을 들어본 적이 있는가? 국제금융계의 큰손인 조지 소로스 퀀텀펀드 회장은 1992년 영국의 파운드화를 공략하여 일주일 만에 15억 달러를 벌어들인 '외환 투기의 황제'로 불리던 사람이다. 그의 영향력은 1997년 가을, 아시아 외환위기 국면에서 유감없이 발휘되었다. 동남아시아 국가들의 통화 폭락세가 곧 끝날 것이라는 소로스의 평가가 나오자 외환시장은 안정세로 돌아섰다.

조지 소로스가 한국이 외환위기 사태의 늪에 빠져 있던 1998년 1월 초에 한국을 방문했다. 당시 소로스는 약 200억 달러 규모의 펀드를 운용하고 있었다. 김대중 대통령 당선자를 비롯한 한국의 주요 인사들은 소로스를 만나 정중하게 협조를 부탁하고, 언론은 소로스의 일거수일투족을 집중 조명하는 등 국빈 대우를 하면서 극진히 모셨다. 한국 방문에서 소로스는 10억 달러를 한국에 투자하기로 약속하면서 국제금융계에 긍정적인 신호를 보냈고, 한국의 금융계 인사들은 안도의 한숨을 쉬었다. 이것은 국제금융의 영향력이 국가 경제에 미치는 힘의 크기를 상징적으로 보여주는 사례라고 할 수 있을 것이다.

2008년의 국제금융위기의 사례도 중요한 시사점을 제공한다. 규제되지 않은 채로 제한 없이 거래되는 대규모 금융상품의 부실이 실물경제에 어떤 파급효과를 미치는지를 생생하게 보여주었다. 금융위기는 곧 투자의 위축과 기업의 구조조정을 불러일으키고, 이는 바로 대량실업으로 나타났다. 그리하여 미국을 비롯한 세계 대부분의 국가들은 2008년에 이어 2009년에도 마이너스 성장을 감수할 수밖에 없었다.

2008년 국제금융위기 이후 계속된 세계 금융시스템의 불안을 제거하기 위해 미국을 비롯한 서구 금융선진국들이 선택한 옵션은 국제외환시장의 유동성 위기를 극복하기 위한 적극적인 양적 완화 조치였다. 이와 같은 양적 완화 조치는 국제금융시장을 주도하는 미국 중앙은행의 역사상 가장 대담한 정책 실험으로 꼽히기도 했지만 불안한 국제금융시장을 급속히 안정시키는 특효약이 되었다. 하지만 고용증가와 물가 안정을 통해 세계경제를 회복시키는 데 도움을 주었던 2008년의 1차 양적완화의 효과는 뚜렷해 보였지만 그 이후 2차, 3차로 이어진 양적 완화 조치가 이어질수록 그 효과는 점점 약해졌다. 따라서 양적 완화 조치가 시행된 이후 10년의 세월이 흐른 2018년 말부터 유럽과 미국을 중심으로 양적완화를 축소하는 조치가 하나 둘씩 나타나기 시작하면서 세계경제는 미국과 중국 간 무역전쟁의 와중에서 새로운 국면을 맞이하고 있다.

문화의 세계화

경제 영역이 집중적으로 세계화되고 있지만, 문화의 세계화 역시 빠른 속도로 진행되면서 세계화의 폭을 더욱 넓혀가고 있다. 경제의 세계화는 투명성과 개방성, 효율성을 국제적인 규범으로 전파하고 있다. 그리하여 세계 각국은 투자를 유치하고 경쟁에서 뒤떨어지지 않기 위해 신자유주의 정책을 구사함으로써 이른바 '국제규범'에 맞추려고 계속 노력하고 있다.

자본주의 발전의 주된 원동력이 이미 2차 산업에서 3차 산업인 서비스 분야로 넘어가고, 선진자본주의 국가들의 발전이 공업화에서 정보화 단계로 옮겨가면서 문화의 중요성이 강조되고 있다. 이를 통해 경제와 문화의 연관성이 과거보다 훨씬 높아지고 있다. 또한 문화가 삶의 질을 결정하는 중요한 요소로 등장하게 되었다. 기든스(A. Giddens)가 1990년에 이미 문화의 세계화를 세계화 과정의 결정적인 요인으로 간주한 것은 바로 이러한 시대 변화를 간파했기 때문이다.

사회 전 부문에 자본주의화가 진행되다 보니 문화의 각 영역에서도 세계적 기준에 따른 보편화가 빠르게 진행되고 있다. 음식문화의 변화가 대표적일 것이다. 한국의 경우만 하더라도 한 세대 전과 지금의 음식을 비교해 보면 큰 차이를 발견할 수 있다. 이전에는 식탁에 된장찌개, 장아찌, 김치 등이 주 메뉴였다. 그러나 지금의 청소년 세대에게 이런 반찬들은 젓가락이 가지 않는 대표적인 메뉴라 할 수 있다. 그 대신에 소시지, 샐러드, 햄 등이 선호하는 반찬으로 등장했다. 그리고 외식산업의 성장업종으로 등장한 것이 햄버거, 피자 등의 외래 음식점이다. 이것은 비단 한국만이 아니라 전 세계적으로 공통된 현상이다. 맥도널드의 경우 세계 각국에 3만 5,000개가 넘는 매장을 두고 규격화된 품질로 세계인의 입맛을 길들이고 있다.

이러한 문화의 보편화는 의복, 영화, 음악, 놀이 등 문화의 전 영역에서 나타나면서 의식과 가치관의 변화를 이끌어내고 있다. 그리하여 삶의 우선순위나 미적 기준, 생활 패턴 등 모든 영역에서 그 사회 고유의 공동체적 특성이 약화되고, 세계적인 동질성을 향해서 줄달음치고 있다. 심지어는 사고를 담아내는 틀인 언어조차도 영어를 중심으로 보편화되는 양상을 보인다. 우리 사회의 한쪽에서 제기된 영어공용화 주장이 대표적인 사례라고 할 수 있을 것이다. 이 주장에 따르면 우리말뿐 아니라 영어도 우리 사회에서 공용어로 사용해서 우리 국민 개개인의 국제경쟁력을 강화해야만 한다는 것이다. 이러한 추세는 결국 삶의 방식과 문화의 다양성을 파괴하고, 문화를 서구 선진자본주의 중심으로 획일화되도록 할 것이다.

문화는 그 다양성을 통해 인간의 생활을 더 풍부하게 해준다. 문화의 획일화는 삶을 무미건조하게 만듦으로써 인류사회의 지속적인 발전을 저해한다. 세계 어느 나라를 가든 맥도널드에서 햄버거를 사 먹을 수 있다는 것은 분명 편리한 점이다. 그러나 어느 곳을 가든 맥도널드나 피자헛, 켄터키 프라이드 치킨류의 규격화되고 보편화된 것만 존재한다면 따분하고 갑갑하기 짝이 없는 노릇일 것이다. 각 지역이 그 지역 고유의 문화를 꽃피워야 삶이 더욱 풍요로워지는 것이고, 이러한 다양성을 바탕으로 고유의 문화가 서로 영향을 주고받아 더욱 발전해 가는 것이다.

그런데 자본주의적 세계화는 문화도 결국 자본의 논리에 구속시킨다. 즉 자본의 크기에 따라서 생존이 결정된다. 음식, 의복, 영화, 음악, 놀이 등 문화 전반을 자본의 논리가 결정한다면 토속적이고 지역 특수적인 문화는 설 자리를 잃게 된다. 그리하여 삶의 방식이 서구적 기준에 따라 획일화되어 가는 것이다. 서구적 문화의 보편화에 대한 저항은 바로 이 토착 문화의 건강성을 지키고, 지역 공동체의 특수성과 자율성을 유지·확보하려는 노력에서부터 비롯된다.

서구문화의 보편화에 맞서 우리 문화의 우수성을 지켜낸 사례도 얼마든지 있다. 최근 해외에서 각광을 받고 있는 우리나라 음식의 세계화 노력이 그 대표적 예라 할 수 있겠다. 얼마 전까지만 해도 우리나라 음식은 맵고 짜기만 해서 외국인뿐만 아니라 서구 음식문화에 길들여지고 있는 우리나라의 젊은 층들에게도 기피의 대상이 되곤 했다. 그러나 정부와 한식 관련 업계에서 한식의 세계화에 발 벗고 나서면서부터 상황이 달라지기 시작했다. 맵고 짜던 맛을 순화시켜 우리나라 음식의 고유한 맛을 잃지 않으면서도 외국인들의 입맛에 맞는 새로운 퓨전 한식 메뉴들이 개발되면서 한식에 대한 외국인들의 인식이 바뀌기 시작했다. 비빔밥과 불고기는 외국인들이 즐겨 찾는 단골 메뉴가 되고 있다. 심지어 김밥에 떡볶이를 즐겨먹는 외국인들도 심심찮게 볼 수 있게 되었다. 정부가 한식 세계화에 발 벗고 나섰고 관련 요식업계 종사자들이 한식 세계화의 첨병이 되었다. 때마침 불어 닥친 'K-Pop' 열풍이 전 세계를 강타하면서 한식 세계화에도 긍정적인 영향을 미쳤다. 뉴욕, 런던, 파리 등 세계 주요 도시의 한식 레스토랑은 한식을 맛보려는 외국인들로 넘쳐나고 있다. 비빔밥과 김치의 인기는 일본정부의 주도로 한때 세계를 휩쓸었던 '스시(Sushi)' 열풍에 버금갈 정도이다. 일부에서 한식 세계화가 'K-Pop' 인기에 편승한 일시적 현상에 불과하다는 비관적 견해가 제기되고 있긴 하다. 하지만 한식 세계화가 보편적 서구문화에 맞서 전통문화를 지켜내는 것은 물론 역으로 그것을 세계화하려는 발상의 전환을 보여준 대표적 사례인 것만은 확실하다.

최근 계속되고 있는 한국 영화의 발전상도 한식의 세계화와 마찬가지로 자국의 문화를 지키려는 의식적인 노력이 성공을 거둔 대표적 사례라 할 수 있다. 1990년대까지만 하더라도 한국 영화는 영화를 좀 안다 하는 사람들에게는 제작기술도 떨어지고 스토리도 엉성한 이류 혹은 삼류 영화로 인식되었다. 그래서 한국 영화는 흥행에 실패하는 경우가 허다했다. 당시만 하더라도 한국 영화의 성공 기준은 겨우 몇 십만 관객을 모으는 정도에 불과했고 백만 명이 넘는 관객을 모은다는 것은 쉽게 상상하기 어려웠다. 역대 한국 개봉영화 흥행순위 100위 안에 2000년대 이전 영화를 쉽게 찾아볼 수 없는 이유가 여기에 있다. 그러나 지금은 상황이 많이 다르다. 2013년까지만 해도 한국 개봉영화 흥행 1순위는 불명예스럽게도 1,330만 명이 넘는 관객을 동원한 〈아바타〉(2009년 12월 개봉)였다. 하지만 그 불명예의 기록은 2014년 영화 〈명량〉이 개봉되어 선풍적인 인기를 끌면서 사라졌다. 영화 〈명량〉은 1,750만이 넘는 관객을 불러 모으면서 한국 개봉영화 역대 흥행 순위 1위를 지켜오고 있다.

〈베테랑〉(2015년 개봉, 1,334만), 〈국제시장〉(2014년 개봉, 1,426만), 〈신과 함께: 죄와 벌〉(2017년 개봉, 1,441만) 등은 영화 〈아바타〉를 한국 개봉영화 역대 흥행 순위 5위로 밀어내는 데 기여한 불후의 한국 영화들이다.

오늘날 우리가 경험하게 된 한국 영화의 이와 같은 비약적 발전은 1998년 한미투자협정 협상 과정에서 미국이 강요했던 스크린쿼터제 폐지 요구를 '스크린쿼터사수 범영화인 비상대책위원회'를 구성해 온 몸으로 막아내었던 한국 영화인들의 노력이 있었기에 가능한 것이었다. 물론 그간 계속되어 온 정부의 체계적인 영화산업 지원정책과 우리나라 국민들의 한국 영화에 대한 남다른 애정과 관심도 한국 영화 부흥의 디딤돌이 되었다.

스크린쿼터란 한국 영화산업의 진흥을 위해 한 영화관이 의무적으로 한국 영화를 일정 기간 상영하도록 정한 것이다. 그러나 탈냉전시대의 유일 패권국인 미국은 할리우드 영화산업의 이익을 위해 영화시장의 완전개방을 주장하면서 스크린쿼터제의 폐지를 요구했다. 이에 대해 한국 영화인들은 한국적 감수성을 유지하고, 취약한 영화산업의 진흥을 위해 스크린쿼터제가 필요하다고 주장하면서 미국의 압력에 맞서왔다.

POINT

1. 다국적기업의 해외 직접투자를 통해 생산의 세계화가 다양하게 진행된다.
2. WTO 체제의 출범은 세계시장의 통합을 가속화했다.
3. 금융의 세계화는 경제의 안정성을 위축시키는 부작용을 낳고 있다.
4. 경제와 문화의 연관성이 커지면서 문화의 세계화가 더욱 폭넓게 진행되고 있다.

3. 세계화의 영향

세계화는 국가와 개인의 삶에 어떤 영향을 미칠까? 세상 모든 일이 그렇듯이 세계화 역시 국가와 개인의 삶에 긍정적인 영향과 부정적인 영향을 고루 미친다. 세계화의 영향에 대해서는 학자들 간에 많은 논쟁이 있어 왔고 아직 이렇다 할 분명한 결론에 도달한 것도 아니다. 그만큼 세계화는 그 영향을 명확히 구분해 낼 수 없을 정도로 다양하고 가변적인 현상인 것이다. 세계화가 가져온 긍정적인 영향으로 비치는 점들이 보기에 따라서는 완전히 부정적인 영향으로 비칠 수도 있다. 세계화가 우리 삶에 미친 영향은 이처럼 긍정과 부정이 동전의 양면처럼 서로 얽혀 있는 복잡, 미묘한 것이기에 더욱 주의 깊게 바라볼 필요가 있다.

세계화가 보여준 장밋빛 청사진들

세계화가 준 가장 큰 긍정적 영향은 무한 경쟁에 따른 효율의 극대화이다. 세계화의 물결이 밀어 닥치기 전 우리나라 기업들은 사실상 경쟁의 무풍지대에 살았다고 해도 과언이 아니다. 특히, 국내에서 독점적 생산자와 판매자로 명성을 굳힌 대기업일수록 경쟁으로부터 자유로울 수 있었다. 따라서 그들은 소비자를 봉으로 생각하며 세계시장에 내놓아서는 팔리지도 않을 조악한 물건들을 쉽게 우리나라 소비자들에게 내다팔며 엄청난 이윤을 챙겼다. 우리나라를 대표하는 산업이라 할 수 있는 전자산업과 자동차산업을 예로 들어보자. 불과 얼마 전까지만 해도 세계에서 손꼽히는 전자업체라고 하면 소니나 파나소닉 등 일본 전자업체가 전부였다. 우리나라의 삼성이나 LG는 값싼 하류 브랜드에 지나지 않았다. 그럼에도 우리나라 굴지의 대기업들이 운영하던 전자회사들은 전자제품에 대한 높은 관세장벽 때문에 외국, 특히 일본의 유명 전자제품들로부터 국내시장을 보호할 수 있었다. 그런데 계속된 세계화의 영향으로 전자제품에 대한 관세장벽이 점점 낮아지면서 질 좋은 외국 전자제품들도 우리나라 시장에서 가격 경쟁력을 갖게 되었다. 이들과의 경쟁에서 살아남기 위해 국내 전자업체들은 뼈를 깎는 변화와 혁신의 고통을 감내하며 기술개발에 전념해야 했다. 이건희 삼성 회장이 '마누라만 빼고 모든 걸 다 바꾸자'고 제안했던 신경영도 이런 맥락에서 나왔던 말이다. 그 결과, 오늘날 삼성과 LG는 전자제품 분야에서 독보적인 존재가 될 수 있었고 반대로 소니와 파나소닉은 경쟁에서 뒤처진 기업이 되고 말았다. 세계화의 무한 경쟁은 경쟁에서 뒤처진 기업들도 정신만 차리고 '마누라만 빼고 모든 걸 다 바꾸는' 자기혁신의 노력만 제대로 하면 언제든 세계 최고가 될 수 있다는 새로운 효율의 신화를 보여주고 있다.

자동차산업의 경우도 마찬가지다. 2004년 합병 이전에 현대자동차나 기아자동차의 브랜드는 불과 얼마 전까지만 해도 해외 자동차 시장에서 저급 자동차 브랜드의 대명사로 불릴 정도였다. 그래서 덤핑 수출을 통한 저가 공세나 '10만 마일 무상보증'과 같은 무리한 판촉 전략을 앞세울 수밖에 없었다. 그러나 해외시장에서 이처럼 고전하는 동안에도 현대와 기아는 국내시장에서는 독보적인 존재로 군림해 왔다. 우리나라 정부가 자동차산업을 전략적으로 보호하기 위해 자동차제품에 대한 고관세 정책을 유지해 왔기 때문이다. 국내 소비자들은 수입자동차들이 아무리 품질이 좋아도 너무도 고가여서 살 엄두를 낼 수 없었다. 그러나 세계화로 인해 관세장벽이 낮아지면서 국내 자동차 업체들은 점점 해외 자동차업체들과의 무한 경쟁에 내몰리게 되었다. 그와 같은 경쟁 상황은 국내 자동차업체들로 하여금 기술과 디자인 개발에 전력하게 만들었고 그들의 경쟁력을 폭발적으로 향상시켰다. 경쟁력을 갖추지 못한 업체들은 기업 간 합병의 희생물로 전락했다. 기아자동차는 현대자동차와 합병하여 현대·기아자동차로 거듭났고, 삼성, 대우, 쌍용 등 경쟁에서 뒤처진 업체들은 하나씩 르노자동차 등 세계 굴지의 자동차기업들에게 매각되고 말았다. 이와 같은 국내 완성차 시장의 재편과 함께 국내 업체들의 기술경쟁력이 크게 향상되기 시작했다. 해외시장에서의 현지화를 통해 해외 생산과 매출도 계속해서 늘어났다. 한미 FTA, 한-EU FTA의 체결로 자동차산업에 대한 보호 장벽이 무너져 내리는 어려운 시장 환경 속에서도 국내 자동차업체들은 점점 가격

경쟁력을 얻어가고 있는 수입차 업체들과 어깨를 나란히 하며 경쟁할 수 있게 되었다. 그만큼 품질과 가격이 받쳐줄 수 있기에 가능한 일이다. 불과 얼마 전까지만 해도 이러한 상황이 오리라고는 누구도 상상할 수 없었다. 세계화가 가져온 무한 경쟁을 통해 기업과 산업의 효율성이 어떻게 극대화될 수 있는지를 보여주는 단적인 사례가 아닐 수 없다.

세계화의 무한 경쟁이 가져오는 효율 극대화의 중요성은 세계 최고, 최대의 통신기기 제조업체였던 노키아의 몰락을 통해서도 쉽게 체감할 수 있다. 1860년대 핀란드의 제재소에서 시작된 노키아그룹의 성공신화는 1992년 취임한 요르마 올릴라(J. Ollila) 회장이 휴대전화산업에 주력하면서 최고조에 달했다. 2000년대 초반 전성기를 구가하던 노키아의 시가총액은 3,000억 달러를 넘어섰고 동종 분야 시장점유율 또한 40%를 넘을 정도였다. 특히 노키아는 연구개발에 많이 투자하기로 유명한데 지난 10년 동안 애플이 지출한 연구개발비보다 약 4배나 많은 400억 달러를 지출했을 정도였다. 당연히 보유한 특허의 수나 규모도 다른 경쟁 기업에 비할 바가 아니었다. 그럼에도 노키아는 정글 같은 휴대통신 시장에서 무한 경쟁의 희생양이 되고 말았다. 무엇이 노키아를 이런 지경으로까지 만든 것일까? 시장의 흐름에 능동적으로 대처하지 못한 최고경영진의 전략 부재와 변화에 둔감한 기업문화가 신자유주의 세계화가 가져온 무한 경쟁에서 낙오자가 되게 만들었다는 지적이 많다. 세계화의 무한 경쟁은 이처럼 기업과 시장의 효율을 강조함으로써 시장에서의 자원배분이 최적의 상태로 이루어지게 하는 긍정적 효과를 가져온다. 소비자의 입장에서는 질 좋은 상품을 좀 더 값싼 가격에 얻을 수 있으니 그보다 더 좋을 수는 없는 것이며, 그것은 그나마 세계화가 우리에게 주는 몇 가지 되지 않는 혜택 중 하나이기도 하다.

세계화가 가져온 또 다른 긍정적 영향은 개방이 가져다주는 자유로운 문화의 이동과 융합이라 할 수 있다. 세계화가 본격화하기 이전에 각 나라가 지닌

문화는 그저 각 나라 국민들이나 향유할 수 있는 전유물 정도로 여겨졌다. 가끔씩 국경을 넘어 해외에 소개되는 외국의 문화는 그저 신기한 눈초리로 지켜볼 수 있는 눈요기 정도에 불과했다. 그래서 간혹 자국의 기준으로는 이해하기 어려운 문화는 미개한 문화로 폄하하는 것도 서슴지 않았다. 손가락을 사용해 밥을 먹는 서남아시아의 문화는 우리나라에선 하나의 웃음거리로 취급되었다. 물론 개고기나 산낙지를 즐겨 먹는 우리의 식문화도 세계의 조롱거리가 되긴 마찬가지였다. 그와는 반대로 우리들에게 잘 알려진 서구의 문화는 세련된 문화, 닮고 싶은 문화로 경외의 대상이 되기도 했다. 세계화는 문화에 대한 이런 편견을 바꿔놓았다. 쉽고 편리해진 해외여행과 텔레비전과 인터넷 등을 통해 쉽게 외국의 문화들을 접할 수 있게 되면서 문화의 다양성에 대한 수용의 폭이 훨씬 넓어지게 되었다. 과거에는 부끄러워 감추고 싶어 했던 각 나라의 독특한 문화는 이제 세계인의 흥미를 부추기는 문화적 향유의 대상이 되고 있다. 하기에 따라서는 자국의 문화가 자국의 존재를 세계에 부각시키는 민간외교의 수단인 동시에 수익을 가져다주는 효자상품이 되기도 한다. 2008년 이후 역대 정부가 적극 나서 한식의 세계화를 적극 추진하고 나선 것도 이런 맥락에서이다.

세계화가 가져온 문화 융합의 또 다른 성공 사례로 전 세계 비보이계를 석권한 한국 비보이들을 들 수 있겠다. 한국인 특유의 신명 문화가 흑인사회의 저항적 하류문화와 만나면서 비주류 문화를 주류 문화의 아이콘으로 바꿔놓는 반전이 생겨났던 것이다.

우리나라 TV에서나 볼 수 있었던 이른바 K-POP 스타들이 일본과 대만 등 아시아 지역은 물론이고 멀리 영국, 핀란드, 스웨덴 등 유럽 국가들에서 열렬한 팬 그룹을 갖게 된 '한류'의 움직임도 세계화가 가져온 문화의 개방과 융합의 긍정적 영향 때문이라 할 수 있다. '강남 스타일'로 '빌보드 핫 100' 차트 2위, '빌보드 디지털 송' 차트 1위에 올랐던 인기가수 '싸이'나 최근 '21세기 비틀즈'

로 불리며 이른바 'BTS 신드롬'을 이끌면서 빌보드 차트 1위에 올랐던 '방탄소년단(BTS)'은 한국 대중음악의 세계화, 즉 K-POP 열풍의 위력을 보여준 대표적 사례라 할 수 있다.

세계화의 어두운 뒷골목: 양극화

세계화는 무한 경쟁을 통해 효율을 극대화한다. 세계화는 각국의 문화가 국경을 넘어 자유롭게 옮겨 다니면서 다른 나라나 지역의 문화와 융합하게 만든다. 당연히 그처럼 자유롭고 개방적인 문화에 대해 인류는 더 수용적인 태도를 보일 수밖에 없다. 세계화가 가져다준 밝은 면들이다. 하지만 세계화가 이런 밝은 면만 가져다준 것은 아니다. 세계화가 초래한 어둡고 불편한 진실 또한 수없이 많다. 그중 대표적인 몇 가지를 꼽으라면 먼저 부의 불균등한 분배로 인해 빈부의 격차가 더욱 확대되고 있다는 점이다. 부의 양극화가 심화되고 있는 것이다. '팍스 아메리카나'를 부르짖는 미국의 패권이 확대되면서 미국의 대중문화가 세계 문화의 표준으로 자리 잡는 문화적 동종화(혹은 동조화) 현상 또한 세계화가 초래한 부정적 측면이라 할 수 있겠다.

먼저 국내외적으로 심화되고 있는 양극화의 문제부터 살펴보기로 하자. 세계화가 가져온 무한 경쟁은 적자생존의 법칙을 강요한다. 힘 있는 자만이 링을 지배할 수 있는 세계화가 강요하는 이런 표준 원리는 우리 생활의 곳곳에 스며들어 있다. 사각 혹은 '옥타곤'이라 불리는 팔각의 링 위에서 상대가 죽을 지경에 이를 때까지 치도곤을 치게 하는 'K-1', 'UFC' 등과 같은 이종격투기 경기를 보면서 열광하는 이유도 우리 생활 속에 이미 그런 경쟁과 적자생존의 세계화 DNA가 심겨져 있기 때문일지도 모른다. 모든 찬사와 영광, 그리고 물질적 혜택은 승자에게만 돌아간다. 패자의 고통은 아랑곳하지 않는다.

이런 양육강식의 원리는 먼저 시장경쟁에서 가장 잘 드러난다. 시장의 세계화는 자본주의의 가장 큰 문제점 중 하나인 독점을 심화시킨다. 시장경쟁에서 일정한 '규모의 경제'를 달성하지 못한 기업들은 '규모의 경제'에 편승한 거대 기업들의 먹잇감이 되고 만다. 대형 유통업체의 매장이 들어서는 곳마다 전통 시장과 골목상권이 죽는다고 아우성치는 이유가 여기에 있다. 우리 사회의 화두로 떠올랐던 홈플러스와 같은 대형 유통업체들의 이른바 '기업형 슈퍼마켓(SSM: Super Supermarket)' 사업 진출이 대표적 사례라 할 수 있다. 대기업 중심의 '갑'의 횡포에 분개한 '을'의 반란이 사회적 공감을 불러일으키고 있는 이유도 세계화가 가져온 약육강식의 경쟁원리가 우리 사회의 다수에게는 불편한 진실이 되고 있음을 보여주는 것이다. 2008년 미국발 세계 경제위기 이후 격화되기 시작한 99%의 보통 사람이 1%의 특권층에 저항하는 월스트리트 점령운동(Occupy the Wall Street Movement)이나 최근 대한항공, 남양유업 등 우리나라 기업들의 대표적인 갑질 문화에 대한 국민적 배척운동 역시 그런 '을'의 반란을 보여준 대표적 사례라 할 수 있다.

세계화가 우리에게 강요하고 있는 적자생존의 논리는 어디에서나 작동되고 있다. 세계 스포츠 시장을 석권하고 있는 영국의 프리미어리그, 스페인의 라리가나 미국의 NBA와 MLB 등을 통해 드러나는 스포츠 스타들의 연봉 차이를 보면 그런 적자생존의 논리가 스포츠 산업계에도 그대로 나타나고 있음을 알 수 있다. 세계적인 축구 슈퍼스타인 크리스티아누 호날두 선수와 리오넬 메시는 주급으로 50만 파운드(한화 약 7억)를 받고 있는데 이는 연봉으로 약 370억 원에 해당된다. 현재 미국 NBA 최고의 스타플레이어 중 한 명인 스테판 커리의 연봉은 놀랍게도 호날두나 메시보다도 많은 420억 원이 넘는 수준이다. 우리나라 프로축구나 프로농구 선수들의 평균 연봉이 대략 1억 5,000만 원 수준이라고 하니 호날두, 메시, 커리가 받는 연봉이 우리나라 축구선수 100명이 받는 연봉과 맞먹는 정도이다. 현재 미국 NBA 연봉 순위 1~2위를 달리는 스테판 커리(골든 스테이트 워리어스)나 크리스 폴(휴스턴 로킷츠)의 연봉을 합하면 우리나라 프로농구 선수들의 모든 연봉을 합한 것보다 훨씬 더 많다고 하니 운동

선수들의 연봉 차이는 세계화가 빚어낸 부익부 빈익빈 현상은 극명하게 보여주고 있다. 단순 연봉만 비교한 수치가 그 정도이니 광고수입 등을 포함한 전체 수입액을 기준으로 하면 그 수치는 비교 불가할 수준임에 틀림없다.

문화계에도 이런 적자생존의 논리가 적용되긴 마찬가지이다. 최근 세계 대중음악계의 '한류'를 이끌고 있는 '방탄소년단'의 연간 수입은 670억 원이 넘는다. 그에 반해 거리의 악사로 홍대 앞을 전전하고 있는 인디밴드나 무명가수들은 끼니를 이어가기 힘들 정도이다. 생활고를 이기지 못한 무명배우들의 자살 소식이 줄을 잇자 유명무실한 예술인 복지법을 개정해야 한다는 목소리가 터져 나오기도 했다.

앞서 살펴 본 이러한 사례들은 세계화의 진전으로 시장 규모가 확대되면서 모든 산업 분야에서 엄청난 소득 격차가 생겨나고 있음을 잘 보여준다. 세계화된 사회는 '승자가 싹쓸이 하는 사회'다. 즉 거대해진 시장에서는 1등이나 우위 그룹만 살아남을 수 있으며, 거대시장의 경쟁에서 승리한 대가는 과거와는 비교도 안 될 정도로 크다. 경쟁에서 승리한 대가는 달콤하지만, 문제는 이러한 비정한 경쟁의 본질을 이해하지 못하거나 이에 대해 전혀 준비가 안 된 사람들이다. 신자유주의적 경쟁의 원리는 이들에게도 전혀 예외를 두지 않는다. 그리하여 강자에게 유리한 경쟁의 규칙이 어떤 예외도 허용되지 않은 채 약자들에게도 엄격히 적용되고, 그 결과 경쟁에서 뒤진 책임은 패자가 전적으로 감당해야 하는 '가혹한 게임'이다.

세계은행의 보고에 따르면 하루 1달러 미만으로 생계를 연명해 가는 인구가 전 세계에 걸쳐 11억 명에 달하는 반면 선진국 시민들의 평균적인 연간소득액은 1만 7,000달러를 넘고 있다. 부국과 빈국 간의 빈부격차가 점점 더 심해지고 있는 것이다. 2019년 기준으로 세계 최빈국인 남수단의 1인당 GDP는 235달러인데 반해 가장 부국인 룩셈부르크의 1인당 GDP는 11만 2,850달러로 무려 450배가 넘게 차이가 난다. 세계에서 가장 부유한 20%가 세계 부의

82.7%를 차지하는 반면, 가장 가난한 20%는 세계 부의 1.4%만 가져가는 것이 오늘날 지구촌의 현실이다. 세계인구의 20%만 있어도 세계경제가 이상 없이 굴러간다는 '20대 80'의 사회가 현실 속에 나타나고 있는 것이다.

부의 양극화는 한 나라 안에서도 심각한 사회문제가 되고 있다. 공산권 붕괴가 일어나기 전의 러시아는 사회주의체제를 유지함으로써 부의 균등한 분배가 잘 이루어지는 나라임을 자랑했다. 그러나 2013년 '크레디트 스위스'가 발행한 「2013 세계 부 보고서(Global Wealth Report 2013)」에 따르면 소련이 붕괴된 지 20년밖에 되지 않은 러시아는 전체 국부의 35%를 110명의 억만장자가 차지할 정도로 빈부격차가 심한 나라로 전락하고 있다. 세계의 부국 중 하나인 미국도 예외는 아니다. 1%의 부자가 미국 부의 3분의 1 정도를 차지하고 있고, 상위 10% 고소득자들이 전체 미국 국부의 70%를 차지한다는 보고도 있다.

우리나라에서 부의 양극화 문제도 만만치 않다. OECD 자료에 따르면 우리나라 소득 상위 1%가 전체 소득의 16.6%를 차지하고 있는데, OECD에서 17.7%를 차지한 미국 다음으로 부의 양극화 현상이 심한 것으로 드러났다. 그리고 이런 부의 양극화는 날이 갈수록 점점 심해지고 있다. 우리나라 최부유층인 5분위 소득을 최빈층인 1분위 소득으로 나눈 배율, 즉 '균등화 처분가능소득 5분위 배율'은 2003년 5.31배에서 2012년 5.73배로 확대되었다가 2019년에는 5.95배로 사상 최고치를 기록했다. 이는 통계청이 관련 통계를 작성하기 시작한 2003년 이후 최대 수준으로 벌어진 것이다.

무엇이 우리 사회에 이런 양극화의 어두운 그림자를 드리우게 한 것인가? 많은 이유가 있겠지만 1997년 IMF의 구제금융 이후부터 본격화되기 시작한 신자유주의 경제정책이 주범이라 할 수 있다. 정리해고제로 상징되는 노동시장의 구조조정으로 엄청난 규모의 실업 사태가 발생했고, 임시 고용직의 증대라는 고용시장의 불안정이 일상화되었다. 기존의 정규직은 고용하는 데 비용이 많이 들고 해고하기는 어렵기 때문에 가급적이면 정규직을 줄이고, 대신에 고용 비용도 적게 들고 언제든지 해고할 수 있는 임시 고용직을 늘린 것이다. 따라서 화이트칼라나 블루칼라를 막론하고 대다수의 직장인들은 줄어든 임금과 고용의 불안정에 끊임없이 시달릴 수밖에 없다.

세계화와 국제정치

1980년대 후반부터 우리 사회에서는 '국제화'란 용어가 널리 사용되기 시작했다. 그러면 '국제화'와 '세계화'는 어떤 관계일까? 국제화는 사람들의 생활패턴이 한 국가 내에 국한되지 않고 전 세계를 무대로 확대되는 것을 말한다. 그래서 국제화라는 용어는 우물 안 개구리처럼 협소하게 사는 사람들이나 자기 민족이나 국가를 고집하는 사람들에게 좀 국제적인 감각을 지녀야 한다는 의미를 내포하고 있었다. 이것은 국가사회 내부적인 주도로 사람이나 국가가 바깥세상을 향해 자신을 개방한다는 뜻이 강하다. 반면에 세계화는 우리가 앞에서 이미 살펴봤듯이 주도권이 외부에 있다. 즉 1980년대 말 사회주의 경제가 종말을 고하고 자본주의 시장경제가 확대되면서 개별국가가 변화하도록 압박하는 면이 훨씬 강하다.

국제정치적으로 세계화는 단순히 사람이나 국가가 좀 더 국제화되는 데 그치지 않고, 우리가 살고 있는 기본단위인 국가가 죽느냐 사느냐 하는 문제와 관련된다. 오늘날 세계화가 표방하는 것 가운데 핵심이 민족국가 질서의 후퇴 또는 심하면 해체이기 때문이다. 사실 세계화가 완전하게 실현되면 국제정치라는 용어 자체가 모순이 되는 상황이 온다. 국제정치란 바로 국가 간의 정치를 말하는 것이기 때문이다. 이렇게 보면 국제정치의 시작은 근대국가의 성립과 더불어 온 것이다.

민족국가체제의 시작은 1648년 봉건주의의 보루인 교황 세력과 자본가계급의 보루인 민족국가 간의 30년전쟁에서 후자가 승리하면서 로마 교황권이 각 국가의 왕권으로 넘어가는 역사적인 베스트팔렌 조약으로부터 비롯된다. 이 조약 이전에도 물론 국가는 존재했다. 그러나 국가가 다른 어떤 권위의 간섭도 받지 않고 절대주권을 가지게 된 것은 바로 이 조약 이후다. 현실주의 국제정치이론에서는, 각 국가가 주권을 가지고 스스로의 안보를 챙겨야 하는 근대적인 의미에서의 국제정치는 이때부터라고 본다.

세계화의 지지자들은 탈냉전 시대에 민족국가 체제가 후퇴하는 모습을 보인다고 주장한다. 이제는 과거와 같이 국가가 더 이상 유일한 행위자가 아니며, 비정부기구(NGO)나 국제기구인 WTO나 UN과 같은 비국가조직이 국제정치의 중심무대를 장악하기 시작했다는 것이다. 더욱이 유럽연합(EU)을 비롯한 세계의 여러 지역에서 국가를 초월한 통합현상이 증대되고 있다.

그렇다면 과연 국가는 소멸할 것인가? 더 이상 국가를 구별하는 일이 무의미해진 것일까? 그러나 그렇게 단정 지을 문제는 아니다. 현실에는 그 반대의 현상도 얼마든지 존재한다. 미국과 이라크, 이스라엘과 중동국가들 사이의 갈등에서 볼 수 있듯이 국가 간의 분쟁은 여전하고, 없어진다는 국가의 수는 나날이 증가해서 현재 200개를 웃돌고 있다. 또한 오늘도 지구의 한편에서는 독립국가가 되기 위해 힘쓰는 민족이 산재해 있다.

혹자는 2050년까지 약 500개의 국가까지도 가능하다고 말한다. 또 다른 예로, 유럽연합은 그 통합이 세계화론자들이 말하는 국가의 소멸을 전제하는 진정한 정치적 통합체인가 하는 점은 일단 제쳐두고서라도, 그것이 세계적인 통합의 전 단계라기보다는 유사한 정치적·경제적·문화적 배경이 있는 국가들끼리의 통합이며, 미국과 일본·중국에 대한 대응을 위해 유럽 국가들끼리 힘을 합친 것이라는 점을 간과해서는 안 된다.

또한 경제적 세계화(WTO)에 대응하여 생긴 정치적 세계화(EU)도 소수민족 집단의 문화적 정체성을 강화하고 정치적 독립을 촉진하는 요인으로 작용했다. 캐나다의 퀘벡 주는 북미자유무역지대와 세계경제의 적극적 참여를 전제로 독립을 추진했고, 스페인의 바스크 지역과 카탈로니아 지역, 영국의 웨일스와 스코틀랜드, 이탈리아 북부 지역도 모두 유럽연합에의 참여를 전제로 정치적 독립을 추진하고 있다. 이는 세계화에 따른 경제적 통합과 정치적 통합의 증진, 민주주의의 확산이 세계 각 지역의 소수민족들에게 문화적 특수주의와 정치적 독립을 추구하도록 하는 역설적 결과를 초래한다는 것을 보여준다.

팍스 아메리카나(Pax Americana)

세계화는 각 국가들이 자국의 경제적 주권을 더 이상 행사하지 못하게 된다는 것을 이미 밝혔다. 그러면 이러한 세계화의 물결은 어디서부터 온 것이며, 이것을 추진하는 주체는 실제로 누구일까. 『세계화의 덫』의 저자들은 이 세계화가 "원래 미국의 입장에서 그 정치적·경제적 영향력을 범지구적으로 확대시키는 과정"이라고 파악했다. 다시 말해 미국만이 다른 나라의 시장을 개방하도록 실질적인 압력을 가할 수 있는 힘을 지녔다는 것이다.

잘 알려진 대로 미국은 제2차 세계대전 이후 한편으로는 소련을 비롯한 사회주의 세력의 팽창을 봉쇄하면서, 다른 한편으로는 개방된 세계 경제를 창출하고자 했다. 그 노력이 IMF와 GATT 체제의 출범이다. 이를 통해 미국은 무역, 금융, 통화 등 모든 분야에서 시장의 개방과 통합을 위한 규칙과 질서를 만들어낼 수 있는 국제체제의 기반을 다져왔다.

이러한 미국의 노력은 클린턴 행정부 시절인 1994년 미국 백악관의 국가안보위원회에서 발표한 「개입과 확장의 국가안보전략(National Security Strategy of Engagement and Enlargement)」 보고서에서도 잘 드러나고 있다. 여기서 '개입'이란 핵심적인 미국의 국가이익을 지키기 위해 국제문제에 개입한다는 것을 의미하고, '확장'이란 시장경제와 민주주의를 전 세계적으로 확장한다는 것을 뜻한다. 그것도 미국이 주도적으로 이끌어나가야 한다는 것이다. 이 보고서는

"세계에서 미국의 지도력이 지금보다 중요했던 시기는 없었다. 만일 미국이 전 세계적인 지도력을 행사한다면 …… 해외시장을 개방하며, 민주체제에 대한 원조와 전 세계적인 문제를 해결함으로써 미국은 좀 더 안전해지고 번창할 수 있다"라고 주장한다.

냉전체제가 붕괴되자, 미국을 중심으로 서구의 선진자본주의 국가들은 우루과이 라운드와 WTO 협정 과정을 통해 시장 개방과 자유화에 대해 합의한다. 생산기술이나 자본, 정보의 면에서 경쟁력을 갖추지 못한 남미나 아시아 국가들에게 시장의 개방은 대단히 불리한 것이었다. 시장의 개방과 자유화란 이 국가들에게 실력이나 체력이 갖추어지지 않은 채 링 위로 올라가 헤비급 선수와 시합을 해야 하는 초등학생 권투선수 신세를 의미한다. 그러나 이들 국가는 1990년대에 들어 차례로 경험하게 되는 외환위기의 과정에서 IMF의 경제 지도를 받아야 했고, 이 과정을 통해 신자유주의적 개혁을 추진해야 했다. 이것은 자본주의 시장경제체제로 전환하기 시작한 구사회주의권 국가들에게도 예외는 아니었다.

이러한 WTO의 출범이나 IMF의 경제 지도를 주도한 나라는 말할 것도 없이 미국이었다. 시장의 개방과 자유화로 가장 큰 혜택을 보는 집단인 거대 다국적기업들의 압도적 다수가 미국 기업이라는 점에서도 보면 한편 당연한 일이다. 이런 점에서 하버드 대학의 조지프 나이(J. Nye) 학장은 "해외시장 개방을 위한 각종 기구와 정치적 압력이 모두 미국의 힘과 정책의 산물이었다"고 설명하고 있다.

그 결과 오늘날 전 세계인들은 '세계화'와 '미국화'를 동일한 것으로 인식할 정도로 세계화는 미국의 패권을 강화하고 있다. 미국의 경제와 문화가 세계 각국 사람들의 삶에 미치는 파장이 워낙 커서, 오늘날 미국은 과거의 제국주의보다 훨씬 강력한 영향력을 미치고 있다. 미국의 역사학자 스틸(R. Steel)은 "과거의 제국주의자들은 굴복시키는 것에 만족했지만, 세계화 시대의 미국은 다른 사람들도 미국인과 같아질 것을 강요"하는 것으로 파악했다. 프리드먼 역시 "오늘날 미국화와 결합된 세계화가 그토록 강력할 수 있는 것도 미국이 미국의 문화와 가치관, 경제, 기술, 생활양식을 세계 모든 곳에 전파하고 있기 때문"이라고 본다.

그러나 미국 부시 행정부의 무분별한 신자유주의 정책이 결국 2008년의 국제금융위기로 귀결되면서 미국의 패권적 지위는 크게 도전받게 되었다. 정치적 중요성이라는 측면에서 국제무대에서 별 주목을 받지 못했던 G8이나 G20이 세계 경제위기의 와중에 중요한 의미를 가지기 시작했다. 또한 미국 국채를 가장 많이 보유하고 있는 중국이 2009년부터 달러가 아닌 새로운 기축통화를 도입하자고 주장하는 것은 미국의 패권이 그만큼 약화되었다는 것을 분명하게 보여준다. 최근 재선을 앞둔 트럼프 대통령이 연일 강조하고 나선 '다시 미국을 위대하게(Great America Again)'이라는 미국 우선주의의 구호는 패권국 미국의 초조함을 잘 드러내고 있다. 이와 같은 미국의 패권 약화는 최근 미국과 중국 간의 끝을 알 수 없는 무역 분쟁으로 이어지면서 세계 경제를 불안의 그늘로 이끌고 있다.

POINT

1. 세계화는 한 사회 내에서의 기득권을 파괴하는 힘이 있다.
2. '승자가 싹쓸이'하는 신자유주의적 세계화에 따른 경쟁의 결과는 가혹하다.
3. 우월한 경쟁력이 없는 80%의 사람들은 직업과 삶에서 불안정한 위치에 있다.
4. 세계화 시대에는 국가의 힘이 약화되지만, 다른 한편으로는 소수민족들의 정치적 독립을 위한 국가의 건설이 끊임없이 추구되고 있다.
5. 세계화는 미국의 힘에 기반을 둔 것이며, 미국은 세계화를 통해 패권을 강화하고자 했다.

4. 세계화 시대의 국가와 정치

오늘날 세계화는 확실히 거역할 수 없는 거대한 추세다. 우리가 반기든 싫어하든 세계화는 엄연한 현실이다. 이러한 추세가 어느 정도로 언제까지 계속될지는 누구도 알지 못한다. 다만 세계화의 추진 엔진이었던 미국이 세계화의 물결로부터 거꾸로 헤엄치기 시작하면 지금의 추세는 크게 변화할 것이다.

세계화는 한편으로는 생산의 효율성을 높임으로써 인류의 복리 증진에 기여하지만, 다른 한편으로는 가혹한 경쟁의 결과로 많은 사람들을 도탄에 빠트린다. 그리고 이런 경쟁은 자본주의의 가장 큰 모순인 '부익부 빈익빈'을 가속화시켜 계층 간의 격차를 더욱 확대한다는 문제를 안고 있다. 21세기의 오늘을 살아가는 사람들에게 세계화는 기회이자 위협인 셈이다.

세계화는 경제와 문화 영역에서 집중적으로 진행되고 있지만 그 파장은 정치적인 성격이 있다. 한 사회에서 계층 간에 빈부격차가 확대되는 것은 그 자체로 중요한 정치적 문제다. 국가·정치·권력이 세계화에 대해 민감하게 관심을 가져야 하는 이유가 바로 여기에 있다. 이것이 또한 정치학이 세계화를 중요한 연구 주제로 삼고 있는 이유이기도 하다. 그래서 경쟁에 나설 준비가 되지 못한 사람들, 경쟁에 탈락한 사람들인 사회적 약자 층을 보호하고 배려하는 것이 국가와 정치의 몫이 된다.

그러나 앞에서도 지적한 것처럼 세계화는 국가의 '장벽파괴'를 통한 시장의 '통합'이다. 또한 신자유주의를 통해 시장의 원리를 강화했기 때문에 정치적으로는 취약한 구조다. 국가 역시 무한 경쟁으로부터 자유롭지 못하다는 사실로 국가의 역할은 더욱 위축되고 있다. 이는 국가가 경쟁으로부터 탈락한 대중들의 복지와 삶의 질을 향상시키는 일이 과거보다 훨씬 더 힘들어졌다는 것을 의미한다.

오늘날 개별 국가들은 국내의 고용을 유지하고, 경제적인 경쟁력을 확보하기 위해 해외자본을 유치하는 데 혈안이 되어 있다. 해외자본의 경쟁적인 유치 과정에서 국가는 그 유인책으로서 기업에 대한 세금 부담을 앞 다투어 낮추어 주고 있다. 그리하여 다국적기업들은 이제 세금을 줄이거나 회피하려는 목적으로 돈을 세금이 낮은 나라로 보내서 관리하는 이른바 '국경 없는 세금 관광'을 즐기고 있다. 또한 국가들은 자국에 투자하려는 다국적기업들에 대해 경쟁적으로 국고보조금을 지급하고 있다. 예컨대 삼성이 영국에 10억 달러를 투자할 때 영국 재무부는 1억 달러의 보조금을 지급했다. 또한 독일의 벤츠사가 3억 달러를 미국에 투자하기로 했을 때, 앨라배마 주 정부에서는 무려 2억 5,300만 달러에 이르는 각종 형태의 유인책을 제시함으로써 벤츠 공장 유치에 성공했다.

자본유치를 위해 국가들이 벌이는 이러한 경쟁에 대해 유엔무역개발회의(UNCTAD)의 한 보고서는 다음과 같이 평가한다. "국제경쟁이라는 압력이 각 나라의 정부에게 별로 공정하지 않은 기준에 따라 거액의 보조금을 기업에게 지불하도록 강요하고 있다"는 것이다. 사정이 이렇다 보니 고용을 증대하기 위해 막대한 정부의 재정을 투입해서 기업을 유치하지만, 그 기업에게서 지출한 만큼의 세금을 걷지 못해서 국가의 재정은 메말라가게 된다. 국고의 고갈은 결국 사회간접시설이나 복지예산의 감축으로 이어지고, 사회적 약자에 대한 배려는 구조적으로 더욱 어려워지는 것이다.

바로 이러한 점 때문에 『세계화의 덫』의 저자들은 '도대체 국가는 누구의 것인가'라는 도발적인 질문을 던진다. 약 10년 전에 라이히(R. Reich)는 경제의 세계화 추세 속에서 국가가 새로운 역할을 해야 한다고 주장했다. 그래서 국가는 노동력을 재교육시키고, 공공투자를 늘림으로써 계층 간의 균열을 통합해야 한다고 말한다. 그러나 문제는 국가가 누구의 호주머니에서 어떻게 재정을 마련해서 이러한 역할을 할 수 있겠는가 하는 점이다. 이것이 세계화 시대에 국가와 정치가 직면하는 가장 본질적인 문제다.

❑ 심화학습을 위해서

사피르, 자크. 2012.『세계화의 종말: 위기의 자본주의와 포스트-신자유주의 경제질서 전망』. 유승경 옮김. 올벼.

스나르, 마이클·스나르, 네일. 2014.『세계화와 글로벌 이슈』. 김계동 외 옮김. 명인문화사.

로버트슨, 롤런드. 2013.『세계화: 사회이론과 전 지구적 문화』. 이정구 옮김. 한국문화사.

안병억. 2016.「브렉시트, 세계화의 종말인가?」. ≪황해문화≫ 통권 93호, 264~282쪽.

에릭슨, 토마스 힐란드. 2019.『Overheating 과열: 폭주하는 세계화를 바라보는 두 가지 관점』. 정연우 옮김. 나눔의 집.

정진영. 2018.「세계화와 자유민주주의 위기의 두 얼굴」. ≪한국정치학회보≫ 제52집 제4호, 81~102쪽.

Chirico, Joann. 2013. *Globalization: Prospects and Problems*. London: Sage Publication Inc.

Gonzales, Bernadette. 2016. *Globalization: Economic, Political and Social Issues*. Hauppague, New York: Nova Science Publishers, Inc.

chapter 10

지방화와 함께 가는 지방자치

박재욱

1990년대에 들어 지방자치제가 부활된 이후 각 지방정부(본문에서는 가급적 지방자치단체의 자치권과 자주권을 강조하는 입장에서 법적 용어인 '지방자치단체'란 용어보다 정치적 용어인 '지방정부'란 용어를 주로 사용하고자 한다. 다만, 문맥상 필요한 경우 지방자치단체란 용어도 병용하여 사용한다)를 중심으로 지역경제의 활성화와 지역이미지를 높이기 위한 다양한 사업이 추진되고 있다. 외국자본이나 외국기업을 각 지역 산업단지로 유치하려는 경쟁적 노력들, 각종 국제문화·스포츠 행사들을 개최함으로써 관광산업과 지역 알리기에 열중하는 모습들, 중소기업 컨소시엄을 통한 지역공동의 브랜드 개발 등 지방자치시대 이전에 찾아볼 수 없었던 각종 이벤트 사업이나 지역산업의 국제화 시도들이 활발히 전개되고 있다. 부산시의 경우만 하더라도, 1996년 첫 개막 이후 매년 개최되어 2019년 현재 24회째를 맞는 '부산국제영화제(BIFF)'는 이제 명실 공히 세계적인 국제영화제로 자리를 굳히고 있다. 그뿐만 아니라 해운대 지역의 센텀시티 개발계획에 의해 세계 최대 규모의 신세계백화점을 비롯한 대형 백화점들이 입주하는 등, 외래·외국자본 및 기업을 유치하기 위한 부산시정부의 장소 마케팅

(place marketing) 전략이 지속적으로 추진되고 있다. 특히 부산국제영화제는 지방정부 간 경쟁을 자극해 '부천국제판타스틱영화제' 등과 같이 유사한 국제 영화제가 속속 만들어지기도 했다.

한편, 지방정부들의 노력은 여기에 머무르지 않고, 좀 더 적극적으로 해외 시장개척을 위한 해외사무소 개설이나 지역상품의 국제브랜드화 작업을 시도하기도 한다. 실례로, 경상남도에서는 세계화·개방화 시대의 국제무역 환경 변화에 적극적인 대응 태세를 갖추기 위해 전국 최초로 민·관 합작의 제3섹터형 기업인 (주)경남무역을 설립하기도 했으며, 대구·경북 지역에서는 섬유산업을 세계적인 섬유·패션 산업의 메카로 육성·발전시키기 위해 '밀라노 프로젝트' 사업을 전개하기도 했다.

이처럼 1990년대 중반 이후 산업·문화·등의 분야에서 경쟁력을 강화하려는 지방정부들의 힘겨운 노력은 어떠한 배경에서 비롯되는 것일까? 답은 명확하다. 이는 세계적 단일 시장화와 국가 간·지역 간 무한 경쟁으로 요약되는 외부적 세계화 흐름에 대응하기 위한 지방 단위의 지방화 전략의 일환이며, 이러한 지방화 전략의 제도화 차원에서 지방자치제 도입의 중요한 의미를 읽을 수 있다.

1. 지방화는 세계화와 상호 모순되는가

현재 전 세계적 차원에서 진행되고 있는 세계화란 국경이라는 장애가 경제·사회·문화 등의 각 부분에서 소멸되고, 사람·물자 및 정보의 교류가 활발해지면서 국제경쟁이 치열해지는 현상을 의미한다. 이와 동시에 국제협력이 중시되면서 국제적으로 통용될 수 있는 사고방식이 요구되는 시대적 흐름이라고도 볼 수 있다.

이러한 세계화는 경쟁의 심화 및 국제화뿐만 아니라 경쟁주체의 다양화를 초래한다. 다시 말해, 기업만이 국제적인 경쟁을 하는 것이 아니라 공공기관, 사회집단, 교육기관, 그리고 중앙과 지방 모두 경쟁체제를 구축해 나갈 수밖에 없는 상황에 이르고 있다. 이에 따라 중앙정부는 국가적 차원에서, 지방정부는 지역적 차원에서 세계화에 대응하기 위해 필요한 각자의 역할을 수행해 나가야 하는 것이다.

이처럼, 오늘날 세계는 세계화와 더불어 지방화가 동시에 진행되고 있으며, 세계화의 추진 주체로서 국가 못지않게 지방정부의 중요성도 더욱 강조되고 있다. 세계화 시대의 국가경쟁력은 지방정부의 경쟁력, 기업의 경쟁력, 민간의 경쟁력 등을 수렴 또는 결집함으로써 더욱 강화되며, 결국 지방화란 지방정부나 지역기업, 그리고 지역 주민의 잠재력을 개발하고 이에 활력을 불어넣음으로써 지방의 경쟁력을 강화시키는 것을 뜻한다. 이런 관점에서 보자면, 세계화와 지방화는 사실상 동전의 양면과 같은 개념으로 볼 수 있다.

지방화는 영어의 'localization'으로서 이는 지역화(regionalization)라는 용어와 구분된다. EU(유럽연합), NAFTA(북미자유무역협정), APEC(아시아·태평양 경제협력체)과 같이 인접국가 간 초국가적인 정치경제공동체를 형성해 나가는 흐름을 지역화라고 하다면, 지방화는 중앙 중심에서 벗어나 지역사회 주도로 정치적·경제적·문화적 공동체나 협력체를 형성해 나가는 과정이라고 할 수 있다. 좀 더 엄밀하게 말하자면, 지방화는 지역사회 공동체가 정치적 의사결정과 집행, 경제적 자원의 관리, 문화의 창조 및 유지 등의 공동체 활동에 대해 중앙 중심의 통제로부터 지방의 자율적인 의사결정권을 확대해 나가는 과정이다. 또한 정치적·행정적으로 지방화의 핵심은 지방분권화로 이해할 수도 있다. 지방화 시대에 각 지방은 더 이상 중앙정부로부터의 수직적인 권력관계에 의해 구속받지 않고 독립적인 자치의 단위로 전환해 나가게 되는 것이다.

세계화를 이야기하면서도 지방화를 이야기할 수밖에 없는 것은 세계화 시대에는 국가를 대표하는 중앙정부나 대기업들이 주도했던 대외적 관계에서의 독점적 체제가 흔들리면서, 세계 공동체를 구성하고 있는 개별적인 인자들, 즉 개인·기업·지역사회가 세계 속에서 상호 간에 직접 교류하고 있기 때문이다. 세계화는 지방화를 통해서 이루어지며, 또한 가장 한국적인 것이 세계적인 것이라고 할 수도 있다. 세계화의 원동력이 궁극적으로 각 지역의 경제와 문화에서 나온다고 본다면, 지역의 경쟁력과 독창성이 그 어느 때보다도 중요한 시대에 우리는 살고 있다. 세계화와 지방화의 관계를 가장 압축적으로 표현한 슬로건은 1992년 유엔환경개발회의 당시 채택되었던 구호 "Think Globally, Act Locally(지구적으로 생각하고, 지역적으로 행동하자)"라고 할 수 있다.

이러한 입장에서 볼 때, 세계화 시대에 세계화 논리와 지방화 논리는 상호 모순적인 양태를 보이지는 않는다. 오히려 상호 보완적인 개념이라고 볼 수 있다. 세계화라는 의미에서는 주권국가의 정부 간 관계뿐만 아니라 비정부기구(NGOs)의 중요성 역시 강조된다. 또한 수도권을 중심으로 한 대외적인 관계보다는 수도권 이외의 다른 지역에서도 타 국가의 지역과 지역적 수준에서의 교류와 접촉이 더욱 빈번해질 수 있고 효율적일 수도 있다. 따라서 지역 단위가 대외관계에서 새로운 주체로 부각되며, 이는 지역적 다원화를 가속화시키는 계기로 작용할 것이다.

새로운 세계사적 전환기를 맞이하여 각국은 자신들이 보유하고 있는 인적·물적 자원을 총동원하여 치열한 국가 간 경쟁에 임하고 있다. 이를 위해서는 각 지역에 분산·잠재되어 있는 자원들을 적극적으로 개발해야 한다. 지역의 인적·물적 자원 개발은 대외적 교섭 단위로서의 지역적 필요성에도 부응하는 바이다. 따라서 지방화의 강조는 이러한 국가경영전략의 일환으로서도 그 중요성이 크며, 지방자치제는 세계화와 지방화 전략의 현실적 운용을 위해서 반드시 도입되어야 하는 제도적 장치다.

POINT

1. 지방화는 지방정부나 지역기업, 그리고 지역 주민의 잠재력을 개발함으로써 지방의 경쟁력을 강화시키는 전략적 의미가 있다.
2. 세계화 시대에 세계화 논리와 지방화 논리는 상호 보완적이다.
3. 지방자치제는 세계화와 지방화 전략의 현실적 운용을 위해 반드시 도입되어야 한다.

2. 지방화는 왜 지방자치제가 필요한가

지방화의 정치과정인 지방자치제는 세계화라는 국제환경의 변화에 대응하여, 국가발전을 지속시킬 수 있는 발전전략의 수정 내지는 전환이라는 거시적 관점에서 그 의의를 찾아볼 수 있다. 하지만 우리가 지방자치제를 요구하는 것은 이와 같은 막연한 이유 때문만은 아닐 것이다. 좀 더 직접적으로 우리 피부에 와 닿는 이유는 지방자치제를 통해 지역의 발전과 주민의 복지를 증진시킬 수 있다는 기대감과 가능성 때문이다.

실제 지방자치제의 실시로 무엇보다 지역 주민들이 피부로 체감할 수 있었던 변화는 민원서비스의 강화라고 볼 수 있다. 노인 복지카드 사업, 각종 민원의 원스톱(one-stop) 처리, 청소 기동대, 민원실 건강 코너, 행정 리콜제 등 지방정부들은 민원 서비스 강화에 열을 올리고 있다. 이는 물론 지방선거와 무관하지 않고 선심용이라는 빈축을 사기도 하지만, 주민들 입장에서 행정 서비스가 개선되고 있다는 사실 자체는 바람직한 현상임에 틀림없다. 주민들의 투표로 선출된 단체장 중 일부는 단체장실 옆에 주민대화방을 설치해 수시로 민원인을 맞거나 장애인이나 노인을 위한 각종 사회복지사업을 확충하기도 했다.

그리고 단체장들은 경영 마인드를 가지고 지역경제 활성화를 위해 노력하기도 한다. 물론 경험 부족과 시장조사의 잘못으로 인해 오히려 엄청난 적자를 내거나 환경 파괴 등 역효과를 일으킨 곳도 없지는 않았지만, 대천해수욕장의 '진흙화장품'(충남 보령시), 먹는 샘물 '삼다수' 판매(제주도) 등 지방정부가 새로운 아이디어 사업을 벌여 성공한 사례도 많다. 그리고 지방정부가 지방의 전통문화를 개발·보전·육성하려는 정책을 입안하여 문화관광사업을 고부가가치를 낳는 수익사업으로 발전시키기 위해 노력하기도 한다. 우리는 이와 같은 시도들을 지방자치를 통한 지방화전략의 바람직한 사례들로 제시할 수 있을 것이다.

지방자치란 "일정 지역의 주민이 지방공공단체를 구성하여 지역 내의 공동문제를 자기부담에 의해 스스로 또는 대표자를 통해 처리하는 원리와 제도"를 말한다. 여기서 중요한 것은 지방자치란 제도가 일정한 지역을 기반으로 한다는 점이다. 사람은 태어나 죽는 날까지 다양한 삶을 영위하게 되는데, 휴식이나 오락, 사무와 노동 등 모든 인간 활동의 공간적 토대가 되는 곳이 바로 우리가 사는 고장 내지는 지역이라 할 수 있다. 즉 지역이란 가정과 직장이 위치할 뿐 아니라 우리의 삶의 질을 결정지을 수 있는 매우 중요한 공간인 셈이다. 지방자치는 바로 이 지역이라는 공간을 토대로 공동체를 구성하여 우리의 살림살이를 스스로, 능동적으로 꾸려가는 제도를 의미한다. 또한 지역 내에서 일어나는 공통적인 문제에 대해 스스로 경비를 부담하며 결과에 대해서도 책임을 져야만 한다.

오랫동안 우리나라의 정치는 중앙집권화된 상황에서 이루어졌기 때문에 분권화된 지방자치제도에 대한 일반적인 이해와 역사적 경험이 부족하다. 특히 광복 이후 근대화 과정에서 국가주도적 경제개발정책의 효율성에 대한 강조는 중앙정부의 역할과 기능을 강화시킨 반면, 민주주의 제도의 정당성과 시민적 참여를 배제하는 결과를 초래했다. 군사정부에 대한 민주화 운동이 한창이었던 1970년대와 1980년대에도 국민적 요구는 국가, 즉 중앙정부의 민주화에 초점을 맞추었지 지방분권화를 통한 참여민주주의에 대한 요구는 거의 제기되지 않았던 것이 사실이다. 이것은 무엇보다도 군사통치에 기반을 둔 권위주

〈표 10-1〉 주요 국가 자원 및 기관의 수도권 및 비수도권 비중

구분		수도권(%)	비수도권(%)
국토 (2005)		11.8	88.2
인구 (2017)		49.6	50.4
취업자수 (2016)		51.2	49.8
지역내총생산 (2015)		49.4	50.6
연구개발	연구개발투자비 (2015)	67.3	32.7
	연구개발조직수 (2015)	63.2	36.8
	연구개발인력수 (2015)	60.1	39.9
	특허등록수 (2016)	63.2	36.8
제조업 (2015)	사업체수	50.8	49.2
	종사자수	44.0	56.0
	500인 이상 사업체수	58.7	42.3
서비스업 (2015)	사업체수	47.2	52.8
	종사자수	53.9	46.1
금융 (2016)	예금	68.7	31.3
	대출금	64.9	35.1
고등교육기관 (2016)	학교수	33.9	66.1
	학생수	38.6	61.4

자료: 대통령직속 균형발전위원회,『2017년 균형발전 주요통계집』.

의 정부의 탈권위주의화가 역사적 과제로 이해되던 당시로서는 당연한 시대적 요청이었다고 볼 수 있다.

하지만 지속적인 경제성장에 힘입어 이룩된 사회 각 분야의 조직적 성장과 더불어 시민 정치의식의 성숙, 냉전체제의 와해에 따른 국가경영의 효율성에 대한 요구 등이 더 이상 권위주의 군사정부의 존립 가능성을 허용하지 않게 함으로써 군사정부는 와해되었고, 이에 따라 민간인 출신 대통령을 중심으로 한 문민정부의 등장으로 국가 수준의 민주화는 상당 정도 이행되었다고 평가할 수 있다.

이러한 민주화의 흐름과 맞물려 국가 자원의 효율적 동원화·조직화를 통한 세계화·개방화에 대한 전략적 대응은 중앙정부의 지배권력 속성의 탈바꿈만

으로는 한계를 지닌다. 다시 말해, 지방에 산재한 인적·물적 자원의 효율적 재배치 및 동원화와 더불어 수도권을 중심으로 집중된 국가 자원의 분산이 그 어느 때보다도 시급한 과제로 요구된다.

최근에 집계된 수도권(서울, 인천, 경기도)에 집중된 주요 국가 자원 및 기관의 비중을 살펴보면 〈표 10-1〉과 같다. 통계자료에서 나타나고 있는 바와 같이, 전 국토의 11%를 조금 넘는 수도권에 우리나라 전체 인구의 절반이 집중되어 있으며 취업자 수나 지역내총생산(GRDP) 역시 전국 대비 절반을 차지하고 있다. 제조업, 서비스업의 사업체 수나 종사자 수도권에 절반에 가깝거나 절반 이상이 밀집되어 있으며 500인 이상 대기업은 거의 60%가 집중되어 있는 형편이다.

더욱 심각한 상황은 지역의 부가가치 생산에 가장 기여도가 클 뿐만 아니라 지역 산업 발전의 잠재적 견인차 역할을 하는 연구개발(R&D) 관련 투자비, 조직 수, 인력 수, 특허등록 수 등의 지표에서도 60% 이상의 비중을 수도권이 차지하고 있다는 점이다. 특히 국가의 부를 상징하는 예금이나 대출금 비중도 전국 대비 2/3 정도를 차지하고 있어 심각한 부의 지역적 편중성을 보이고 있다. 한편 고등교육기관인 대학 등의 기관 수는 비수도권이 상대적으로 많음에도 불구하고 취업자 수에 있어서는 오히려 수도권이 절반 이상을 차지하고 있다는 사실은 지방에서 교육받은 인재들이 수도권으로 다수 유출되어 지역 인재의 지역적 공동화 현상을 빚게 만들고 있음을 보여준다.

이와 같은 수도권 일극집중 현상은 앞으로도 더욱 심화될 전망이다. 이러한 극심한 수도권 중앙 집중 현상은 전 세계적으로 유례를 찾아볼 수 없을 만큼 심각하며, 수도권의 과밀화 현상을 부채질하여 주택, 출산, 교육, 교통, 환경 등 모든 영역에 걸쳐 국정 운영의 걸림돌이 되고 있다.

요컨대, 지방 자원의 효율적 활용과 더불어 수도권으로 집중된 국가 자원의 지역적 분산이라는 경제적 차원에서뿐만 아니라, 민주주의 제도의 정당성과 시민 대중의 참여적 통로를 마련한다는 정치적 의미에서 지방자치제도의 실시는 절실한 시대적 과제라 볼 수 있다. 국가 및 중앙정부의 민주화와 개혁이 국가경쟁력과 국가경영 전략의 하드웨어를 구성하는 차원이라고 한다면, 지방 및 지방정부의 활성화와 주민참여는 이에 대한 소프트웨어를 구성하는 차원으로 이해할 수 있을 것이다.

POINT

1. 지방자치란 일정 지역의 주민이 지방공공단체를 구성하여 지역 내의 공동 문제를 자기 부담에 의해 스스로 또는 대표자를 통해 처리하는 원리·제도다.
2. 지방자치제도의 도입은 지방 자원의 효율적 활용과 국가 자원의 지역적 분산이라는 경제적 의미와 더불어 민주주의 제도의 정당성과 시민 대중의 참여 통로를 마련한다는 정치적 의미를 함께 지닌다.

3. 지방자치제에서 작동하는 지방정치

지방정치란 무엇인가

그동안 중앙집권체제하에서 우리는 수많은 도지사와 시장, 군수를 지역의 지도자로서 겪어보았다. 지역적인 편차는 있겠으나 우리의 "지방은 중앙의 식민지이다"라고까지 말하는 사람이 있을 정도로 우리 지방의 현주소는 피폐되고 낙후되어 있다. 따지고 보면, 지방의 무기력과 침체의 근본 원인은 중앙집권적인 체제에 있기 때문에, 중앙정부로부터 임명된 지방자치단체장들이 의욕과 소신을 가지고 지역발전을 위해 헌신하기가 어려웠던 것이다. 길게는 1~2년, 짧게는 몇 개월 단위로 교체되는 자치단체장의 이름을 주민들이 기억하지 못하는 것은 당연했으며, 당사자인 자치단체장들도 언제 바뀔지도 모르는 불안정한 상황에서 지역의 장래를 설계하고 앞장선다는 것은 현실적으로 불가능한 일이었던 것이다.

지금 우리는 현행 지방자치제하에서 자기 지역을 대표하고 앞장서서 이끌 지도자로서 지방정부의 수장을 직접 선출하고 있다. 선출직 지방정부의 수장들은 정해진 임기 동안 안정된 신분을 갖고 자신이 선거에서 공약한 바대로 지역발전을 위해 헌신하고 있다. 또한 이들이 눈치 볼 대상은 중앙정부가 아닌 바로 한 표를 던져 준 지역 주민이므로, 다음 선거에서의 재선을 위해 주민들의 요구와 기대를 충족시키는 데 대부분이 온갖 정열을 쏟고 있다.

그렇지만 때로는 지방정부의 운영을 책임진 시장이나 군수가 잘못을 저지르거나 부정과 비리를 행할 수도 있다. 이 경우, 집행부를 감시·감독할 책임을 진 지방의회가 나서서 견제도 하고 옳은 방향으로 이끌어줄 수도 있다. 지방의회가 감당 못하는 부분은 주민이 직접 나서거나 각종 주민단체 또는 지역 언론 등을 통한 주민참여로써 해결할 수도 있는 것이다.

환경이나 복지문제 등 주민의 삶의 질을 향상시키는 문제뿐 아니라, 지역 내 일자리나 문제나 주민의 편익 요구 등 주민생활의 기본적 수요에 귀를 기울이고 이에 대한 해결책을 제시해 줄 수 있는 것은 주민과 멀리 떨어져 있는 광화문이나 세종에 있는 거대한 중앙정부가 아니라, 바로 우리 주위의 시나 군, 그리고 자치구 등에 위치한 작지만 가까운 지방정부이다.

여기서 잠시 지방자치제를 통해 작동하고 있는 지방정치(local politics)가 이루어지는 공간인 '지방(local)'이라는 개념에 대해 살펴볼 필요가 있다. 지방이란 개념은 본래 고유한 의미를 지니는 것으로 보아야 하는데, 무엇보다도 지방은 중심(center)과 상대적인 개념이 아니기 때문이다. 오히려 중심과 상대적인 개념은 주변부(periphery)이다. 이렇게 보면 우리나라의 중심 도시인 서울 역시 여타 지방과 마찬가지로 하나의 지방에 속한다고 보아도 틀림이 없다. 또한 지방은 일정한 공간 영역과 그 영역 내의 자율성을 가지며, 공간 영역 내에서 상대적인 완결성을 전제로 한다. 우리가 해외여행을 할 때, '로컬 타임(local time)'이라는 이야기를 자주 듣는다. 이는 여행 승객이 현재 머물고 있는 지역의 시간을 의미한다. 따라서 지방이란 '현재와 현장(now and here)' 차원에서 정치 주체가 엄연히 현실적으로 존재하는 공간을 의미한다. 지방은 국가라는 전체의 부분으로서 그 기능을 수행하지만, 그렇다고 해서 전체화된 국가의 기능으로 환원되거나 설명될 수 있는 대상은 아니다.

지방정치란 궁극적으로 전통적인 중앙-지방이라는 계층적 도식개념이 주는 종속성을 극복하여 지역 주민의 주체의식과 참여의식을 바탕으로 지역사회 발전을 도모하려는 민주주의적 정치 발전 전략을 지향한다. 하지만 우리나라 지방정치의 현실은 중앙정치에 의한 지방정치의 장악이라는 역사적 전통과 산업화 단계에서 강화된 중앙집권화 경향으로 말미암아 지방정치의 발전에 많은 장애와 한계가 나타나고 있다. 따라서 우리나라의 지방정치 수준은 아직은 지방정치의 개념과 이념을 충분히 만족시킬 만큼 발전된 단계라고 보기 어렵다.

지방정치는 어떤 정치적 의의를 갖는가

지방자치제도를 통한 지방정치의 활성화가 갖는 정치적 의의는 다음과 같이 크게 세 가지 점에서 설명할 수 있다.

첫째, 지방정치의 활성화는 중앙정치의 독점적 권력체제에 대한 정치적 견제와 균형 기능으로 작용할 수 있다. 정치 본래의 문제의식인 '견제와 균형'의 활성화와 제도화를 위해서 지방자치제도가 반드시 필요한 제도라는 데는 이론의 여지가 없을 것이다. 1991년 지방의회가 부활되면서 우리나라 정치 발전에 새로운 전기를 마련해 주었다. 정치과정이 중앙 수준에만 국한되는 것이 아니라 지역 수준으로까지 확장되면서, 지역 주민들이 자신들의 지역사회에 대해 가지는 관심이 고조됨과 동시에 지역문제에 대한 결정권을 스스로 가질 수 있다는 기대감이 더욱 높아지게 되었다는 점에서 그 의의는 매우 크다고 할 수 있다. 중앙권력에 대한 '견제와 균형'으로서 지방정치가 갖는 근대

민주주의적 의미가 현실화되고 있는 셈이다.

다시 말해, 지방자치는 근대국가의 분권적 자유주의 정신에서 주장되었던 국민자치사상이 구체화된 제도이며, 나아가 주민자치사상은 국민생활의 자유영역을 최대한도로 보장하기 위해 국가 권력을 지역적으로 제한 또는 약화시킬 필요성을 역설한 근대 자유주의의 산물이라고 할 수 있다. 단순히 기능적인 측면에서뿐만 아니라 국가 공동체의 공간적 차원에서도 정치적 참여기회와 정치적 영향력에 있어 중앙-지역 간 불균형을 시정하고 국가 내 전체 지역주민의 균형적인 정치 참여 기회와 중앙에 대한 균등한 지역적 영향력 행사를 보장하기 위해 지방자치는 필수불가결한 제도이다.

둘째, 지방정치의 활성화는 생활정치의 출현과 불가분의 관계를 맺는다. 생활정치의 중요성은 하버마스(J. Habermas)가 주장하듯이, 생활세계의 활성화를 통한 시민사회의 자율성 확립과 정치적 공공영역의 확장을 이념으로 하는 민주화를 위한 근대적 프로젝트라는 이론적 시각에서도 잘 나타나고 있다. 현 제도권 정치의 위기는 시민 생활세계의 다양하고 복합적인 정치적 욕구와 참여가 보장되지 않는 데서 초래되고 있다. 이는 체제의 위기와 더불어 정치적 유권자인 시민들의 정체성 위기와 연관되어 있기도 하다. 이러한 체제와 생활세계 간의 괴리 상태를 극복하기 위해서도 생활세계가 형성되는 지역 차원의 정치 영역 활성화와 제도화는 중요한 의미를 지닌다.

셋째, 지방자치제도가 정치지도자들의 충원제도에 미치는 영향의 중요성이다. 1990년대 문민정권 등장 이후 우리나라 주요 정치지도자들의 충원 메커니즘은 과거 군부세력과 이에 결탁한 기술관료들로부터 벗어나 민간 정치인들 중심으로 전환되었다. 오랫동안 군사독재정권하에서 이루어졌던 파행적 인사구조는 집단적·지역적 편파성을 야기했으며, 정치적 대표성과 효율성을 제대로 발휘할 수 없었다. 물론 아직까지도 우리나라 정치지도자들의 충원 구조가 만족할 만큼 개선되어 있지 못하며, 또한 정치적·행정적 경험을 충분히 쌓지 못하거나 검증 받지 않은 정치 지도자들이 상당수에 달하기 때문에 이들이 국민적 신뢰와 평가를 받기에 한계가 많다.

이러한 관점에서 볼 때, 소규모 지역 차원에서 단계적으로 정치적·행정적 경험을 쌓으면서 그 실무 능력과 자질을 검증받고 평가 받는 계기가 지방정치의 공간에서 가능하다고 본다. 예를 들어 지방의원이나 지방정부의 장을 거쳐 국회의원이나 중앙행정부서의 장으로 단계적으로 인사이동을 하게 된다면, 무리한 인사 관행을 겪지 않고서도 국가적으로 합리적인 정치인 충원구조를 확립할 수 있을 것이다. 이러한 단계별 정치적 충원구조는 선진 국가에서는 이미 보편화된 현상이다.

지방정치적 관점에서 지역사회는 하나의 총체성을 지니는 것으로 가정된다. 이러한 전제를 지방정치의 자율성과 관련시켜 생각한다면, 지방정치는 하나의 정치체제로 파악되며, 국정 영역을 둘러싸고 있는 환경적 조건으로 설정된다. 이전처럼 지방정치를 국정의 종속관계라는 관점에서 벗어나, 지방정치와 국정과의 관계, 지방정치 상호 간의 관계, 지방정치 내부 구성요소 간의 관계가 다각적으로 조명될 필요가 있다.

따라서 국가체제하에서 지방정치 영역은 국가적 통합 질서를 구축하는 하나의 단위이면서 동시에 지방정부, 기업, 이익집단, 시민단체 등 여러 행위자들이 상호 작용하는 현장(locale)으로서 중요한 의미를 지닌다. 달리 설명하면, 중앙-지방 관계와 국가 권력-시민사회 관계 등 국가구조 내의 복합적 연결망 속에서 지방정치 영역이 설정될 수 있으며, 지방정치는 단순한 지방정부(local government)라는 단일 행위자뿐만 아니라 기업, 이익집단, 시민단체 등 다수의 행위자가 경쟁과 협력을 추구하는 지역공동체 거버넌스(협치: local governance) 차원에서 접근해야 할 것이다.

POINT

1. 지방정치란 궁극적으로 지역 주민의 주체의식과 참여의식을 바탕으로 지역사회 발전을 도모하려는 민주주의적 정치발전 전략을 지향한다.
2. 지방자치의 정치적 의의는 중앙정치와 권력에 대한 정치적 견제와 균형의 회복, 생활정치의 출현 가능성, 그리고 정치지도자 충원제도에 대해 합리성을 부여한다는 점이다.
3. 지방정치란 일정한 자율성을 지니는 하나의 정치체제로서, 국정 영역을 둘러싸고 작동하는 환경적 조건을 구성한다.
4. 지방정치 영역은 국가적 통합 질서를 구축하는 하나의 단위이면서, 동시에 지방정부·기업·이익집단·시민단체 등 여러 행위자들이 상호 작용하는 현장(locale)이다.

4. 지방자치는 민주주의 발전과 어떤 관련성이 있는가

단체자치와 주민자치

근대 초기에 토크빌(A. Tocqueville)은 민주주의에 내재하는 전제주의로의 가능성을 간파하여 지방자치와 자발적인 결사체라는 두 가지 제도로서 민주정치를 안정시킬 수 있다고 보았다. 이러한 견해는 지방자치 실시가 일국의 민주주의 존속과 발전에 반드시 필요함을 시사한다.

흔히 지방자치와 민주주의 문제가 논의될 경우, 브라이스(J. Bryce)가 말한 '지방자치는 최고의 민주주의 학습장'이라는 인용이 자주 거론된다. 그러나 현대 사회에서 직접민주제에 바탕을 둔 자치제도를 운영하는 것은 현실적으로 많은 어려움을 안고 있다. 예를 들어, 현재 시행 중인 지방자치제도의 하나인 주민투표제도는 직접민주제의 요소를 강조하고 있는 것이기는 하지만, 일반적으로 이와 같은 참여제도가 효과적으로 활용되는 경우는 드물다. 결국 지방자치의 현실은 위임형 대의제의 성격이 강하며, 중앙정부의 통제와 자치에 대한 낮은 주민의식 수준이 지방민주주의의 제약조건으로 지적된다. 일반적인 통념 차원에서 본다면 현재 주민의식의 수준은 중앙정부의 지방지배, 중앙정치의 축소판으로서의 지방자치에 머물고 있다. 이러한 통념은 오히려 중앙정부에 의한 지방정부의 위계적인 통제나 감독을 가능하게 하는 하나의 이데올로기로서 작용하고 있으며, 또한 우리나라 정치의 작동방식에 강하게 각인된 정치문화로서 작용하고 있다.

중앙정부의 통제방식 중에서 대표적인 것으로 기관위임사무를 들 수 있다. 기관위임사무란 지방정부가 수행하는 사무 중 하나로서, 법령에 의해 국가 또는 상급 지방자치단체가 하급 지방자치단체의 집행기관에 위임한 사무를 의미한다. 이 경우, 집행기관은 하부기관으로서의 지위만 갖게 되어 엄격한 직무감독을 받게 된다. 지방정부는 중앙정부의 기관위임사무를 대행함으로써, 지방정부 소관인 고유사무의 집행보다 중앙정부의 재정적 지원을 받으면서 중앙정부가 부여한 위임사무의 집행에 전념할 수밖에 없다. 이와 같은 중앙정부가 행사하는 권력통제를 배제하거나 약화시키지 않고서는 지방자치의 새로운 전망을 어렵게 만든다.

지방자치제도가 원활히 수행되기 위해서는 다음과 같은 두 가지 조건이 충족되어야 한다. 첫째, 국가 전체를 운영하는 중앙정부는 지역을 책임지고 있는 지방정부의 자율성을 충분히 확보해 주어야만 한다는 것이다. 지방정부가 스스로의 일을 자율적으로 결정짓지 못하고 사사건건 중앙정부의 지시에 복종해야만 한다면 지방자치가 성숙하거나 발전될 수 없을 것이다. 둘째, 지방정부에 의한 지방행정의 수행에 주민이 적극적으로 참여할 수 있어야만 한다. 주민참여가 없는 지방행정은 진정한 의미의 지방자치가 아닌 지역에서의 관료행정이기 때문이다.

지방자치제도의 성립에서 앞에서 말한 두 가지 조건 또는 차원을 우리는 각각 '단체자치'와 '주민자치'로 구분한다. 즉 진정한 의미의 지방자치가 성립되자면 중앙정부로부터 지방정부가 자치권을 강화하는 단체자치와 함께 지방정부의 정책 결정 과정이나 집행 과정에 대한 주민참여의 활성화가 강조되는 주민자치, 이 양자가 모두 구비되어야 한다.

〈그림 10-1〉 주민자치와 단체자치 간의 관계

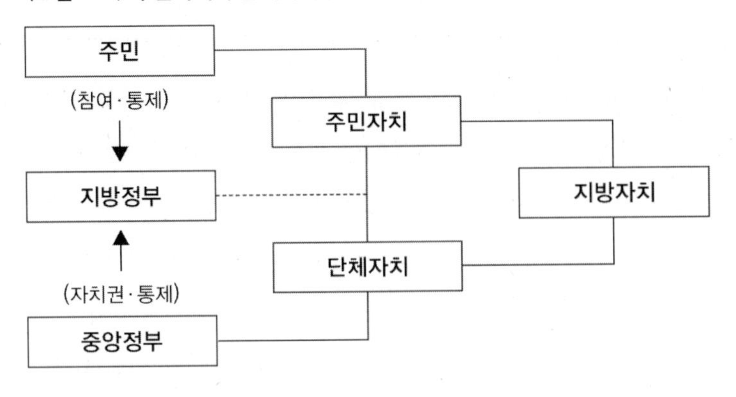

단체자치가 지방정부가 중앙정부로부터 자치권을 부여받는 동시에 통제 또한 받는다는 차원에서 지방정부의 법적·제도적 자치권의 독립성에 중점을 두는 개념이라면, 주민자치는 주민이 지방자치와 지방행정에 참여하는 동시에 이를 통해 지방정부를 통제한다는 차원에서 주민 자치권의 행사와 그 수준에 중점을 두는 개념이라 볼 수 있다. 결국 지방자치란 단체자치와 주민자치가 통합된 개념인 셈이다. 이를 도식화하면 〈그림 10-1〉과 같다.

지방분권과 주민참여

단체자치는 중앙정부가 지방정부에게 얼마만큼의 권한을 이양 또는 위임하는가 하는 지방분권의 문제로 귀착된다. 지방정부가 자율성을 갖기 위해서는 스스로의 일을 결정하고 처리할 수 있는 권한을 보유하는 것이 매우 중요하다. 지금까지 우리나라는 중앙정부가 지나치게 많은 권한을 가졌기 때문에 단적으로 말해 지방정부는 단지 중앙정부의 심부름꾼 역할에 그치고 말았다고 해도 크게 틀린 말은 아닐 것이다. 이 같은 과도한 중앙집권체제로는 지방자치를 이루기 힘들기 때문에 중앙정부는 과감한 지방분권을 시도할 필요가 있다. 물론, 지방분권화라고 하여 중앙의 모든 권한을 지방으로 이전하는 것은 아니며, 각 나라가 처한 상황과 조건에 맞춰 적절한 수준의 지방분권을 시행해야 한다.

중앙정부의 권력적 간섭을 배제하여 지방정부가 자립적인 자치정부로서 기능하기 위해 추구되는 단체자치는 중앙정부의 권력집중 속에서 지방정부의 권한과 권력을 어느 정도나 확보할 수 있느냐가 초점인 셈이다. 이런 관점에서 단체자치권의 강화를 위한 구체적인 과제는 국토의 균형개발과 분권화라는 중앙정부의 정책적 변화이며, 노무현 정부 당시인 2003년 12월 지방분권 관련 3대 특별법이 국회를 통과함으로써 본격적인 지방자치개혁을 추진할 수 있게 되었다.

한편, 주민자치는 지방행정의 수행에 주민이 얼마만큼, 어떤 방식으로 참여하는가 하는 주민참여의 문제로 귀착된다. 주민은 선거를 통해 자치단체장이나 지방의회 의원 등 대표자를 선출하는 방식으로 참여할 수도 있고, 여론이나 공청회 등에서 의견을 표명하거나 더 나아가 주민투표 등의 방식으로 지방정부의 의사결정에 영향을 미칠 수도 있다. 지방자치를 중앙과 지방 간의 권한배분 문제로만 한정시킬 경우, 지방으로 이전된 권한이 소수의 지역 토착세력에 의해 독점됨으로써 지방 민주주의가 아닌 지방 전제주의로 변질될 우려가 크다.

예컨대, 우리나라 정치의 병폐로 흔히 지적되고 있는 연고주의에 따른 권력 독점 현상이 지역사회에도 그대로 나타나고 있다. 이러한 연고주의가 전국 수준에서는 '지역주의'로 나타났다면, 지방 수준에서는 지연이나 학연 등을 중심으로 한 소속단체들의 연고가 지방 엘리트 사회를 지배하는 중요한 변수가 되고 있다. 현재 우리나라 지역사회의 권력 구조는 '중앙권력-지방정부-지역유지 및 이익단체'의 연고 및 유착 관계가 지배하고 있다고 해도 과언이 아니다.

따라서 분권화된 권력이 소수의 지역 토착세력에게 독점되지 않도록 지역주민의 능동적이고 적극적인 정치 참여가 반드시 요구된다. 이러한 문제는 지방 민주주의의 또 다른 과제로 논의될 수 있으며, 지역공동체 형성을 위한 주민자치제도의 확립을 필요로 한다. 주민자치의 기본원리는 주민참여에 있으며, 단체자치와는 차원이 다른 풀뿌리정치의 성숙을 위한 민주주의적 요건이다. 김대중 정부 등장 이후 '주민의 조례 제정 및 개폐 청구'와 '주민의 감사청구' 등 주민참여제도가 확대·진전되고 있으나, 제도 자체의 문제점에 대한 개선은 물론 주민참여 확대를 위한 여러 과제들이 아직도 많이 남아 있다. 주민운동이나 주민참여에서 보이는 직접 참여방식이 흔히 지방정부의 권력과 긴장관계를 발생시키는 것은 궁극적으로 지역 주민의 참여지향성과 지방정부 행정의 권력지향성 간의 대립에서 기인한다.

이와 같은 주민자치의 활성화는 중앙-지방 간 관계, 그리고 지방정부의 권한행사와 정책결정에서 실질적인 주민참여의 중요성을 강조하게 한다. 이러한 관점을 현실화시킨 경험적 사례를 과거 1980년대 당시 추진되었던 영국 보수당 대처 정권하에서의 지방제도 개혁 과정에서 찾아볼 수 있다. 영국의 지방제도 개혁 과정은 대처리즘을 바탕으로 한 민영화와 시장원리의 도입을 핵심으로 추진되면서 지방정부의 권한과 기능은 축소되었다. 하지만 런던과 같은 지역에서는 도시 내부에서 도시분권이 진행되면서 지방정부의 결정권한을 좀 더 낮은 단계로 이양하려는 시도가 이루어졌다. 곧 도시 내부의 분권 및 참여 문제로서, 이는 영국 주민자치의 전통과 경험에 바탕을 둔 제도적 혁신으로 이해될 수 있다. 1990년 당시 영국은 이런 종류의 분권을 취하는 지방정부가 50개 이상에 이르렀다. 특히 런던 시의 이즐링턴(Islington) 및 타워 햄릿(Tower Hamlets)과 같은 자치구(borough)에서의 이와 같은 도시 내부의 분권화 사례는 대표적이며, 이를 번스(D. Burns) 등은 '분권화된 민주주의(decentralized democracy)'로 규정하고 있다.

결국 지방분권이란 궁극적으로 지방정부의 자율성 확대와 민주주의의 지역적 공고화를 의미하며, 이는 중앙-지방정부 관계에서 단체자치적 차원에서의 지방정부 자치권 강화뿐만 아니라, 정책결정 과정으로의 주민참여에 의한 주민자치권 강화가 핵심을 이룬다.

지방자치제 역시 대의제 민주주의 방식을 취한다고 본다면, 선거나 각종 대의제도는 주민참여를 가능하게 하는 중요한 제도이다. 하지만 오늘날 참여기회의 평등과 민의 반영이라는 점에서 이들 제도들이 충분히 기능을 발휘하지 못하고 있는 것이 사실이다. 따라서 비제도권에서의 주민자치운동의 활성화가 요구되는 것은 공식적이고 형식적인 참여제도에서 발생하는 잠재된 지방민주주의의 위기상황을 역설적으로 반영한다고 볼 수 있다. 지방자치와 지방분권 확대를 요구하는 주민자치운동은 민주주의의 실질화를 지향하는 자치운동의 적극적인 측면이다. 예를 들어 지자제 실시 이후, 부천시의 담배자판기 설치금지 조례제정, 청주시의 정보공개 조례제정 운동, 고양시의 러브호텔 반대 투쟁 등에서 나타난 지역 시민단체의 직접적인 요구 행위는 그 대표적 사례들이다.

국민주권을 기본원리로 한 현행 헌법에서 명확한 위치를 부여받고 있는 '지방자치의 이념'은 일정한 시대적인 제약을 안고 있기는 하지만, 현대 사회에서 지역생활을 영위하기 위한 기본적인 생존권이나 생활권을 주민자치로서 보장하는 것을 근간으로 한다는 점에서 현대 국가가 제시할 수 있는 최고 이념의 구현이라는 획기적인 의의를 가진다. 현행 우리나라 헌법은 지방자치에 관련된 부분을 독립적으로 제8장에서 규정하고 있다.

이처럼 헌법에 의한 지방자치제도의 보장은 두 가지 의미를 지닌다. 첫째, 지방자치가 헌법에 별도의 장으로 규정됨으로써 이를 국가행정의 한 분야로 보지 않고 별개의 특별한 정치제도로서 인정하고 있다는 점이다. 둘째, 국가주권을 보장하는 헌법에 지방자치를 규정하고 있음으로써 지방자치단체가 보유하는 자치권이 국헌에 의한 것임을 명백히 하고 있다는 점이다.

다시 말해, 지방자치의 이념을 통해 상이한 사회적·경제적 기반과 지역적으로 다양한 역사적·문화적 배경을 가진 지역사회에서 개인과 집단의 민주적 생활환경을 국가적으로 보장한다는 의미이다. 따라서 시민들이 지방정치과정에서 자치활동을 전개하거나 직접 참여를 통해 지역공동체의 공공영역에서 지방자치의 성과를 거둘 수 있도록 방향을 설정하고 유도하는 것이 지방자치 이념에 바탕을 둔 민주주의 공고화의 기본적인 전략인 셈이다.

✔ 일본 도쿠시마시의 주민투표운동

1996년 실시된 일본의 마키마을(巻町)과 오키나와현(沖縄縣)의 주민투표 이후, 도쿠시마시(徳島市)에 1998년 9월 '주민투표의 모임'이 발족되었다. 이 모임을 중심으로 전국적으로 전개된 주민투표운동의 영향으로 2000년 1월 23일 시 차원에서 처음으로 요시노(吉野)강의 가동식 둑 건설문제를 둘러싼 주민투표가 실시되었다. 투표 결과, 가동식 둑의 건설계획은 백지화되었다.

도쿠시마시의 주민투표운동은 주민이 주체가 되는 운동이었다. 20만 8,000명의 유권자들 중에서 49%의 유권자가 서명에 참가했다. 그중 약 1만 명이 직접 서명운동에 참여했고, 250여 개의 가게들이 서명장소로 제공되었다. 운동자금으로 1,600만 엔이 모금되었으며, 다양한 직업을 갖고 있는 주민들이 자발적으로 참여함으로써 1억 엔 이상은 소요되었을 활동이 가능할 수 있었다.

주민투표운동은 필연적으로 정보공개운동으로 연결된다. 왜냐하면, 주민투표운동이 주민들 스스로 문제를 발견하고 해결하는 주민자치운동이 되기 위해서는 주민들 서로 간에 토론과 이해를 신장시키는 정보공개가 우선되어야 하기 때문이다. 이런 의미에서, 도쿠시마 시의 주민투표운동의 의의는 주민투표제도를 주민자치를 실현하기 위한 제도적 장치로 정착시킨 데 있다고 하겠다. 따라서 주민투표가 주민들 상호 간의 갈등과 불신을 조장한다는 비판은 주민투표운동의 원인과 결과를 전도시키고 있을 뿐이다.

주민투표운동을 통해 가능해진 정보공유는, 주민들이 지역사회의 공공문제를 자신들의 일상생활과 관련시켜 사고하도록 도왔다. 소규모의 학습모임이 수십 차례 열렸고, 크고 작은 토론회와 강연회가 개최되었다. 이와 같은 주민들의 열기에 지역 매스컴도 연일 찬반논의를 싣게 되었고 그 결과, 주민들은 지역사회의 다른 공공문제들에 대해서까지도 관심을 갖게 되었다.

이러한 과정을 통해, 주민들은 자신들이 공공사업의 수익자가 아니라 피해자가 될 수 있으며, 더 나아가 후세대의 관점에서 본다면 자신들이 가해자일 수도 있다는 공동체적인 인식에 도달할 수 있었던 것이다. 즉 주민들이 시민으로 전환하게 된 것이다(나일경, 「관객민주주의에서 참여민주주의로의 여정: 도쿠시마시의 주민투표운동」, ≪참여사회≫, 2001)).

POINT

1. 지방자치는 근대국가에서 민주주의 발전의 중심적인 위상을 차지한다.
2. 단체자치는 중앙정부가 지방정부에게 권한을 이양 또는 위임하는 지방분권의 문제로 귀착된다.
3. 주민자치의 기본원리는 주민참여에 있으며, 이는 풀뿌리정치의 기본 요건이다.
4. 지방자치의 이념은 주민들의 기본적인 생존권이나 생활권을 보장하는 현대국가의 최고 이념이다.

5. 지방자치 이념의 실현을 위하여

세계화는 지방화와 상호 보완적인 차원에서 진행되고 있으며, 특히 지방화는 세계화라는 외부적 환경변화에 대한 지역 차원의 대응이란 측면에서 강조되고 있다. 따라서 세계화(globalization)와 지방화(localization)의 합성어인 세방화(glocalization)란 개념도 사용되기도 한다. 이처럼, 오늘날의 세계는 세계화와 더불어 지방화가 동시에 진행되고 있으며, 세계화의 추진 주체로서 국가 못지않게 지방정부의 중요성도 커지고 있다. 세계화 시대의 국가경쟁력은 지방정부의 경쟁력, 기업의 경쟁력, 민간의 경쟁력 등을 수렴 또는 결집함으로써 더욱 강화되며, 결국 지방화란 바로 지방정부나 지방기업, 그리고 지역 주민의 잠재력을 개발하고 이에 활력을 불어넣음으로써 지방의 경쟁력을 강화시키는 전략적 의미를 지닌다. 이런 관점에서 보자면, 세계화와 지방화는 사실상 동전의 양면과 같은 개념으로 볼 수 있다. 따라서 지방화의 강조는 국가경영전략의 일환으로서도 그 중요성이 크며, 지방자치는 세계화와 지방화 전략을 현실적으로 운용하기 위해서 필요한 제도적 장치라고 할 수 있다.

이러한 지방자치는 단순히 지방 자원의 효율적 활용이나 국가 자원의 지역적 분산이라는 경제적 차원에 그치지 않고, 민주주의 제도의 정당성과 시민 대중의 정치 참여적 통로를 마련한다는 정치적 의미를 지닌다. 또한, 국가 및 중앙정부의 민주화와 개혁이 국가경쟁력과 국가경영전략의 하드웨어를 구성하는 차원이라고 한다면, 지방 및 지방정부의 활성화와 참여는 이에 대한 소프트웨어를 구성하는 차원으로 이해될 수 있을 것이다.

지방자치제 실시는 필연적으로 지방정치의 활성화를 가져오게 되며, 지방정치는 지방성이라는 고유성과 일정한 공간영역과 그 영역 내의 자율성을 바탕으로 공간영역 내에서의 상대적인 완결성을 전제로 한다. 그리고 지방정치가 궁극적으로 지향하는 것은 전통적인 중앙-지방이라는 계층화된 종속성을 극복하며, 지역 주민의 주체의식과 참여의식을 활성화시켜 지역사회 발전을 도모하려는 민주주의적 정치발전 전략이다. 하지만 우리나라 지방정치의 현실은 중앙정치에 의한 지방정치의 장악이라는 역사적 전통과 산업화 단계에서 강화된 중앙집권화 경향으로 말미암아 지방정치의 발전에 많은 장애와 한계가 나타나고 있다. 지방자치제도를 통한 지방정치의 활성화가 갖는 정치적 의의를 지적하자면, 중앙권력에 대한 견제와 균형 기능, 생활정치의 출현 가능성, 그리고 정치적 충원제도에 합리성과 안정성을 부여한다는 점이다. 결국 지방정치는 국가적 통합 질서를 구축하는 하나의 단위인 동시에 지방정부·기업·이익집단·시민단체 등 여러 행위자들이 상호 작용하는 구체적인 현장에서 작동한다.

지방자치제는 근대민주주의 이념과 제도에서 차지하는 위상과 역할이 적지 않은데, 특히 시민사회의 자발적 결사체와 더불어 민주주의 양대 기둥으로 일컬어지기도 한다. 현재와 같이 중앙집권화된 중앙-지방 간 권력구도에서 지방정부의 의사 결정 과정의 변화가 과연 가능할 것인가, 또한 주민의 정치적 의사나 의견이 수렴되어 가는 상향식 정책 형성 과정과 지방정부의 권력에 의해 정책이 구체화되는 하향식 정책 집행 과정에서 지역사회의 토착 정치 세력과의 유착을 방지하면서 현실적으로 합리적이고 효과적인 정치체제를 어떻게 창출할 수 있을 것인가 하는 것이 지방민주주의 차원에서의 중요한 문제의식이라 볼 수 있다.

진정한 의미에서의 지방자치가 성립되려면 중앙정부와 지방정부 간의 '단체자치' 그리고 지방정부와 주민 간의 '주민자치' 양자관계를 모두 만족시켜야만 한다. 단체자치는 중앙정부가 지방정부에게 얼마만큼의 권한을 이양 또는 위임하는가 하는 지방분권의 문제로 귀착되며, 지방정부가 자율성을 갖기 위해서는 스스로의 일을 결정하고 처리할 수 있는 권한을 보유하는 것이 매우 중요하다. 한편, 주민자치는 지방행정의 수행에 주민이 얼마만큼, 어떤 방식으로 참여하는가 하는 주민참여의 문제로 귀착된다. 주민은 선거를 통해 지방정부의 장이나 지방의원 등 대표자를 선출하는 방법으로 참여할 수도 있고, 여론을 통해서나 공청회 등에서 의견을 표명하거나 더 나아가 주민투표 등의 방식으로 지방정부의 의사결정에 영향을 미칠 수도 있다. 지방자치를 중앙과 지방 간의 권한배분 문제로만 한정 지을 경우, 지방으로 이전된 권한이 소수의 지역 토착 정치세력에 의해 독점됨으로써 지방 민주주의가 아닌 지방 전제주의로 변질될 우려가 있다. 따라서 분권화된 권력이 소수에게 독점되지 않도록 지역 주민의 능동적이고 적극적인 정치 참여가 반드시 요구된다.

지방화를 지향하는 올바른 지방자치제도의 정착을 위해서는 다음과 같은 두 가지 차원에서의 노력이 필요하다.

첫째, 정치 참여에 소극적으로 길들여진 지역 주민의 자치의식을 일깨워야 한다. 지방자치는 단순히 지방행정기관만이 지역의 일을 도맡아서 하는 것을 의미하지 않는 만큼, 지역 주민 스스로가 지역발전의 주역이 될 수 있도록 참여의식을 고양시켜 나가야만 한다. 따라서 중앙집권체제에서 무시되었던 지방의 전통·문화·산업 등의 특성을 활성화시켜 주민의 자긍심과 공동체 의식을 제고시키는 일이 무엇보다도 중요하다.

둘째, 중앙정부는 지금까지 재정적으로 지방정부가 자립할 수 없다는 정책 논리를 바탕으로 지방에 대해 끊임없이 규제와 감독의 고리를 늦추지 않고 있다. 하지만 이제는 정책 기준을 바꾸어 지방의 일, 주민 생활에 직결되는 사항은 지방 중심의 논리로 해결할 수 있도록 중앙정부가 갖고 있는 권한의 상당 부분을 지방에 분산시키는 지방 분권화를 시행해야 할 것이다.

지역 주민이 자신이 속한 지역의 강점과 특성을 파악하고, 지역 발전에 대한 책임과 역할을 충실히 수행할 때 성숙한 민주주의라는 지방자치의 이상에 도달할 수 있으며, 이를 바탕으로 지방화에 따른 국가운영의 효율성을 제고하고 경제정의를 실천하려는 시민사회의 요구를 충실히 이행할 수 있을 것이다. 이러한 시도들은 세계화의 거센 흐름 속에서 지역사회가 자립하고 더 나아가 국가의 안전과 번영을 위해 우리가 선택할 수 있는 최선의 방책이 될 것이다.

□ 심화학습을 위해서

강원택 편. 2016. 『지방정치의 이해 』(1/2). 박영사.

김준우·안영진 엮음. 2008. 『한국의 도시와 지역』. 박영사.

박종민 엮음. 2002. 『한국 지방민주주의의 위기: 도전과 과제』. 나남출판.

손희준 외. 2011. 『지방재정론』. 대영문화사.

신라대학교 부산학연구센터 엮음. 2008. 『부산의 도시혁신과 거버넌스』. 한국학술정보.

이승종. 2014. 『지방자치론』. 박영사.

임승빈. 2018. 『지방자치론』. 박영사.

장문학·하상군. 2013. 『지방자치행정론』. 대영문화사.

21세기정치연구회 엮음. 2012. 『지방정치학으로의 산책』. 한울.

Burns, Danny, Robin Hambleton, and Paul Hoggett. 1994. *The Politics of Decentralization: Rethinking Local Democracy*. London: Macmillan.

Judge, David, Gerry Stoker, and Harold Wolman, eds. 1995. *Theories of Urban Politics*. London: Sage.

chapter 11

국제정치의 관점들, 그리고 한반도

김준형

1

〈빨간 모자의 진실〉은 동화 속 이미지를 뒤집는 기발한 발상이 돋보이는 작품으로 같은 사건을 증언하는 서로 다른 네 명의 이야기 속에서 진실을 파헤치는 추리 애니메이션이다. 평화로운 숲속에 파문을 일으킨 요리책 연쇄 도난 사건. 현장에서 범인으로 몰린 빨간 모자와 늑대, 할머니, 도끼맨은 서로 엇갈린 증언으로 자신의 결백을 주장한다. 같은 장소, 같은 시각, 네 명의 용의자와 네 가지 이야기. 범인은 과연 누구일까? 모두의 알리바이가 완벽한 가운데, 진실은?

이들의 엇갈리는 증언은 똑같은 사건도 다양하게 바라볼 수 있음을 느끼게 한다. 누구의 말이 진짜일까? 모두 진실을 말하는 것일 수도, 모두 거짓말을 하는 것일 수도 있다. 어느 쪽이든 중요한 것은 하나의 현상에 다양한 관점이 존재한다는 사실이다.

인간은 완벽하게 객관적이 될 수는 없다. 본성이나 살아온 환경과 교육, 현재 처한 상황이나 다른 사람들과의 관계, 특히 이해관계에 따라 언제든 애니메

이선 속 이야기 같은 상황이 벌어질 수 있다. 국제정치, 즉 전쟁과 평화의 문제도 영화처럼 관점에 따라 전혀 다른 해석을 할 수 있다. 각 국가의 역사적 배경이나 현재의 국력 차이 그리고 특정 국제정치 사건을 둘러싼 이해관계 등에 따라 동일한 사건을 두고 딴 이야기를 한다. 예를 들면 일제가 조선을 침탈한 것에 대한 일본과 한국의 시선이 다를 것이고, 한국전쟁을 바라보는 남북한의 관점도 딴판일 것이다. 9·11 사태를 바라보는 미국인과 무슬림의 해석 역시 분명히 다를 것이다. 사건과 직접적인 관련이 없는 국가들도 미국과의 관계에 따라 다르게 볼 수밖에 없다. 미국의 이라크 침공도 마찬가지다. 심지어 정책 결정자나 국제정치 학자들의 개인 성향도 영향을 끼치며, 시대 상황에 따라 주류가 되는 관점도 달라진다. 영화에는 네 가지 시선이 있었지만 국제정치를 다르게 바라보는 관점은 크게 세 가지로 압축된다. 그 관점들은 단순한 이론이라고 보기에는 범위가 매우 넓기 때문에 세계관 또는 포괄적이고 큰 틀을 일컫는 패러다임으로 부른다(김준형, 『전쟁과 평화로 배우는 국제정치 이야기』, 책세상, 2006, 21~23쪽에서 발췌 및 수정).

2

해와 바람이 지나가는 나그네의 외투 벗기기 내기를 했다. 바람은 거센 입김을 불어 외투를 벗겨 보려 했지만, 나그네는 도리어 외투의 옷깃을 세게 여몄다. 이번에는 해가 따뜻한 볕을 내리쬐었다. 그러자 더워진 나그네는 아주 쉽게 외투를 벗어 버렸다. 해가 내기에서 이긴 것이다.

이 이야기에서 얻을 수 있는 일반적인 메시지는 부드러움과 따뜻함의 힘이 더 강하다는 것이었다. 그러나 여기에서 드는 의문 한 가지는 왜 바람은 하필 해가 제안한 내기에 그대로 응했을까 하는 것이다. 외투 벗기기 내기는 바람에게 본래부터 불리했다. 반대로 외투를 손에 들고 지나가는 나그네에게 외투

입히기 내기를 했더라면 어땠을까? 이야기는 이렇게 바뀌었을 것이다.

해와 바람이 외투를 들고 지나가는 나그네에게 외투 입히기 내기를 했다. 해가 햇볕을 따갑게 내리쬐어 외투를 입혀 보려 했지만 나그네는 외투를 입을 생각조차 하지 않았다. 이번에는 바람이 거센 입김을 불었다. 그러자 추워진 나그네가 아주 쉽게 외투를 입었다. 바람이 내기에서 이긴 것이다.

이 이야기에서 얻을 수 있는 메시지는 게임의 결과도 중요하지만 게임의 종류와 규칙이 더 중요하다는 점이다. 해가 승리한 가장 큰 이유는 해가 자기에게 유리한 게임의 규칙을 정했기 때문이다. 오늘날 국제정치는, 가볍게 말하자면 국가 간에 이익을 놓고 경쟁하는 게임이고, 심각하게 얘기하자면 사느냐 죽느냐 하는 전쟁에 비유할 수 있다. 게임이든 전쟁이든 누가 규칙을 정하느냐가 승패에 지대한 영향을 끼칠 수밖에 없는 것이다. 미국이 오늘날 국제정치에서 바로 이런 존재다. 한국이 속한 한반도 역시 마찬가지다. 이런 상황에서 우리 한국은 어떤 운신이 가능하고, 또 해야 할 것인가?(김준형, 『미국이 세계 최강이 아니라면』, 뜨인돌, 2008년, 서문에서 발췌 및 수정)

1. 국제정치를 어떻게 볼 것인가?

국제정치를 보는 관점을 다루기 전에 우선 국제정치란 과연 무엇인가에 대해 잠시 살펴볼 필요가 있다. 국제정치를 지극히 간단히 표현하자면 국가 간에 일어나는 정치를 말한다[international politics]. 그러나 정치란 반드시 국가 간의 전쟁이나 조약, 외교관계에 한정되는 것은 아닐 것이다. 물론 이런 것들이 예나 지금이나 국가 간의 관계에서 가장 중요한 문제라고 할 수 있지만, 문화나 경제 등 그 관계의 폭이 훨씬 넓어지고 있다. 그래서 이런 추세를 제대로 반영하기 위해서 국제관계(international relations)라는 용어로 바꾸어 부르기도 한다. 용어의 다양성은 여기서 끝나지 않는다. 과연 국가 간의 관계만을 국제정치라고 제한할 수 있을 것인가 하는 문제가 등장한다. 국제연합이나 세계무역기구 같은 국제기구도 있고, 다국적기업, 비정부기관, 심지어 개인들 중에서도 국제정치적인 행위를 할 수 있고 때로는 개인이 국가보다 훨씬 더 국제정치적으로 더 큰 영향을 끼칠 수도 있다. 미국에 의해 9·11 테러사건의 주범으로 지목된 오사마 빈라덴이 바로 그런 경우이다. 이렇게 볼 때 국가 간의 정치라고만 할 수 없는 부분이 있다는 것을 발견하게 된다. 그래서 이런 부분을 적극적으로 반영하는 사람들 역시 국제정치보다는 세계정치(world politics)라고 부르기도 한다.

이처럼 용어를 어떻게 선택해서 사용하느냐에 따라 초점이 달라질 수 있다 하더라도 국제정치에서 가장 중요한 것은 예외는 있지만 여전히 국가 간의 구별이요, 그 구별된 국가 간의 관계로 이루어진다. 국내에서 권력을 독점하기 위해 싸우고, 국제정치란 이렇게 싸운 것을 다른 나라에게 빼앗기거나 제한 받지 않기 위해 때로는 외교적 수단을 통해서, 또 때로는 무력을 동원하게 되는 것이다. 다르게 표현한다면 국제정치란 국경선의 확보이고 그것은 곧 군사적인 문제로 직결되는 것이다. 따라서 국제정치학이란 기본적으로 전쟁과 평화에 관한 연구다. 국가 간의 갈등이나 전쟁의 원인을 둘러싼 문제들을 공부하는 학문이 되는 셈이다. 이처럼 철저하게 민족국가를 기반으로 한 국제관계라는 시각은 국제정치의 가장 전통적인 정의이며 범위였다. 국가의 구별이 사라지고 세계화나 시장주의에 의해 국가의 의미가 과거만 못한 것 같지만 그래도 군사적 충돌의 가능성은 여전하고, 그런 군사적 충돌이야말로 여전히 세계가 촉각을 세우고 관심을 기울이고 있는 것이다.

국제정치의 세 가지 기본 관점

국제정치를 바라보는 세 가지 이론은 현실주의(realism), 자유주의(liberalism), 그리고 구조주의(structuralism)이다. 이 중에 현실주의가 가장 지배적인 패러다임이고, 이 현실주의에 대해 자유주의와 구조주의가 도전하는 양상이 주를 이루어왔다. 이러한 이론의 도전과 응전 과정에서 각 이론은 변화를 겪게 되고, 실제 국제정치의 상황전개에 따라 이를 반영하기 위해 이론적인 수정을 거친다. 또한 거기에는 이론 간의 수렴현상도 일어난다. 사실 이들을 이론이라고 하기에는 너무나 포괄적이므로 세계관을 표현하는 관점 또는 패러다임으로 보는 것이 더 정확할 것이다. 어쨌든 이들은 국제정치를 보는 기본 입장이 근본적으로 다르다. 간단하게 말하자면 먼저 현실주의자는 무정부 상태로 특징지어지는 국제정치에서 어떻게 하면 전쟁을 방지하고 평화와 안보를 지켜낼 수 있을 것인가 하는 문제를 제기하고, 그 해답으로 힘에 의한 힘의 견제를 제시한다. 오늘날 우리가 사는 이 세상은 평화보다 전쟁이 훨씬 일상적이기 때문에 평화의 확보, 곧 안보를 적극적으로 확보해서 영속적으로 유지할 수 있는 가치로 보기보다는 전쟁의 발발을 최소화하는 것이 무정부적 국제정치에서 가장 현실적 대안이라고 본다.

자유주의는 국제정치에서 전쟁보다 평화나 협상이 훨씬 더 일상적인 일이며, 전쟁은 아주 예외적인 것으로 상대방에 대한 무지나 오해에서 비롯되는 일탈이라고 본다. 특히 과거에 빈번하게 발발했던 전쟁은 오늘날처럼 국가 간에 협력이 증가하는 상황에서는 어느 나라도 함부로 일으킬 수 없다는 낙관적인 생각을 가지기 때문에, 노력하기에 따라서는 영구적인 평화도 가능하다고 본다. 또한 평화는 적극적으로 확보해야 하는 가치이므로, 자유주의는 평화에 대해 상당히 적극적이고 능동적인 태도를 가지고 있다고 하겠다.

마지막 관점으로 구조주의를 들 수 있는데, 이 관점의 최대 관심사는 경제적인 문제로, 왜 수많은 아시아, 아프리카, 남미 등 제3세계 국가들이 저발전

상태에서 벗어나지 못하는 것인가에 대한 의문으로 시작한다. 그 해답으로 저발전의 문제를 각 국가의 개별적인 특징이라기보다는 세계경제체제, 특히 세계자본주의체제의 모순적 구조 때문으로 본다. 따라서 이러한 기존의 구조를 그대로 유지하면서 점진적인 개선을 통해서는 문제의 해결이 어렵기 때문에 혁명에 호소하는 이론이 많다.

현실주의 국제정치이론

현실주의 국제정치이론은 국제정치를 설명하는 관점들 중에서 가장 강력한 이론으로 불린다. 그 이유는 우선 현실주의 스스로 가장 과학적이고 객관적인 현실을 볼 수 있는 이론이라고 선언하고 있으며, 동서고금을 막론하고 끊임없이 반복되는 분쟁의 역사는 우리에게 인류는 전쟁에서 결코 벗어날 수 없다는 현실주의의 기본 주장에 수긍하게 만들기 때문이다. 현실주의가 가장 과학적인 이론이라고 주장하고, 국제정치는 정도의 문제일 뿐 항상 전쟁상태이며, 국가가 국제정치의 핵심이라는 주장은 매우 대담한 선언이라고 볼 수 있다. 그래서 사실은 현실주의가 다른 어떤 이론보다 비판을 가장 거세게 받아왔다. 이렇게 국제정치이론의 역사는 바로 현실주의의 지배적 위치와 이러한 지배적 논리에 끊임없이 비판을 가하는 다른 이론들의 도전의 역사라고도 할 수도 있다.

현실주의는 그 이름에서 나타나는 것처럼 정치 현상을 먼저 윤리와 법률적인 당위성으로부터 철저하게 분리시킬 필요가 있다고 주장한다. 우리가 살고 있는 이 땅의 국제정치를 당위가 아닌 현실적인 시야를 가지고 봐야지, 그렇지 않고 '어떻게 되어야 바람직하다'고 외치는 것만으로는 어떤 문제도 해결할 수 없다. 국제정치를 당위적이고 이상적인 시야로 보는 것은 도리어 현실에 대한 대처를 미흡하게 만들어 문제를 더 악화시킬 수도 있다. 불완전한 세상에서 평화를 지키는 방법은 도덕이나 이상에 대해 잘못된 기대를 하는 것이 아니라

〈표 11-1〉 국제정치이론의 비교

이론의 공통 전제 \ 이론의 관점	현실주의	자유주의	구조주의
누가 주요 행위자인가?	국제정치에서 가장 중요한 행위자는 국가다	국제정치에는 국가 외에 다양한 행위자가 있으며 이들은 모두 중요한 행위자들이다	다양한 행위자가 있지만 이들의 행태를 결정하는 것은 전체 구조인데, 그 구조는 바로 세계자본주의 체제다
국가는 단일한가?	내부의 이견에 상관없이 국가는 국제정치에서 단일한 행위자로 기능한다	국가는 한목소리를 내는 통합된 행위자가 아니라 다양한 목소리를 가진 존재다	국가는 단일하지 않으며, 지배계급과 피지배계급으로 나뉘어져 있다
국가는 합리적인가?	국가는 본질적으로 합리적인 행위자이며, 철저하게 이익의 관점에서 행동한다	국가는 개인의 합이므로 비합리적일 수 있으며, 반드시 이익만을 위해 움직이지는 않는다	국가는 합리적이거나 자율적인 존재가 아니며 자본주의체제의 반영일 뿐이다
무엇이 가장 중요한가?	국제정치에서 가장 중요한 것은 결국 국가의 생존, 즉 국가안보다	국제정치엔 경제·사회·문화 등 다양한 이슈가 교차하며, 이들은 모두 중요하다	국제정치엔 경제문제가 가장 중요한데, 그중에도 자본주의로 인한 국가 간 불평등을 꼽을 수 있다

현실적으로 불완전하나마 '덜 나쁜 것'을 선택하는 것이 현명할 경우가 더 많다고 현실주의자들은 주장한다.

그렇다고 해서 현실주의가 도덕적 측면을 아예 포기한 것은 아니다. 그들 역시 국제정치에서도 윤리적인 규범이 중요한 역할을 할 수 있는 잠재력을 가지고 있다고 보았다. 다만 이것이 제대로 된 역할을 하기 위해서는 단순히 몇몇 유력 인사나 강대국들이 선언하기 좋아하는 대의명분에 의해서가 아니라 현실적인 상황에서의 한계를 우선 인정할 것을 강조한다. 즉 현실주의가 강조하는 힘의 논리는 단지 약육강식의 정글 법칙을 마구 적용하는 것이 아니라, 국가나 힘의 근본적인 속성에 대한 성찰을 통해 미덕을 찾고자 하는 것이다.

사실 우리가 사는 이 사회에서 이상적인 것, 선한 것을 열심히 주장하는 것과 그 사람이 실제로 그렇게 사는 것과는 별개인 경우가 많다. 4·19 혁명이나

1980년대 학생운동의 중심에 서 있던 사람들이 기성정치인들이 되고 난 후에 부패정치의 한가운데 있는 경우도 그러하며, 종교인들이 강단에서 온갖 선한 말과 교훈적인 강론을 하는 것과는 판이하게 도덕적·법률적으로 잘못된 일을 하는 경우도 허다하다.

현실주의자도 이상주의자와 마찬가지로 평화를 바람직한 목표로 추구해야 한다는 것에는 동의한다. 그러나 이 당위를 붙잡고 있다고 해서 자동적으로 평화가 주어지는 것은 아니라는 데 차이가 있다. 인간은 불완전하고 인간사회는 본질적으로 이해관계에 따라 움직이므로 세계의 평화는 영구적이거나 완전할 수 없고, 본질적으로 가변적인 상황과 조건에 따라 유동적인 것이며 불안정한 것이다. 현실주의자의 시각에서는 이상적인 평화를 계속 고집스럽게 주장하는 것은 곧 지배이데올로기가 되어 현실을 은폐하는 수단으로 악용될 수 있으므로 오히려 평화에 방해가 되는 경우가 태반이다.

자유주의 또는 다원주의

자유주의는 현실주의에 비해 실제 국제정치에서 적실성이 떨어지는 것으로 인정되어 왔다. 가장 큰 이유는 국제정치가 국내정치에 비해서 여러모로 위험하고 갈등이 반복되고 쉽게 해결되지 않기 때문이다. 특히, 현재적 가치보다는 당위적이고 미래적인 가치를 강조하는 자유주의 본래의 특징으로 약속과 이상의 차원이 현실보다 앞섰던 것이다. 스탠리 호프먼(S. Hoffman)의 말처럼 이상주의는 타협과 평화 그리고 온건함으로 대표되는 이론인데, 국제정치 상황은 그와는 완전히 반대인 경쟁, 전쟁, 그리고 기껏해야 말썽 많은 일시적 평화에 불과했었다. 따라서 자유주의는 이와 같이 국제정치를 설명하는 주류 이론인 현실주의가 너무 비관적이 되거나 비윤리적으로 흐르지 않도록 잡아주는 일종의 방부제 역할을 해왔다고 볼 수 있다. 그래서 〈표 11-1〉에서도 볼 수 있듯이 자유주의의 많은 주장들이 대부분 독립적으로 존재하기보다는 현실주의에 대한 비판 또는 대응논리로 이루어져 있다.

물론 그렇다고 해서 자유주의가 항상 비주류로 취급받아 온 것은 아니다. 역사학자 카(E. H. Carr)의 예리한 지적처럼 국제정치 환경에 따라 현실주의와 자유주의가 순환되었다. 다시 말해서 국제환경이 상대적으로 긴장과 갈등이 풍미한 시기에는 현실주의가 우세한 경향을 보였고, 긴장이 완화되고 평화나 통합의 분위기가 보일 때는 자유주의가 우세한 경향을 보인다. 원래 인간의 지적인 탐구나 설계가 현실 속에서 좌절되었을 때는 이상주의가 설 땅을 잃게 되고 현실주의가 지배하지만, 현실주의가 제대로 대안을 내지 못하고 일정 기간 지속되다 보면, 그리고 인간사회에 평화의 조짐이 보일 경우 다시 개혁과 변화를 얘기하며 동시에 미래에 대한 이상주의적 구상이 힘을 얻게 되는 것이다. 자유주의가 힘을 얻은 시기로는 제1차 세계대전과 제2차 세계대전 사이 미국의 윌슨 대통령을 중심으로 한 국제평화 움직임이 왕성했을 때, 1970년대 초 미소의 긴장 완화가 시도되었을 때, 그리고 1990년대 초 냉전체제가 붕괴되고 탈냉전이 도래했을 때를 들 수 있다. 특히 세계화와 국제협력이 강조되면서 현실주의의 오랜 우세가 약화되고, 이상주의가 재등장하고, 자유주의나 신자유주의가 상대적으로 부각되는 경향을 보인다.

현실주의와 마찬가지로 자유주의에도 여러 가지 다른 종류의 가정들이 존재한다. 자유주의는 여러 행위자의 역할을 중시한다는 점에서 다원주의라고도 불리며, 기본적인 전제나 이념은 제1차 세계대전 이후 이상주의의 영향을 많이 받았다. 자유주의는 오늘의 국제정치가 어제의 국제정치와 여러 면에서 다르다는 것을 전제하고 출발한다. 시대가 변하고 관여하는 국가가 달라져도 국제정치, 특히 전쟁의 근본적인 원인은 달라질 수 없다는 현실주의자들의 주장과 달리, 자유주의가 보는 역사는 곧 열린 역사이며, 또한 인류의 역사는 진보와 발전을 향해 열려 있다고 보기 때문에 현재 국가 간의 분쟁이 여전하다 해도 미래엔 평화를 확보할 수 있을 것이라는 긍정적이고 낙관적인 사고체계를 가지고 있다.

구조주의 또는 급진주의

구조주의는 전체 세계를 분석의 단위로 본다는 점에서 글로벌리즘이라고도 하고, 마르크스주의자가 아닌 사람들도 일부 있으나 대부분이 마르크스의 세계관과 분석틀을 사용하기 때문에 마르크스주의 국제정치이론이라고도 부르는데, 앞의 두 시각, 곧 현실주의나 자유주의와는 본질적으로 다른 시각에서 출발한다. 물론 국제정치에서 현실주의가 지금까지 주류 이론으로, 그리고 다른 이론들의 비판 내지는 대안으로서 역할을 해왔다는 점에서는 자유주의나 구조주의가 같은 입장이지만, 자유주의가 현실주의와 거의 공통적인 이슈에 대해서 서로 논쟁하고 있다고 한다면, 구조주의는 근본적으로 다른 틀 속에서 논의를 전개한다.

구조주의 관점에서 전쟁이나 평화같이 현실주의자나 자유주의자가 관심을 기울이고 있는 이슈들은 단지 밖으로 나타나는 현상일 뿐, 정말 중요한 것은 경제문제라고 주장한다. 즉 국제정치란 초국가적인 자본주의 질서의 필요에 따라 움직이는 것이고, 그 결과 계급 갈등의 반영일 뿐이라고 본다. 따라서 현실주의가 가장 관심을 기울이고 있는 안보 위협은 결국 자본주의 질서가 필연적으로 초래하는 불평등으로 말미암은 것이고, 자유주의자들이 추구하는 평화나 국제협력은 겉으로 보기에는 고상하지만 결국 강대국이나 다국적기업의 이익을 대변하는 것이며, 진정한 평화는 경제적 불평등을 해결하지 않고는 불가능하다고 주장한다.

소련과 동구권의 붕괴를 그동안 인류 역사상 가장 큰 실험 중에 하나였던 사회주의의 실패라고 규정한다면, 이는 당연히 시장을 앞세운 자본주의의 승리라고 볼 수 있다. 중국·북한·쿠바를 비롯한 소수에 의해 아직도 명맥을 잇고 있긴 하지만, 과거와 같은 이념적 양극체제는 사라졌으며, 미국을 비롯한 자본주의의 패권에 위협은 될 수 없다. 더욱이 이들 국가들마저 스스로의 생존을 지키기 위해 자본주의 시장경제를 전반적으로 또는 부분적으로나마 수용하고 있는 실정을 보면 구조주의가 이론으로서 그 생명력이 다했다고 결론을 내릴 수도 있다. 그러나 꼭 그렇지만은 않다.

물론 마르크스주의자들에게 1917년 이래로 지구상에 첫 사회주의 국가로 출범하여 그동안의 숱한 역정에도 80년 이상을 버텨온 소련의 붕괴는 받아들이기 힘든 충격이었을 것이다. 그러나 실제로 소련은 마르크스가 약속하고 많은 사회주의자들이 이상으로 꿈꾸던 국가와는 거리가 멀었다. 그래서 마르크스주의 내부에서도 소련에 대해 비판적인 견해를 꾸준히 제시하던 사람들이 많았다. 특히 소련의 전체주의적 민족주의나 동유럽에 대한 억압은 사회주의권 내에서도 비난의 표적이었다. 그러므로 어떤 면에서는 소련의 붕괴가 이들 비판적 마르크스주의자들에게는 오히려 소련을 예로 들면서 사회주의의 맹점을 비판하던 자본주의의 공격으로부터 더욱 자유롭게 되었고, 이제는 진정한 마르크스-레닌주의가 한 국가의 좁은 틀을 벗어나 세계적 범위를 가지게 되었다고 해석되기도 한다.

또한, 이런 실천적인 이유가 아니더라도 구조주의 논의가 가지고 있는 이론적인 장점과 분석방법은 여전히 가치가 있다. 현재 국제정치에서 더 부각되고 있는데, 자유주의자들의 주장처럼 시장의 확대와 국제협력의 증가가 괄목할 만하지만, 그것은 일부의 이야기일 뿐 전 세계의 대부분은 여전히 가난과 불평등의 현실 속에서 신음하고 있기 때문이다. 지구상의 20% 인구가 80%의 물자를 사용하고, 80% 인구가 20%의 물자를 쓰면서 살아간다는 이른바 '80대 20의 법칙'이 점점 심화되고 있다. 2005년에 UN이 절대빈곤의 경계선으로 설정한 하루 1달러 25센트 또는 그 이하로 생활하고 있는 인구가 14억 명에서 국제사회의 원조와 개발노력으로 2010년에는 12억 명으로 다소 감소하는 등 추세는 호전되었지만 여전히 지구적 불평등은 심각하다.

오늘의 세계는 한편으로는 자본주의 시장경제의 세계화에 가속이 붙고 있는 반면, 다른 한편으로는 도처에 통화위기와 국가부도 역시 끊이질 않고 있다. 특히 2008년부터 세계를 휩쓴 세계금융위기는 오늘날 자본주의가 얼마나 불안정한지 여실히 보여준다. 이에 자본주의 모순의 필연성에 대한 마르크스주의자들이 분석과 예측이 오늘날 더욱 설득력을 가진다는 주장에 귀를 기울일 필요가 있다.

세 관점의 수정이론들

지금까지 설명한 국제정치학의 세 가지 고전이론들은 1970~1980년대 이후 변화된 국제정치 상황을 설명하기 위해 각각 부분적인 수정과 변형을 거치게 된다. 그래서 탄생된 것이 신현실주의, 신자유주의, 그리고 네오마르크시즘 계열의 이론들이다.

먼저 현실주의의 변화인데 냉전기간 국제정치를 지배해 온 전통적 현실주의가 1970년대에 들어서면서 데탕트, 오일쇼크, 제3세계의 도전 등으로 약화되었다가 1980년대 초에 신냉전을 맞아 이론을 수정하면서 재부상하게 되었다. 1979년 케네스 왈츠(K. Waltz)의 명저 『국제정치이론』의 발표와 함께 전통적인 현실주의는 의미 있는 변신을 하게 된다. 왈츠는 국제관계의 역사를 살펴보면 전통적인 현실주의의 주장과 달리 행위자인 국가가 의도하는 대로 결과가 빚어지지 않는 경우가 훨씬 더 많다는 문제점을 제기한다. 즉 국가의 특성이나 정책이 바뀌었는데도 불구하고 국제정치에서의 결과가 똑같이 일어난다면 그것은 국가가 아닌 새로운 독립변수가 있다는 증거라는 것이다. 특히 1970년대에 미국과 소련에서 정권이 바뀌고, 냉전적 봉쇄정책에서 긴장 완화와 상호 공존의 정책으로 전환해도 여전히 냉전질서에는 변화가 없고 오히려 분쟁이 격화되는 등 과거의 결과가 반복된다면, 그것은 국제정치를 국가나 개인의 수준으로 설명할 수 없다는 것을 증명하는 것이 아니겠느냐는 것이다.

신현실주의자들은 평화를 지향하는 국가라고 늘 평화만 지향하지 않고, 호전적인 국가라고 해서 꼭 전쟁을 일으키는 것은 아니라고 주장한다. 전통적인 현실주의자들이 국제정치의 무정부적인 성격의 원인을 인간의 본성에서 찾으려고 한 반면, 신현실주의자들은 구조에서 찾았다. 그래서 이들을 구조적 현실주의자라고도 부른다. 그들은 국가가 선한 의도를 가지고 있는 것과는 상관없이 국제정치의 구조적 성격이 필연적인 안보 불안과 그로 인한 분쟁을 유발시킨다는 것이다. 물론 전통적인 현실주의자들이 주장하는 인간 본성에 기인하는 무정부 역시 그렇게 쉽게 원하는 대로 선택이 가능하지 못한 점에서 구조적인 성격을 일부 가지고 있지만, 이는 이기적인 인간성의 표현이라는 성격이 더 강하고 구조적인 힘이 인간성과는 별도로 독립적인 힘을 발휘하는 것으로까지 보지 않았다.

신현실주의는 이렇게 국제정치에서 구조적인 특성을 더 강조한다는 점에서 전통적 현실주의보다 결정론적이며 거시적이다. 이는 대이론이 될 수 있는 요건을 지닌 것이지만 하나를 가지면 다른 하나는 잃는 법이다. 즉 이론이 간결한 대신 국가 수준이나 개인 수준에서 일어나는 사례들을 설명하기 어렵고, 구조를 벗어난 예외적인 사건을 설명하기 어렵다. 예를 들면, 신현실주의자들의 주장처럼 국가의 특성이나 정책과 관계없이 세력 균형이 무너지고 전쟁이 일어나기도 하지만, 개별 지도자나 국가의 정책에 따라 다른 결과를 가지는 사건들도 분명 존재하기 때문이다.

두 번째로 자유주의를 수정한 신자유주의 역시 1980년대부터 주목을 받기 시작했다. 1970년대에서 1980대 초까지 소련의 아프가니스탄 침공과 미국 레이건 정권의 신보수주의 정책 등으로 국제정치가 갈등적 상황으로 변하자 신현실주의자들이 주장하듯 국제정치의 분쟁이 구조적인 문제라는 인식으로 인해 국가 사이의 협력은 불가능하다는 견해가 우세를 나타내는 듯 했지만 오래가지 못했다. 1980년대 중후반부터 신현실주의자들의 견해와는 달리 국제간

협력 역시 원활하게 이루어지고 상호 의존과 세계화 현상이 점점 심화되었고, 결정적으로 1990년대 초 사회주의 진영이 붕괴함에 따라 신자유주의 관점이 주목을 받기 시작한다.

신자유주의는 기존 자유주의와 철학적 기반이나 내용이 유사하지만, 이론적 방법론에서 차이를 보인다. 특히, 국제정치 구조가 무정부 상태임을 인정하고, 이 무정부 상태가 국가의 협력을 저해하는 가장 큰 원인이라는 현실주의의 가정을 일부 수용한다. 또한 신자유주의는 국가를 국제정치의 가장 중요한 행위자이며 통합된 행위자로 보는 가정도 현실주의자와 공유한다. 이 외에도 과거 자유주의가 가진 지나친 낙관주의를 지양하고, 국제협력이 가능한 조건을 엄격하게 적용하여 훨씬 더 현실적 접근을 한다. 또한 좀 더 과학적이고 객관적인 방법론을 적용하기 위해 노력하는 등 상당히 많은 부분에서 현실주의에 접근하는 이론체계를 가지고 있다.

그러나 신자유주의가 무정부적인 국제정치를 받아들였다고 하지만, 이는 구조에 대한 강조가 훨씬 약하다. 즉 현실주의자가 갈등적인 면을 숙명적으로 받아들이기 때문에 국제정치에서의 협력이나 제도의 성립 가능성과 능력을 과소평가하지만, 신자유주의는 국제 레짐을 통해 국가의 행위에 영향을 미치고, 또 협력을 이끌어낼 수 있다고 가정한다. 또한 이 과정에서 단위국가의 외교적 노력이나 전략이 상당한 힘을 발휘할 수도 있다고 생각한다. 결국 신자유주의가 보는 국제체제의 안정은 구조 자체에 있지 않고, 체제를 구성하고 있는 규범과 제도를 안정적으로 유지하고자 하는 단위국가에게 크게 의존한다고 본 것이다.

신자유주의의 가장 중요한 논점은 국제정치의 안보 딜레마에서도 누군가가 협력을 제공할 경우 그것이 불씨가 되어 협력이 점진적으로 발생할 수 있다는 점을 제시한 것이다. 신자유주의는 무정부 상태에서도 국제협력을 가능하게 만드는 조건들을 찾아내고 그런 사례를 집중적으로 다루게 되는 것이다. 이를 위해 컴퓨터로 시뮬레이션 작업을 하기도 하고 게임이론의 다양한 구도를 분석하기도 한다. 전통적인 자유주의보다 훨씬 더 과학적이고 분석적인 방법을 통해서 실현 가능한 협력의 조건들을 찾아내려고 노력한다.

다음은 구조주의의 변형이론이다. 수정이론이 아닌 변형이론이라고 부르는 이유는 신현실주의나 신자유주의는 현실주의나 자유주의를 수정한 후기의 이론들이지만, 구조주의의 경우에는 반드시 시대적으로 선후가 가려지지 않기 때문이다. 이들 변형이론들의 공통점은 기존의 마르크스주의 이론들이 경제적 변수의 절대성이라든가 혁명의 필연성에 대해 과도하게 집착하고 있는 것에서 벗어나고자 노력한 점이다.

『옥중수고』로 유명한 안토니오 그람시(A. Gramsci)가 구조주의의 변형이론에 큰 영향을 끼쳤다. 이탈리아 공산당을 창설하고 혁명을 꿈꾸었지만 무솔리니의 파시스트 정권에 의해 투옥된 그람시가 의문을 품은 것은 왜 마르크스의 예언과는 달리 혁명이 일어나지 않느냐는 것이었다. 특히 마르크스는 혁명이 자본주의가 가장 발전한 나라에서 일어난다고 예언했으나 그렇지 못했고, 오히려 비교적 후진국이었던 러시아에서 일어난 이유는 무엇인가 하고 반문한다. 스스로의 문제제기에 대해 그람시가 내린 결론은 자본주의의 경제적 모순, 즉 하부구조의 모순이 붕괴나 혁명으로 가지 않은 이유는 상부구조 때문이라는 것이다. 마르크스가 허위의식으로 치부했던 문화, 종교, 이데올로기 등이 막아줬다는 것이었다. 마르크스의 주장대로 생산관계의 반영이 상부구조라 하더라도, 그 상부구조가 사회의 특성이나 변화의 가능성을 결정하는 중요한 역할을 할 수 있기 때문에 이를 무시할 수 없다고 본 것이다.

그람시는 자본주의의 지배양식이 부당하고 불평등하지만 상부구조의 개발을 통해 정당성을 확보하고 있기 때문에 일시적인 폭력 혁명으로는 실패할 것으로 봤다. 때문에 앞으로는 자본주의체제에 대한 대항 논리와 문화를 개발하고, 대안 세력으로서의 시민사회의 장기적인 저항을 통한 투쟁이 필요하다고 역설했다. 1980년대 이후 로버트 콕스(R. Cox)는 이러한 그람시의 생각을 국제정치에 적용했는데 미국패권과 자유무역론의 부당함을 집중 비판했다. 콕스는 현재의 불평등한 질서는 당연하게 받아들이고 그 안에서 설명하려는 이론을 총칭해서 문제해결이론이라고 부르고, 현재의 패러다임에 대한 반대와 도전의 입장을 가지고 있는 이론들을 비평이론(critical theory)이라고 구별하면서, 스스로를 비평이론가라고 불렀다.

구조주의의 변형이론에 영향을 끼친 비평이론가는 콕스만이 아니었다. '프랑크푸르트학파'로 불리는 비평이론가들이 있는데 그람시와 마찬가지로 1920~1930년대 유럽에서 공산주의 혁명의 계속되는 실패에 대한 자성과 나치와 파시즘의 등장을 배경으로 한다는 면에서 유사하다. 그러나 그람시가 국제정치경제에 대해 집중한 반면, 이들은 국내적인 문제에 일차적인 관심을 두고, 그리고 국제정치에서는 좀 더 포괄적이고 추상적인 안보에 대해 관심을 가졌다는 차이를 보인다. 이들의 이론적인 관심은 이전의 마르크스주의자들과는 달리 경제기반에 대한 연구보다 문화, 민주주의, 사회의 기초, 가족, 합리성 같은 좀 더 철학적인 주제에 대한 관심을 보였다. 특히 해방이라는 용어는 이들이 추구한 핵심 화두이다. 마르쿠제(H. Marcuse)를 비롯한 1세대는 해방을 '자연과의 화해'라는 의미에 집중하면서 환경이나 생태학적 해방을 추구한다고 해서 녹색운동이라고 불리기도 한다. 위르겐 하버마스(J. Habermas)를 필두로 한 후기 세대는 해방에 관한 대화와 의사소통을 강조하거나 진보적이고 급진적인 민주제도의 건설을 통한 해방을 강조한다. 하버마스는 민족국가시스템의 도덕적 정당성은 그 의미를 다했으므로 이제는 국가 간의 경계를 허물고 정당성을 갖춘 시민사회의 확대를 주장한다.

최근 이론들

지금까지 국제정치를 지배해 온 세 가지 전통적인 이론들을 살펴보았고, 또한 전통적 이론들과 기본적인 세계관을 공유하면서도 국제정치의 변화에 따라 수정을 가한 이론들도 살펴보았다. 이들 수정이론들 외에도 탈냉전 이후 나날이 복잡다양해지고 있는 국제정치 현상들을 설명하기 위한 새로운 이론들이 등장하고 있다.

먼저 제2차 세계대전 이후 현실주의자들에게 가차 없이 비판받으며 국제정치학의 중심무대에서 사라졌던 이상주의가 탈냉전의 도래와 함께 재평가되면서 신이상주의이론으로 등장했다. 1970년대 카터 대통령이 미국의 대외정책을 인권의 기준에서 다룸으로써 대외정책을 도덕 수준으로 격상시키고자 했던 것이 신이상주의의 단초로 작용했다. 이것이 탈냉전에 와서 평화운동, 민주화, 반폭력 운동과 더불어 전쟁을 영원히 종식시킬 수도 있다는 희망으로 결집되면서 부활했다. 대표적으로 찰스 케글리(Charles Kegley)는 탈냉전 이후의 세계질서를 보며 윌슨 대통령의 비전이 실현될 수 있는 질서가 전개되고 있다고 판단했고, 국제정치이론에서 냉전기의 현실주의로부터 신이상주의로의 패러다임 이동이 가능할 수도 있다고 보았다.

그러나 과거의 이상주의자들과는 달리 신이상주의는 역사의 연속성도 고려하면서 탈냉전기에도 민족분쟁, 패권경쟁, 보호주의 현상이 지속되는 등 현실주의 역시 유효한 영역이 있기 때문에 국제정치이론의 선택에 신중함을 보였다. 일종의 절충적인 입장을 택한 것인데, 이는 다음에 소개할 국제사회이론도 비슷하다. '영국학파'라는 별명에서도 알 수 있듯이 실제 국제정치와 학문의 양 영역을 모두 지배하고 미국식 사고에 비판을 제기한다. 먼저 행태주의 방법론의 한계를 지적하고 이론이 얼마나 검증가능한가 또는 얼마나 객관적인가에 대한 관심보다는 국제정치의 주요 문제들을 어떻게 이해하고 해석할 것인가에 초점을 맞추어야 한다고 주장한다. 두 번째는 미국학계가 현실주의와 자유주의를 너무 흑백논리로 분리한다는 점을 비판하고 이를 통합 또는 절충하려는 시도를 한다.

국제사회이론은 우선 현실주의의 핵심인 국제정치에서의 권력의 중요성을 인정하고, 가장 중요한 행위자가 국가라는 것을 받아들인다. 그러나 현실주의가 국제정치를 어떤 질서나 규칙도 없는 투쟁만 일삼는 야만의 상태로 보는 것을 단호히 거절하고, 법이나 규범 역시 중요한 역할을 할 수 있다고 주장한다. 헤들리 불(H. Bull)은 국제정치가 현실주의자들이 주장하듯이 단순한 '무정부' 상태가 아니라 '무정부적 사회(anarchical society)'의 형성이 가능한 곳이라고 말한다. 이렇게 규범이나 제도의 역할을 강조함으로써 자유주의 입장을 수용하는 듯 보이기도 하지만, 동시에 국제정치는 모든 국가가 국제규범을 잘 따름으로써 충분히 유지된다는 주장도 같이 거부한다. 때로는 권력이나 세력균형도 필요하고, 심지어는 전쟁마저도 국제질서의 유지를 위해 필요하다고 역설한다.

다음은 신고전적 현실주의인데 신현실주의에 대한 현실주의 내부의 불만에서 나온 이론이다. 신현실주의가 구조라는 너무 거시적 분석에 치우침으로써 특정국가의 행위에 대해서는 제대로 설명을 제공하지 못하는 점을 비판한다. 이들은 구조를 가장 중요한 변수로 보는 신현실주의를 완전히 거부하지는 않지만, 그 영향이 직접적이 아니라 단위 수준인 국가에서 재해석될 수밖에 없다는 점을 강조한다. 즉 국제체제가 부여하는 제약과 기회가 단기적으로 국내요인(정치인의 인식, 국내정치, 군사제도와 동원 능력, 이익단체)에 의해 어떻게 수용되는가를 반드시 따져봐야 한다는 것이다.

대표적인 신고전적 현실주의자인 스웰러(R. Schweller)는 이익균형론을 내세우며 국가는 국익을 최우선으로 움직인다고 말한다. 국가는 현상 유지가 주는 이익과 현상 타파가 주는 이익을 비교하여 현상 유지 국가가 되거나 현상 타파 국가가 되기도 한다. 국가의 주도적인 면을 강조함으로써 신현실주의가 설명하지 못하는 국제정치의 미시적인 부분을 설명하고, 이로써 고전적인 현실주의의 이론적 가치를 재평가하는 이론이라고 볼 수 있다. 그러나 이에 대해 신현실주의자들은 현실주의가 지나치게 예외적인 현상을 설명하다 보면 결국 이론적인 통합성이 사라지고 자유주의적 관점을 옹호하게 된다고 반박한다.

신이상주의, 국제사회이론, 그리고 신고전적 현실주의는 기존의 틀을 벗어났다기보다는 절충적인 입장을 갖고 있지만, 기존 이론의 방법론부터 내용까지 대폭적인 수정을 가하면서 대안적 관점을 지향하는 것들도 있다. 가장 대표적인 것은 포스트모더니즘이다. 이는 물론 국제정치학에만 있는 사조는 아니며, 합리주의로 대표되는 '근대성(modernity)'을 근본적으로 부정하는 사고체계로서 국제정치 분야에서도 기존의 방법론을 완전히 부정한다. 이들이 판단하는 국제정치의 세 가지 고전이론은 논의의 차이점은 분명히 있지만 모두 실증주의 방법론을 공유하고 있다. 다시 말해서 국제정치라는 사회현상도 자연현상처럼 규칙성을 가지고 있기 때문에 가치판단을 배제하고 객관적으로 있는 그대로를 설명할 수 있다고 보는 것이다.

합리주의에 기반을 둔 국제정치이론은 이론과 우리가 보는 세계의 분리가 가능하고, 또 실제로도 분리한 채 세계를 바라보는 반면, 포스트모더니즘은 객관화란 있을 수 없고 생각이나 이론이 그 세계를 오히려 창조해 나가는 것으로 믿는다. 당연히 국제정치 현상의 모든 것은 상대적이고 주관적일 뿐이며 객관적인 진리나 이론은 없다는 것이다. 기존의 국제정치이론들이 서로의 이론이 가장 객관적인 진리에 근접하고 있다고 주장하고 그에 맞는 증거들을 수집하고 분석해 보지만, 단지 겉으로 드러나 있지 않을 뿐 모든 이론은 그 이론을 선택하는 순간부터 이미 자신의 가치가 들어가므로 객관적인 진리란 원천적으로 불가능하다는 것이 포스트모더니스트들의 생각이다.

포스트모더니즘을 차용한 국제정치이론으로 주목받고 있는 것은 역사사회학적 국제정치학, 젠더국제정치학, 규범적 국제정치학 등을 들 수 있다. 앞에서 소개한 비평이론도 넓은 의미에서 여기에 속할 수 있다. 이들을 함께 묶는 공통분모가 기존의 합리주의적 사고방식을 적용하는 모든 관점에 대한 반대인 만큼, 기존의 것을 부정하는 것으로 이루어져 있다. 따라서 비판을 위한 비판이라는 지적과 함께 때로는 지나치게 관념적인 경향을 가지다 보니 현실감이 떨어지고 실제 국제정치에 적용할 수 있는 것이 제한되어 있다는 비판도 자주 받는다.

마지막으로 소개할 관점은 구성주의(constructivism) 국제정치이론이다. 포스트모더니즘이 기존의 국제정치이론 전체를 부정하는 관점이라면, 이 구성주의는 방법론적인 측면에서 중간에 위치하고 있다고 할 수 있다. 특히 구성주의는 국제정치이론 중에 가장 모더니즘적이라고 할 수 있는 신현실주의와 포스트모더니즘 사이에서 벌어지는 구조와 행위자 중에 누가 우선인가 하는 논쟁을 중재한다. 포스트모더니스트들은 개인 또는 개인의 아이디어가 구조를 만들어갈 수 있다고 보는 반면, 신현실주의는 구조는 주어진 것이고 행위자는 그 구조 안에서 수동적으로, 또 때로는 획일적으로 반응하는 존재라고 본다. 이에 반해 구성주의는 쌍방향 모두의 영향을 인정한다. 다시 말해서 구성주의는 국제적 현실을 주어진 숙명적인 구조로 보지 않는 동시에, 행위자에 의해서만 자율적으로 이루어지는 것도 아니라는 것이다.

구성주의이론의 거장인 알렉산더 웬트(A. Wendt)는 신현실주의가 주장하는 국제정치의 무정부 상태는 주어진 것이 아니라 국가가 만드는 측면이 존재한다고 본다. 구성주의자들은 방법론적으로 단순한 절충보다는 변증법적인 종합을 시도한다. 전통적인 관점에 대한 한계점을 지적하는데, 기존의 국제정치이론들이 개인, 국가, 구조라는 세 가지 기본적 수준 중에 하나만을 선택하여 국제정치를 설명하려 한 것은 환원주의의 오류에 빠진 것이라고 비판한다. 그러나 구조와 행위자의 문제에 너무 치중하면서 인과관계보다는 상관관계에 더 몰두하게 되어 이론화에는 미흡하다는 비판을 받는다. 그래서 아마도 구성주의는 전통이론과 포스트모더니즘의 변증법적인 수렴을 추구했지만, 어느 쪽도 만족시키지 못하고 오히려 비판을 받는다.

POINT

1. 국제정치를 보는 세 가지 주요 관점은 현실주의, 자유주의, 그리고 구조주의다.
2. 현실주의는 안보 문제를, 자유주의는 국제협력과 상호 의존 문제를, 구조주의는 선진국과 후진국의 경제적 불평등 문제를 중점적으로 다룬다.
3. 국제정치학의 고전이론들이 수정과 변형을 거쳐 신현실주의, 신자유주의, 그리고 네오마르크시즘 계열의 이론들이 등장한다.
4. 탈냉전 이후 더욱 복잡해지는 국제정치변화를 설명하기 위해 새로운 이론들이 등장하는데, 기존이론들의 방법론이나 내용을 보충하거나 절충하는 시도에서부터 전면적인 변화에 대한 시도까지 다양하다.

2. 국제정치이론과 한반도

여기에서는 국제정치학의 중요한 개념이나 주제들이 실제 사례로서의 한반도와 주변 동북아에 어떻게 적용되고 해석될 수 있는지 살펴보고자 한다. 한반도 주변은 1990년대 초 냉전체제가 붕괴했으나 여전히 새로운 질서로의 이행이 불투명하므로 여러 모순적인 상황이 공존하고 있다. 따라서 국제정치를 바라보는 관점의 차이가 발생하고, 이에 따라 활발한 논쟁이 꾸준히 전개되었다. 평화, 안보 딜레마, 세계화, 민족국가, 신냉전 같은 이슈들은 핵심적인 논쟁거리다.

평화인가, 안보인가

1945년 초 전쟁에서 연합국 측의 승리가 거의 확실시되던 시점에 국가수반들이 얄타에 모여서 결정했던 미소 양극 질서는 반세기 동안 계속되었지만, 1989년 몰타에서 당시 미국의 아버지 부시와 소련의 고르바초프가 정상회담에서 공식적으로 종식을 선언했다. 이 사건을 기점으로 이전의 질서를 특징짓던 동맹과 진영, 이념의 대결, 그리고 군비경쟁과 안보 딜레마 등에도 변화의 바람을 몰고 왔다. 이제 협력과 평화, 경제적인 교류, 상호 의존과 세계화

같은 단어들이 이들을 대체하기 시작했다. 자유주의와 신자유주의 국제정치 이론 또는 신이상주의 같은 이론들의 적실성이 주목받을 수 있는 현상들이 이어졌다.

그렇다면 과연 냉전은 분쟁과 충돌의 시기이고, 탈냉전은 평화와 협력의 시기라고 단정할 수 있는 것일까? 냉전의 미소균형이 무너지면서 미국의 절대적 우세가 공백을 메우고 있지만, 과연 이것이 지속 가능한 평화를 약속한다고 말하기 어렵다. 오히려 탈냉전 20여 년을 돌이켜보건대 사람들의 기대와 달리 평화롭지 않았으며, 냉전을 대체할 질서를 파악하기 어려운 불안한 정세가 이어졌다. 유일무이의 패권이 된 미국은 세계의 모든 문제를 혼자서는 해결할 수 없다는 것을 시간이 갈수록 절감했다.

얄타에서 몰타까지의 냉전 기간이 아이러니하게도 근대국가가 생긴 이래로 강대국 간에 전쟁이 한 차례도 없었던 가장 오랜 기간이며, 그래서 이를 역설적으로 '긴 평화(long peace)'라고 부르기도 한다. 물론 이 말 자체가 그동안 전쟁이 전혀 발생하지 않았다는 말이 아니라 강대국끼리의 세계적 규모의 전쟁이 없었다는 강대국 위주의 발상이지만, 20세기 초반에 20년을 사이에 두고 발발했던 두 차례의 세계대전에 비하면, 그리고 동서 간의 팽팽한 긴장과 군사대치를 고려하면 기대 이상의 안정적 질서라고 말할 수 있을 것이다.

그런데 냉전이 긴 평화라면, 과연 탈냉전은 어떤 모습이어야 할지가 혼란스러워진다. 냉전이 역설적 안정을 불러왔다면, 탈냉전이 오히려 예측하기 어려운 변수들로 인해 훨씬 불안정한 상황이 될 가능성도 있기 때문이다. 실제로 냉전 붕괴 이후 이어진 보스니아 내전과 코소보 사태, 아프리카의 민족분쟁, 중동의 긴장 구도, 국제테러리즘, 북한과 이란의 핵무기개발, 그리고 최근의 미중 및 미일 간의 패권 경쟁 등을 볼 때 과연 탈냉전 시대를 평화와 안정의 시기라고 부를 수 있을지 의문이 커졌다. 전직 CIA 국장이었던 제임스 울시(J. Wolsey)의 표현처럼 "공룡이 사라진 세계에 독사가 들끓는" 형국이 되었다고 볼 수도 있다.

현실주의자들은 바로 이런 의문을 세력 균형과 안보 딜레마의 개념으로 설명한다. 평화란 애초에 전쟁의 부재나 영구적 종식이 아닌 전쟁의 잠정적 억제일 뿐이라는 것이다. 즉 국제정치는 국내정치와 달리 국가보다 상위에 있는 중앙정부가 없기에 모든 국가의 운명은 자신의 힘에 달려 있다는 냉엄한 현실 속에서 살아남기 위해서 군사력을 기르게 된다. 모든 국가가 다 군사력을 증대시킬 경우 이를 막을 유일한 방법은 서로 공격을 하지 못하게 만드는 세력균형뿐이라는 것이다. 이렇게 볼 때 냉전 기간은 오히려 동서 진영의 세력균형으로 안정적인 질서를 유지할 수 있었다. 그러나 탈냉전 기간은 겉으로는 특정한 적의 개념이 없는 평화의 모습을 보이지만 오히려 균형이 무너진 상황에서 더욱 불안한 안보 딜레마를 겪을 수 있다.

특히 한반도는 바로 이런 현실주의가 강조하는 안보 딜레마와 자유주의자들이 주장하는 지속 가능한 평화 가능성의 이중적 성격을 가장 잘 반영하고 있다. 전 지구를 종말로 이끌 수도 있었던 미소의 패권 대결과 그 가능성으로 인한 긴장이 사라지고, 남북한 역시 그동안의 대립 구조를 극복하기 위해 새로운 협력을 모색하기도 했지만, 탈냉전이 도래한 지 4반세기를 훌쩍 넘기고도 결코 이상주의자나 자유주의자들이 묘사했던 모습으로 바뀌지 않았다. 남북한의 대결 구도는 지속하고 있고, 미국과 일본의 상대적 침체와 중국의 부상이 초래하는 세력 재편 현상이 한반도 주변을 불안정하게 만들고 있다.

한반도는 다수 국제정치학자가 지정학적 저주라고 부를 수 있을 정도로 평화가 정착되기 어려운 국제정치학적 환경을 보유하고 있다. 이는 역사를 가로질러 무수하게 경험했던 것이며 20세기 초에는 결정적인 비운을 겪었다. 한반도는 여전히 둘로 갈라진데다가 주변 강대국들의 전략적 이익경쟁이 끊임없이 교차한다. 이런 상황에서 미국과 중국의 갈등과 충돌이 가시화된다면 한국으로서는 매우 어려운 상황을 맞을 수밖에 없다. 특히 중국과의 경제적 상호 의존이 심화하는 가운데, 한미동맹에 의지해 중국을 적으로 상정하는 미국의 대중봉쇄전략에 대한 적극적 참여를 요구받는다면 심각한 딜레마를 겪게 될 것이다.

세계화인가, 지정학의 부활인가?

1990년대 초반 반세기 냉전체제가 붕괴한 이후 가속화되었던 세계화의 핵심은 민족국가 간의 배타적 구별이 없어지고, 국제협력과 통합이 확대된다는 것에 있다. 세계화 지지자들은 국가를 전쟁의 주범으로 단정한다. 절대주권이란 하나만 있어야지 두 개 이상이 되면 당연히 서로가 싸울 수밖에 없다는 것이다. 즉 중앙에 어떤 권위도 없는 무정부적 국제정치에서 절대주권을 가진 수많은 국가는 원칙적으로 분쟁 상태에 놓이게 됨을 의미한다. 여기에다 국가를 이용해서 기득권을 지키려는 권력자들의 욕심이 더해지면서 평화는 멀어졌다고 주장한다. 따라서 국가의 후퇴는 곧 평화의 조건이 되는 것이다. 더욱이 탈냉전을 동반한 세계화는 정치·군사적 대결 구조에서 벗어나 모두가 번영할 수 있는 활발한 인적교류와 경제적인 협력의 관계로 대치했다. 이는 시장경제라는 하나의 틀로 세계가 닮아 가면 국가 간에는 무력 충돌이 감소한다는 자유주의적 낙관론의 핵심적 주장이다.

한반도가 속한 동북아에도 신자유주의적 세계화 물결이 거세게 몰아쳤으며, 긴장 완화와 함께 경제협력과 상호 의존의 분위기가 확대되었다. 1997년 IMF 외환위기는 세계화의 부작용이었지만, 세계화 물결을 역전시키기보다는 오히려 재발을 방지하기 위한 국제협력에 대한 공감과 필요성을 불러왔다. 특히 동북아의 한국과 일본, 중국의 자유무역협정 체결 노력이나 공동의 통화관리 등이 논의되었고, 동남아시아 국가들과의 협력 문제, 그리고 아시아태평양 국가의 경제협력기구인 APEC의 활성화 등 다양한 경로로 진행되었다.

그러나 경제통합까지 거론될 정도로 상호 의존이 날로 깊어지고 있지만, 다른 한편으로는 갈등 요소들도 여전히 무시할 수 없다. 북핵 문제는 물론이고, 특히 탈냉전 이후 동북아에서는 미중 및 중일의 패권경쟁과 신민족주의 물결이 급부상하고 있다. 세계화가 진행되는 동시에 민족국가 역시 국제정치의 중심에 복귀했다. 토머스 프리드먼(T. Friedman)이 저서 『렉서스와 올리브나무』에서 지적하듯이, 한편에서는 토요타의 렉서스로 상징되는 번영과 기술 진보의 세계화가 급속하게 진행되는 동시에, 다른 한편에서는 중동의 아랍과 이스라엘 간의 민족과 종교적 정체성을 상징하는 올리브나무를 지키기 위해 극렬한 싸움을 벌이는 패러독스가 존재한다.

더욱이 한반도가 당면한 패러독스 상황은 3중적인데, 글로벌한 차원에서의 패러독스, 아시아 패러독스, 그리고 한반도 패러독스이다. 물론 서로 중첩되는 영역이 많고, 또 유기적으로 연결되어 있어 분리하기 어렵지만 각 층위의 특징을 간단히 살펴보면 다음과 같다. 먼저 미국과 중국 사이에서 전개되고 있는 글로벌 차원에서의 협력 증대와 갈등 심화의 이중적 현상이다. 미국과 중국의 관계 역시 경제적 상호 의존도는 깊어지는 데 반해 정치·군사 측면에서는 경쟁과 갈등 가능성이 커지고 있다. 지금까지 미국의 대중 정책도 일관된 전략을 수립하기보다는 중국 위협론에 기초한 중국 봉쇄와 상호 의존론에 의한 대중 협력 사이에서 오락가락해 왔다.

미국은 지난 20세기를 풍미했던 유일 패권의 지위가 약화했지만, 중국은 급속도로 부상하고 있는 세력전이 현상이 급속하게 전개된 것이다. 지난 역사에서 패권국과 도전 국가의 세력 전이가 일어날 경우, 체제의 불안정성은 급격하게 증가했었고 많은 경우 전쟁으로 치닫기도 했다. 미중 양국 역시 불행한 결과를 피하려고 다각도의 노력을 기울이고 있지만 상호 간 신뢰가 충분하지 않고, 국제정치를 특징짓는 권력 외교의 속성상 충돌을 피하기 쉽지 않은 것도 사실이다. 협력을 촉구하는 정치 수사들이 난무하지만, 양국관계에는 갈등요소가 점점 커지고 있다. 미국은 안정과 공존을 위해 일정 정도의 영향력 약화를 감수할 것인지, 아니면 중국과의 패권 경쟁을 본격화해서 우위를 확실히 다질 것인지의 선택 사이에서 고민 중이다. 중국의 선택지 역시 미국 주도의 질서에 순응하며 협력의 2인자로 만족할 것인지 아니면 도전할 것인지로 나뉜다.

두 번째는 아시아 패러독스다. 아시아 국가들의 경제적 상호 의존과 인적 교류의 증대에도 불구하고 역사와 영토를 둘러싼 마찰은 물론이고, 역내국 간의 세력 재편에 따른 갈등에다가 국내정치적 이유로 말미암은 외교적 갈등은 도리어 깊어지고 있는 것이 사실이다. 전 세계가 동아시아를 경제 발전의 새로운 엔진으로 이해하고 아시아로 관심을 돌리고 있음에도, 정작 중심 국가들인 한국, 중국, 일본의 갈등과 대립은 확대일로에 있는 역설이 전개된 것이다. 1990년대 초 냉전이 붕괴하면서 미소 대결 구조가 사라지고, 1990년대 말 아시아 경제위기를 겪으면서 아시아 국가라는 공동정체성이 확대되었다. 따라서 지역협력이나 다자협력을 제도화하기 위한 노력이 활발하게 모색되었다. 그러나 2008년 미국과 유럽의 금융위기와 더불어 미국의 침체와 중국의 부상이 겹쳐지면서 공동체 구축의 논의는 약화하고 세력 재편에 따른 갈등이 더 부각했다.

이런 현상을 가중한 것은 중일 간의 역내 패권 경쟁과 일본의 재무장 및 우경화 드라이브다. 세력전이 과정에서 미국과 마찬가지로 일본 역시 침체문제가 심각한 수준이 되었다. 중국의 부상과 군비 강화는 미국보다 일본에 훨씬 더 심각하고 직접적인 위협으로 인식되었다. 일본은 북한의 핵무기 및 미사일 위협과 중국의 부상을 빌미로 재무장을 노골화하는 동시에 미국과의 협력을 강화하면서 동맹에 의한 세력균형전략을 구축하기 시작했다. 또 일본이 중국의 주변국들과의 관계를 강화하면서 과거 냉전의 진영 외교가 부활할 수 있는 여건이 조성되고 있다.

마지막 세 번째 층위의 패러독스는 바로 한반도에서 전개되고 있다. 남한과 북한은 서로에게 최대의 위협이자, 동시에 함께 평화를 이뤄야 하는 협력의 대상자라는 역설적 정체성을 가지고 있다. 탈냉전이 도래했고 남북한의 국력은 엄청난 격차를 보임에도 통일이나 평화공존의 가능성은 오히려 멀어지고 한반도는 여전히 대결과 긴장이 심화하면서 냉전의 분단시대로 회귀하고 있다. 탈냉전의 기회를 바탕으로 반세기 분단 질서를 극복하기 위해 남북이 관계 개선을 모색하고 평화체제 구축을 모색했으며 상당한 성과를 거두기도 했지만, 이명박 정부와 박근혜 정부에 이르러서는 모든 것이 무산된 채 최악의 상태에 빠져들었다. 분단구조를 해소하기는커녕 심화시키고 상호 적대감은 증폭되었다. 남북 관계는 미중 및 아시아 패러독스의 아킬레스건이 되었다. 남북 관계가 악화하면서 한미동맹에서 군사적 요소가 지배하게 되었으며 남북은 물론이고 동북아 전체의 안보 딜레마와 군비경쟁을 초래하였다. 더욱이 이러한 군비경쟁의 갈등구조를 역내국 정부들이 공통적으로 국내정치에 적극적으로 이용하면서 배타적 민족주의와 안보 포퓰리즘이 부상하고, 이는 다시 미중 및 아시아 패러독스를 강화하는 등 악순환이 일어난다.

미국은 감소하는 힘의 하락을 위해 동맹 네트워크를 기반으로 패권 퇴장에 저항하고, 중국은 본격적인 미국과의 한판을 각오하고 있다. 무엇보다 트럼프 행정부를 구성하고 있는 주요 인사들은 과거 부시 행정부의 네오콘 이상으로 세상을 선악으로 나누는 근본주의적이고 냉전적인 사고를 가지고 있다. 선악의 흑백론 프레임은 협상과 외교의 공간을 축소하고 압박과 무력 시위로 긴장을 형성한다. 더욱이 미국이 북핵 문제를 동북아전략에 활용하려는 유혹에 한국 주도의 남북 관계 개선 노력을 지지하기보다 제어할 때가 많다. 다음 장에서 설명할 한반도 평화 프로세스에서 트럼프는 김정은과의 대화를 통한 비핵화에 나섰지만, 미국 전략가들의 기본 플랫폼은 2017년 말에 공개된 국가안보전략(NSS)에서 확인되듯 중국과 러시아를 현상 변경 세력으로, 이란과 북한에 대한 악마화 전략을 재현하면서 동맹네트워크의 부활을 정당화하였다.

이는 한국의 적극적 참여를 압박하면서 동맹의 연루 딜레마를 반복적으로 안겨준다.

평화 프로세스의 성공인가, 냉전체제의 부활인가?

독일은 이른바 '고르바초프 효과'로 말미암아 오랜 분단을 종식하고 민족 통합을 이루었다. 남북예멘도 합의로 통일을 성취했다. 한반도는 지구상에 남아 있는 유일한 분단국가로 불린다. 엄격하게 얘기하면 대만과 중국 역시 분단국가지만 두 국가의 힘과 국가 규모의 차이, 그리고 시기 문제만 남았지 통일에 대한 가능성, 그것도 중국으로의 흡수통일이라는 대세를 인정한다는 면에서 한국의 경우와는 다르다 하겠다. 특히 남북한의 긴장과 대치상황과는 비교할 수 없다. 그런 의미에서 한반도는 과거에는 냉전 양극체제의 균형을 측정하는 리트머스 시험지의 역할을 해왔고, 앞으로도 냉전의 종식 여부를 최종적으로 확인하는 곳이 될 것이다.

냉전체제의 한 축을 담당했던 소련의 붕괴가 한반도에도 변화를 가져다줄 것으로 기대했지만, 긴장 관계가 사라지지 않고 있는 것은 무엇 때문일까? 한반도의 냉전을 가져왔고, 그 이후 절대적인 영향력을 행사해 온 국제정치 구조가 정작 탈냉전이 도래했는데도 근본적인 변화를 가져오지 못하고 있는 것은 지정학적 역학구조에 크게 기인한다고 봐야 할 것이다. 앞에서 지적했듯이 미국의 쇠퇴와 중국의 부상, 그리고 일본의 군사 대국화로 말미암아 한반도와 주변은 신냉전체제의 도래 가능성이 본격적으로 부상했다.

한편, 냉전체제의 관성이 여전히 작동하는 한반도 및 주변은 2018년 초부터 평화를 향한 대반전의 모습을 보인다. 평창올림픽과 남북의 극적인 화해 국면에 이은 판문점 남북정상회담의 성사, 그리고 싱가포르에서 북미정상회담이 열렸다. 전쟁과 분단의 시대를 마감하고 새로운 공존과 평화의 시대로 향하는 문이 열린 역사적 순간들이다. 남북과 북미가 70년 묵은 적대감과 2013년부터

2017년까지 임계점까지 다다랐던 위기가 극적 반전을 맞았다. 2018년 벽두 김정은의 신년사와 2월 평창 동계올림픽을 계기로 한반도 평화 프로세스는 시동을 걸었다. 동계올림픽대표단을 이끌고 한국을 방문한 김여정은 김정은 위원장의 친서를 문재인 대통령 북한 초청 의사와 함께 전달하였고, 3월 5일 대북특사단이 평양을 방문하였다. 서울로 돌아온 특사단은 4월 말 남북정상회담 개최와 핵실험과 미사일 실험에 대한 유예와 북미대화 용의를 전해왔다. 곧바로 특사단은 미국을 방문해 이를 전달했고, 트럼프 대통령은 예상을 뒤엎고 북미회담을 즉각 수용했다. 이후 새로 임명된 폼페이오 미국 국무장관이 2차례 전격 방북해 비핵화와 체제 보장에 대한 합의를 추진하였고, 북미정상회담 의제를 조율했다. 이런 가운데 4월 27일 역사적인 남북정상회담이 개최되었고, 남북 관계 개선, 종전 선언, 군비 통제, 남북 교류와 함께 완전한 비핵화를 통한 핵 없는 한반도 실현에 합의했다. 결정적 고비도 있었지만, 북미 양국의 발 빠른 노력으로 수습 국면에 접어들었고, 마침내 6월 12일 싱가포르에서 북미정상회담이 개최되었다.

무수한 비판에도 불구하고 북미정상회담은 한반도 평화체제로 가는 첫걸음을 뗀 것이었지만 상황은 호락호락하지 않았다. 한반도 평화 프로세스가 우리 민족의 평화와 번영의 미래를 위해 필수적인 동시에 냉전청산의 세계사적 함의를 담고 있다는 것은 반박의 여지가 없는 타당한 역사 인식이다. 그렇지만 우리가 당면하고 있는 현실 국제정치의 대외환경은 오히려 부조화가 커지고 있다는 점에 주목해야 한다. 그 중심에 제2차 세계대전 이후 계속된 자유주의 국제질서가 급격하게 힘을 상실하면서 문명사적 전환의 시대를 맞고 있다. 미국을 비롯한 서구 선진국들은 '규칙에 기초한 자유주의 국제질서(Rule-based Liberal International Order)'의 준수를 여전히 주창하지만, 핵심축인 민주주의와 시장 자본주의가 심각하게 흔들리면서 위기에 봉착했다. 시장 확대를 통해 유사 이래 최고의 번영을 누렸지만, 번영의 과실은 전혀 고르게 분배되지 않았고, 내부적으로 강요된 희생과 불평등을 초래했으며, 이는 자본주의를 지탱하는 중산층의 붕괴로 이어졌다. 세계화에 특화된 기업과 자본은 기회와 이익의 확장으로 부를 축적했지만, 노동자는 지속적인 임금 삭감과 자산 하락으로 고통 받았다. 시장의 왜곡은 민주주의의 정당성도 훼손해 버렸다. 절차적 민주주의는 간신히 유지되는 듯 보이지만, 권위주의와 선동적 참주정치로 진정한 민주주의는 질적으로 훼손되고 있다. 불확실성과 불안정성, 그리고 불평등성은 국제정치에서 미중 패권 경쟁과 배타적 민족주의의 발흥과 연동되고 있다.

전 세계적으로 다수의 국가가 뒤따르고 있다. 과거에는 국제정치가 국내정치에 훨씬 큰 영향을 끼쳤지만, 최근에는 국내정치가 국제정치에 끼치는 영향이 훨씬 커졌다. 이에 따라 강한 리더십을 내세워 외부로부터의 안보 위협을 과장하고, 군비경쟁을 강조하는 극우민족주의와 안보 장사꾼들이 활개 친다. 그 결과 세계화 시대를 맞아 자유주의 제도와 초국가적 협력이 확산할 것으로 기대했지만 예상과 달리 오히려 '지정학의 부활'이 본격화되었다. 패권의 추억은 강경한 대외정책을, 국제협력에 대한 피로감은 고립주의를, 개방과 이민에 대한 반감은 인종주의를 부추긴다. 이로 말미암아 모순적인 고립주의와 대결주의가 공생하게 되는 것이다.

신민족주의의 발흥과 경쟁적 군비 강화는 동북아에서 특히 심각하게 전개되어 왔다. 지난 박근혜 정부는 물론이고 현재 트럼프, 시진핑, 아베, 푸틴, 김정은은 하나같이 국내의 권력 공고화를 위해 대외 위협을 과장하는 안보 포퓰리즘을 기본 노선으로 채택하고 있다. 한반도는 이러한 현상들이 집중되면서 갈등과 긴장 수위가 계속 높아졌다. 냉전이 끝난 지 사반세기가 넘었고 남북한의 국력이 엄청난 격차를 보임에도 분단 구조는 깊어졌다. 남북의 대치 관계는 미중과 중일의 진영 대결의 땔감으로 작동했으며, 북한의 핵무기 고도화와 남북 관계 악화로 한반도는 분단 고착을 넘어 지난 2017년에는 실질적인 전쟁 위기 상황에까지 치달았다.

1990년대와 비교해 훨씬 나빠진 현재의 대외환경이 의미하는 것은 무엇일까? 한편으로는 한반도 평화 프로세스의 성공을 달성하기가 매우 어렵다는 말이다. 미중 패권의 대결 구조 속에서 안보는 미국, 경제는 중국에 절대적으로 의존하는 왜곡된 구도는 우리에게 엄청난 시련을 주었던 사드 분쟁을 하나의 예고편에 불과하게 만든다. 그럼에도 우리가 평화를 이룩할 절호의 기회를 부여받았다는 것은 부인하기 어렵다. 세계적 극우 준동의 소용돌이 속에서, 역사에 남을 촛불혁명을 통해 국민의 힘으로 민주주의를 회복하고, 안보 장사꾼들이 판치는 동북아에서 평화를 주도할 기회를 얻은 것이다. 안보 포퓰리즘이 점증하는 것도 사실이지만, 반면에 수년간의 한반도 전쟁 위기와 진영 대결로 인해 역내 국가들이 평화적 해결에 대한 공통의 의지를 보이는 것은 고무적이다.

한반도 평화 프로세스는 국제정치학에서 말하는 평화의 3단계인 평화 유지(peace-keeping), 평화 조성(peace-making), 평화 구축(peace-building)의 과정과 일치한다. 평화유 지는 가장 낮은 단계에서 이루어지는 평화로 전쟁 방지가 최대치라고 할 수 있다. 이를테면 군비 증강과 한미동맹을 통해 한반도에서 다시 전쟁이 일어나지 않게 하는 가장 소극적인 평화정책으로서 70년 정전체제가 여기에 해당한다. 평화라는 말이 붙어 있지만, 군비경쟁으로 인한 안보 딜레마를 제거할 수 없다. 두 번째 평화 조성은 상호 적대적 정책을 완화하고, 군사적으로 신뢰를 구축하는 과정을 일컫는다. 군사회담을 통해 우발적 군사충돌 방지책을 만든다거나, 군사훈련을 할 경우에도 서로 통보해 주고, 참관하는 것은 물론이고, 관련 군사정보까지 교류할 수도 있다. 더 나아가서 서로 공격적 무기를 후방에 배치하거나, 일부 군축까지 실행할 수도 있다. 마지막 평화 구축의 단계는 안정적이고 지속 가능한 평화체제를 이루는 것이다. 예를 들면 북한과 미국이 불가침조약 및 평화협정을 체결하고 상호 적대 정책을 완전히 폐기함으로써 평화를 구축하는 것이다. 평화를 군사력으로 지켜야 한다는 소극적 자세로는 오히려 갈등과 위기만이 고조될 뿐이라는 점에서 평화를 적극적으로 만들고 경제협력과 인적 왕래, 문화 교류를 통해 평화를 장기적으로 구축해야만 진정한 평화가 가능해질 것이다.

3. 나가는 말: 그렇다면 우리는 어떻게 볼 것인가?

지금까지 국제정치는 무엇이며, 사람들은 국가 간에 일어나고 있는 일에 대해 어떤 시각을 가지고 판단하는지 살펴보았다. 그리고 국제정치의 관점에서 한반도 주변의 주요 사례들을 조망해 보았다. 한마디로 요약해서, 현실주의자는 전쟁의 위협이 항상 존재하는 무정부 상태의 국제정치에서 각 개별국가가 자국 안보를 어떻게 확보할 것인가에 대해서 고민해 왔다면, 자유주의자들은 국가와 더불어 다양한 형태의 행위자들이 다양한 영역에서 협력을 증대하여 안보 위협을 제거하고 평화를 증진하는 것에 집중해 왔다. 구조주의자는 국제정치에 존재하는 국가 간의 불평등 문제, 특히 제3세계의 빈곤이 왜 발생했는가에 깊은 관심이 있으며, 이에 대한 대답으로 세계자본주의 체제의 부의 불균형이라는 모순적 구조를 문제 삼는다.

특정 관점이 완벽하다거나 어떤 현실에 적용해도 항상 옳다고 할 수 없다. 결국 이론이란 어떤 측면을 강조하는가에 따라 달라지고, 시대나 상황을 해석하는 기본 사고의 차이에서 비롯된다. 또한, 관점을 가지고 국제정치를 바라보고, 그것이 다른 관점보다 우월하다는 것을 증명하기 위해서 각기 이론들은 더 많은 현실의 증거를 확보하는 나름의 노력을 하게 된다. 이런 노력은 결과적으로 우리에게 국제정치의 다양한 면들을 입체적으로 이해시키며, 특히 이론 간의 논쟁은 서로를 더욱 치밀한 이론으로 무장시키면서 함께 발전해 나간다.

민족국가체제의 탄생 이후 국제정치는 대체로 순환적 전개 양상을 보여왔다. 세계대전 이전의 산업혁명과 유럽을 중심으로 한 통합의 분위기에서는 평화를 향한 이상주의가 지배적이다가, 두 번의 참혹한 세계대전과 이어지는 동서냉전의 격화와 더불어 평화에 관해 비관적인 현실주의가 그 자리를 대신했다. 그러다가 1970년대 초에 냉전 상황이 상당 부분 이완되고 동서 간 긴장 완화로 인해 좀 더 낙관적인 세계관인 자유주의가 힘을 회복하는 듯했다. 그러다가 1979년 아프가니스탄 사태와 1980년대 레이건의 보수적인 동맹정책으로 촉발된 신냉전의 흐름을 타면서 현실주의적 경향이 다시 강세를 띠었다. 그러나 이런 움직임은 과거 전후의 현실주의보다는 많이 약화된 형태로 나타났고, 1990년대부터 진행되어 온 탈냉전의 분위기와 전 지구적 평화의 가능성은 신자유주의의 득세를 가져왔다.

이렇게 국제정치는 냉전의 잔재들을 모조리 털어 내고 세계화, 국가의 후퇴, 시장경제, 국제협력의 활성화, 그리고 영구적 평화에 대한 소망 등 이른바 신자유주의 현상들이 대세를 장악했다고 주장하는 사람들이 많아졌다. 그러나 그동안 우리가 목격하고 있는 것처럼 많은 국제정치 현상들에는 그렇게 간단하게 한 편의 손을 들어줄 수 없는 면이 있다. 세계는 여전히 현실주의가 주장하는 안보의 불안과 국가 간 대결 구조, 구조주의자들이 주장하는 국가 간 경제적 불평등이 심각한 문제로 남아 있다. 특히 우리가 몸담고 살아가는 한반도와 주변은 분단구조가 지속됨은 물론이고, 이를 활용한 패권국들의 경쟁과 진영외교가 되살아나는 일종의 신냉전 또는 재냉전의 상황으로 흐르고 있다는 점을 주목해야 할 것이다.

그러므로 국제정치를 바라볼 때 한 가지 편견에 사로잡혀 다른 면을 놓치는 일이 없도록 해야 할 것이다. 여러 시각을 주관적 잣대로 혼합하여 편리한 대로 해석하는 것 역시 잘못일 것이다. '이것도 맞고 저것도 모두 맞다'라고 말하는 것은 아무 것도 맞는 것이 없다는 말과 마찬가지이다. 여러 가지 상황을 모두 고려한 다음 어떤 관점이 국제정치를 바라보는 가장 유력한 — 절대적이 아닌

– 관점인가를 선택하는 것이 바람직하다.

POINT

1. 탈냉전을 평화의 도래로 인식했지만, 한반도 주변은 여전히 안보 딜레마가 지속되고 있다.
2. 세계화는 국가의 후퇴 또는 통합으로 인식되지만, 한반도 주변은 여전히 민족국가의 치열한 세력다툼이 내재하고 있다.
3. 탈냉전 30년이 넘게 흐른 현재 한반도는 미중전략경쟁 사이에서 분단구조의 지속으로 인한 신냉전적 상황과 한반도평화프로세스를 통한 지속가능한 평화의 갈림길에 서있다.
4. 국제정치를 바라볼 때 한 가지 편견에 사로잡혀 다른 면을 놓치는 일이 없어야 한다.

❑ 심화학습을 위해서

김준형. 2008.『미국이 세계 최강이 아니라면』. 뜨인돌.

전재성. 2011.『동아시아 국제정치: 역사에서 이론으로』. EAI 외교안보대전략시리즈.

프리드버그, 애런. 2012.『패권경쟁: 중국과 미국 누가 아시아를 지배할까?』. 안세민 옮김. 까치.

김우상 외. 2012.『국제관계론 강의 1: 국제정치편』. 한울.

박재영. 2013.『국제정치 패러다임』. 법문사.

정세현·송민순 외 3명. 2018.『한반도 특강: 2020 대전환의 핵심현안』. 창비출판사

Baylis, John, Steve Smith, and Patricia Owens. 2011. *The Globalization of World Politics: An Introduction to International Relations*, 5th ed. Oxford University Press.

Viotti, Paul R. and Mark V. Kaupp. 2011. *International Relations Theory*, 5th ed. Pearson.

Hook, Steve W. and John Spanier. 2012. *American Foreign Policy Since World War II*, 12th ed. CQ Press.

Nye, Jr. Joseph S. and David A. Welch. 2012. *Understanding International Conflicts: An Introduction to Theory and History*, 9th ed. Pearson.

Tellis Ashley J. and Travis Tanner. 2013. *Strategic Asia 2013-14: Asia in the Second Nuclear Age*. The National Bureau of Asian Research.

Owen, John and Richard Rosecrance. 2018. *International Politics: How History Modifies Theory*, Oxford University Press.

4부 정치학, 그 영역의 확장

12 그 많은 여성들은 어디에 있을까 _황영주

13 왜 녹색정치인가 _이헌근

14 사이버 세상에서 '정치'하기 _김영일

chapter 12

그 많은 여성들은 어디에 있을까

황영주

#20대 국회 여성의원 51명으로 역대 '최다'

제20대 국회의원 선거 결과 여성 당선인 수는 51명으로 역대 최다인 것으로 나타났다.

한국여성정책연구원은 4·13 총선 결과를 분석해 보니 여성 당선인 수는 지역구와 비례대표를 모두 포함해 51명, 여성 당선자 비율은 17.0%로 역대 선거 중 가장 높았다고 28일 밝혔다. 이에 따라 한국의 국제의원연맹 여성의원 비율 순위도 111위에서 105위로 6계단 올라갈 것으로 전망됐다.(중략)

연구원은 "20대 총선의 여성 당선인 수가 역대 최대치를 기록한 것은 환영할 만한 일이지만 선진국 평균보다 여전히 그 수가 적은 것이 사실"이라며 "연구원에서는 여성의 정치적 대표성을 확대하기 위한 다양한 연구를 수행할 것"이라고 말했다. (≪연합뉴스≫, 2016.4.28.)

1. 무엇을 볼 것인가?

앞의 내용은 2016년 4월에 실시되었던 국회의원선거와 관련한 기사이다. 이 기사에서 보듯이 여성의 정치 참여는 무척 저조하다. 2012년 총선에서 총 300명의 국회의원 중 47명 15.6%에서, 2016년 총선에서는 51명으로 17.0% 정도로 증가한 것을 두고 "역대 최다"라는 표현을 사용하고 있다. 그리고 한국의 경우에는 여성의원 세계 평균인 22.7%에 크게 못 미치는 사실도 함께 확인할 수 있다.

이러한 사정을 감안하여 이 장에서는 작게는 여성의 정치 참여, 크게는 여성과 정치(학)의 관계를 다루려고 한다. 이 장은 다음과 같이 세 부분으로 구성된다. 첫째, 정치에서 여성의 저대표성의 실태와 그 원인을 분석하려고 한다. 둘째, 여성차별에 대한 사회구조적 원인과 이를 개선하려는 페미니즘의 다양한 노력을 살펴보고자 한다. 셋째, 왜 여성들이 정치에 참여해야 하는지, 그것이 정치에 어떤 변화를 가져오는지에 대해 검토하고자 한다.

2. 어디에 얼마나 그리고 왜?: 여성의 정치 참여 현황

정치에서 여성차별의 현황

〈표 12-1〉을 보면 여성에 대한 차별이 정치 영역에서 두드러지게 나타남을 확인할 수 있다. 한국에서 국회의원직에서 여성이 차지하는 비율은 17%이다(제20대 국회). 보통 친여성적이라고 알려진 지방자치단체의 경우에도 28.3% 정도에 불과하다. 세계적으로 많은 국가에서 여성의 정치 참여 비율이 한국보다는 앞선다고 하지만, 여성이 의회의 '절반' 이상을 차지하는 경우는 상당히

드물다. 그런데 어떤 의미에서 표의 숫자는 오히려 여성들이 일상생활에서 느낄 수 있는 차별의 일부만을 보여준다고 할 수 있다.

실제로 유엔개발 프로그램(the United Nations Development Programme)의 보고서에서 보면 "(지구상의) 어떤 사회도 여자와 남자를 동등하게 대우하는 곳은 없다"며 여성에 대한 차별을 분명히 하고 있다. 일련의 세계화 과정이 정치적·경제적 영역에서 여성의 지위를 더욱 하락시키고 있다는 주장도 나온다. 이와 같은 사정을 감안한다면 여성에 대한 차별은 실상 구조화되어 있는 것이고, 정치는 그것을 표현하는 방식 가운데 하나라는 주장은 상당히 타당하다.

현실정치에서 여성 저대표성의 여러 가지 이유들

그렇다면 여러 분야, 특히 정치에 여성의 참여가 극히 저조한 이유는 무엇인가? 왜 인구의 절반을 차지하면서도 여성의 정치 참여는 그토록 낮은가? 정치 참여에 대한 여성의 저대표성의 이유를 남녀 간의 선천적 차이, 남녀의 사회화 패턴, 성차별적 정치문화와 정치 구조에서 여성의 배제 등으로 구별하여 정리할 수 있다.

〈표 12-1〉 주요 국가 여성 의원 비율(2019년)

국가	순위	총의원수	여성의원비율(%)
스웨덴	7	349	46.1
노르웨이	13	169	41.4
네덜란드	27	150	36.0
오스트리아	31	183	34.4
영국	38	650	32.7
독일	47	709	30.7
미국	103	428	19.6
대한민국	118	300	17.0
일본	160	465	10.1

자료: IPU 여성 국회의원 비율 및 각국의 순위(http://www.index.go.kr/potal/main/EachDtlPageDetail.do?idx_cd=1588)

첫째, 정치에 대한 여성의 저대표성이 남녀 간의 타고난 선천적인 차이에서 비롯되었다는 것이다. 즉 남성과 상이한 여성의 생리적·심리적 차이로 여성이 정치에 대해 무관심해졌다는 설명이다. 정치가와 정치지도자들은 대개 권력을 추구하거나 혹은 성취동기가 강한 특질이 있다. 그런데 이러한 특성은 주로 남성의 자질에 가깝다는 것이다. 따라서 생래적으로 여성과 정치는 친해질 수 없다는 주장이다. 이 주장은 여러 문제점이 있다. 이 주장의 가장 큰 한계는 정치가라고 해서 반드시 권력 지향적·성취 동기적 개성이 있는 것이 아니며, 아울러 남녀 정치인에 대한 연구에서도 성별, 개성의 차이가 두드러지게 나타나지 않는다는 점이다. 따라서 현재 정치에서 여성의 저대표성을 정당화시키기 위한 방법으로 여성과 남성의 차이를 근거로 내세우는 오류를 범한다는 비판을 받는다.

둘째, 여성의 정치 참여에 대한 부진은 사회화 과정의 차이에서 비롯되었다는 주장이다. 여성은 대개 수동적인 역할이 부여되며 자신의 활동영역을 가정으로 국한시키는 사회화 과정을 경험하는 반면, 남성은 좀 더 능동적·성취 지향적이면서 자신의 활동 영역을 가정 이외의 영역으로 확산시키는 사회화 과정을 경험한다는 것이다. 따라서 '현모양처'의 역할을 준거로 갖는 여성들이 가정 이외의 공적 과정, 특히 정치적 영역에 능동적으로 참여하기란 어렵다. 아울러 가정 중심의 역할에 도전하는 것으로 비춰지는 정치적 영역에 참여하려는 여성들은 사회적으로 크게 환영받지 못한다. 무엇보다도 양육과 가사노동이 여성의 것이라는 사회적 통념은 공직에 참여하는 여성에게 (여성이 해야 할 역할을 소홀히 한다는) 심리적 고통과 갈등을 초래하기도 하고, 실제로 정치 참여 자체에 방해가 된다.

셋째, 지금까지 지속된 남성 중심의 성차별과 편견이 여성의 정계 진출에 결정적인 방해 요인으로 작용한다는 주장이다. 정치가 해당 사회의 정향과 패턴을 반영한다면, 정치문화와 정치과정에서도 해당 사회의 특질을 고스란히 보여준다는 것이다. 따라서 지금까지 사회에 남성 중심적인 사고와 편견이 있다면 정치도 편견에서 자유로울 수 없다는 주장이다. 남성에 비해 능력, 전문성, 경험에서 손색이 없는 여성이 정치가로 입문하기가 훨씬 까다로운 것은 바로 해당 사회의 남성 중심적 성차별과 편견 때문이다.

넷째, 여성 저대표성의 또 다른 원인 중 하나는 여성의 진입을 원천적으로 봉쇄하거나 방해하는 정치 구조라는 주장이다. 이 설명에 따르면 이미 남성 중심으로 짜인 여러 가지 정치과정에서 여성이 신규로 진입하기란 상당히 어렵다는 것이다. 예컨대, 한국은 국회의원 선출 시 소선거구제를 채택하는데, 이러한 제도는 정치 신인으로서 여성의 원내 진출을 상당히 어렵게 한다는 평가를 받고 있다. 반면 한 선거구제에서 여러 명의 의원을 선출하는 제도(중·대선거구제)에서는 여성의 당선 확률이 더 높다고 평가되고 있다. 무엇보다도 여성 후보가 추천되면 남성 정치가들은 갖은 수단과 방법으로 그들을 견제하거나 폄하한다. 이처럼 남성 지배적인 정치 구조 또한 여성 진입을 까다롭게 만든다.

그러나 여성 저대표성을 설명할 때 무엇보다 중요하게 고려할 사항은 정치 자체가 이미 남성의 관심과 정체성을 반영하는 남성의 전유물이라는 점이다. 다시 말해, 여성의 저대표성에 대한 이유는 정치활동 자체가 이미 남성의 이해와 편의를 반영하기 때문에 본질적으로 여성을 배제한다는 것이다. 페이트먼(C. Pateman)은 현재의 정치제도로서 민주주의가 이미 성적 계약(the sexual contract)의 성격이 있고, 사회계약 자체가 (재산을 가진 백인) 남성을 계약 당사자로 했기 때문에 성에 중립적이지 않다고 지적한다. "이론적으로 볼 때 자유민주주의하에서 여성은 자유로운 개인으로서 (정치에서) 배제될 어떤 충분한 이유도 없다. 그러나 실제로 자유민주주의 이론에서 '자유롭고 동등한 개인'은 항상 남성이었다"라고 꼬집는다. 랜들(V. Randall)이 지적한 대로, "정치라는 것은 오직 남성의 것이며, 실제로 (남성성을 기초로 한) 정치는 질서, 힘, 조정, 야심,

경쟁, 남성 본위로 여겨지는 것"이다. 따라서 여성이 그곳에 참여한다는 것은 아주 어렵다고 할 수 있다. 예를 들어 서구 국가에서는 19세기에 이미 남성들의 선거권을 인정한 반면, 여성의 선거권은 두 차례의 세계대전 이후, 심지어 1970년대 초(스위스)에 가서야 비로소 인정했다. 요컨대, 정치에 대한 여성의 저대표성은 정치 자체가 갖는 성차별성에서 출발한 것으로도 볼 수 있다.

POINT

1. 여성의 정치 참여는 매우 저조하다.
2. 여성의 정치 참여가 저조한 이유로 남녀의 선천적 차이, 사회화 과정의 상이성, 남성의 편견, 성차별적 정치 구조를 들 수 있다.
3. 여성의 정치 참여가 낮은 또 다른 이유는 정치 자체가 남성의 관심과 정체성을 반영하는 전유물이기 때문이다.

3. 차별과 저항: 젠더와 페미니즘

젠더화된 사회, 젠더화된 정치

그렇다면 정치에서 여성을 배제하는 관행은 어디서부터 유래했는가? 더 나아가서 여성에 대한 차별은 어디서부터 출발하는가? 많은 남성 심지어 일부 여성까지 여성 차별은 사회질서의 결과이자 관행이라고 생각한다. 그러나 이것은 주로 가부장제 사회 질서에 대해 의문을 제기하지 않고, 당연시하는 것에서 비롯된다. 우리는 이와 같은 사실을 젠더화된 사회라고 표현하다. 도대체 젠더(gender, 性別)란 무엇인가?

일반적으로 젠더는 남녀 간의 생물학적 성(sex)의 구별과는 달리, 사회적으로 학습된 개념으로 남성성과 여성성을 구별할 때 쓰는 용어다. 생물학적 성과 그 정체성이 주로 유전적·해부학적 특성으로 결정된다면, 젠더는 사회적으로 획득된 정체성과 문화적으로 형성되고 정의된 특질로 결정된다. 즉 젠더라는 용어를 사용할 때 우리는 남성과 여성 간의 생물학적 차이보다는 사회적·문화적으로 형성되고 정의된 특질로서 남성적 특징과 여성적 특징을 볼 수 있어야 한다. 예를 들어 "여성은 여성으로 태어나는 것이 아니라, 만들어지는 것이다"라는 보부아르(S. de Beauvoir)의 지적은 이를 적절히 보여주고 있다. 이에 따라 젠더를 당연한 것으로 여기기보다는 사회적으로 만들어진 것(gender as the social construction)으로 이해해야 한다. 이러한 관점에서 본다면 (남성 우위의) 사회적 필요성이 여성에 대한 차별을 만든 것이다.

그렇다면 여성에 대한 성차별은 어떻게 당연시되고 또는 자연스러워지는가? 달리 표현하여 젠더는 어떻게 구성되는가? 젠더를 이해하기 위해서는 먼저 젠더가 남녀 상호 간의 관계를 통해서 성립한다는 사실을 파악해야 한다. 즉 남성성 또는 여성성이라는 개념은 개별적으로 존재할 때 특별한 의미가 없지만, 나란히 있을 때(남성성/여성성)는 서로의 관계를 명확하게 보여준다. 다시 말해서, 남성성과 여성성은 이원적 대립구조에서 전자(남성성, 공적, 객관, 자신, 이성, 자율성, 문화 등)나 후자(여성성, 사적, 주관, 타자, 감성, 의존성, 자연 등)는 독립적으로 성립할 수 없고, 서로를 통해서 정의되거나 설명되는 개념이다. 전자의 존재는 바로 후자의 존재를 통해서 인정되고 확인되는 것이다.

무엇보다도 중요한 것은 남성성과 여성성의 관계에서 남성성(과 관련한 가치)에 대해서는 중요하게 여기거나 더 많은 가치를 부여하는 반면, 여성성(과 관련한 가치)에 대해서는 평가절하하고 중요하지 않은 것으로 여기는 경우가 많다는 사실이다. 공적, 객관, 자신, 이성, 자율성, 문화의 개념을 긍정적으로 여기고 찬양하는 반면, 사적, 주관, 타자, 감성, 의존성, 자연의 개념은 전자에 비해 상대적으로 평가절하된다. 마찬가지로 여성들에게 있는 또는 여성성으로 분류하는 여러 특질은 주로 부정적으로, 남성들이 갖는 또는 남성성으로 보이는 특성은 주로 긍정적으로 평가 받는다. 예를 들어 피터슨(V. S. Peterson)이 지적한 것처럼, 남성이 주로 활동하는 영역(등산, 우주비행사, 대학의 학생회장)에서 두

각을 보이면 대단한 여성으로 찬양을 받지만, 여성이 주로 활동하는 영역(수중 발레, 보모, 간호사)에서 일하는 남성은 특이한 사람으로 취급받는다. 이런 과정을 통해 여성에 대한 차별과 억압은 당연시되고 제도화된다.

특히 코넬(R. Connell)은 강력한 젠더 이분법의 구성이 지배적인 남성성(the hegemonic masculinity), 즉 전형화된 남성성의 이미지에 의존하고 있다고 강조한다. 젠더의 구성은 가부장제적 권위를 유지하기 위해 가부장제적 정치·사회 질서를 정당화하며, 주로 여성성 또는 약한 남성성의 평가절하로 결정된다고 주장한다. 말하자면, 지배적인 남성성이 아닌 경우에는 비정상적인 것으로 간주되거나 폄하될 가능성이 높다.

젠더 관계에 대한 분석은 남녀의 성차별 문제에만 국한되는 것은 아니다. 젠더 관계는 남녀 간의 권력뿐만 아니라, 정치적 권력관계까지 그 논의를 확장시킨다. 스코트(J. Scott)의 경우 젠더를 "성별 간의 차이에 기초하는 사회적 관계의 구성 요인이자, 권력관계를 결정하는 일차적인 방법"으로 정의한다. 스코트에게 젠더는 인류역사상 많은 부분에서 사회적 불평등을 해석하고 이해하는 길을 제공하는 도구인 셈이다.

이러한 의미에서 젠더라는 것은 개인적 정체성(여성으로 길러지는 것), 사회적 정체성(남녀차별의 사회를 구조화시키는 것), 권력관계(성차별을 지배와 피지배의 문제로 바꾸어가는 것) 등 다양한 의미를 포함하고 있다. 무엇보다도, 다음에 살펴볼 성차별에 대한 여성의 정치적 저항을 초래하는 정치적 정체성의 기초가 되기도 한다.

페미니즘의 여러 이론: 저항의 정치

페미니즘 이론은 공통적으로 여성에 대한 차별이 경제적·문화적·사회적 구조 속에 녹아 있다고 비판한다. 이 이론들은 권력관계에서 남성이 여성보다 우위에 서는 것이 당연하고 자연스러운 것이라는 편견과 관행을 바로잡기 위한 노력에서 출발한다. 또한 이론들은 여성에 대한 불평등의 기원을 밝히면서, 그것을 제거하려고 노력한다. 그러나 페미니즘도 여성에 대한 억압이 어떻게 시작되었으며, 억압을 어떻게 종결되어야 하는가에 대한 전략에 따라서 다양하게 정리된다.

자유주의 페미니즘은 주로 여성의 억압이 인간은 평등하다는 원칙을 제대로 수용하지 못하는 남성 중심의 사회적 관행과 법적 억압에 있다고 본다. 특히 여성 차별적 관행이나 제도는 불합리하고 전(前)근대적인 것으로 여긴다. 이러한 여성에 대한 억압은 주로 관습, 제도, 법의 개선에 초점을 맞춰 기존의 사회적 틀 안에서 개혁으로 개선할 수 있다고 본다. 20세기 초 서구사회에서 일어난 여성 참정권운동 등은 이러한 관점으로 설명할 수 있다.

그러나 다른 페미니즘 학자들은 여성에 대한 차별의 근원이 사회적 관행, 법적 억압보다도 훨씬 깊은 곳에 놓여 있다고 주장한다. 이를테면 급진주의 페미니즘 학자들은 인류역사에서 보편적으로 나타나는 가부장제 자체가 여성 억압의 원인이라고 파악한다. 즉 여성을 지배하고 종속시킴으로써 이익을 보는 자는 남성이라는 것이다. 이들은 가부장제의 핵심 고리가 법적·경제적 요인뿐만 아니라, 여성의 특수한 영역인 출산과 모성 등 극히 개인적이고 일상적인 영역에서 출발한다고 본다. 여성의 해방은 기존의 가부장제 질서에 대한 저항에서 출발해야 하며, 이것은 여성이 남성이나 남성의 조직에서 분리될 때 가능하며, 특히 여성의 자율성이 바탕이 되는 자매애(the sisterhood)로 실현할 수 있다고 믿는다.

반면 마르크스 페미니즘은 여성의 문제를 경제적 억압구조와 관련짓는다. 즉 자본주의 체제에서 여성의 이중적 역할은 자본주의 체제가 원활하게 작동하는 데 중요한 역할을 한다. 자본은 여성을 한편으로 생산영역에 끌어들여 저임금 노동자로 규정하고, 다른 한편으로 가사 전담자로 규정하여 무보수 노동(the unpaid labour)으로 이득을 본다. 따라서 여성에 대한 해방은 단기적으로 가사노동의 사회화 또는 평등한 노동 과정의 참여가 전제되어야 하겠지만, 장기적으로는 사적소유와 계급제도의 철폐 등 사회주의 수립을 통해서 이룩할 수 있다고 본다.

사회주의 페미니즘은 여성 억압의 근원을 설명하기 위해 젠더와 계급 관계의 결합을 시도한다. 여성 억압의 근원은 한편으로는 경제의 생산구조, 다른 한편으로는 가정에서의 재생산구조에서 결정된다고 본다. 다시 말해, 여성에 대한 억압이 자본주의와 가부장제의 결합과 상호작용을 통해서 나타난다고 본다. 이에 따라 여성에 대한 억압을 자본주의 체제와 가부장제 구조의 동시 타파로 종식시킬 수 있다고 역설한다.

포스트모던 페미니즘은 여성이라는 단어가 일원적 대표성이 있는지 의심한다. 이전까지의 페미니즘 이론에서 여성이라는 개념이 서구의 백인 여성의 관심과 정체성을 반영한 것이라면, 제3세계 여성의 위치와 정체성이 이 '여성'의 개념에 포함될 수 있는지에 대해 의문을 제기한다. 이에 따라 이 입장은 그 지식과 이론을 만들어가는 과정에서 다양한 입장에 있는 여성의 목소리에 귀를 기울여야 한다고 강조한다. 무엇보다도 포스트모던 페미니즘은 근대성이 갖는 한계와 억압적 구조가 남성성의 발현과 닮았다고 지적하면서 다양한 경험과 정체성을 반영하는 여성성으로 해체하고 재구성하는 것에 대해 관심을 기울이고 있다.

최근에는 여성이 겪는 복합적인 차별, 즉 교차성(intersectionality) 페미니즘의 관심이 높아지고 있다. 이 입장은 여성에게 부가되는 다양한 억압이 남녀의 불평등에서뿐만 아니라, 다른 사회적 조건들과 결합되어서 나타난다고 판단한다. 말하자면, 한 여성이 경험하는 다양한 차별과 억압은 남녀의 차별뿐만 아니라, 계급, 인종, 종교 등의 문제와 결합하여 중첩된 구조의 결과일 수밖에 없다는 것이다. 예컨대, 한국에서 결혼이주여성과 한국 출신의 여성이 겪는 경험은 확연하게 다를 것이다.

페미니즘에서의 정치와 정치학에서의 정치

우리는 페미니즘 진영의 '정치'와 정치학에서의 '정치'가 항상 같은 의미는 아님을 주의해야 한다. 페미니즘 학자 밀레트(K. Millett)는 '성의 정치학'이라는 용어를 사용하면서 정치라는 말을 협의의 통례적 의미, 즉 정치학에서 사용하는 의미로 국한시키지 않았다. 전통적인 공적 정치학이라는 개념을 초월하여 '사적 = 성적, 공적 = 정치적'이라는 이분법적 단절을 파괴하면서, 이를 결합시키려고 했다. 또한 "하나의 집단이 또 하나의 집단을 지배할 때, 두 개의 집단관계는 정치적"이라고 언명했다. 따라서 여성과 남성의 관계는 지배와 복종의 관계이기 때문에 '정치적 관계'가 성립된다고 밀레트는 주장했다.

POINT

1. 여성에 대한 구조적 차별을 이해하기 위해 사회문화적인 성(性)인 젠더라는 개념을 사용해야 한다.
2. 여성 억압의 원인은 상당히 다양한 관점에서 제기된다.

4. 왜, 어떻게 참여할까

왜 참여해야 하는가

그렇다면 여성이 정치에 꼭 참여해야 하는 이유는 무엇인가? 단지 여성의 숫자가 적기 때문에 '구색'이나 '모양'을 갖추기 위해서? 여성 정치학자들은 여성이 정치에 참여해야 하는 이유로 진정한 의미의 민주주의를 실현하기 위해서, 여성에 대한 차별과 억압을 정치적 과정에서 해소시키기 위해서, 또한 양성이 존중되는 사회를 만들기 위해서라고 설명하고 있다.

첫째, 여성의 정치 참여에는 정치제도로서의 민주주의 이상을 실현시키는 것이 된다. 민주주의라는 정치제도가 자유, (기회의) 평등과 인간 존중의 다양한 원리를 기반으로 한다면, 인간의 절반을 차지하는 여성의 정치 참여는 정치과정에서 지금까지 소외되었던 집단의 평등과 인간 존중을 실현하는 계기가 된다. 특히, 정치과정에서 다양한 배경을 가진 계층과 집단이 서로 자신의 권리를 주장하고 이해관계를 조정해 나가는 과정을 민주주의라고 한다면, 지금까지 자신을 충분히 대표할 수 없었던 여성은 정치 참여를 통해 여성과 관련된 이해관계를 실현할 수 있는 기회를 얻는다. 이것은 민주주의의 원칙과 전적으로 부합되는 것이다.

둘째, 여성의 정치 참여는 여성에 대한 차별과 억압을 해소하고 권익을 신장시키는 데 필수적이다. 사회의 많은 영역이 여성에 대해 성차별적, 다시 말해 젠더화되어 있다고 한다면, 여성의 정치 참여는 이러한 성차별성을 개선하는 데 긴요한 역할을 할 수 있다. 여성의 정치 참여 또는 권력 획득은 사회 전반에 걸쳐서 여성의 지위와 권한을 신장시키는 데 결정적인 역할을 한다. 지금까지는 여성의 경험을 무시하거나 또는 중요하지 않게 여기는 남성 정치가들의 정책 결정으로 여성의 당연한 권리가 존중받지 못하는 경우가 많았다. 따라서 여성의 정치 참여는 이러한 점을 개선할 것이다. 특히 한국의 경우, 정치의 중요성을 감안한다면 여성에 대한 차별과 억압을 해소하기 위한 여성의 정치 참여는 매우 긴요하다고 할 수 있다.

셋째, 여성의 정치 참여는 남성과 여성이 동등하게 존중되는 사회를 만들기 위한 노력의 일환이다. 왜곡된 형태로 젠더화된 사회는 뚜렷한 이유 없이 (지배적) 남성(성)을 우월한 것으로 놓고, 그 대립 항에 여성(성)을 열등한 존재로 부각시키는 구조다. 따라서 정치적 영역에서 이러한 젠더화된 구조를 혁파하는 것이 무엇보다도 중요하다. 여성이 정치적 대표성을 확보한다는 것은 남성이 갖는 권력을 여성이 찬탈한다는 것이 아니다. 오히려 남성의 특질을 우위로, 여성의 특질을 하위로 하는 성차별 관행에서 남성과 여성의 자질과 특질을 동등하게 인정하는 쪽으로 전환해 인류 발전에 공헌하는 의미 있는 일이다.

여성의 참여 방법 두 가지: 끼어들기와 틀 바꾸기

정치에서 여성의 대표성을 확보하는 방법은 크게 두 가지로 나뉜다. 기존의 제도와 관행에 여성의 대표성을 확보하여 여성의 참여를 증진시켜 나가는 방법과 여성 또는 여성성을 통해 대안적 개념을 만들어내는 것(예를 들어 정치를 새롭게 정의하는 것)으로 구분할 수 있다.

① 끼어들기: 할당제의 경우

현실정치에서 여성의 정치 참여를 증대시키는 방법 중에 가장 대표적인 것은 여성의 비율을 늘려나가는 것이다. 그래서 보통 할당제를 도입하는 등 "적극적 조치"를 취한다. 적극적 조치란 남성과 여성 사이의 실질적인 평등을 달성할 목적으로 당분간 여성에게 유리한 제도를 의도적으로 실행하는 작업이다. 할당제는 크게 의석할당제와 후보공천할당제로 나뉘는데, 한국의 경우는 후보공천할당제를 취하고 있다. 즉, 「공직선거법」 제47조에 따르면 비례대표 전국구 국회의원 후보, 비례대표 지방의회의원 후보의 50% 이상을 여성으로 추천해야 하며, 임기 만료되는 지역구 국회의원 및 지역구 지방의회의원 추천 시 30% 이상을 여성으로 추천하도록 '노력'해야 한다고 명시하고 있다. 임기 만료되는 지역구의 광역 또는 기초자치단체의원선거에서 국회의원 지역구를 단위로 하여 1명 이상을 여성으로 추천해야 한다고 명시하고 있다.

「공직선거법」 제47조 (정당의 후보자 추천) 3~5항

③ 정당이 비례대표국회의원선거 및 비례대표지방의회의원선거에 후보자를 추천하는 때에는 그 후보자 중 100분의 50 이상을 여성으로 추천하되, 그 후보자명부의 순위의 매 홀수에는 여성을 추천하여야 한다. 〈개정 2005.8.4〉

④ 정당이 임기만료에 따른 지역구국회의원선거 및 지역구지방의회의원선거에 후보자를 추천하는 때에는 각각 전국지역구총수의 100분의 30 이상을 여성으로 추천하도록 노력하여야 한다. 〈신설 2005.8.4〉

⑤ 정당이 임기만료에 따른 지역구지방의회의원선거에 후보자를 추천하는 때에는 지역구시·도의원선거 또는 지역구자치구·시·군의원선거 중 어느 하나의 선거에 국회의원지역구(군 지역을 제외하며, 자치구의 일부지역이 다른 자치구 또는 군지역과 합하여 하나의 국회의원지역구로 된 경우에는 그 자치구의 일부지역도 제외한다)마다 1명 이상을 여성으로 추천하여야 한다. 〈신설 2010. 1.25., 2010.3.12〉

② 틀 바꾸기: 정치의 재개념화

일상적인 '아이 기르기'를 통해서 정의를 새롭게 정의해 보자. 현재 성차별적 사회구조 속에서 아이 기르기는 여성의 몫으로 여겨진다. 아이를 낳고 기르는 행위가 여성의 역할 혹은 의무라는 사회적 통념은 여성에게 아이 기르기에 더욱더 잘 적응하도록 강요한다. 그런데 아이 기르기에 공공성 또는 정치적 의미를 부여하지 않는 이유는 그것이 남성의 것이 아닌 여성의 의무이기 때문이다. 다시 말해, 아이 기르기는 공사 구별에서 사적 영역의 의무로만 인식되었기 때문에, 지금까지 공적 영역의 관심사가 되지 못했다.

그러나 사적 공간에서 어머니로서 겪는, 주로 여성에 한하는 이러한 경험은 남성적 정치에 필적하는 특별한 능력과 '도덕적 의무'로 연결되기도 한다. 즉 아이 기르기로 얻은 여성들의 경험은 '아이 또는 약자에 대한 배려'로 연결된다. 이러한 경험은 경쟁적이면서도 개인적인 현재의 정치 세계와 그것을 다루는 정치학이라는 학문에 새로운 아이디어를 제공해 준다. 길리건(C. Gilligan)에 따르면, 여성에게 있는 여성적인 '돌봄의 윤리'는 남성들 또는 기존 정치에서 옹호되는 '정의의 윤리'와는 많이 다르다. 여성적 정치는 민주주의가 옹호하는 가치들, 예를 들어 개인주의, 권리 중심, 시민권에 대한 계약개념과 경쟁적 영역으로서 공적 세계의 한계를 '돌봄의 윤리'라는 새로운 개념을 통해 극복하려고 한다.

여성적 관점에서 출발하는 권력에 대한 새로운 정의는 기존의 정치(학)에서 다루는 것과 다른 내용이 많다. 아렌트(H. Arendt)의 권력에 대한 정의는 앞에서 다루었던 약자에 대한 배려를 많이 포함하고 있다. 아렌트는 권력을 타인에 대하여 배려하는 행위 또는 조화롭게 행동하는 인간의 능력이라고 정의한다. 이러한 정의는 권력을 소유하기보다는 공유하는 입장에서 출발해야 한다는 맥클러런드(D. Macleland)의 여성 권력에 대한 입장과 유사하다고 할 수 있다. 여성은 강제력의 도구에 접근할 수 있는 기회가 적었기 때문에, 권력을 획득하는 방법으로서 투쟁보다는 설득에 더 많은 관심을 둔다는 주장에도 의미를 부여할 수 있다. 이와 같이 여성적 관점에서는 기존의 정치 개념에 대해 재구성하려는 적극적인 노력을 시도하고 있다.

정치 재개념화의 여러 보기들: 강남역 묻지마 살인, 미투(#Me-Too)운동, '정치하는엄마들'

전혀 정치적이지 않을 것 같은 사건들이 2016년 이후 대한민국 정치판을 흔들었다. 2016년 이른바 강남역 10번 출구사건, 2018년의 미투 운동과 '정치하는엄마들'의 활약은 여성과 관련된 주요한 쟁점들이 어떤 방식으로 지금까지 배제되어 있었던 공적영역의 정치적 이슈로 변환되는지를 보여주는 좋은 사례들이라고 할 것이다. 다른 말로 하자면, 젠더관계가 사회구조의 표상 또는 모순으로 작동함을 드러내는 좋은 보기라는 것이다.

2016년 5월에 한 젊은 여성이 공공화장실에서 무참히 살해되는 사건이 있었다. 일면식도 없이, 이전에 어떤 접촉도 없는 상대에게 가해진 이 살인사건이 여성들에 대한 혐오에서 비롯된 이른바 '여성 혐오 범죄'라는 주장이 있다. 가해자의 조현병 때문에 범죄가 발생하였다는 공식적인 발표와는 달리, 많은 여성들은 이 범죄가 우리 사회에 만연한 뿌리 깊은 여성 혐오의 고리를 보여준다고 주장한다. 즉, 범죄자가 평소에 "여성들이 나를 무시"했기 때문에 살인을 하게 된 것은 여성 혐오라는 사회적 기제가 범죄를 만들어냈다는 입장이다. 다른 말로 표현하면, 사회적으로 뿌리 깊게 내린 여성과 남성의 불평등, 여성 혐오와 폄하가 묻지마 살인이라는 극단적 범죄로 이어졌다는 것이다. 이에 따라서 여성에 대한 범죄를 젠더 폭력에 기반한 혐오 범죄로 간주해야 한다는 여론과 함께 보다 구조적인 영역에서의 여성 보호를 위한 개혁과 변화가 있어야 한다는 주장이 힘을 얻게 된다.

2018년 비리 사립유치원 명단을 공개한 국정감사 뒤에는 '정치하는엄마들'

의 노력이 있었다. 이 단체는 보통 엄마들이 모여서 만든 단체이다. 그런데 이 단체는 기존의 국회의원 또는 관료들이 해내지 못한 큰일을 해낸다. 아이 기르기가 엄마의 책임으로 환원되는 상황 속에서, 이들은 엄마의 입장에서 잘못된 정치에 관심을 가져야만, 그들이 경험하는 부조리를 개선할 수 있다고 있다고 믿었다. "우리 엄마들과 정치를 이야기하고 싶습니다. 우리가 모여 이야기하고, 서로 공감하고, 함께 분노하고, 우리의 목소리를 세상에 내놓으면 그것이 정치이고 정치세력화입니다. 정치에 여성(엄마)들이 나서야만 독박육아를 끝장내고 평등하고 행복한 가족공동체를 법으로 보장받을 수 있습니다." 사상초유로 국가 보조금을 횡령하거나 허위로 사용하는 유치원의 명단을 만천하에 공개하게 되고, 이러한 노력을 통해서 유치원의 비리를 바로 잡는 데 기틀을 마련하게 된다.

한편, 2018년 '미투(#Me-Too)운동'은 한 여성검사의 인터뷰에서 출발하여, 문화예술계 및 학계, 종교계 마침내는 정치계까지 확대되었다. 지금까지 쉬쉬했던 여성에 대한 성적 추행, 희롱, 폭력 등은 이러한 미투(#Me-Too)운동을 계기로 가장 시급하게 해결할 사회 문제로 여겨졌다. 실제로 여러 분야의 주요 인물들이 재판을 받거나 처벌을 받았다. 이러한 미투(#Me-Too)운동은 여성에 대한 성적 추행, 희롱, 폭력 등이 중대한 범죄이며, 가해자의 잘못임을 확인하는 계기가 되었다. 국회나 정부에서는 강력한 법제화를 추진하고 있다. 미투(#Me-Too)운동은 성적 추행, 희롱, 폭력 등이 관행이 아니라 여성인권을 침해하는 것으로 의식 전환시켰다는 점에서 그 의의가 있다. 다른 한편, 미투(#Me-Too)운동은 성과지상주의의 한국에서 성공한 일부 남성이 여성의 섹슈얼리티까지 마음대로 할 수 있다는 사회적 모순을 폭로한 사건이기도 하다. "성공한 나(남성)의 욕망과 관심이 너의 (여성)의 하찮은 육체보다 우위에 있다"는 한국 사회의 성공신화와 그것을 우상시하는 단면을 적나라하게 보여주는 것이다. 이런 맥락에서 젠더관계는 사회적 구조를 반영한다.

POINT

1. 여성이 정치에 참여해야 하는 이유는 민주주의의 실현, 여성의 권익 신장과 차별을 해소하기 위해서이다.
2. 여성의 정치 참여를 신장시키기 위해서 할당제 등의 적극적인 조치를 취한다.
3. 여성 정치 참여의 또 다른 방법은 정치 개념 자체를 바꿔나가는 것이다.
4. 2016년 이후 강남역 사건, 미투운동, '정치하는엄마들'의 경우는 여성의 정치적 각성 및 세력화라는 의미뿐만 아니라, 정치와 비정치라는 구분 짓기에서 벗어나서, 정치 개념과 이해를 확장시키는 데 큰 역할을 했다.

5. '여성과 정치'에서 '젠더정치'로

앞의 논의를 정리한다면 기존의 정치과정에 여성 참여를 논의하는 것 자체가 이미 성차별적이라고 할 수 있다. 다시 말해 정치 참여 과정에 여성은 이중의 부담을 떠안는다. 여성은 정치에 참여하기 위해서 남성과 동일성을 주장할 것인가 또는 차이성을 주장할 것인가 하는 딜레마에 빠지게 된다. 즉 정치에 대한 참여에서 여성(성)을 강조하다 보면 차별의 근거가 되고, 반대로 여성성을 포기하고 남성화되려는 시도 자체는 애당초 불가능하다. 따라서 여성은 정치에 참여하기 위해서 그 어떤 정체성(여성 또는 남성)도 유지하거나 포기하기 힘든 이중의 부담을 안게 된다. 여성의 정치 참여는 남성화된 기준 또는 여성들을 묶어두는 성차별 기준과 규범이 문제라는 것을 여기에서 다시 한 번 확인할 수 있다.

정치학이라는 학문 자체 또한 상당히 성차별적이라는 평가를 받고 있다. 통(R. Tong)은 정치학은 남성적 특질로 대표되는 이성·논리 등의 가치를 주로 투영하고, 여성적 특질, 즉 감성·직관을 천시하는 경향이 있다고 지적한다. 따라서 다른 사회적 관행과 다름없이 남성적 특질을 그대로 반영하고 있다. '정치학은 페미니즘의 영향을 가장 최소화한 학문'이라는 여성 정치학자들의 주장은 이런 면에서 꽤나 타당하다고 할 것이다. 비단 정치학뿐만 아니라, 대부분의 학문에서 나타나는 지식을 재생산하는 방법이 가부장제적 사회에서의 남성 이익을 정당화하는 쪽으로 이어지고 있다고 페미니즘 학자는 비판한다. 기존의 정치학 논의에 여성을 그대로 끼워 넣는 것은 젠더정치에서 견지해야 할 본질, 말하자면 왜, 어떻게 성차별 과정이 발생하고, 이것이 어떻게 권력의 문제와 결부되는지를 밝혀내지 못한다 할 것이다.

따라서 여성적인 관점은 기존의 정치나 정치학에 여성의 경험을 단순하게 집어넣는 것에서 벗어나서(여성과 정치), 정치나 정치학의 중심개념을 변형할 수 있어야 한다(젠더정치). 정치(학)의 중심 개념으로 사용되었던 권력, 투쟁, 권리 등은 남성적인 사회구성과 관련해 그 틀을 잡아왔다. 이런 개념에 기반을 둔 정치에 대해서 비판적이고 여성적인 관점을 만든다는 것은 — 이는 물론 여성의 경험에서 출발해야 하는데 — 지금의 여러 가지 정치적 문제에 대해 새로운 해결방법을 이끌어내려고 기존의 정치 개념을 재구성하는 것과 연결되어야 한다. '개인적인 것은 정치적'이라는 고전적인 페미니즘 구호는 이런 의미에서 여전히 진지한 성찰의 대상이 되어야만 한다.

□ 심화학습을 위해서

경상대학교 여성연구소편. 2019. 『지구화 지방화 시대의 여성정치』. 패러다임북.

김민정 외. 2018. 『젠더정치학』(개정판 2판). 한울.

오찬호. 2016. 『그 남자는 왜 이상해졌을까』. 동양북스.

정희진외. 2018. 『지금 여기의 페미니즘×민주주의』. 교유서가.

티커너, 안. 2007. 『여성과 국제정치』. 황영주 외 옮김. 부산외대 출판부.

Ford, Lynne E. 2017. *Women and Politics*, 4th. Boulder: Westview.

Peterson, V. Spike and Runyan, A. Sisson. 2014. *Global Gender Issues in the New Millennium*, 4th. Boulder: Westview Press.

chapter 13

왜 녹색정치인가

이헌근

지구 온난화 때문에 스웨덴 최고봉이 공식적으로 바뀌었다고 영국 일간 가디언이 보도했다. 지금까지 스웨덴에서 가장 높은 산으로 위용을 뽐내던 케브네카이세산의 남쪽 봉우리 빙하가 북극 기온 급상승 여파로 녹으면서 북쪽 봉우리에 최고봉 자리를 내줬다. 스웨덴 북부의 이 산은 빙하로 덮인 남봉과 빙하가 없는 북봉으로 이뤄져 있으며, 1880년 처음 관측이 시작된 이래 남봉이 공식 높이 2,105m로 스웨덴 최고봉의 자리를 지켜왔다. 그러나 이 산에 위치한 타르팔라 산악관측소의 연구진은 최근 남봉의 높이가 2,095.6m로 측정돼 북봉보다 1.2m 낮은 것으로 확인됐다고 밝혔다(연합뉴스, 2019. 9. 8).

2019년 7월 25일자 BBC, 유로뉴스 등에 따르면 벨기에, 네덜란드, 독일, 프랑스에서 폭염이 기승을 부리며 역대 기온 기록이 무너졌다. 벨기에 기상청(MRI)은 이날 클라이네브로겔의 기온이 40.6도까지 올라가며 최고 기온 기록을 갈아치웠다고 밝혔다. 이 지역은 전날에도 39.9도까지 올라 186년 만에 최고기온을 기록했다. 데이비드 드헤나우 벨기에 왕립기상연구소 수석 예보관은 "1833년부터 날씨를 관측한 이래로 이런 기온을 경험해 본 적이 없다"고 말했다. 독일도 북서부 지역을 중심으로 역대 최고기온이 나왔다. 니더작센주의 링겐에서는 독일 기상관측 후 최고기온인 42.6도를 기록하며 불볕더위를 보였다. 본의 기온은 40.7도였다. 네덜란드 일부 지역에서도 최고 기온이 경신됐다. 이날 힐즈레이엔 기온은 40.4도를 기록하며 75년 만에 최고 기온을 기록했다. 에인트호번은 전날 최고기온이 39.3도까지 올라 지난 1944년 이후 최고 기온을 갈아 치웠다. 프랑스 파리 기온은 아프리카 이집트의 수도 카이로 기온보다 높았다. 파리의 이날 낮 최고기온은 42.6도로 역대 최고 기온 기록을 깼다. 기후학자들은 폭염이 유럽 대륙의 새로운 현상이 될 것이라고 설명했다(≪문화일보≫, 2019. 7. 26).

2019년 상반기 기상 이변에 따른 재해로 약 700만 명의 이재민이 발생한 것으로 나타났다. 비정부 기구인 국내난민감시센터(IDMC)는 지난 1~6월 각국 정부와 유엔의 인도주의 기구, 언론 보도 등을 종합한 결과, 이같이 집계됐다고 13일(현지시간) 밝혔다. 이 기간 인도와 방글라데시에서는 초대형 사이클론 '파니'가 발생해 수백만 명이 대피해야 했다. 모잠비크와 말라위, 짐바브웨, 마다가스카르 등에서는 사이클론 '이다이'가 강타하면서 수십만 명이 피해를 봤다. 이란의 경우 올해 홍수로 국토 대부분이 영향을 받았다고 IDMC는 전했다. IDMC는 "기상 이변에 따른 대규모 이재민 발생이 점점 일반화하고 있다"며 "이 같은 추세라면 연말에는 이재민이 2,200만 명에 달해 2019년은 사상 최악의 해로 기록될 수도 있을 것"이라고 우려했다(연합뉴스 2019. 9. 13).

지구 온난화와 이상 고온, 환경재난과 대규모 이재민 그리고 환경위기의 증가와 불확실한 인간의 미래. 위에 소개한 세 가지 환경뉴스는 아래 언급한 2009년의 예측이 2019년에 이미 현실로 거의 정확하게 나타나고 있음을 보여준다. 대비하여 살펴보면, 이 장에서 논의할 녹색정치라는 주제와 관련하여 시사하는 바가 클 것이다.

"지구의 기후변화가 회복할 수 없는 단계에 접어들고 있다"

2009년 3월 12일 덴마크 코펜하겐에서 열린 '기후변화 국제회의'에서 환경 전문가들이 한목소리로 이같이 경고했다고 AP통신이 보도했다. 이 회의는 2009년 12월 열리는 유엔 산하 정부 간 기후변화위원회(IPCC) 총회를 예비하는 성격으로, 회의에 참석한 환경 전문가들은 "2007년 IPCC 보고서가 예측한 최악의 시나리오가 정해진 대로 실현되고 있다. 상황은 그보다 더 나쁠 수도 있다"라고 의견을 모았다. 2007년 IPCC의 보고서는 △ 2020년대엔 지구 온도가 지금보다 섭씨 1도 상승하면서 양서류가 멸종하고, △ 기온이 2~3도 오르는 2050년대에는 지구 생물의 20~30%가 사라지고, △ 기온이 3도 이상 오르는 2080년쯤에는 지구 생물 대부분이 멸종 위기에 빠진다는 섬뜩한 시나리오를 제시했다.

이 보고서는 21세기에 해수면이 18~59cm 높아져 저(低)지대에서 홍수가 발생하고 수백만 명의 난민이 발생할 것이라고 예측했지만, 이날 환경 전문가들은 지구온난화 속도가 더 빨라져 21세기에 해수면이 50cm~1m 상승할 것이라고 주장했다.(조선일보, 2009. 3. 14).

한편 2009년 6월 초 독일 본에서 열린 기후변화협약 회의에서는 기후변화로 향후 수년 내 전 세계 수천만 명의 주민들이 '난민' 신세로 전락하고, 세계적으로 엄청난 사회적·정치적·안보적 문제를 야기할 것이라는 경고가 나왔다. 뉴욕 컬럼비아 대, 유엔 대학, NGO(비정부기구) 전문가들은 「피난처를 찾아서」라는 제목의 연구보고서를 통해 "지구온난화를 막을 획기적 조치가 강구되지 않을 경우 역사상 전례 없는 대량 이주 사태가 초래될 것"이라고 주장했다.

이 보고서는 기후변화로 거주지를 옮기는 이주자가 2010년 2,500만~5,000만 명에 이를 것이라면서, 국제이주기구(IOM)도 그 수가 2050년 2억 명에 달할 것이라고 전망하고 있다고 덧붙였다(연합뉴스, 2009. 6. 11).

결국 환경오염의 우선적 피해자는 신체적인 약자나 경제적인 약자 같은 사회적 약자, 국제적으로는 가난한 나라의 국민들이 될 수밖에 없다. 그렇다면 왜 사회적 약자들은 환경오염의 피해를 더 많이 받을 수밖에 없을까? 이는 많은 환경정책들이 사회적 평등을 향한 올바른 방향으로 수립되지 못하고 불평등하게 이루어지는 등의 구조적인 원인에 기인한다. 예컨대 부자들은 공기오염이나 소음이 심해지면 더욱 쾌적하고 조용하며 깨끗한 곳으로 쉽게 옮겨갈 수 있다. 이는 국제정치의 영역에도 그대로 적용된다. 선진국에서는 지구자원 소비량의 증대를 통한 풍요로운 생활, 후진국에서는 환경오염과 자원황폐화로 인한 재난 증대, 이것이 오늘날 인류사회의 상반된 모습이다. 그럼에도 지구온난화로 인한 기후변화 문제를 해결하지 못할 때, 인류가 당면할 피해에는 선·후진국의 경계가 없을 것이다. 1980년대 초 유럽에서 시작된 옅은 녹색에서, 이제는 환경위기에 당면한 인간들이 비로소 진정한 녹색의 시대를 향해 나아가야 할 시점이다. 이 장은 환경문제가 왜 정치적 문제인가, 녹색정치란 무엇을 추구하고 있으며, 과연 인간들이 당면한 위기를 해결할 수 있는 대안으로서의 역할을 할 수 있을까 하는 물음에서 출발한다.

1. '존재의 사슬'에서 '죽음의 사슬'로: 환경문제와 정치

환경문제는 왜 정치적인가

세계야생동물기금(WWF, www.panda.org)은 2002년 7월에 발표한 「지구환경보고서」에서 "2030년부터 지구자원 부족 현상이 심화되고 생태계가 회복 불가능할 정도로 파괴되어 경제성장이 곤두박질치면서 인류의 복지 수준이

뒷걸음칠 것"이라고 경고하고 있다. 이 보고서에 따르면 "육지에 서식하는 포유류·파충류·조류 등의 개체 수는 1970년부터 2000년 사이에 15%가 줄었다. 담수 동·식물과 해양 동·식물의 개체 수도 30년 만에 각각 54%, 35%씩 감소했다. 반면 인구 증가와 소비 수준 상승으로 인류가 필요로 하는 자원은 더욱 늘어났다. 인류는 이미 1999년부터 '지구의 생태적 능력'을 20% 초과하여 사용하고 있다. 따라서 이런 자원 낭비 추세가 계속되면 2030년에는 자원사용이 지구가 감당할 수 있는 수준을 넘게 되고, 2050년에는 '지구의 생태적 능력'의 두 배 정도가 필요하게 된다. 이는 지구가 하나 더 있어야 소비를 감당할 수 있다"는 것을 의미한다.

그럼에도 환경문제가 비로소 국제적인 문제의 하나로 부각된 것은 1970년대 초에 와서다. 따라서 인간이 환경 혹은 녹색, 생태와 관련된 본격적인 논의를 시작하게 된 것은 그리 오래되지 않았다. 지구의 위기는 자연의 위기가 아니라 바로 인간 사회의 위기다. 환경문제는 자연생태학적 성격의 문제지만, 자연과학적·기술공학적 접근만으로는 해결할 수 없는 정치적·사회적 성격을 갖고 있는 문제이기도 하다. 물론 환경문제가 정치학의 주제로 주목받게 된 것은 비교적 최근의 일이지만 환경문제가 정치적 성격을 갖고 있음은 이미 주지의 사실이 되었고 환경문제에 대한 정치학자들의 연구도 활발해지고 있다.

그렇다면 환경문제는 왜 정치적일 수밖에 없는가? 그 이유로는 첫째 공유자원에는 공유지의 비극이라는 환경문제가 필연적으로 발생되며, 이를 해결하려는 노력이 정치의 기능이다. 따라서 희소가치의 권위적 배분을 둘러싼 인간사회의 갈등을 조절하고 해결하려는 정치적 노력이 요구된다.

둘째, 한 국가 내 혹은 국가 간에 발생하는 환경 위기는 효율성을 강조하는 경제와 환경 개념 사이에 상충되는 특성에 본질적으로 기인한다. 이를 중재해야 하는 국가 역시 본질적으로 환경 친화적일 수 없으며, 환경문제의 원인이 되는 정책수립 및 결정 과정이 정치적 기능과 관련된다.

공유지의 비극

공동으로 소유한 땅, 바다, 그리고 하늘로부터 우리가 최대한도로 이익을 얻는 것이 합당한 것이며 그렇게 할 수 있는 자유가 있다고 한다면, 우리는 과연 무엇을 얻게 될 것인가? 이에 대해 하딘(G. Hardin)이 한 유명한 대답은 바로 비극, '공유지의 비극'이다. 그에 따르면, 인구가 많지 않을 경우에 공유지는 실제적으로 무한한 것이며 피해도 거의 없을 수 있다. 그러나 인구가 늘어남에 따라 공유지에 가해지는 부담이 점차 늘어나, 개인에 의한 합리적 최대화는 전체에 대한 파국으로 이어지기에 이른다. 하딘은 상황에 따라 비극을 해결하기 위한 서로 다른 해결책, 즉 사유재산권과 공해세, 그리고 인구 및 이민 증가 억제를 제시한다. 이러한 해결책들의 공통점은 그가 아래에서 말하고 있듯이 '누군가의 개인적인 자유를 침해'한다는 점이다. 그러나 그가 주장하듯이 자유란 필요를 인식하고 강제의 필요성을 수용하는 것이라는 사실을 알아야 한다.

공유지의 비극은 이렇게 생겨난다. 모든 사람에게 개방된 목초지를 상상해 보자. 그러면 가축을 기르는 개인들은 공동 소유 목초지에 가급적이면 많은 수의 가축을 방목하려 할 것이라는 것을 예상할 수 있다. 부족 간의 전쟁, 밀렵 그리고 질병 등으로 인해 공유지가 지탱할 수 있는 수준 이하로 사람과 가축이 유지되기 때문에, 이와 같은 상황은 수세기 동안 그럭저럭 만족스럽게 유지될 수 있을 것이다. 바로 여기에 비극이 놓여 있다. 개인은 유한한 세계에서 무한정 자신의 가축을 늘리도록 만드는 체제에 속해 있는 것이다. 파멸이야말로 공유지의 자유를 신봉하는 사회에서 자기 자신에게 최선의 이익이 되는 것을 추구하면서 모든 사람이 줄달음쳐 가는 종착역이다. 공유지의 자유는 모든 사람들에게 파멸을 가져온다.

셋째, 환경 위기는 국가 간 갈등 요인이 되고 있으며, 이러한 경향은 앞으로 더욱 증대될 것이다. 황사, 대기오염, 산성비, 핵폐기물 처리, 원전사고의 영향 등으로 인한 피해 등은 국가 간 또는 전 세계적 영역으로 그 피해가 확산될 수 있다. 환경 위기는 특정 국가의 노력만으로 해결하기 어려운 특성이 있다. 따라서 국제적 지원과 협력이라는 정치적 노력이 요구된다.

환경은 생태계의 먹이사슬, 존재의 사슬을 제공해 왔으나, 이와는 달리 오염된 환경은 죽음의 사슬로 변모하고 있다. 즉 한 지역의 오염은 지구의 오염, 궁극적으로 인류의 위기로 이어진다. 산성비, 황사, 오존층의 파괴, 해수면 증대, 생물종의 멸종, 대기·토양·수질오염의 유기적 결합, 핵 위협 등은 산업화로 인한 부산물이며, 이는 결국 남북문제 등 인간 사회의 불평등과 삶의 위기, 나아가 인류 존립 위기의 문제가 되고 있다.

또한 환경문제는 현실 정치 구도 내에서 매우 중요한 이슈로 떠오르고 있다. 1960~1970년대에 미국과 유럽을 중심으로 폭발적으로 일어난 환경운동을 기점으로 환경 논의의 이론적·실천적 심화와 진전을 위한 지속적인 노력이 있었고, 우리나라의 환경운동도 일단 외형적으로는 상당히 성장한 모습을 보이고 있다.

무엇보다 1970년대 이후 유럽을 중심으로 활발한 활동을 전개해 온 녹색정당들은 그린피스와 같은 직접 행동주의 환경운동 단체와 함께 환경문제를 중요한 정치적인 이슈로 부각시키는 데 결정적인 역할을 했다. 녹색당의 등장과 대중적 지지 획득, 제도 정치로의 진입은 기성 정당들이 환경문제에 관심을 가지지 않을 수 없도록 자극했고, 환경정책 면에서 실질적인 성과물들을 산출할 수 있게 했다. 또한 녹색당은 환경문제 외에도 여성, 평화, 인종정책 등의 분야에서 어느 기성 정당보다도 진보적이고 독창적인 주장을 펴고 있어 기존 정당들에 대한 '대안' 정당으로까지 인식된다.

환경문제를 보는 여러 시각들

환경과 생태계, 그리고 자연의 개념적 차이는 무엇일까? 생태정치, 환경정치, 녹색정치에는 개념상의 차이가 존재하는가? 엄밀히 말하자면 그 차이는 분명히 존재한다. 환경주의는 인간중심주의, 생태주의는 생명중심주의를 전제한 개념이다. 자연보호주의, 환경주의, 생태주의의 특성을 통해 환경문제를 인식하는 세 가지 시각을 살펴보자.

첫째, 자연보호주의는 심미적·윤리적·종교적인 이유에서 자연의 보호를 주장한다. 아름다운 서정적 경치로서의 자연은 신이 인간에게 준 선물이며 휴식과 명상의 장소이기 때문에 존중되어야 한다. 보호주의자들은 환경보호를 위해 일반인들을 대상으로 하는 심미적·도덕적 교육의 방법을 선호한다. 이들의 주요한 활동은 자연공원 등을 지정하고 보호하는 것이다.

둘째, 환경주의는 자연자원의 남용, 수질오염, 대기오염, 토양의 오염, 식품의 오염, 소음과 진동 등을 포함하는 넓은 의미에서 인간의 생활환경의 질을 증진시키는 것을 운동의 주요한 목표로 설정한다. 과학적 논쟁, 경제적 손익 계산, '삶의 질'이라는 가치 등이 환경주의자들이 사람들을 설득시키고 동원하는 주요 방법이다. 보호주의와 달리 환경주의는 정치적 공간을 건강하고 깨끗한 환경을 보장하기 위한 정책 형성에 영향을 미칠 수 있는 중요한 투쟁의 장으로 생각한다.

셋째, 생태주의는 특정한 환경문제들의 개선을 위한 정책 변화의 추구를 넘어선다. 생태주의는 자연과 조화를 이루는 분권화되고 민주적이며 평등한 사회라는 총체적인 구상을 함축하고 있다. 생태주의자들이 이러한 이상적인 상태에 도달하기 위해 사용하는 운동의 방법은 생활양식의 변화에서 소집단 활동, 정보의 유통과 동원, 압력단체 활동, 시민불복종, 전투적 행동에 이르기까지 광범위하다.

인간을 나뭇잎에 비유할 수 있다면 나무는 생태계에 비유할 수 있고, 생태계를 나무에 비유할 수 있다면 자연은 숲에 비유할 수 있다. 인간이란 나뭇잎을 모르고서는 나무라는 생태계를 알 수 없고, 생태계라는 나무를 보지 못하고서는 자연이라는 숲을 보지 못한다. '환경'이란 개념이 자아 중심적 개념인 데 비해 '생태계'는 지구 중심적 개념이고, 환경이 인간 중심적 시각을 전제한다면 생태계는 생명 중심적 관점을 반영한다. 환경이라는 정원의 울타리를 넘어 들과 산, 흙과 물, 벌레와 동물들로 고리를 이루는 생태계를, 생태계의 경계 너머에 펼쳐진 무한한 넓은 자연을 의식해야 한다.

그럼에도 현재의 인류사회가 환경문제와 관련하여 지향하는 개념은 '지속 가능한 발전'이다. 지속 가능한 발전이라는 단어가 국제사회에 현재의 무게를 가지고 등장한 것은 1992년에 있었던 유엔환경개발회의(UNCED)를 준비하면서부터다. 1987년 브룬트란트 위원회로 알려져 있는 세계환경개발위원회(WCED)는 「우리 공동의 미래」라는 최종 보고서를 통해 다음과 같이 지속 가능한 발전을 정의했다.

> 미래 세대가 그들 스스로의 필요를 충족시킬 능력을 저해하지 않으면서 현세대의 필요를 충족시키는 발전(Development that meets the needs of the present without compromising the ability future generations to meet their own needs)

'브룬트란트 보고서'의 정의에서 보듯이 지속 가능한 발전의 이념은 세대 간의 형평성을 지향하는 이념이다. 그러나 지속 가능한 발전의 이념을 구체화한 1992년의 유엔환경개발회의의 「의제 21」을 보면 이 세대 간의 형평성은 한 나라 안에서의 계층 간의 형평성과 국제사회에서 국가 간의 형평성을 내포한 포괄적 의미의 형평성임을 알 수 있다. 이런 점에서 지속 가능한 발전의 개념은 윤리적 성격이 강한 개념이다. 이와 같이 지속 가능한 발전의 이념이 계층 간 그리고 국가 간 형평성을 강조하는 배경에는 형평성 그 자체가 하나의 중요한 가치이기도 하지만, 현실적으로는 잘사는 계층과 못사는 계층 사이의 빈부격차 그리고 잘사는 나라와 못사는 나라 사이의 빈부격차가 자원 고갈과 환경오염을 가속화시키는 중요한 요인이며, 따라서 지속 가능한 발전을 저해하는 심각한 요인이라는 문제 인식이 깔려 있다. 결국 지속 가능한 발전은 지구의 자정 능력을 유지할 수 있는 한계 내에서 발전을 모색하는 것이며, 인간 중심적 환경주의의 논리로 볼 수 있다.

2. 환경문제의 국제정치화

현재의 국제적 빈부격차는 환경문제 해결을 빌미로 더욱 심화될 것인가, 아니면 환경문제로 야기된 인류의 위기의식이 민족국가 위주의 협소한 이기주의에서 탈피하도록 하여 인류의 공동 연대감을 새롭게 만들어갈 기회로 작용할 것인가? 선진국은 선진국대로 계속적인 경제성장을 추구하고 있는 반면, 개발도상국은 뒤떨어져 있는 경제발전의 수준 차이를 하루 빨리 좁히려는 노력을 계속하고 있다. 이러한 상황들이 지구환경 보존이라는 문제를 국제정치 분야에서 새로운 영역으로 만들었다. 국제사회에서 분쟁의 가능성이 있는 문제는 자연히 국제정치학의 연구 대상이며, 환경문제는 선진국과 후진국, 국제사회의 구성원 모두가 함께 고민해야 할 새로운 분야가 되고 있다.

국제환경정치의 역사

인간에 의한 지구적 공유 자산의 파괴로 말미암아 발생한 환경문제는 국가의 경계를 넘어서 여러 나라 사이의 문제가 되기도 하고 개별 국가의 통제를 넘어서서 범세계적 문제가 되기도 한다. 국제적으로 환경문제는 1970년대 초 냉전이 약화되면서 정치 쟁점화되었으며, 그 역사를 약술하면 다음과 같다.

비록 작은 목소리이긴 하지만 지구환경 위기에 대한 경각심을 국제적으로 환기시킨 최초의 국제회의가 1972년 스톡홀름에서 소집된 '유엔인간환경회의'이다. 회의의 결과 '환경은 인류의 복지에 필수적이다'라는 보편적 명제를 확인했고, '환경문제에 대한 신중하고 전 세계적인 행동'을 촉구하는 선언문과 26개 원칙, 그리고 109개로 된 권유형 행동지침을 채택했다. 또 환경의제를 다룰 기구로서 유엔환경계획(UNEP)의 설치를 결의했다. 스톡홀름의 유엔환경선언의 특징은 우선 지구의 환경오염에 대한 자정 능력의 파괴보다는 자원에 대한 보호와 관리의 측면에 더 많은 비중을 두고 있다. 또 이 선언문은 개도국의 발전을 위해 필요한 기본적인 재정지원 및 기술원조의 필요성을 지적했으나 그 이후 거의 실효를 거두지 못했다.

스톡홀름 회의에서 환경보호와 경제개발을 둘러싸고 선진국과 개도국은 입장의 차이를 드러내었다. 선진국이 환경문제의 주원인을 후진국의 폭발적인 인구 증가에서 찾은 반면, 후진국들은 왜곡된 기존 경제 질서에서 찾았다. 또한 경제적 불평등과 가난의 문제에 대해서 개도국들은 국가 간 빈부 격차의 해소를 강조한 반면, 선진국들은 불평등의 원인을 세계 경제 질서가 아니라 개도국 내부의 문제로 보았다. 스톡홀름 해양오염 회의는 결론적으로 환경문제와 발전의 한계를 국제사회에 제시했으나 남북 모두가 이의 극복을 위해 진정한 협력의 길을 모색했다기보다는 각각의 입장에서 단기적 이익을 추구했다. 이러한 국제환경회의 내부의 갈등은 이후의 회의에서도 지속적으로 나타나고 있다.

1980년대에 들어서면서 국제환경문제는 자원문제보다는 지구 자정 능력의 한계에 초점을 맞추기 시작했는데 1982년 나이로비 선언에서 이러한 초점의 이동이 나타난다. 나이로비 회의는 지구 차원에서 인류가 공동으로 대처해야 하는 지구 자정 능력의 회복이라는 문제를 정식으로 제기했다. 좀 더 구체적으로 열대림 파괴, 토양 유실, 사막화, 기후변화, 해양오염 등의 문제가 논의되었다. 나이로비 선언은 각국마다 예방적 행위로서 환경 관리와 평가의 필요성을 도입했고, 환경적으로 건전하고 사회적·경제적으로 지속 가능한 발전을 거론했다.

개도국의 시각을 반영한 것은 1982년 유엔총회의 「세계자연보호헌장」이다. 24개의 도덕적 원칙으로 구성된 「세계자연보호헌장」은 환경 파괴의 원인을 지나친 소비와 자원의 오용에서 찾으면서도 다른 한편으로는 부적절한 경제 질서가 환경 파괴를 일으킨다고 지적했다. 당시 발표된 「세계자연보호헌장」은 지구 차원에서 환경보호의 1차적 책임이 선진국에 있음을 확인했다.

1983년 노르웨이 정부는 1972년 스톡홀름 회의의 정신을 계승하여 지구 차원의 환경문제를 좀 더 전문적이고 효율적으로 다룰 수 있는 환경위원회를 유엔 내에 설치할 것을 요구했다. 제38차 유엔총회의 결의를 통해 1983년 '세계환경개발회의(WCED)'가 창설되었다. 이 위원회는 각국의 각료급 인사 21명으로 구성되었고, 위원회의 자금은 OECD 국가들이 부담했다. 이 위원회는 1987년 공식적인 활동을 마감하면서 '브룬트란트 보고서'로 불리는 「우리 공동의 미래」라는 보고서를 제출했다. 이 보고서는 선진국과 개도국의 이분화한 입장을 하나로 집약한 것이다. 개도국의 문제를 대변하는 측면에서 환경문제의 구조적 발생 원인으로 에너지 사용 증가, 빈곤, 외채 등 사회적·경제적 남북 격차가 지적되었다. 반면 선진국들의 견해를 대변하는 측면에서는 '환경적으로 건전하고 지속 가능한 발전(ESSD: environmentally sound and sustainable development)'이라는 개념을 선택하여 발전이 가능한 조건으로 정치경제적 맥락이 강조되었다. 그러나 이 보고서 역시 제3세계의 정치경제적 구조를 간과하고 환경보호행동의 혜택이 개도국, 특히 빈국에게 돌아갈 것임을 가정하는 데 그쳤다.

1992년 6월 브라질 리우에서 전 세계 126개국의 정상급 대표단이 참가한 '유엔환경개발회의(UNCED)'가 열려 지난 20년간 끌어온 지구환경문제에 대한 종합적 기본 규범체제가 마련되었다. 이 국제회의에서 「환경과 발전을 위한 리우 선언」(일명 리우 선언)과 세계 실천계획으로서 178개국이 「의제 21」에 합의했는데 이것은 에너지, 토지, 자원관리, 생물다양성 보호, 여성, 교육 등 경제사회제도 전반에 걸친 총체적 규범체계다.

리우회의의 의의는 첫째, 그 참가규모의 방대함에서 보듯이 국제사회에 환경문제의 중요성을 부각시키는 데 성공했다는 것과, 둘째, 재정적 자원의 확보에 대한 논의가 미비하다는 문제점이 있기는 하지만 「의제 21」은 공동작업의 기초를 마련하고 해결해야 할 문제들에 합의하여 목표와 책임을 분명히 하는 데 기여했다는 것, 셋째, 비정부단체들의 활동 가능성을 확인했다는 것 등을 들 수 있다. 결과적으로 리우회의는 환경문제가 숙명적인 것이 아니라 과학기술과 정치적 수단을 통해 해결될 수 있음을 보여주었다. 리우회의에 대한 부정적 평가는 우선 리우회의가 선진국과 후진국 사이의 세력 관계상 어떠한 변화도 가져오지 못했다는 점을 지적한다. 이 회의에서 남북 간의 갈등, 그리고 나아가 지역 간, 국가 간의 갈등을 해소하고 진정한 국제협력의 방향과 활동에 관한 국제적 합의를 얻어내는 데는 한계가 있었다는 것이다. 「의제 21」의 경우도 우선순위의 선정 등 핵심적 사항에 대한 진전을 이루지 못했다. 또 유엔환경개발회의 사무국이 「의제 21」의 이행을 위해 1993년에서 2000년 사이에 소요될 재원을 약 6,000억 달러로 추정 제시했으나 각 정부들의 지원규모나 조건들에 대한 분명한 약속을 얻어내지 못했다. 결국 리우회의는 구속력과 재원의 뒷받침이 없는 제한적인 합의만을 만들어냈다는 것이다.

리우회의에서 기후변화협약(UNFCCC)을 체결했고, 1997년 12월 일본 교토에서 열린 기후변화협약 총회에서 온실가스 배출량을 1990년 기준으로 5% 이상 줄이자는 「교토의정서」를 채택했다. 그러나 이의 이행 과정에서 부시 행정부는 「교토의정서」 탈퇴를 선언하여 국제적 비난에 직면하는 반환경적인 모습을 보였다. 이는 환경문제 해결을 위한 국제적 협력이 얼마나 어려운지를 보여주는 전형적인 실례가 될 수 있다. 결국 부시 정부의 정책은 미국의 정치인들이 일자리가 줄어들 것을 염려하는 유권자들과 산업체의 반대여론을 의식한 때문이다. 미국이 「교토의정서」 이행에 반대하는 또 하나의 이유는 선진국들만 거액의 돈을 들여 오염물질을 줄이는 동안 개도국 공장들이 연일 오염물질을 뿜어낸다면 밑 빠진 독에 물 붓기라는 것이다. 반면 개도국의 입장은 화석연료를 이용해 부자가 된 선진국들이 그 부산물인 지구온난화 문제를 책임지고 해결해야 한다는 논리와 미국이 이에 앞장서야 한다는 비난에서 잘 나타난다.

과연 「교토의정서」가 이행된다면 더워질 대로 더워진 지구를 얼마나 식혀줄 수 있는가 하는 의문은 여전히 남아 있다. 「교토의정서」가 요구하는 온실가스 삭감 목표가 지구가 더워지고 있는 속도를 따라잡지 못할 것이라는 주장은 현재로서는 상당한 설득력이 있다. 즉 선진국들은 자기 나라의 온실가스 배출량을 줄여야 하는 부담 때문에 산업체 공장들을 중국이나 인도 같은 개도국들로 대거 옮기게 되어 결국 지구 전체의 온실가스 배출량에는 큰 변화가 없을 것이라는 이유 때문이다.

국제환경정치의 쟁점들

① 환경제국주의와 그린라운드

'그린라운드'는 개도국들에 대한 북반구 선진산업국가들의 생태학적 수탈, 지배구조를 뜻하는 환경제국주의의 한 형태로서, 환경 위기를 빙자한 개도국 상품의 무역규제 및 선진국들이 제시한 국제적 환경기준치에 개도국 경제를 적응시키려는 압력과 이를 통한 선진국 경제의 강화 현상을 가리킨다. 이 '그린라운드'의 환경제국주의적 성격은 역사적으로 지구 환경문제의 3/4을 야기한 선진 산업국가들이 지구 환경 위기의 해결을 위한 책임과 보잘것없는 양보를 빌미로 하여 현재의 환경문제에 별 책임이 없는 개도국의 주권행사와 경제발전을 가로막을 수 있다. 그뿐 아니라 개도국에 대한 새로운 생태학적 무역장벽을 구축함으로써 환경 위기 속에서 오히려 선진산업국의 정치경제적 지위를 더욱 공고화하는 효과를 야기할 수 있다는 점에서 새로운 남북갈등의 요인이 되고 있다.

따라서 그린라운드의 세계체제적 성격을 규명하기 위해서는 이미 구조화된 환경제국주의 현상을 먼저 살펴볼 필요가 있다. 최근의 연구들을 종합하면 환경제국주의는 신대륙 발견 이래 유럽인에 의한 미주와 호주의 토착적 생태계 교란과 원주민의 생태학적 절멸단계(1단계 환경제국주의), 1960년대 이래 계속되어 온 선진 산업국가에 의한 공해산업의 해외 수출 및 국제 채무를 빌미로 한 환경 파괴(2단계 환경제국주의), 지구온난화 현상으로 인해 최근 새로이 등장한 생태학적 제국주의(3단계 환경제국주의) 등 뚜렷이 구별되는 단계적 발전 경로를 보여준다. 세계인구의 1/4에 해당하는 북반구 부자들이 세계 환경문제의 3/4을 야기한 가해자이면서 이 환경 위기로부터 상대적·절대적 이득을 보는 수혜자인 데 반해, 남반구 빈자들은 상대적·절대적 피해자라는 것이다. 이것이 지구온난화와 관련된 제3단계 환경제국주의의 핵심적 내용이다. 따라서 '그린라운드'에 대한 국제정치적 대결은 이 환경제국주의 현상을 직시함으로써만 올바르고 정의로운 해결을 추구할 수 있을 것이다.

환경제국주의

선진국들은 자신들의 환경문제를 해결하기 위하여 공해산업을 후진국으로 이전하고 있는데 이는 제국주의의 한 단면으로 이해할 수 있다. 제철, 섬유, 석유, 화학, 고무산업 등이 그 예다. 우리나라는 다국적기업에 의해 환경피해를 입은 대표적인 나라지만 다시 이러한 산업을 후진국에 수출해 국제적인 비난을 받고 있다. 우리가 다국적기업의 공해 확산을 반대하며 전 지구적으로 환경운동을 펼치는 것은 결국 인류가 하나의 환경에 살고 있기 때문이다.

그린라운드(green round)

1991년 미국 상원의원 보커스(M. Baucus)가 각국의 환경보전비용 차이는 국제무역에서 경쟁력을 좌우하므로 환경과 무역을 다루는 새로운 다자간 협상(라운드)이 필요하며 이를 그린라운드라고 명명하자고 제안하여 처음 사용되었다. 국제적으로 합의된 환경기준을 만들어 이에 못 미치는 상품에 대해서는 그린라운드라는 이름으로 별도의 무역제재 조치까지 가하려는 움직임으로 선진국과 개도국과의 무역에 새로운 이슈가 되고 있다.

그런데 폭넓은 시각과 장기적인 안목에서 냉철하게 따져보면 환경제국주의적 남북 격차의 확대 재생산과 '그린라운드'의 일방적 관철은 선진국에게도 이롭지만은 않을 수 있다. 선진국은 환경문제에서 유리한 지위에 있다 하더라도 다름 아닌 바로 이 환경제국주의의 복합적인 작용에 기인한 경제적·사회적·정치적·생태학적 부메랑 효과를 피할 수 없을 것이기 때문이다. 예를 들어 커피 등 전통적 농산물의 세계시장가격의 급격한 하락, 환경재앙 등은 개도국으로부터의 경제난민과 환경난민의 쇄도, 개도국 빈농들의 (선진국으로 유입되는) 마약 재배의 확산을 초래하고 있다. 저개발 및 개발 실패에 기인한 남반구 빈민의 유입 위협을 재래식 영토국가적 권력수단으로 막아보려는 시도는 거의 성공 가능성이 없다.

빈곤과 환경 파괴의 공동작용으로 빈곤지역에서 산업국가로 유입되는 인구의 흐름은 갈수록 거세지고 있다. 이것은 선진국에서 인종주의와 네오파시즘을 강화시키고 인공적 환경재해에 대한 권위주의적·독재적 대응 전략이 더 선호되고 생태학적 위기 부담을 약자들에게 전가할 위험도 증가한다. 이것은 서유럽 민주주의에 대한 중대한 잠재적 위협요소로 작용하고 있다. 따라서 경제적·보건적·사회적·정치적 이익을 모두 고려하면 북반부 부국들에게도 남북을 계속 경제적·생태학적으로 양극화시켜서 얻을 객관적 이익이 없다. 이것은 선진산업국가들이 기후 변동에 정의롭게 대응해야 하는 이유이고 경제적 제국주의와 생태 제국주의의 유혹에 대한 최소한의 이해관계적 평형추인 셈이다.

② 그린 테크놀로지와 환경 정의

범지구적 환경문제는 선진국-후진국의 남북 대립이라는 새로운 혼란으로 흔히 표현되지만 그 밑바탕에는 자유무역주의 대 환경보전주의의 대립 또는 경제성장 지향성 대 환경보전 지향성의 대립이 깔려 있다. 리우회의는 이 새로운 대립이 공식적으로 표면화된 각축장이었다.

지구헌장으로 볼 수 있는 리우 선언은 21세기 지구환경보전을 위한 기본 원칙을 천명하고 있는데 '환경적으로 건전하고 지속 가능한 발전'의 원칙이 바로 그것이다. 환경문제가 오늘날 범지구적 문제이듯이 그린 테크놀로지 역시 국제정치 및 국제경제의 첨예한 쟁점으로 변하고 있다. 과거에 군사력이나 경제력을 가지고 세계의 패권을 차지했던 나라들이 이제는 환경을 구실로 환경 친화적인 제품의 사용을 주장하는 경우가 많아지고 있다. 예컨대 미국은 탄산가스에 의한 지구온난화 문제를 제기하면서 모든 나라가 1990년도 수준으로 탄산가스 배출량을 제한하는 기준을 제시했고, 또 오존층을 파괴하지 않는 프레

온가스 대체품을 사용하자는 주장도 했다. 그런데 프레온가스 대체품을 사용하게 되면 그것을 생산하고 있는 미국의 듀퐁 회사가 엄청난 돈을 벌 수 있다. 듀퐁은 또한 생분해성 플라스틱(썩는 플라스틱)을 생산하고 있다. 이와 관련하여 선진국들은 그린라운드의 강화, 환경마크 도입, 환경오염에 대한 에너지세나 환경세 부과와 같은 조건들을 강화하고 있다.

결론부터 말하자면 그린 테크놀로지는 양면성을 지니고 있다. 우선 이는 환경문제를 최소화 혹은 환경오염을 정화하는 기술과 관련이 있고, 또한 환경오염이 없는 상품의 생산을 가능하게 한다는 점에서는 긍정적인 가치를 지닌다. 그러나 현실적으로 오늘날 환경문제가 심각한 나라들은 선진국보다는 가난한 나라들이다. 따라서 그린 테크놀로지와 그린라운드는 인류사회의 환경 정의를 실현하기 위한 노력으로 활용되어야 한다.

그럼에도 세계화와 환경문제가 결합되면서 환경 개념의 논의 가능성에 대한 희망과 동시에 환경제국주의, 에코 파시즘과 같은 부정적 그림자가 동시에 제기되기도 한다. 한편에서는 환경문제는 본질적으로 사회생태학, 에코 아나키즘을 통한 급진적 사회개혁이 바탕이 되어야 하며, 이를 통해 에코토피아의 건설이라는 목표로 인류가 나아갈 수 있다는 주장이 제기되기도 한다.

이상에서 살펴본 국제환경정치의 어려움은 다음과 같이 요약할 수 있다. 첫째, 선진국과 개도국 사이의 상호 신뢰성의 문제를 지적할 수 있다. 환경문제는 그 특성상 환경 위기에 대한 인식의 차이, 지구가 보유하고 있는 자정 능력에 대한 평가 등 정보의 해석에 대한 차이에서 발생할 수 있다. 또한 환경 위험의 정도에 대한 예측의 불확실성으로 인해 개발도상국들은 선진국들이 지나치게 위기감을 조성하여 후진국의 경제발전에 장애를 주고 있다고 믿으며, 선진국들이 자신의 환경기술을 수출하여 경제적 이익을 증진시키려는 음모를 꾸미고 있다고 의심한다. 둘째, 환경문제는 국가 간 주권의 침해로 해석될 소지가 있어 강제적인 규범을 창출하기 어려운 실정이다. 셋째, 환경오염 책임

문제에 대한 이견이 존재한다. 예컨대 미국, 캐나다 간의 산성비 책임 공방, 황사에 대한 국제적 분쟁, 지구온난화에 대한 선진국과 개도국의 책임 공방 등 그 갈등은 점차 증대하고 있다.

사회생태학(social ecology)

세계적으로 저명한 미국의 아나키스트 머레이 북친(M. Bookchin)에 의해서 1980년대부터 본격적으로 제기되기 시작했다. 사회생태학은 심층생태학과는 달리 생태 위기의 원인을 인간사회 내의 위계서열적 지배관계가 자연에 대한 지배로 전이된 역사적 사실에서 찾는다. 즉 남성이 여성을 지배하고, 주인이 노예를 지배하고, 가진 자가 못 가진 자를 지배하는 지배의 논리가 자연스럽게 인간이 자연을 정복, 약탈, 파괴하는 생태 위기를 초래했다는 것이다. 나아가 이 같은 생태 위기를 극복할 수 있는 요건은 르네상스의 원동력이었던 휴머니즘에서 발견할 수 있다. 이를 통해 현존하는 모든 억압적 지배관계(국가, 가족, 조직에 내재하는 위계적 권위주의)를 근절함으로써 생태 위기를 극복하고자 한다.

따라서 사회생태학은 필연적으로 정치적 과제를 제기할 수밖에 없으며, 참여의 사회철학으로 변신하지 않을 수 없는 것이다. 북친에 의하면 결국 사회생태학은 생태 위기의 뿌리를 제거한다는 의미에서 혁명적이어야 하며 동시에 근본적이지 않으면 안 된다. 왜냐하면 생태 위기의 극복을 위한 전제조건은 자본주의적 위계질서만이 아니라 인류 역사를 통해 형성된 모든 위계질서를 근절시켜야 하기 때문이다. 우리가 분명하게 명심해야 할 사실은 이 위계질서는 인간의 의식, 정치 및 경제제도, 문화적 상징과 해석 등에 걸쳐서 넓고도 깊게 그 뿌리를 내린 채 확산되어 있는 것이다. 우리가 희구하는 생태공동체는 바로 이 온갖 모순과 부정의 시원인 반생태적 뿌리를 철저하게 제거하고 자유와 참여의 원리에 의해서 직접민주주의를 실천하는 공동체라는 것이다.

에코 페미니즘(eco-feminism)

환경 생태운동이 남성적인 근육주의, 패권주의가 아닌 여성적인 우아함, 모성애가 바탕이 되어야 한다고 주장하는 새로운 운동이자 이데올로기다.

에코 아나키즘(eco-anarchism)

생태학(ecology)의 eco와 무정부주의의 합성어로서 무정부주의적 생태지향주의를 의미한다. 정부의 환경정책을 거부해서 환경운동이 자연적으로 일어나 환경정책이나 협정을 지배하게 하는 운동이자 이데올로기다.

POINT

1. 환경문제는 선진국과 후진국, 국제사회의 구성원 모두가 함께 고민해야 하고, 분쟁의 가능성이 있다는 점에서 자연히 국제정치학의 연구대상이며 그것의 새로운 분야가 되고 있다.
2. 그린라운드는 환경제국주의, 에코 파시즘을 야기할 위험성이 있다.
3. 그린 테크놀로지에는 환경문제의 해결 가능성과 함께 새로운 국제적 갈등 요인이 될 수 있는 양면성이 있다.

3. 녹색정치의 이념과 현실

2002년 6월 월드컵의 열기 속에서 치러진 지방자치선거에서 우리나라 사상 처음으로 녹색평화당이 참여하는 모습을 보였다. 물론 녹색당의 성장은 아직까지는 유럽 일부에 국한된 현상이었고, 이른바 '대안' 정당이라고 하기에는 아직 그 한계가 크다. 그러나 1997년과 1998년 유럽 각국이 총선을 거친 후, 녹색당의 정치세력화는 가히 비약적인 것이었다. 특히 1998년 총선 결과 일약 제2 야당으로 도약하면서 당당히 사민당의 연정 파트너가 된 독일 녹색당이 미칠 영향에 대해서는 독일뿐만 아니라 전 세계가 주목하고 있다. 독일의 녹·적 연대는 이미 가시적인 성과물을 내놓고 있다. 또한 녹·적 연대는 자본 이동성 증대와 신자유주의의 득세로 인해 갈수록 어려워지는 세계 민중들의 삶을 민중 중심적·생태 친화적으로 바꿀 수 있는 현실적인 정치세력이 될 가능성을 갖고 있다. 따라서 여기에서는 녹색정치의 등장 배경 및 이념적 특성을 이해하고, 녹색정치의 현실과 한계를 유럽의 경우를 통해 살펴본다.

녹색정치는 왜 등장하는가

독자적인 정치세력으로서 녹색정치의 역사는 매우 짧다. 1960년대와 1970년대 대부분의 서구 민주주의 사회에서는 다양한 종류의 저항 집단이 등장했다. 학생운동, 베트남 전쟁 반대운동, 여성운동, 환경운동, 평화운동, 그리고 종교운동과 대안운동이 그 주요 예들이다. 이후 환경운동은 평화운동과 결부하여 전개되었고, 1980년대에는 정치적 활동을 본격화하게 된다. 유럽의 녹색당들은 다양한 저항운동을 전개하고, 때로는 급진적 목표를 제시했다. 첫째, 녹색주의자들은 문화적으로 정교하고 고등교육을 받은 사람들, 정치를 비롯한 제도에 자신의 입장을 반영하고자 하는 부유한 사람들에게 매력을 준다. 둘째, 녹색주의자들은 민주주의제도의 전복에 목적을 두지 않는다. 오히려 그들은 참여민주주의의 강조와 내부 조직이 민주주의 기본원리를 강력하게 고수하는 데 중점을 두고 있다. 극우정당들이 반제도정당이라면, 녹색당은 제도의 근본성을 훼손하지 않으려는 개혁 혹은 도전 정당이다. 그러나 대안적 마르크스주의의 유풍을 지닌 일부 정당들의 경우 녹색주의라는 옅은 색채를 띠면서 급진적으로 기존 제도에 반대하고 있다.

따라서 녹색당 연구자들은 녹색당들을 '새로운 정치' 이데올로기, 참여적 정당조직, '새로운 정치' 투표자들에 의해 특징지어지는 '새로운 형태의 정당'으로 묘사한다. 특히 환경문제가 세계주의와 분권화, 그리고 직접민주주의라는 정치적 가치의 결합을 의미하고 있기 때문에 환경주의는 새로운 정치이다. 환경주의는 정치주체들에게 양 대 질이라는 일반적인 문제와 대립하도록 한다. 일부 학자들은 환경주의를 포스트모더니즘의 정치 이데올로기로 간주한다. 따라서 공산주의와 자유주의, 그리고 사회주의를 산업화와 함께 전개되었던 낡은 이데올로기로 간주하기도 한다.

서유럽 녹색주의자들은 초기에는 민중 지향적이며, 때로는 혁명적인 특성에 기초했으나, 이후 의회제도의 일부로 편입되었다. 독일, 프랑스, 이탈리아, 영국의 녹색당은 정치 참여 과정에서 점진주의 원리를 통한 전통적 권력 추구 정당으로 급속히 변모했다.

녹색정당의 이념적 특성은 무엇인가

녹색당은 추구하고자 하는 근본적 이상으로 자연과의 생태적 균형을 이루는 사회를 설정하고 있다. 이는 곧 인간의 경제적 행위 역시 생태계에 종속되어야 함을 의미한다.

녹색당의 이데올로기적 구호들은 반핵 정당의 성격 이외에도 다양한 영역에 걸쳐 제시되고 있다. 생태학적 균형, 지역자치, 분권화, 소규모 생산, 경제성장 감소 혹은 지양, 삶의 질 향상 등이 녹색당의 주요 이데올로기적 관심사다.

〈표 13-1〉 녹색정치의 이념적 특성

구분	강조점	비고
정치	풀뿌리 민주주의	권력의 분산화 및 참여민주주의 확대 인권 및 시민권, 지구 보호(global security)
경제	경제정의	공동체에 기초한 경제, 부의 분산화 생태지향발전(eco-development)
사회·문화	사회정의·평등기회 페미니즘·성별 평등 다양성에 대한 존중 개인과 공동체의 책임 삶의 질	인권과 시민권 문화·인종·민족·성·종교·정신적 다양성의 가치 존중 생태계 균형 및 사회적 조화
환경	생태학적 지혜 미래 지향적 지속성	인간은 자연의 일부 에너지·지구온난화·환경적 지속 가능성

자료: "Green Party Platform"(http://www.gp.org/)을 참조하여 필자가 작성.

녹색당은 또한 비환경적 쟁점들에 대해서도 몹시 적극적인 면을 보인다. 세제 개혁, 방위비 삭감, 좀 더 평등한 소득 재분배정책 지지, 국영기업 반대, 과거 유럽연합(EU) 가입 반대 등이 주된 내용들이었다. 이처럼 녹색당은 때로는 좌의 입장, 때로는 우의 입장 등 좌·우의 이데올로기적 성향을 함께 지니고 있다.

유럽의 녹색정당들이 제시하는 정치적 이념은 〈표 13-1〉이 보여주듯이, 단지 환경문제에만 국한되지 않고 다양한 영역에 걸쳐 있음을 알 수 있다. 이러한 녹색정치의 이념이 등장하는 역사적 배경에는 1960년대 후반부터 서구 사회에서 시작되는 다양한 저항운동과 관련이 있다.

녹색정치의 성과와 한계

유럽의 녹색운동은 1970년대 중반 이후 대륙에 널리 퍼진 탈산업사회 위기의 산물이다. 녹색당들은 그들의 정치적 영향력이 약함에도 불구하고 서유럽 전역에 생태의식을 확산 및 증대시키는 데 기여해 왔다. 그럼에도 왜 유럽의 녹색당들이 좀 더 분명하고 강력한 정치적 합의를 이끌어내는 데 실패했는가에 대한 설명은 쉽지 않다. 이는 현대 유럽에서 녹색정치가 지닌 역동성에 기

〈표 13-2〉 녹색정치에 따른 유럽 국가 분류

구분	국명
선진 그룹	독일, 네덜란드, 벨기에, 오스트리아, 스위스, 스웨덴, 노르웨이, 덴마크, 핀란드, 에스토니아, 프랑스
양면성을 가진 그룹	영국
후진 그룹	이탈리아, 그리스, 스페인, 포르투갈, 아일랜드

인한다. 녹색주의자들은 유럽의 새로운 정치에 중요한 기여를 해왔다. 물론 이는 완전히 새로운 현상은 아니며, 유럽에 존재하고 있던 급진적 전통 내에서 자연에 대한 가치를 망각하지 말자는 이성적 호소에 기반을 둔 것이다.

오늘날 유럽의 녹색주의자들은 정치에서 여전히 제한된 권력으로 남아 있다. 〈표 13-2〉는 정부의 환경정책, 시민의 환경문제 관심도, 그리고 녹색정당의 활동 등을 바탕으로 이루어진 분류다. 프랑스, 영국과 같이 양면성을 가진 그룹에 속하는 국가에서는 환경이 우선시되었던 때가 결코 없었으며, 다수결 투표체제가 소수 정당의 원내 진입을 실질적으로 불가능하게 만들었다. 그러나 영국은 2000년 지방의회 선거에서, 프랑스는 1997년 총선에서 녹색정당들이 과거에 비해 의회에 다수 진입한 이후 서서히 선진 그룹으로 편입된 발전적 사례이다. 한편 유럽의 대표적인 환경 선진 그룹에 속하는 네덜란드는 1994년 총선에서 녹색 좌파가 노인총연합(General Association of Elderly)에 비해 더 적은 의석을 차지한 바 있고, 심지어 노르웨이와 같이 일반적으로 '녹색'이라고 여겨지는 국가에서는 비례대표제가 시행되는데도 여전히 녹색당 대표자가 없다. 반면 벨기에의 녹색주의자들은 선거에서 최고로 높은 지지율을 얻고 있다. 그러나 국가가 전반적으로 뚜렷한 양면성을 지니고 있어서 벨기에 다수당의 환경 관련 정책 변화에는 큰 효과를 거둘 수가 없었다. 이탈리아는 녹색 의원을 가진 유일한 남부 국가이다. 그러나 이 나라의 환경 관련 수치는 확실히 덴마크나 노르웨이의 경쟁 상대가 되지 못한다.

그럼에도 녹색당 세력이 비교적 강한 독일, 스웨덴, 네덜란드, 벨기에 등 몇몇 국가에서도 환경정책 결정 및 형성에 단지 제한적인 영향력을 행사하고 있을 뿐이다. 또한 유권자의 지지 획득이라는 면에서 볼 때, 녹색당에 대한 지지는 상당히 유동적인 것으로 나타나고 있다. 유권자들의 환경 인식은 녹색당의 필요성은 인정하지만 이것만으로 지지의 충분조건이 되지 못하는 경향을 보이며, 또한 환경정책에 대한 기득권의 저항이 녹색당의 활동과 마찰을 빚기도 한다.

이러한 점에서 환경론자들의 정치적 움직임은 한계에 머물 가능성이 있다. 1980년대 초 이후로 서유럽의 많은 국가들에서 녹색정당들이 결성되었지만 여전히 제한된 영향력만을 가지고 있다. 녹색당의 운명은 한 선거에서부터 다음 선거까지 상당히 동요하고 있으며, 또한 단일 이슈 이미지를 초월해야 하는 문제를 지니고 있다. 그럼에도 많은 국가들에서 녹색당은 기존의 다수 정당들의 녹색화를 강제해 왔다는 점은 그 업적으로 인정되어야 한다.

결국 환경문제는 다차원적인 정책 이슈이며, 따라서 개별국가 간, 국가와 지역 간, 그리고 정부와 산업계 간에 다양한 갈등을 야기할 수 있는 민감한 의제다. 비록 환경 친화적인 발전, 지속 가능한 발전을 목표로 내세우고 있으나 환경보호와 경제성장 간에 존재해 온 전통적 긴장은 모든 정부와 정당들의 주요한 이슈인 동시에 과제로 남아 있다.

결국 환경문제는 다차원적인 정책 이슈이며, 따라서 개별국가 간, 국가와 지역 간, 그리고 정부와 산업계 간에 다양한 갈등을 야기할 수 있는 민감한 의제다. 비록 환경 친화적인 발전, 지속 가능한 발전을 목표로 내세우고 있으나 환경보호와 경제성장 간에 존재해 온 전통적 긴장은 모든 정부와 정당들의 주요한 이슈인 동시에 과제로 남아 있다.[3]

3) 20세기 말 유럽의 경우 국제경제지수가 하락하고 내수경제가 어려워지면, 극우성향의 정당 지지율이 비상하고 좌파정당과 녹색당의 지지율이 낮아지는 경향이 보편적이었다. 그런데

환경문제를 선거에 처음으로 채택한 정당은 비유럽지역인 호주의 연합 테즈메이니아 그룹(UTG: United Tasmania Group)이며, 1972년 지방선거에서 의회에 진입했다. 한 달여가 지나 이웃 뉴질랜드에서 가치당(Values Party)이라고 하는 전국 규모의 녹색당이 세계에서 처음으로 결성되었다. 유럽에서의 첫 녹색당은 1973년 영국에서 설립되었으며, 이 정당은 1972년 『생존을 위한 청사진(Blueprint for Survival)』이라는 책을 통해 그들 정치강령의 기초를 제시했고, 이 강령은 오늘날 대부분 녹색정당들이 지지하는 원리들을 포함하고 있다. 선거에서의 지지 획득이라는 측면에서 볼 때, 벨기에의 두 개 녹색정당은 1999년 선거에서 22.7%(각각 14.3%, 8.4%)라는 놀라운 성과를 거두었다. 최근 유럽 각국의 총선에서, 특히 프랑스(6.8%, 1998), 네덜란드(7.3%, 1998) 녹색당의 의석 수 증대는 괄목할 만하다. 그러나 무엇보다도 독일의 녹색정당 연합(녹색당과 동맹90)은 비록 연립정부 형태이지만, 1998년 총선(6.7% 득표) 이후 사민당과의 연대를 통한 최초의 여당이 되었다. 오스트리아(7.4%, 1999), 핀란드(7.5%, 1999), 스위스(5.1%, 1999), 스웨덴(4.5%, 1998) 녹색당의 경우 꾸준히 의회에 진입하는 정당으로서의 면모를 갖추었다. 1995년 핀란드의 하아비스토(Pekka Haavisto)는 환경계획부 장관으로 내각에 참여하는 첫 녹색정치인이 되었다.

21세기에 와서 유럽정치지형에 변화가 나타나고 있다. 당시와 비슷한 경제적 여건에도 불구하고, 2019년 5월 유럽의회선거 결과 기존 주류정당의 몰락, 녹색당과 극우정당의 약진으로 나타났고, 그 결과는 아래 도표와 같다. 이와 더불어 독일과 오스트리아, 북유럽 국가들의 선거에서도 극우정당과 녹색당의 약진이 두드러지고 있다.

〈표 13-3〉 2019년 유럽의회 선거 정치그룹별 의석 수

정치그룹	이념 성향	의석 수(현재 의석 대비 증감)
유럽 통합좌파/노르딕 녹색좌파(GUE/NGL)	극좌	38(-14)
유럽 녹색당(Greens/EFA)	좌	69(+17)
유럽사회당(S&D)	중도좌	153(-32)
유럽자유민주(ALDE)	중도	105(+36)
유럽국민당(EPP)	중도우	179(-37)
유럽보수개혁(ECR)	우	63(-14)
자유와 직접민주주의의 유럽(EFDD)	극우	54(+12)
유럽민족・자주(ENF)	극우	58(+22)
무소속		7(-13)
기타(신생정당 및 무정파)		24(+24)

* 총 751석
자료: 유럽의회

POINT

1. 녹색정치의 등장은 기존 정치의 모순과 새로운 정치에의 기대를 반영한 것이다.
2. 녹색정치가 내세우는 이념은 환경보호, 민주주의 회복, 평화주의로 요약할 수 있다.
3. 현실정치 속에서 서구의 녹색당들은 기성 정당들의 녹색화에 기여하고 있으나, 스스로 제도정당으로서의 존립 가능성과 본래의 정체성 사이에서 갈등하는 모습을 보이기도 한다.

4. 인간을 위한 자연, 자연을 위한 인간

오늘날 'bio, eco, green' 혹은 'life'와 같은 용어들에 대다수 사람들이 친숙해지기 시작했다는 사실은 곧 우리의 삶 혹은 환경에 위기가 닥치고 있음을 수긍하고 있다는 의미이기도 하다. 이는 곧 '공유지의 비극'을 우리 인간들이 비로소 인식하기 시작했다는 의미이기도 하다. 이와 더불어 '성장의 한계'에 대한 인식은, 우리의 미래는 어떤 모습일까, 생태계 없이 우리의 생명, 인간성은 유지 가능한 것인가 하는 자기 반성적 물음으로 이어져야 할 것이다. 환경 위기 극복의 지름길은 무엇보다 자연관, 세계관, 인생관에 대한 인간 의식의 변화에서 찾을 수 있다. 환경 위기는 곧 모든 인류의 위기라는 공감대 속에서 이를 극복하기 위한 국제적 제도화와 협력 강화 노력, 그린 테크놀로지와 녹색소비자주의가 필요하다. 더불어 환경 정의 실현의 필요성에 대한 공감대 형성은 녹색정치의 활성화, 국제적 시민단체들(NGOs)의 연대 노력 등을 통해 더욱 확산되어야 한다.

녹색정치가 내세우는 이념은 환경보호와 민주주의 회복, 그리고 평화주의로 요약할 수 있다. 따라서 녹색정치는 환경문제에 대한 참여를 계기로 풀뿌리 민주주의의 강화와 과학기술만능주의, 물질주의의 위협에서 인류가 평화로운 상태로 되돌아가는 사회를 건설하고자 한다. 이는 곧 에코 휴머니즘을 바탕으로 '에코(유)토피아' 건설을 목표로 한다. 에코토피아란 지구상에 존재하는 모든 생물과 무생물이 한데 어울려 조화와 균형을 꾀하며 살아갈 수 있는 이상향으로 정의할 수 있다. 영국의 사회개혁가 토머스 모어(T. More)가 1516년 출간한 책 『유토피아』에서 자신의 상상적인 이상적 정치체제나 공상적인 사회개량 계획을 '유토피아'라는 이상향 혹은 낙원으로 묘사한 바 있다. 그러나 그리스어인 유토피아의 원래 말뜻은 '아무 데도 없는 곳'을 의미하며, 장자(莊子)의 '무하유지향(無何有之鄕)'이라는 표현과 그 의미가 상통한다. 그러나 에코토피아는 유토피아와 달리 '자연으로 돌아가자'라는 경구의 인식 혹은 '무위자연'에의 인간 노력으로 도달할 수 있을 것이다.

결국 자연과 인간, 생태계는 분리될 수 없는 개념들이며 '우리는 이 땅을 우리 조상들로부터 물려받은 것이 아니라, 우리 아이들로부터 빌려 온 것이다'라고 한 인디언 부족의 속담을 기억할 때, 자연과 인간의 생태적 교감은 계속될 것이다.

❑ 심화학습을 위해서

김종철. 1999. 『간디의 물레: 에콜로지와 문화에 관한 에세이』. 녹색평론사.
노르베리 호지, 헬레나. 2001. 『오래된 미래』. 김종철 옮김. 녹색평론사.
문순홍. 2006. 『정치생태학과 녹색국가』. 아르케.
박이문. 1997. 『문명의 미래와 생태학적 세계관』. 당대.
슈마허, 프리츠. 2002. 『작은 것이 아름답다』. 이상호 옮김. 문예출판사.
스프트레낙·카프라 공저. 1990. 『녹색정치』. 강석찬 옮김. 정신세계사.
신범식 외. 2018. 『지구환경정치의 이해』. 사회평론아카데미.
이헌근. 2000. 『현대 유럽의 정치: 그 이상과 현실』. 신지서원.
_____. 2001. 『스웨덴 복지정치』. 신지서원.
카슨, 레이철. 2002. 『침묵의 봄』. 김은령 옮김. 에코리브르.
황태연. 1994. 『환경정치학과 현대 정치사상』. 나남출판.
힐, 제프리. 2018. 『자연자본』. 이동구 옮김. 여문책.

chapter 14

사이버 세상에서 '정치'하기

김영일

한나라당도 진통을 거듭한 끝에 채택한 국민경선제를 통해 민주당에 이어 새로운 정치실험에 나선다. …… 공모당원인 국민참여선거인단은 11개 지역별로 실시되는 30~41일간의 공모기간에 중앙당과 시·도지부, 지구당에 입당원서나 선거인단 참여지원서를 제출한 사람 가운데 컴퓨터 추첨을 통해 선정된다. 또 대의원 선거인단에는 2,500만 명에 달하는 네티즌을 대표하기 위한 '인터넷대의원'이 포함된다. 인터넷 대의원은 이미 지난달 20일 인터넷 예비선거를 통해 지역별로 1~11명 규모로 모두 50명이 선정됐다(≪조선일보≫, 2002.4.4.).

문 정부 청와대는 지난 2017년 8월 문 대통령의 취임 100일을 맞아 청와대 홈페이지를 개편하면서 '국민청원'을 신설했다. 국민청원은 정부 정책에 대한 제안뿐 아니라 국민들이 어디에서도 들어주지 않던 저마다의 억울한 이야기를 쏟아내면서 '현대판 신문고'의 역할을 하고 있다(≪이데일리≫, 2019.4.29.).

정보통신기술의 급격한 발달에 따른 사회적 삶의 변화는 정치적 현상에도 큰 변화를 가져왔다. SNS를 이용한 소통은 이제 많은 국민들이 자신의 개성과 생각을 표출하는 아주 평범한 일상 활동 중 하나가 되었고, 이에 발맞추어 정치에서도 SNS를 사용한 홍보와 소통은 정당과 정치인들이 자신들의 정치적 지향점과 정책을 홍보하기 위해 필수적이 되었다. 정보통신기술의 발달이 가져온 변화는 이러한 생활의 변화를 넘어 사이버공간 그 자체가 또 하나의 정치의 장(場)이 되어 그 속에서 국민들이 직접 참여하고 활동하는 현상으로까지 이어지고 있다. 2002년에 처음 선보인 정당들의 후보 결정을 위한 국민경선에서 네티즌은 이미 의미 있는 정치세력의 한 부분을 형성하였고, 더 나아가 2018년에는 국민이 직접 정책을 제안하거나 자신들의 필요와 요구를 정치권에 요구하는 통로로까지 발전하였다.

1. 새로운 사회, 새로운 정치

대통령 후보 선출을 위한 국민경선에 대한 국민적 관심은 정치적 무관심층이 점점 증가하는 현대 사회에 많은 시사점을 던져주고 있다. 즉 정치적 현상 혹은 문제에서 국민들에게 참여의 기회가 주어진다면, 그래서 국민들이 그 어떤 정치적 문제에 대해 스스로 결정을 내릴 수 있는 기회가 주어진다면, 많은 국민은 그 기회를 놓치지 않을 것이라는 점이다.

더 나아가 국민들이 직접 사회적 쟁점이나 문제들에 대해 자신들의 의견을 공개적으로 개진하고 정책적 결실로까지 요구하게 되는 현상 또한 바로 우리가 최고의 가치로 내세우는 민주주의의 원리가 더 한층 잘 실현하기 위한 노력의 하나로 이해할 수 있다. 그렇다면 그동안 우리는 민주주의 사회에 살고 있던 것이 아니었는가? 분명 우리는 민주 사회에 살고 있지만, 그 민주주의는 그러나 '대의제'라는 수식어가 붙는 민주주의이다. 다시 말해 민주주의의 이념을 그 근거로 하고 있음에도 불구하고, 많은 사람이 함께 살아가야 하는 복잡한 현대 사회의 특성에 따라 제도화된 절차적 민주주의이다. 이러한 절차적 제도로서의 대의제 민주주의는 그 현실적 수용성에도 불구하고 민주주의에서의 가장 본질적 요소의 하나인 국민의 정치적 과정에의 참여라는 점에서는 필연적으로 취약성을 드러낼 수밖에 없다.

국민의 정치과정 참여에서의 취약함은 나아가 주권자로서의 국민의 지위에 대한 회의와 함께 정치에 대한 무관심으로 연결됨으로써 결국 정치 현상이 소수의 엘리트들의 전유물이 되는 결과를 낳게 된다. 많은 사람들이 함께 살아가기 위해 규칙들을 만들고, 그 속에서 생겨나는 갈등들을 조정하는 것이 정치 현상이라고 한다면, 이러한 정치에 대한 일반국민들의 무관심은 곧 개개인의 생활에서의 주권을 엘리트들에게 양도하는 심각한 결과를 초래하게 되는 것이다.

이와 같이 민주주의적 제도와 이념에서 국민들의 정치과정에의 직접적인 참여는 매우 중요한 의미를 가지고 있는데, 바로 이 점에서 인터넷을 통한 국민경선에의 참여나 청와대의 국민청원 게시판은 국민들에게 정치과정에 참여할 수 있는 기회 혹은 장(場)의 확대라는 의미에서 우리에게 중요한 생각거리를 던져주고 있다. 즉 정치과정에의 참여는 국민들로 하여금 정치적 수혜자로서의 자신이 아닌 스스로 '정치를 하는' 정치적 행위자로서의 자신의 변화를 의미한다는 점에서 수동적으로만 작동해 왔던 대의제 민주주의의 한계를 극복할 수 있는 가능성을 정보통신기술이 제공해 주고 있다는 것이다.

다시 말해 현대 사회의 특성에 기인한 대의제 민주주의의 특징으로 국민의 주인으로서의 지위의 상실과 공공의 문제(정치 현상)에 대한 국민 참여의 제약이라는 문제를 고도로 발달한 정보통신기술을 이용하여 해결함으로써 주권재민의 민주주의 이상을 실현하려는 노력으로 이해할 수 있다. 정보통신기술의 발달은 전자투표 방식이라는 단순한 기술적 편리를 넘어 현대 사회에서 실현하기 어려웠던 공공의 문제에 대한 국민의 직접적 참여의 수단을 제공함으로써 새로운 공론의 장(場)을 형성하기에 이르렀다.

초고속 인터넷망의 빠른 확산과 하루가 다르게 진화하는 통신 수단 및 SNS들은 시간과 공간의 장애를 극복함으로써 그동안 불가능하게 생각되었던 공공의 문제에 대한 국민들의 직접적인 참여와 의사표현을 가능하게 만들었다. 찬성과 반대 그리고 그 부작용과 오용에 대한 논의는 별개로 하더라도 사이버 세상에서 국민들의 직접적인 의사의 표현은 국민들의 참여를 대전제로 하고 있는 민주주의의 이상 실현에 큰 의미를 가지는 것이라 하겠다. 2008년 미국산 쇠고기의 광우병 파동으로 인한 전국적인 촛불집회와 대통령 탄핵으로까지 이어진 2016년 촛불집회는 인터넷과 SNS가 없었다면, 불가능했을 정치적 현상이었다. 더 나아가 2012년 국정원 직원의 댓글 논란과 2018년 '드루킹 사건'으로 잘 알려진 매크로 프로그램을 이용한 댓글 조작 사건 또한 이제 우리 사회에서 사이버 세상이 가지고 있는 의미와 영향력을 너무나 잘 보여주는 예들이다.

이제 더 이상 사이버 세상은 가상의 세계가 아니며, 따라서 사이버 세상에서 자유롭게 전개되는 개인의 정치적 의견 표출이나 공적인 문제에 대한 의사표현은 이미 우리의 현실 그 자체가 되어버렸다. 심지어 사이버 세상에서의 참여는 이미 현실 세계에서의 토론과 참여를 넘어서 참여의 과잉과 범죄로까지 이어질 정도의 부작용까지 낳는 상황에 이르렀다. 그래서 이제는 현실의 정치와 사이버 세상에서의 정치적 현상이 서로 영향을 미치고, 그 영향과 인과관계를 총체적으로 연결할 때에만 명확한 정치적 실체를 이해하고 파악할 수 있는 상황에 이르게 되었다. 이러한 변화는 결국 민주주의 이념이 산업사회와 대중사회의 특성에 따라 대의제 민주주의의 모습으로 전개되었듯이 정보화를 넘어 4차 산업혁명의 시기라고 일컬어지는 현대 사회의 특성에 대한 대응한 새로운 정치 현상과 민주주의의 적응으로 이해할 수 있다.

현대 사회는 급속한 정보통신기술의 발달에 의해 일상의 생활이 하루가 다르게 변화해가는 사회이다. 은행에 가지 않고도 모든 금융업무를 볼 수 있고, 집에서 업무를 보는 재택근무도 점점 자연스러운 현상이 되어가고 있다. 또한 직접 가서 현금을 주고 사는 쇼핑의 개념도 급격히 바뀌어가고 있다. 이러한 변화는 나아가 우리의 개인적 생활뿐 아니라 사회적 생활에도 큰 변화를 초래하고 있다. 급속한 사회적 생활의 변화는 결국 사회를 조직하고 운영해 가는, 다시 말해 정치적 현상에 대한 새로운 시각과 원리도 요구하게 되는 것이다.

2. 정보통신혁명과 생활의 변화

'좀 더 빠르게, 좀 더 편리하게': 정보화사회에서의 삶의 모습

정보화사회에서의 삶의 모습은 어떠할까? 네트워크와의 연결이 없는 현대인의 삶은 도저히 상상하기 어려울 정도로 정보화사회에서의 삶의 변화는 이미 우리의 생활 속 깊이 뿌리를 내렸음에도 불구하고, 이를 객관적으로 바라보고 분석해 보려는 시도는 여전히 의미를 가진다 하겠다. 그리고 그 객관화된 모습을 우리는 이미 40여 년 전 그려진 영화의 한 장면에서 너무나 분명하게 발견할 수 있다.

다음은 〈네트(The Net)〉의 줄거리 중 일부이다. 안젤라 베네트(Angela Bennett: 산드라 블록 분)는 새로 나온 소프트웨어의 바이러스나 에러를 분석하는 일을 하는 컴퓨터 프로그래머이다. 그의 일상생활은 컴퓨터와 함께, 컴퓨터를 통해서 이루어진다. 컴퓨터와 붙어사는 그녀는 집 밖으로 나올 일이 거의 없다. 식사는 PC 네트워크로 주문하면 곧바로 배달되고, 우편물과 여행을 위한 비행기 예약도 모두 네트워크를 통해 해결한다.

이후 이 영화는 컴퓨터와 더불어 살아가는 주인공이 컴퓨터 네트워크의 조작에 의해 곤경을 겪게 되는 정보통신기술의 발달이 가져올 잠재적 부작용에 대해 경고하고 있다.

정보통신기술의 발달은 분명 그 긍정적인 면과 부정적인 면을 함께 가지고 있지만, 그 어떤 경우에서든 사람들의 삶의 모습을 현격하게 바꾸어놓고 있다. 이러한 정보화사회에서의 삶의 변화 모습을 논의하기 전에 우선 정보화사회란 도대체 어떤 사회인지 그 개념을 먼저 살펴보아야 하겠다. 정보화사회란 정보의 처리·저장 및 전송 기술의 획기적인 발전으로 인해 사회의 거의 모든 분야에서 이 정보기술이 활용되고, 나아가 이 기술을 기초로 하여 새로운 사회의 질서가 형성되는 사회를 의미한다.

이 개념 정의에서 우리는 두 가지의 면을 살펴볼 수 있다. 그 하나는 기술적인 측면이고, 다른 하나는 사회적 측면이다. 기술적 측면에서 정보화사회는 다름 아닌 컴퓨터 기기와 소프트웨어, 그리고 초고속 통신망 등의 정보통신기술이 발달된 사회이다. 그러나 이러한 기술적 발달만으로 정보화사회는 성립되지 않는다. 정보통신기술의 발달은 과거 산업 사회의 특성과는 다른 그 어떤 특성을 가진 사회적 모습을 결과하게 된다. 정보화사회가 가져오는 새로운 사회적 삶의 모습은 어떠할까?

첫째, 정보화사회는 일과 직업에 대한 전통적 사고에 변화를 가져온다. 정보화가 진척되면 꼭 직장에 나가지 않고서도 일을 할 수 있는 이른바 '재택근무' 등의 형태가 등장함으로써 일터의 성격에 변화를 가져오게 되고, 이는 나아가 직장이라는 중요한 하나의 사회조직의 구성원리를 변화시키게 된다. 둘째, 유통과 소비구조의 변화이다. 이제는 직접 시장에 가서 물건을 사지 않고, TV나 컴퓨터 네트워크를 통한 전자상거래가 활발하게 전개되고 있고, 또한 일상생활에서의 결재방식도 신용카드에 의한 결제가 보편화되고 있다. 셋째는 교육과 문화영역에서의 정보화이다. 사이버공간을 통한 교육과 문화생활의 향유가 점점 더 많은 사람에게로 확대되어 가고 있다. 이제는 백과사전을 찾는 것보다도 인터넷 검색을 통해 더욱 깊고 정확한 내용을 빨리, 그리고 쉽게 얻을 수 있게 되었다. 굳이 음반을 사거나 영화관에 가지 않더라도 인터넷을 통해 이 모든 것을 즐길 수 있게 되었다.

이상과 같은 정보화사회에서의 삶의 변화는 편리함과 신속함을 그 특성으로 하고 있다. 즉 산업 사회에서는 대량생산과 대량소비와 같은 양적인 것이 기준이 되었다면, 정보화사회에서 사람들은 자신들의 행동과 삶의 기준을 편리함과 신속함이라는 척도에 두게 된다. 그래서 정보화사회의 가장 중요한 가치는 그 기술이 혹은 그 물건이 우리에게 얼마나 신속하게 문제를 해결해 주는가 혹은 얼마나 편리하게 사용되는가에 의해 결정되는 것이다.

정보화사회

정보의 처리·저장 및 전송 기술의 획기적인 발전으로 인해 사회의 거의 모든 분야에서 이 정보기술이 활용되고, 나아가 이 기술을 기초로 하여 새로운 사회의 질서가 형성되는 사회를 지칭하는데, 이러한 사회로의 변화는 편리함과 신속함을 그 특성으로 한다.

사이버공간에서 '나'는 사라질 수도 있다: 정보화사회의 위험성

정보통신기술의 발달에 따른 삶의 모습의 변화는 그러나 항상 긍정적인 결과만으로 우리에게 다가오는 것은 아니다. 영화 〈네트〉에서 경고하고 있듯이 정보화사회는 정보통신기술이 오용될 경우 사회는 심각한 혼란에 빠지게 된다. 다시 영화의 이야기로 돌아가 보자.

우리의 주인공(안젤라)은 어느 날 동료로부터 새 인터넷 프로그램에 문제가 있는 것 같다며 분석을 의뢰받는다. 그 프로그램은 연방정부와 같은 중요한 기관의 극비 데이터베이스에 자유롭게 드나들 수 있도록 만들어진 프로그램이었다. 이 프로그램이 든 디스켓을 배달 받은 안젤라는 이후 프로그램을 개발한 컴퓨터 범죄조직으로부터 쫓기게 된다. 그 과정에서 주인공은 자신의 존재가 이 범죄조직에 의해 컴퓨터 네트워크의 조작으로 완전히 바뀐 것을 알게 되지만, 그 누구에게도 도움을 청할 수 없게 된다. 모든 일을 집에서 컴퓨터 네트워크를 통해 해결하는 생활방식으로 인해 그녀의 이웃들은 아무도 그녀의 얼굴을 몰랐다. 또한 경찰 기록상의 신분도 범죄조직에 의한 네트워크상의 조작으로 인해 수배 중인 범죄자로 바뀌어 있었다. 도움을 줄 수 있는 유일한 사람이었던 그녀의 옛 애인마저도 병명(病名)이 컴퓨터에 의해 조작되어 결국 죽게 된다. 또한 그녀의 위치도 언제나 그녀가 사용하는 전화나 인터넷 연결망의 추적 장치를 통해 쉽게 발견됨으로써 끊임없이 도망쳐야 하는 신세에 처하게 된다. 쫓고 쫓기는 숨 막히는 과정 끝에 안젤라는 결국 그 범죄조직 스스로 프로그램을 오작동 하게 만들어서 모든 상황을 원래대로 돌려놓는다.

이 영화에서 우리는 고도로 발달된 정보통신기술이 얼마나 쉽게 왜곡된 결과를 낳을 수 있는지를 볼 수 있다. 첫째, 모든 인적 사항이 컴퓨터에 저장되어 네트워크로 연결되어 있다는 것은 언제 어디서나 손쉽게 그 사람의 인적 사항을 확인할 수 있는 편리함에도 불구하고, 영화에서처럼 손쉽게 그 사람의 인적 사항을 변경하거나 아예 지워버리는 것도 가능해진다. 또한 휴대폰 사용 후 발신지 추적을 통해 그 사람의 위치를 어렵지 않게 추적할 수 있는 기술의 발달은 사람들을 언제 어디서나 노출되게 함으로써 사적 비밀을 보장할 수 없게 한다. 병명 등과 같은 개인의 인적 사항에 대해서도 컴퓨터 조작으로 사실을 쉽게 조작할 수 있게 된다. 이러한 사생활의 침해는 단순한 개인의 권리 침해를 넘어서서 전체 사회를 위험에 빠뜨릴 수 있는 가능성을 낳는다. 왜냐하면 정보화사회의 진전은 더욱 편리하고 신속한 일처리를 위해 모든 개인의 정보 및 행동을 컴퓨터와 네트워크를 통해 저장하고 관리하게 되는데, 이는 결국 개인의 일거수일투족이 언제 어디서나 노출될 수 있는 가능성 또한 내포하게 되기 때문이다.

둘째, 컴퓨터 네트워크를 이용한 범죄의 첨단화와 세계화의 부작용이다. 네트워크를 통한 범죄와 범죄의 조직화는 네트워크가 가지는 익명의 특성과 지역적 분산성으로 인해 원천적인 차단이 매우 어렵다. 또한 발견된다 하더라도 이미 시간적으로 늦었거나 혹은 개별적인 국가 주권의 침해 등과 같은 어려운 문제들을 동반하고 있음으로 해서 해결하기가 어려운 특성을 가지고 있다.

셋째, 정보의 홍수라는 현상 속에서 정보의 질에 대한 문제도 야기된다. 오늘날 우리 사회에서 전개되고 있는 스팸 메일을 둘러싼 논의에서 보이듯이 온갖 종류의 정보가 넘쳐나는 상황에서는 어떤 정보가 유용하고 올바른 정보인가에 대한 판단이 매우 중요해진다. 이를 위해서는 그 정보의 질의 좋고 나쁨, 그리고 유익함과 해악을 판단해 줄 권위 있는 존재가 필요하게 된다. 아직은 이러한 권위가 주로 정부에 귀속되고 있지만, 이는 그러나 정보기술의 급속한 발달에 비추어 볼 때 본질적으로 제한적일 수밖에 없다. 이 문제는 더 나아가 정보사회에서의 의사소통의 왜곡으로도 연결된다. 이는 영화에서와 같이 정보의 조작이 쉬워짐으로 해서 파생되는 문제이다. 즉 실재의 모습이나 내용을 컴퓨터에는 왜곡시켜 저장함으로 해서 실재를 왜곡하는 것이데, 이러한 위험성은 정보화사회에서 전제되고 있는 컴퓨터가 100% 확실하다는 신뢰에 기인한다.

마지막으로 정보의 통제와 소통의 차이에서 오는 정보 불평등의 문제이다. 정보 불평등 문제는 정보의 생산과 분배에서의 불평등을 의미하는 것으로, 이는 나아가 정보의 권력 수단화의 문제와 정보 독점에 의한 또 다른 형태의 전체주의 혹은 권위주의 체제로의 위험성마저도 제기한다[예를 들면, 조지 오웰(G. Orwell)의 소설 『1984년』은 이러한 위험성에 대한 경고로 읽을 수 있다]. 이처럼 정보의 불평등이 기존의 사회에서 보이는 자본과 권력의 불평등보다 더욱 심각한 결과를 초래하게 되는 이유는 정보가 권력과 자본과는 달리 그 성격에서 소비재임과 동시에 생산재라는 중첩된 중요성과 권력이나 자본의 불평등이 오늘날에는 근본적으로 정보의 불평등에서 기인하므로, 정보 불평등에서는 이러한 불평등들이 복합적으로 나타나기 때문이다.

『1984년』

영국의 소설가 조지 오웰의 소설로 1984년, 가공의 초대국(超大國)에서 자행되는 전체주의적 지배의 양상을 묘사한 작품이다. 모든 개개인의 생활을 감시할 수 있는 텔레스크린 등과 같은 사회 통제 시스템을 통해 거의 신격화한 지도자 빅 브라더에 대한 숭배, 개인생활의 감시, 사상통제 등 모든 지배기구가 내포하는 전체주의적 사회의 위험성을 미래 사회의 모습 속에서 경고하고 있다.

정보화사회는 정치에 어떤 영향을 주는가?

이상과 같은 잠재적 부작용 혹은 부정적 결과에도 불구하고 현대 사회가 급속히 정보화로 나아가는 추세는 막을 수가 없다. 아니 오늘날의 삶은 사이버 공간과 연계되지 않고서는 생각할 수 없을 정도로 이미 우리는 정보화 시대를 살고 있다. 이는 그 잠재적 부작용에도 불구하고 더욱 우리의 시각을 끄는 것은 정보화사회가 가져오는 긍정적인 삶의 모습 때문일 것이다. 무엇보다 정보화사회는 일상생활에서의 불확실성을 감소시켜 준다. 불확실성의 감소는 곧 생활에서의 시행착오에 의한 시간과 물질의 절약을 결과함으로써 삶의 비용을 감소시켜 주는 기능을 한다. 또한 재택근무와 홈쇼핑, 홈뱅킹 등과 같은 생활의 편리함을 제고함으로써 좀 더 여유 있는 삶의 실현을 가능하게 한다. 업무와 기타 생활에 드는 비용과 시간이 감소됨으로 인해 더욱 많은 시간과 자원을 자신의 계발과 여가를 위해 사용할 수 있게 되는 것이다.

정보화사회가 가져오는 편리함과 신속함이라는 특성은 그러나 단순한 일상의 생활에서만 가치의 척도로 사용되는 것은 아니다. 정보화사회로의 진척은 더 나아가 공적인 영역에서도 시민사회의 성숙이라는 긍정적인 결과를 낳게 된다. 성숙한 시민사회는 무엇보다 공공성, 다원성 그리고 개방성을 그 특성으로 들 수 있다. 시민사회는 서로 다른 개인들의 이해와 가치들이 함께 공존하는 사회이며, 따라서 시민사회는 권력 지향의 정치 논리와 자본 지향의 시장 논리에 의해서가 아니라 투명성과 서로 다름에 대한 이해와 관용의 원리가 적용되는 곳이다. 이러한 공공성과 다원성 그리고 개방성을 특성으로 하는 시민사회는 그래서 시민들의 자율과 참여가 가장 근본적인 운영의 원리로 제시된다.

시민사회의 이러한 성격은 또한 정보화사회가 결과하는 혹은 전제로 하고 있는 특성들이기도 하다. 따라서 정보화사회로의 진척은 반드시 사람들의 공공생활에도 많은 변화를 가져오게 되는 것이다. 즉 정보화사회가 창출하는 편리함과 신속함이라는 가치는 개인의 생활을 넘어서서 사람들의 공적인 생활, 즉 정치적 영역에도 적용되어진다. 더 나아가 오늘날의 정보통신기술의 발달은 정치적 현상에 대한 공론 장의 기능을 넘어 빅데이터(Big Data)의 활용 등을 통해 가장 유효한 정치적 전략을 도출하고 심지어 공론의 흐름과 정치적 결과까지 예측 가능하게 하고 있다.

신속하고 편리한 정보통신기술을 정치적 생활에 적용시킴으로써 산업 사회에서의 정치적 삶의 모습을 변화시키려는 노력으로 발전한 것이 '전자민주주의' 혹은 '사이버 민주주의' 등으로 불리는 용어들이다. 다시 말해 산업화에 따른 대중사회가 진행되어 오면서 고착화된 대의제 민주주의와 그 속에서의 시민의 소외와 무관심의 정치적 모습을 발달된 정보통신기술을 이용하여 참여의 모습으로 변화시키려는 것이다. 하지만 이제 사이버 세상과 기술은 이를 넘어서 첨단기술을 통한 참여뿐만 아니라, 정치적 현상과 공론 그 자체를 형성하고 나아가 그 결과를 이끌어내는 가장 중요한 요소로까지 자리 잡기에 이르렀다.

POINT

1. 정보화사회는 사회의 거의 모든 분야에 정보통신기술이 활용되고, 또한 이 기술을 기초로 새로운 질서가 형성되는 사회이다.
2. 정보화사회에서의 삶의 모습의 변화는 신속함과 편리함을 그 특징으로 한다.
3. 정보화사회는 개인의 사생활의 노출, 범죄의 첨단화, 의사소통의 왜곡, 정보의 불평등 등의 부정적 결과를 초래할 가능성을 내포하고 있다.
4. 정보통신기술을 이용하여 정치적 참여를 진작시키려는 노력이 전자민주주의이다.

3. 작은 정부, 열린 정부: 전자정부

전자정부는 무엇인가

정보화사회에 대응한 새로운 사회의 조직과 운영의 메커니즘으로 제시되고 있는 전자민주주의는 그러나 그 개념의 설정에서부터 많은 혼란을 야기하고 있다. 많은 경우 행정의 효율성 제고를 위한 행정의 전산화를 전자민주주의와 동일시하기도 하고, 또한 지난 국민경선에서 첫 선을 보인 전자투표를 전자민주주의의 전부로 간주하기도 한다. 따라서 정보화사회에 대응한 새로운 사회조직과 운영의 원리로서의 전자민주주의를 제대로 이해하기 위해서는 우선 이러한 유사한 개념들에 대한 개별적인 이해가 선행되어야 하겠다.

전자정부라는 말과 전자민주주의는 같은 개념일까? 다르다면 이 둘 사이에는 어떤 관계가 있는 것일까? 이러한 문제는 특히 정보화사회로의 진척이 정부에 의해 주도되고 있는 우리 사회에서는 매우 중요한 의미를 가진다. 왜냐하면 전자정부와 전자민주주의는 모두 편리함과 신속함이라는 정보화사회의 특성을 반영하고 있지만 그 지향점 혹은 그 적용의 영역에서는 서로 다른 개념이기 때문이다.

전자정부의 개념은 우선 급변하는 국제적 환경의 변화를 그 등장 배경으로 하고 있다. 자유 경쟁을 근본 원리로 하는 세계화라는 급속한 국제사회의 변화 속에서 생존하기 위해 개별 국가들은 국가의 경쟁력을 최우선 가치로 내세우게 되었고, 이를 위해서는 무엇보다 정부의 효율성이 중요한 목표로 제기되었다. 전자정부라는 개념의 등장은 이러한 국제 환경 속에서 정보통신기술을 이용하여 행정에서의 효율성을 극대화하려는 의도이며, 이는 곧 정치·행정 분야에 경영의 기법과 마인드를 도입하는 결과로 이해된다.

이러한 방향으로의 정부 개혁은 클린턴 행정부의 등장과 함께 가장 먼저 제기되었다. 세계화 시대의 국가 경쟁력 제고를 위한 방안으로 클린턴 대통령은 급속히 발달하고 있는 정보통신기술을 "행정업무에 활용함으로써 정부 내의 낭비요인을 제거하여 좀 더 저렴한 비용으로 좀 더 폭 넓은 양질의 행정 서비스를 제공한다는 구상"을 세웠다. 이러한 구상은 정부의 조직과 기능을 개편하는 전통적 행정 개혁이 아니라, 정보통신기술을 활용하여 기존의 업무처리 방식을 개선하려는 새로운 개혁의 방식을 의미하는 것이었다. 즉 전자정부의 구상은 효율적 행정을 위한 조직 중심에서 과정 중심으로의 전환을 의미하는 것이었다. 우리나라의 경우 1987년부터 전개된 전자정부 사업은 바로 이러한 개념 속에서 전개된 것이었다.

미국의 국가성과평가위원회는 전자정부를 "효율적이고 고객 대응적인 업무 과정을 통해 시민들이 행정 관련 정보 및 서비스에 좀 더 폭 넓게, 그리고 좀 더 적시에 접근할 수 있게 해주는 정부"로 정의하고 있다. 또한 한국전산원은 "정보통신망을 기반으로 국민과 정부 간의 의사소통이 더욱 용이하고 신속하며, 각종 행정 서비스가 항시 제공되는 정부"라고 규정하고 있다. 이러한 전자정부에 대한 개념 규정 속에서 우리는 다음과 같은 전자정부의 특성을 도출해 낼 수 있다.

첫째, 전자정부라는 개념 속에는 경제적 영역에서의 서비스의 개념이 기존의 정부가 가지고 있던 규율과 관리의 개념을 대체하고 있다는 것이다. 즉 현대 사회에서 혹은 정부는 지배 혹은 통치의 개념에서 봉사의 개념으로 변화하고 있음을 반영하고 있다. 둘째, 전자정부라는 개념 속에는 생산성 혹은 효율성의 극대화라는 경제적 원리가 정치와 행정에 적용되고 있음을 잘 보여주고 있는데, 이는 갈등 조정으로서의 정치적 현상이 상실되고 서비스의 창출이 주된 내용을 이루는 현대의 행정부 우위의 사회현상의 반영으로 이해된다. 그리고 셋째, 전자정부의 개념 속에는 주인으로서의 국민의 개념은 결여되어 있다는 점이다. 서비스와 봉사의 개념은 전자정부의 주된 내용을 이루고 있지만, 이는 종국적으로 행정의 효율화를 위한 방안이며, 국민 혹은 시민의 자기결정성, 즉 주권재민의 민주주의 이념에 기초하고 있는 것은 아니라는 것이다. 바로 이 점에서 전자정부는 전자민주주의와 그 어떤 관련은 있지만, 결코 동일한 개념은 아닌 것이다.

이렇게 볼 때 전자정부는 그 자체로서 목적이 아니라 정보통신의 첨단 기술을 이용하여 국가를 효율적으로 운영해 나가기 위한 방법론 혹은 수단으로 규정할 수 있다. 따라서 효율적 국가 운영을 위한 최선의 방법으로서의 전자정부는 다음과 같은 지향점을 가지게 된다.

첫째, 전자정부는 작은 정부를 지향한다. 산업화 시대의 행정은 독점적 정보관리체계에 의해 이루어져 왔는데, 이는 각 기관의 업무상 필요에 의해 수행하는 정보의 수집과 관리가 서로 단절되고, 또 중복됨으로 인해 많은 시간과 낭비를 결과했다. 하지만 전자정부는 정부 내의 정보를 네트워크를 통해 공유함으로써 업무의 효율성을 제고하고 비용을 절감하려는 노력이다. 공동의 네트워크를 통한 정보의 통합은 행정기관들의 기능 통합을 요구하게 되고 이는 결국 불필요한 행정조직과 기구의 통폐합 혹은 축소를 결과하여 행정에서의 비용을 줄이게 된다.

또 하나 전자정부의 지향점은 열린 정부이다. 정부의 정보화는 국민과 정부 간의 정보의 공유를 가능하게 하고, 그 결과 정부와 국민 간에는 원활한 의사소통이 가능해진다. 이렇게 볼 때 전자정부라는 개념은 행정정보화 혹은 행정전산화와도 구별된다. 행정전산화가 행정부처 간의 의사소통의 효율성 증대를 목표로 하는 내부지향적 성격을 가지는 것이라면, 전자정부는 국민이라는 수요자에게 고객 중심의 행정서비스를 제고한다는 수혜자로서의 국민을 강조하는 개념인 것이다.

전자정부
정보통신기술을 이용하여 정부의 효율성의 향상시키고, 이를 통해 국민의 편익을 도모하려는 고객 지향적 정부이다. 따라서 전자정부는 생산성 혹은 효율성의 극대화라는 경제적 원리와 서비스의 개념을 행정의 영역에도 적용하는 특성을 가진다.

행정정보화(행정전산화)
행정부처 간의 의사소통의 효율성 증대를 위한 공동의 정보관리 체계와 네트워크의 구축을 의미한다.

전자정부는 전자민주주의의 충분조건인가

전자정부는 또한 주인으로서의 국민의 적극적인 정치과정에의 참여를 도출하려는 전자민주주의와도 분명 구별된다. 이를 좀 더 상세히 살펴보기로 하자. 행정의 효율성과 행정 서비스 질의 제고라는 의미에서의 전자정부는 그 효용성이 무엇을 위한 것인가에 따라 매우 상이한 모습을 가지게 된다. 권위주의 혹은 중앙집권적 국가에서 전자정부의 구현에 따른 행정의 효율성은 사회와 국민에 대한 더욱 효율적인 통제를 가능케 할 것이고, 이는 결국 전체주의 사회의 건설에 기여하게 될 것이다. 그러한 예를 우리는 이미 조지 오웰의 『1984년』이라는 소설 속에서 보았다.

다른 한편으로 민주적 사회에서의 행정의 효율성은 국민주권의 보장과 주인으로서의 국민의 적극적 참여를 목표로 하고 있으므로, 행정의 효율화를 추구하는 전자정부는 민주주의의 이념을 그 전제 조건으로 하여야 한다. 이렇게 볼 때, 전자정부는 전자민주주의를 실현하기 위해 필요한 요소 혹은 조건이지만, 그 자체로서 전자민주주의의 충분조건은 될 수 없는 것이라 하겠다. 그렇다면 전자정부가 전자민주주의의 한 요소로서 민주주의를 활성화시킬 수 있고, 또한 국민의 참여를 진작시킬 수 있는 기제로 작용하기 위해서는 어떠한 문제들이 선행되어야 할까?

첫째, 정보통신 인프라에 대한 동등한 접근이 이루어져야 한다. 전자정부의 실현을 위해서는 행정정보화·행정전산화 같은 행정기관 내의 정보공유 네트워크의 형성과 함께 사회의 모든 구성원이 정보통신기술에 접근할 수 있는 인프라의 구축이 동시에 필요하다. 이는 단순한 PC의 보급만이 아니라 PC를 통한 정보통신망에 모두 접근할 수 있는 사회구성원들의 기본적인 경제적 능력까지도 포함한다. 이를 위해 현재의 상업적 통신망의 운용이 직·간접적으로 지방자치단체나 공공의 기관에 의해 운용되거나 혹은 이들에 의해 보장될 수 있는 체계가 형성되어야 하겠다. 이러한 운용의 능력적 측면과 함께 정보에의 접근과 정보통신기술 인프라의 사용이 하나의 사회적 권리로서 인식되어야 한다. 이러한 점에서 1997년 한국통신 노조의 파업에서 인터넷을 통한 노조의 입장 공개를 정부가 사이트를 폐쇄함으로써 막았던 것은 국민의 정보에의 접근이라는 사회적 권리를 침해한 것으로 이해할 수 있다.

둘째, 정부의 정보공개와 사회 전반의 투명성이 담보되어야 한다. 이는 정보에 대한 사회구성원들의 자유로운 접근이 보장되어야 함을 의미한다. 오늘날 전개되고 있는 전자정부는 주로 정부 내의 효율성을 높이고 정책 산출 기능을 향상시키려는 방향으로 전개되고 있다. 즉 현재의 전자정부는 대체로 정부 내의 정보화로 국한되어 추진되고 있다. 예를 들어 열린 정부의 개념도 정부의 정책에 대한 쌍방향적이 아닌 정부에서 국민으로의 일방적 홍보 위주로 전개되고 있고, 따라서 정보통신기술의 기반 위에서 정책 결정 과정에 국민 의견의 투입을 확대하려는 시도는 극히 미미한 실정이다. 이러한 문제점을 해결하기 위해서는 국민들의 정보공개청구권의 적극적 행사와 같은 시민들의 자각과 함께, 그 결과에 대해서도 국민 모두가 함께 책임질 수 있는 국민적 자세도 반드시 요청된다. 이러한 현상들의 축적이 곧 사회의 투명성의 제고를 의미하는 것이다.

셋째, 전자정부의 수준과 규모에 대한 사회구성원의 공감대 형성이 전제되어야 한다. 이는 현실공간과 가상공간에서의 정부의 역할과 기능에 대한 관계 설정의 문제이다. 사회구성원들이 현실공간에서는 공적인 문제의 제기나 정책적 참여(선거에의 참여 등)에 매우 소극적인 반면, 가상공간에서는 많은 민원과 불만을 토로하고 있는 것은 결국 사회구성원 스스로 가상공간과 현실에서의 정부와의 유기적 관계성을 제대로 인식하지 못하고 있기 때문이다. 이러한 문제는 그러나 사회구성원만의 문제는 아니다. 이 관계설정을 위한 정부의 적극적 홍보와 사회적 합일을 도출해 내려는 노력이 무엇보다 우선적으로 제시되어야 할 것이다.

마지막으로 전자민주주의를 지향점으로 하는 전자정부가 제대로 기능하기 위해서는 무엇보다 실제의 생활(off-line)에서의 사회구성원 상호 간의 그리고 사회구성원과 정부 간의 신뢰 구축이라는 근본적인 문제의 해결이 선행되어야 한다. 이를 위해서는 전 국민 모두가 각자의 권리와 책임의 인식과 같은 민주적 시민으로서의 자질을 증진시켜야 한다. 다시 말해 민주주의를 지향하는 전자정부는 시민사회와 시민의식이 성숙한 곳에서 실현 가능하다는 것이다. 왜냐하면 그렇지 않은 경우(예를 들어 전체주의적 사회) 전자정부는 사회와 국민의 효율적인 통제기구로 전락할 수 있기 때문이다. 바로 이 이유로 해서 전자민주주의의 논의는 기술적 가능성의 문제뿐 아니라 시민의식 등과 같은 민주주의에 대한 근본적 논의를 필요로 하는 것이다.

이렇게 볼 때 전자정부와 전자민주주의는 동일한 개념 혹은 현상이 아니라, 그 목적과 지향에 따라 서로 긍정적으로 융합되거나 아니면 갈등적 관계를 노정하기도 한다. 따라서 현대 사회의 변화하는 모습 속에서 민주주의를 더욱 잘 실현하려는 방안의 모색이라는 점에서 전자정부는 전자민주주의가 좀 더 잘 실현될 수 있도록 해주는 도구로 이해할 수 있을 것이다.

POINT

1. 전자정부는 정보통신기술을 이용하여 행정의 효율성의 향상과 국민의 편익을 도모하려는 고객 지향적 정부이다.
2. 전자정부는 '작은 정부', '열린 정부'를 지향한다.
3. 전자정부는 전자민주주의를 실현하기 위한 하나의 필요 요소이다.

4. 사이버 세상과 민주주의

전자민주주의는 민주주의와 어떻게 다른가

현대 사회를 정보화사회로 지칭하는 것은 정보통신기술이라는 매일 새로워지고 발전되는 기술 그 자체에 대한 관심뿐 아니라, 그 기술이 초래하는 현재와 미래의 우리 삶의 변화에 그 주안점을 두고 있는 것이다. 즉 정보통신기술의 급격한 발전에 의해 편리하고 윤택하며, 신속하게 진행되는 삶의 모습이 인간다운 행복한 삶의 실현을 가능하게 하는가에 대한 질문이 정보화사회에서의 논의의 핵심이다. 이를 우리의 문제, 즉 민주주의와 연결하여 보면 다음과 같은 의미를 가지게 된다.

민주주의는 인류의 역사를 거치면서 가장 바람직한 공동생활의 모습과 운영의 원리로 자리매김해 왔다. 그러나 그 이상을 현실에 실현하는 데에서는 대중사회로의 사회생활의 모습 변화 속에서 민주주의의 이상은 그 현실적 적용을 필요로 하게 되었고, 이러한 필요에 의해 발전되어 온 것이 오늘날의 대의제 민주주의이다. 그러나 대의제 민주주의는 그 현실적 필연성에도 불구하고 주인으로서의 국민을 정치적 결정의 과정으로부터 소외시키고 그 결과 국민들이 정치적 현상 혹은 공적인 문제에 대해 무관심하게 되는 부정적 결과도 동시에 수반하고 있다. 바로 이러한 현대 사회에서의 대의제 민주주의가 결과하는 부정적인 측면을 정보통신기술의 발달을 통해 개선하려는 노력이 전자민주주의의 논의이다.

이렇게 볼 때 전자민주주의는 대의제라는 오늘날의 간접민주주의가 안고 있는 국민의 주인으로서의 지위 상실과 공공의 문제(정치적 현상)에 대한 참여의 제약과 결여라는 문제를 첨단 정보통신기술을 이용하여 개선하려는 노력으로 정의할 수 있다. 즉 전자민주주의는 국민이 정부의 주인으로서 좀 더 적극적으로 정책 과정에 의견을 반영하고 참여한다는 주인과 참여자로서의 측면을 강조하고 있는데, 이를 통해 주권재민의 민주주의 이상을 실현하려는 노력으로 이해할 수 있다. 이러한 전자민주주의에 대한 논의는 대체로 두 가지의 시각으로 대별되는데, 이 둘은 각각 기술의 발달에 대한 상반된 견해에 기초하고 있다.

첫째의 시각은 기술 발달의 결과에 대해 긍정적으로 바라보는 데서부터 출발한다. 정보통신의 새로운 기술들은 정치교육과 결사의 새로운 형태를 가능하게 함으로써 시민들이 직접 정책결정권을 행사하는 참여민주주의의 확립에 기여하게 될 것이라고 본다. 이들은 개인과 집단이 그들 스스로의 문제를 결정해야 한다는 민주주의의 이상적 입장에 서서 과학기술의 발달이 현대 사회에서의 시간과 공간의 제약으로 인해 야기되는 간접민주주의의 문제를 극복할 수 있다고 본다. 따라서 첨단 정보통신기술을 이용함으로써 모든 시민이 정치과정에 직접 참여할 수 있는 방법들을 모색하는 데 그 중점을 두고 있다.

둘째, 기술 발달에의 긍정적 시각과는 달리 전자민주주의를 회의적으로 바라보는 사람들은 기술 발달에 대한 비판적 시각에 기초하고 있다. 즉 첨단 기술의 발달로 야기되는 사회변혁은 정치에 새로운 문제를 또한 수반하게 된다는 것이다. 더 나아가 이들은 단순한 참여의 증가를 민주주의의 이상 실현으로 동일시할 수는 없으며, 이러한 정보통신기술을 이용한 참여 또한 손쉽게 조작되거나 오용될 가능성을 함께 가지고 있는 것이 정보화사회라는 것이다. 따라서 이들은 정치적 이익 간의 충돌을 완화시키고, 소수의 권리와 같은 문제들을 해결하기 위해서는 기술적인 문제만으로는 해결할 수 없다고 주장한다.

이러한 상반된 시각에도 불구하고 우리는 이 두 시각 모두에게서 전자민주주의의 핵심 논의를 발견하게 된다. 사회의 구성과 운영의 원리로서의 민주주의에서 오늘날 가장 문제가 되고 있는 것은 바로 참여의 문제라는 것이다. 다시 말해 올바른 민주주의가 실현되기 위한 가장 중요한 전제 조건은 그것이 기술적 발전의 도움을 받건, 혹은 그렇지 않건 간에 공정하고, 왜곡되지 않은 시민의 참여를 증진시키느냐의 문제이다. 시민의 정치적 과정과 결정에의 참여는 곧 주권재민이라는 민주주의 이상의 실현이라는 점에서뿐만 아니라 그 결과에 대한 책임을 공유한다는 점에서도 공동의 생활에서 매우 중요한 의미를 가지는 것이다. 바로 여기에 전자민주주의 논의의 핵심이 있다. 기술의 발달에 회의적인 시각을 가진 사람들도 기술을 이용한 시민의 참여가 왜곡되지 않을 장치가 보장되어 있다면, 정보통신기술을 이용한 시민의 참여의 제고를 결코 부정적으로 바라볼 이유가 없는 것이다.

따라서 전자민주주의에 대한 논의는 '기술이 시민의 정치적 참여를 제고해 줄 수 있는가'라는 단순한 문제의 제기를 넘어서서 참여의 제고 과정에서 생겨날 수도 있는 오용의 가능성까지도 차단할 수 있는 방안의 모색으로 확대되어야 할 것이다. 왜냐하면 정보통신기술의 급격한 발전은 분명히 앞으로도 더욱 가속화할 것이기 때문이다.

전자민주주의

대의제라는 오늘날의 간접민주주의가 안고 있는 국민의 주인으로서의 지위 상실과 공공의 문제(정치적 현상)에 대한 참여의 제약과 결여라는 문제를 첨단 정보통신기술을 이용하여 개선하려는 노력으로 정의할 수 있다. 즉 전자투표, 화상회의, 사이버공간에서의 토론 등 여러 가지 새로이 발달된 정보통신기술을 이용하여 시민이 공공의 문제에 적극적으로 참여하게 함으로써 주인으로서의 권리와 의무라는 민주주의의 이념을 실현하려는 것이다.

전자민주주의가 실현되기 위한 조건들

정보통신기술을 이용한 시민의 정치적 참여의 제고와 이를 통한 시민의 주인으로서의 자기인식이라는 전자민주주의가 제대로 실현되기 위해서는 다음과 같은 점들이 우선 고려되어야 할 것이다.

첫째, 기술의 민주적 정치과정의 수단으로서의 제도화이다. 민주주의에서는 그 이상과 함께 과정도 매우 중요한 의미를 가진다. 시민들의 정치 참여를 제고하는 방안으로 가장 손쉽게 논의되는 전자투표의 방식도 그것이 민주적으로 되기 위해서는 조작과 오작동을 원천적으로 차단할 수 있는 기술적 장치 또한 함께 개발하고 적용해야 할 것이다. 인터넷을 통한 여론조사 등에서 자주 볼 수 있듯이 지금과 같은 전자투표 방식은 어떤 한 집단 혹은 계층의 이해에 따라 손쉽게 조작될 가능성이 있다. 따라서 인터넷이라는 네트워크를 통한 참여의 기본적인 수단이 공정하고 투명하게 사용되어야 한다.

둘째, 정보통신기술을 정치적 참여에 이용하기 위해서는 새로운 정치 구조의 형성이 필요하다. 이는 정보화가 초래하는 전체 사회의 변화의 결과이기도 하다. 정보통신기술의 발달은 과거의 공동생활의 모습에 커다란 변화를 가져오고 있는데, 이러한 생활의 변화에 맞추어 정치적 사회구조의 변화가 뒤따라야 한다는 것이다. 이러한 예로 사이버공간이 새로운 여론 형성의 공론장으로 등장하고 있는 현상을 들 수 있다. 그뿐만 아니라 사이버공간은 또한 가장 효율적인 정치적 홍보의 장을 형성해 나가고 있다. 또한 사이버공간은 정당과 같은 정치적 결사체의 조직과 운영에도 많은 변화를 가져올 수 있다. 정당의 경우 사이버공간을 최대한 활용함으로써 과거의 광범위한 정당 조직을 최소화할 수 있고, 더 나아가 사이버공간을 통한 당원들의 활발한 참여를 유도해 낼 수 있다.

사이버공간의 활성화에 가장 큰 공헌을 우리는 시민사회 단체들의 활성화를 통해 발견하게 된다. 비록 불법이라는 판결을 받기는 했지만 2000년 총선거에서 보여준 총선연대의 낙천, 낙선 운동과 그 외의 많은 시민운동단체의 활성화는 무엇보다 인터넷의 보편화에 크게 근거했다. 또한 2008년과 2016년의 촛불집회도 인터넷을 통한 사이버공간에서의 활발한 홍보와 활동이 오프라인에서의 실질적인 동원으로 연계된 전형적인 예라고 할 수 있다. 인터넷의 보편화는 시민운동단체들이 가장 어려운 문제로 들고 있는 비용의 문제를 해결하는 가장 좋은 수단이 되고 있는 것이다. 또한 바쁜 생활 속에서 시간과 공간의 제약을 받고 있는 시민들에게 인터넷은 서로의 문제들을 제기하고 이를 조직화할 수 있는 유용한 장을 마련해 주고 있다.

마지막으로 전자민주주의가 긍정적으로 기능하기 위해 전제되어야 할 점은 무엇보다 실제 공간에서의 시민사회의 활성화이다. 이는 위에서 제기하고 있는 시민사회를 활성화하는 데 필요한 기술적 지원의 문제가 아니라, 이를 운용하는 시민들의 의식과 자질의 문제이다. 전자민주주의의 실현은 네트워크를 통한 시민의 정치사회화와 시민 간의 커뮤니케이션의 활성화를 그 기초로 하고 있는데, 이를 위한 기술적 차원에서의 발전은 상당히 진척되었다. 문제는 결국 이러한 기술들을 사용하는 시민 개개인의 의식과 자질에 달려 있다. 아무리 좋은 커뮤니케이션의 기술과 공동체적 네트워크가 완비되어 있다 하더라도, 이를 이용하는 사람들에 따라 매우 상이한 결과를 초래하게 된다. 익명성과 비대면성이라는 사이버공간의 특성으로 인해 생겨나는 폭력적 언어의 사용, 일방적 개인 의견의 전달, 집단적 항의의 동원 등과 같은 문제들은 민주주의라는 공동생활의 운용을 위해서 실재의 생활에서뿐만 아니라 사이버공간에서도 여전히 논의되고 고려되어야 문제들인 것이다.

POINT

1. 정치적 소외와 무관심을 정보통신기술을 이용하여 참여적인 모습으로 개선하려는 노력이 전자민주주의의 논의이다.
2. 올바른 전자민주주의의 실현은 기술의 제도화, 사이버공간에서의 새로운 정치 구조의 형성, 성숙한 시민 의식 등을 전제로 한다.

5. 21세기에는 집에서 투표를 할 수 있을까

오늘날 거의 모든 국가와 사회에서 제일의 정당성의 근거로 제시되는 민주주의는 시민의 의사의 자율성, 행위의 자기결정성 그리고 행위결과에 대한 자기 책임성이라는 원리를 바탕으로 시민의 정치과정에의 적극적 참여를 지향한다. 즉 시민들은 자신들의 사회에서 일어나는 문제에 대한 스스로의 생각과 의견의 개진을 자유롭게 할 수 있어야 하고, 또한 그러한 논의들을 거쳐 결정된 사항에 대해 스스로 책임을 지는 사회가 민주주의 사회인 것이다. 이를 위해서 무엇보다 요청되는 것이 시민들의 적극적이고 책임감 있는 참여이다.

그러나 현대 사회에서의 급격한 인구의 증가와 복잡성은 공공의 문제에 대한 관심과 책임 있는 참여를 어렵게 만들었고, 그 결과 최선의 방안으로 발전되어 온 것이 대의제라는 간접민주주의 제도였다. 대의제 민주주의가 담보하고 있는 절차적 공정성은 지난 역사적 관정을 거치면서 민주주의의 이상을 현대 사회에 반영하기 위한 최선의 방안으로 자리매김해 왔다. 그럼에도 대의제 민주주의는 주인으로서의 국민이라는 민주주의의 본질적 이상이 너무나 쉽게 그리고 자주 왜곡되는 문제를 드러내고 있다. 이러한 민주주의 이상의 왜곡은 나아가 국민의 정치로부터의 소외와 무관심을 결과하게 되고, 이는 결국 민주주의의 이상과는 정반대의 전체주의적 사회로의 위험성마저 내포하게 되었다.

바로 이러한 현대 사회의 대의제 민주주의가 안고 있는 문제를 해결해 줄 수 있는 가능성들을 정보통신기술의 발달이 제공해 주고 있다. 기술적 차원에서 고도로 발달된 정보통신기술은 충분히 현대 사회가 안고 있는 공간과 시간의 문제를 해결해 줄 수 있게 되었다. 바쁘게 돌아가는 현대 사회에서 입후보자들의 유세를 듣거나 함께 모여 공공의 문제에 대해 토론을 할 시간과 장소를 마련한다는 것은 매우 어려운 현실이다. 심지어 투표를 하러 가는 시간조차 아깝게 여겨지고 있다. 참여를 제약하는 현대 사회의 요소들을 정보통신기술의 발달은 제거해 주고 있다. 인터넷의 발달을 통해 언제 어디서나 입후보자들에 대한 정보를 얻을 수 있고, 또한 시간과 장소에 관계없이 토론과 의사 표현을 할 수 있는 기회들이 제공되고 있다. 나아가 투표를 하러 가는 시간 또한 편리하게 조절할 수 있는 가능성도 제시되고 있다. 지난 대통령 후보 국민경선 과정에 사용되었던 전자투표의 방식은 투표와 개표에서의 시간적 절약과 효율성을 제고하는 좋은 예를 제공해 주었다. 이러한 기술의 비약적인 발전으로 앞으로는 집에서 투표를 하고 나머지 시간은 일을 하거나 혹은 여가를 즐길 수 있게 될 것이다.

기술의 발달은 또한 환경적 측면에서도 민주주의가 제대로 실현될 수 있는 토대를 제공해 주고 있다. 민주주의가 이상으로 제시하고 있는 국민들의 적극적 참여와 책임에 의한 사회의 운영은 무엇보다 정확한 정보의 제공과 이에 대한 자유롭고 평등한 접근의 보장이라는 환경이 마련되어야 하는데, 오늘날의 비약적인 정보통신기술의 발달은 이를 가능케 하고 있다.

그러나 이러한 기술적 환경으로만 민주주의의 이상이 실현되는 것은 아니다. 앞서 살펴본 것처럼 기술의 발달은 우리가 전혀 바라지 않는 방향으로도 사용될 수 있다. 오히려 기술의 발달이 사회를 더욱 통제하기 좋게 악용되거나 오용될 수도 있다. 2012년 대선에서 정부기관에 의한 댓글의 문제나 2018년 대선에서 나타난 드루킹 사건 등은 정보통신기술이 정치의 현장에서 쉽게 악용되고 오용될 수 있음을 적나라하게 보여주고 있다 하겠다. 분명 정보통신기술은 우리에게 좀 더 민주적인 사회를 만들어갈 기술적 환경을 제공해 주지만, 이를 사용하는 사람에 따라 긍정적으로 사용될 수도 혹은 오용될 수도 있는 것이다. 다시 말해 진정한 참여적 모습의 민주주의를 실현할 수 있는 기술적 환경을 제공해 주는 것이 오늘날의 정보화사회이지만, 이 기술적 여건에는 반드시 이를 사용하는 시민의 주인으로서의, 그리고 함께 살아가는 사람으로서의 동반자 의식이 동반되어야 한다. 이 경우에만 기술은 진정한 참여적 민주주의를 실현하는 도구로 유용하게 사용될 수 있을 것이다.

□ 심화학습을 위해서

김용철·윤성이. 2005. 『전자민주주의: 새로운 정치패러다임의 모색』. 오름.

류석진 외. 2009. 『전자투표와 전자민주주의: 9개국 비교연구』. 인간사랑.

윤영민. 2000. 『사이버공간의 정치』. 한양대학교출판부.

이항우 외. 2011. 『정보사회의 이해』. 미래인.

카스텔, 마뉴엘. 2008. 『네트워크 사회의 도래』. 김묵한 외 옮김. 한울.

크리스찬아카데미 시민사회 정보포럼 엮음. 1999. 『시민이 열어가는 지식정보사회』. 대화출판사.

한국정치학회·김영래 엮음. 2001. 『정보사회와 정치』. 오름.

G7 GOL운영위원회. 1999. 『세계의 전자정부와 전자민주주의』. 원성묵 외 옮김. 커뮤니케이션북스.

ㄱ

가정 167
간접경험 167
간접선거 170
강남역 묻지마 살인 320
강정인 124
개방화 248, 253
갤럽 162
거버넌스 259
견제와 균형 31, 46, 139
경 75
경제결정론 189
경제학과 정치학의 비교 88
계몽적 이해 112
고대민주주의 116
고속철(KTX) 사업 162
고유명사로 파악하는 안목 38
고전유교 59
고전적 민주주의 127
공산주의 120
공유지의 비극 328, 348
공자 29, 53, 59, 60, 61
공화정 112
과잉응답 165
관객민주주의 125
관료권위주의 199
관료제 126
교토의정서 336
구성주의 290
구조로서의 권력 96
구조주의 275, 280
국가경쟁력 249, 255, 267
국가연합 148
국민주권 265
국민주권주의 139, 140
국제금융위기 226
국제사회이론 287
국제통화기금(IMF) 46, 218
국제화 212
군주제 112
권력 25, 26, 33, 89
권력분립주의 140, 145
권력의 세 가지 얼굴 92
권력의 정당화 100
권력의 정의 90
권리 24
권리장전 118, 132, 137
권리청원 131
권위 29, 36, 39, 46
권위주의 122
귀족제 112
그람시 285
그린 라운드 338
그린 테크놀로지 339
그린라운드 337
근대 정치사상 48
근대민주주의 117
근대화 137, 192
근대화이론 192
급진주의 280, 314
급진주의 페미니즘 314
기관위임사무 261

기든스 227
길리건 319

ㄴ

나이로비 선언 334
나치즘 120
낙천, 낙선 운동 371
남성성과 여성성 311
내각불신임권 139, 144
내성외왕 66
내포적 심화 124
냉전체제 253
네오마르크시즘 189, 282
노자 63
녹색당 330, 342, 343
녹색정치 327, 342, 348

ㄷ

다국적 기업 198, 220
다원주의 32, 278, 279
단체자치 260, 261
달, 로버트 112, 128
대동사회 79
대의제 민주주의 265, 352
대중민주주의 119, 126
대중사회 119
대처 264
대통령제 145
대헌장 131
덕치 67
도덕적 평등주의 53
동거정부 150
동굴의 비유 42
동아시아 발전 모델 201

ㄹ

라스웰 29, 173
라이히 245
랜돌 311
러셀 27, 57
러시아 혁명 118
레닌 42
레비트 212
로베르트 베니니 120
로크 29, 49, 51, 117
루소 29, 51, 117
루크스 90
리더십 28, 122
리비우스 44
리우 선언 335
리터러리 다이제스트 164
린츠와 스테판 123
립셋 193
링컨 108

ㅁ

마르크스 29, 185
마르크스 페미니즘 314
마키아벨리 29, 31, 43, 112
마키아벨리즘 45, 47
맥클랜드 319
맹자 29, 60, 65
메이지 유신 138
명예혁명 51, 118, 132, 136
모어 29, 349
몽테스키외 46, 112, 117
무위이치 59, 83
무의사결정 93
무작위 샘플 164

묵자 61
문재인 165
문화 융합 234
문화의 세계화 226
물질적 토대 186, 188
미국독립운동 132
미국 혁명 118
미국화 243
미래의 민주주의 127
미투(#me-too)운동 321
민주주의 106
민회 116
밀레트 316

ㅂ

박근혜 297
발전적 민주주의 127
방어적 민주주의 127
버바 195
버크 114, 161
범세계주의 31
법에 의한 지배 138
법치주의 140, 142
베버 90, 101, 185, 202
베스트팔렌 조약 240
벤담 29
보부아르 312
보이지 않는 권력 97
보통선거 119, 141, 169
보편성과 특수성 37
보편적 가치 185, 201, 203
복지 161
북미자유무역협정(NAFTA) 249
북친 341
불 288
불립문자 63
불평등 기원 52, 54
브라이스 260
브룬트란트 보고서 332, 334
비민주정부 114
비민주주의 정치체제 120
비밀선거 170
비정부기구 250
빅데이터 360

ㅅ

사단지설 65
사법권의 우위 147
사서오경 59
사자와 여우의 기질 45
사적 유물론 189
사회계약 49, 51, 310
사회생태학 341
사회정의 40
사회주의 페미니즘 315
산술적 정의와 기하학적 정의 41
삼권분립론 117
상대적 평가 41
상부구조 29, 186, 188
상향식 공천 177
색즉시공 59
생산관계 186, 188
생태민주주의 128, 129
생태주의 330
생활정치 258, 268
서구중심주의 207
서명 77
선거 160

선거권 141
선거권의 확대 140
선거원칙 169
성선설 65
성의 정치학 316
성적 계약 310
성즉리 76
성학십도 77
성학집요 66
세계무역기구(WTO) 215, 223
세계자연보호헌장 334
세계정치 274
세계주의 212
세계화 211
세계환경개발위원회(WCED) 331
세력균형 293
세방화 267
소극적 자유 73, 74
소극적 정치 117
소프트 파워 99
수기치인, 수기안인 68
쉬웰러 288
스코트 313
스탈린주의 120, 122
스톡홀름 회의 333
스틸 243
승화 37, 39
시민계급 38, 135
시민단체 181
시민문화 196
시민민주주의 117
시민사회 119
시민혁명 155, 117
신고전적 현실주의 288
신냉전 282, 303
신민형 정치문화 196
신유교 59
신이상주의 287
신자유주의 214, 244, 282
신현실주의 282
심의민주주의 128, 129

ㅇ

아데나워 46
아렌트, 한나 122, 319
아리스토텔레스 28, 31, 38, 39, 41, 48, 52, 55, 111, 116
아시아 패러독스 295
아시아 · 태평양 경제협력체(APEC) 249
아시아적 가치 185, 201, 203
아퀴나스 31, 44
아테네 116
안보 딜레마 291
안철수 165
알몬드 194, 195
압력단체 179
야경국가 117
양극화 234
에코 아나키즘 341
에코 파시즘 340
에코 페미니즘 341
에코토피아 340
엘리트의 역할 42
엡슨타인 175
여론 160
여론조사 164
여성 할당제 318
역사주의 83

연고주의 204
연방국가 148
열린 정부 361
영국 혁명 118
예비선거 177
오렌지 혁명 106
오륜 71
오리엔탈리즘 207
오웰 358
오즈의 마법사 85
완전한 민주주의 125
왈츠 282
왕도 67
외연적 확산 124
외환위기 225
우루과이 라운드 223
울시 293
워싱턴 컨센서스 218
원형감옥 99
웬트 290
위민 67
유교 59
유교 민주주의 203
유교 자본주의 201
유럽연합(EU) 240, 249
유엔무역개발회의(UNCTAD) 245
유엔인간환경회의 333
유엔환경개발회의 250
유엔환경개발회의(UNCED) 250, 331, 335
율곡 59, 66
의견의 불일치 36, 39
의리지별 60
의원내각제 133, 135
의제의 통제 112
의회해산권 144
이상정치 35
이스턴 29, 33, 88
이원집정제 149
이익단체 180
이일분수 77
인민민주주의 127
인의예지 65, 76
일극집중 254
일반의지 29, 54, 55

ㅈ

자본 자유화 217
자연 상태 51
자연보호주의 330
자연주의 83
자유 73, 109
자유(능력) 지향 41
자유로부터의 도피 51
자유민주주의 117, 127
자유와 권리 39, 49, 57
자유주의 49, 51, 117, 275, 278
자유주의 페미니즘 314
작은 정부 361
장벽파괴 213
장소 마케팅 247
장자 58, 82
재냉전 303
재스민 혁명 107
재택근무 354
저발전(저개발) 197
적극적 자유 73
적극적 정치 119
전자민주주의 361, 364

전자정부 361
전체주의 52, 55, 107, 121
절대주의 국가 136
절차적 민주주의 112
정권 획득 177
정당 160
정당성 80
정당일체감 175
정명 62
정보 불평등 358
정보공개청구권 366
정실주의 204, 205
정의 39, 40, 60, 61
정치 60
정치과정 159
정치문화 195, 308
정치발전 192
정치사상 82, 83
정치사회화 166
정치에서 여성의 저대표성 309
정치의 재개념화 319
정치체제 107
정치하는 엄마들 320
제3세계 192, 197
제도학파 32
제한된 다원주의 123
젠더 311, 322
조작된 자발성 126
종속이론 197
주민자치 260, 263
주민참여 255, 261
주민투표운동 266
주변부 198
준대통령제 149
중심부 198
중앙정부 249
중앙집권적 국가 148
중앙집권체제 255, 262, 269
중재 36, 39
중층결정이론 189
지구환경보고서 327
지방민주주의 260, 268
지방분권 249, 252, 262, 268
지방성 267
지방자치 248, 250
지방자치제 140, 247, 251
지방정부 247, 249, 268
지방정치 255
지방형 정치문화 196
지방화 248
지속 가능한 발전 331
지역화 249
직접민주주의 115
직접선거 170
집단주의 203, 206

ㅊ

참여민주주의 128, 252, 343
참여형 정치문화 196
책임정치 143
천명, 천명론 66
철인왕 42
청교도혁명 118, 136, 141
충서 68, 70, 71
친밀한 의사소통 39

ㅋ

카 279

칸트 38
칼뱅 42
케글리 287
코넬 313
콕스 286
큐 제공자 172
클린턴 46, 241
킨, 존 121

ㅌ

타키투스 44
탈냉전 123, 216
토머스 홉스 45
토크빌 260
통 322
퇴계 75
투키디데스 44
투표율 129
투표행태 171

ㅍ

파수꾼민주주의 128, 129
파시즘 120
팍스 아메리카나 218, 241
패도 67
패미니즘
  교차성 페미니즘 314
  급진주의 페미니즘 314
  마르크스 페미니즘 314
  사회주의 페미니즘 315
  자유주의 페미니즘 314
  포스트모던 페미니즘 315
페이트먼 310
평등 74, 78, 79, 110
평등 지향 41
평등선거 170
평범한 사람에 대한 믿음 56
포스트모더니즘 289
포스트모던 페미니즘 315
포용의 기준 112
폴리비우스 31, 44
폴리스 29
풀뿌리정치 264
프랑스대혁명 118
프랑크푸르트학파 286
프리드먼 216, 295
플라톤 28, 31, 38, 42, 44, 48, 55, 63, 116
플란차스 96
피터슨 312
필터 166

ㅎ

하버마스 109, 258, 286
하부구조 188
하향식 공천 176
학교 167
한비자 29
할로효과 165
합의에 의한 독재 126
항산항심 69
해소 25, 26, 36, 39
행정정보화(행정전산화) 364
행태주의 32
허위의식 95, 188
헌팅턴 184, 194
헤이우드, 앤드류 127
헤지펀드 224
헬드 124

현대민주주의 115, 125
현실주의 240, 275, 276
호프먼 278
혼합형 정부 134, 149
홉스 24, 29, 50, 51
환경제국주의 337
환경주의 330, 343

지은이 (글 실린 순)

이병화 (전 세종사이버대학교 총장)
동국대학교, 정치학 박사

조광수 (전 영산대학교 중국학과 교수)
國立臺灣大學(중화민국), 정치학 박사

류태건 (부경대학교 정치외교학과 명예교수)
Sciences Po Grenoble(프랑스), 정치학 박사

임석준 (동아대학교 국제전문대학원 교수)
Univ. of Chicago(미국), 정치학 박사

김홍수 (부산대학교 윤리교육과 교수)
경북대학교, 정치학 박사

김진기 (부경대학교 국제지역학부/일어일문학부 교수)
고려대학교, 정치학 박사

강경태 (신라대학교 국제관계학과 교수)
Univ. of North Texas(미국), 정치학 박사

이대희 (부경대학교 정치외교학과 교수)
Univ. de Paris VIII(프랑스), 정치학 박사

이정호 (부경대학교 정치외교학과 교수)
Univ. of Illinois at Chicago(미국), 정치학 박사

차재권 (부경대학교 정치외교학과 교수)
Univ. of Kansas(미국), 정치학 박사

박재욱 (신라대학교 공공인재학부 교수)
연세대학교, 정치학 박사

김준형 (한동대학교 국제어문학부 교수)
George Washington Univ.(미국), 정치학 박사

황영주 (부산외국어대학교 외교학과 교수)
The Univ. of Hull(영국), 정치학 박사

이헌근 (전 부경대학교 인문사회과학대학 연구교수)
건국대학교, 정치학 박사

김영일 (신라대학교 국제관계학과 교수)
Westfaelische Wilhelms-Univ. zu Muenster(독일),
정치학 박사

한울아카데미 2218

제4개정판 **정치학으로의 산책**

엮은이 • 21세기 정치연구회
펴낸이 • 김종수
펴낸곳 • 한울엠플러스(주)
편집 • 조수임

초판 1쇄 발행 • 2002년 9월 15일
제4개정판 1쇄 발행 • 2020년 3월 10일
제4개정판 2쇄 발행 • 2022년 9월 10일

주소 • 413-756 경기도 파주시 광인사길 153 한울시소빌딩 3층
전화 • 031-955-0655
팩스 • 031-955-0656
홈페이지 • www.hanulbooks.co.kr
등록번호 • 제406-2015-000143호

ISBN 978-89-460-7218-3 93340

* 책값은 겉표지에 표시되어 있습니다.